U0314258

汽车故障诊断手册

曹晶　顾惠烽　编著

化学工业出版社

·北京·

内 容 提 要

本手册共22章，依次介绍了汽车的发动机机械故障、正时故障、怠速故障、传感器故障、启动故障、点火及电源故障、燃油故障、冷却润滑故障、排气故障、自动变速器挡位及损坏故障、手动变速器故障、转向行驶与制动故障、空调故障、电脑及通信故障、防盗故障、灯光故障、仪表信号故障、中控门锁故障、电动门窗故障、雨刮和安全气囊故障及其他故障。手册内容由浅入深、循序渐进，重点案例配套操作视频讲解（扫描书内二维码即可观看）、直观易懂。

本手册适合汽车维修技术人员使用，也可作为职业院校、培训机构的教学参考书。

图书在版编目（CIP）数据

汽车故障诊断手册 / 曹晶，顾惠烽编著. —北京：化学工业出版社，2020.8（2021.4重印）
ISBN 978-7-122-36842-3

Ⅰ.①汽…　Ⅱ.①曹…②顾…　Ⅲ.①汽车 - 故障诊断 - 技术手册　Ⅳ.① U472.42-62

中国版本图书馆 CIP 数据核字（2020）第 080230 号

责任编辑：黄　滢　黎秀芬　　　　　　　　文字编辑：冯国庆
责任校对：张雨彤　　　　　　　　　　　　装帧设计：刘丽华

出版发行：化学工业出版社（北京市东城区青年湖南街13号　邮政编码100011）
印　　装：北京瑞禾彩色印刷有限公司
710mm×1000mm　1/16　印张31　字数644千字　2021年4月北京第1版第3次印刷

购书咨询：010-64518888　　　　　　　　售后服务：010-64518899
网　　址：http://www.cip.com.cn
凡购买本书，如有缺损质量问题，本社销售中心负责调换。

定　　价：128.00元

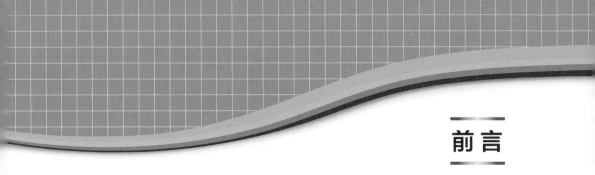

前 言

随着现代汽车技术和电子技术的不断融合，汽车的构造也越来越复杂，汽车产生故障的原因、种类及表现形式也越来越复杂和多样化，这就给汽车维修工作带来诸多困难。因此，学习和掌握汽车故障的识别、检测、分析、诊断、排除方法和要领，无疑是新一代汽车维修技术人员不可或缺的一项重要技能。对于一般的汽车驾驶员或者私家车主而言，了解一些汽车基本故障的识别方法和维修技巧，也有利于日常方便地开车、用车和养车。鉴于此，化学工业出版社组织编写了这本《汽车故障诊断手册》。

本手册内容系统、实用，力求以一线汽车维修车间真实案例的形式贯穿始终，具有很强的可操作性。本手册共22章，依次介绍了汽车的发动机机械故障、正时故障、怠速故障、传感器故障、启动故障、点火及电源故障、燃油故障、冷却润滑故障、排气故障、自动变速器挡位及损坏故障、手动变速器故障、转向行驶与制动故障、空调故障、电脑及通信故障、防盗故障、灯光故障、仪表信号故障、中控门锁故障、电动门窗故障、雨刮和安全气囊故障及其他故障。对于各类汽车故障，按照故障车辆信息、故障现象、故障诊断与排除方法、故障案例总结的顺序来编排。不仅分析故障原因，而且给出具体的诊断排除过程和操作步骤，并总结提炼案例分析技巧和维修操作要领。力求授人以渔，使读者举一反三，通过一两个案例的分析学会一系列案例的诊断排除方法。

在编写过程中，尽可能遵照汽车维修人员的日常维修用语进行通俗易懂的介绍。此外，本手册还采用了全彩图解配套高清操作视频的形式。读者可在使用本手册的过程中，用手机或者其他电子设备扫描书中相应章节的二维码，即可观看配套的操作视频，将丰富的高清视频资料与图文表内容对照学习，更加直观易懂，使学习过程事半功倍。

本手册由汽车维修行业具有多年汽车故障诊断和教学培训经验的技术专家曹晶、顾惠烽结合自身日常工作实践精心打造而成。在编写过程中参考了相关的图书、多媒体资料及原车维修手册，在此一并表示衷心的感谢！

限于笔者水平，书中疏漏之处在所难免，恳请广大读者批评指正。

编著者

目录

第1章　汽车发动机机械故障　/ 1

1.1　异响故障······················ 1
　1.1.1　附件皮带异响·············· 1
　1.1.2　附件皮带张紧器异响········ 2
　1.1.3　气门异响·················· 3
　1.1.4　活塞异响·················· 4
　1.1.5　涡轮增压器异响············ 5
　1.1.6　水泵异响·················· 5
　1.1.7　平衡轴异响················ 6
　1.1.8　飞轮异响·················· 7
1.2　漏油故障······················ 8
　1.2.1　发动机气门室盖漏油········ 8
　1.2.2　气门油封漏油·············· 8
　1.2.3　油底壳漏油················ 9
　1.2.4　废气涡轮增压器漏油········ 10
　1.2.5　气缸垫漏油················ 11

　1.2.6　机油滤清器漏油············ 12
　1.2.7　曲轴前油封漏油············ 12
　1.2.8　曲轴后油封漏油············ 13
1.3　烧机油故障···················· 14
　1.3.1　活塞环烧机油·············· 14
　1.3.2　气门油封烧机油············ 14
1.4　冷却液泄漏故障················ 16
　1.4.1　气缸垫漏液················ 16
　1.4.2　水泵漏液·················· 17
　1.4.3　出水室漏液················ 18
1.5　漏气故障······················ 19
　1.5.1　气门室盖漏气·············· 19
　1.5.2　涡轮增压器漏气············ 19
　1.5.3　进气歧管漏气·············· 20
　1.5.4　活塞环漏气················ 20

第2章　汽车正时故障　/ 22

2.1　正时皮带故障················ 22
　2.1.1　正时皮带跑偏·············· 22
　2.1.2　正时皮带移位·············· 23
　2.1.3　正时皮带断裂·············· 24

2.2　正时皮带张紧轮异响·········· 24
2.3　正时链条盖密封不良·········· 25
2.4　正时错位···················· 26
2.5　正时错乱···················· 26

第3章 汽车怠速故障 / 29

3.1 凸轮轴调节阀故障 …………… 29
3.2 发动机漏气 …………………… 30
3.3 单缸气缸压力不足 …………… 31
3.4 进气门积炭 …………………… 32
3.5 炭罐电磁阀故障 ……………… 33
3.6 ETCS 继电器故障 …………… 34
3.7 节气门故障 …………………… 35
3.8 保险丝熔断 …………………… 41
3.9 节气门积炭 …………………… 45
3.10 发动机气门关闭不严 ……… 47

第4章 汽车发动机传感器故障 / 48

4.1 进气压力传感器故障 ………… 48
4.2 节气门位置传感器故障 ……… 49
4.3 冷却液温度传感器故障 ……… 50
4.4 油门踏板位置传感器故障 …… 51
4.5 凸轮轴位置传感器故障 ……… 52
4.6 曲轴位置传感器故障 ………… 54
4.6.1 曲轴位置传感器故障一 ……… 54
4.6.2 曲轴位置传感器故障二 ……… 56
4.7 前氧传感器故障 ……………… 56
4.8 后氧传感器故障 ……………… 58
4.9 爆震传感器故障 ……………… 62

第5章 汽车启动故障 / 64

5.1 保险丝烧断 …………………… 64
5.2 发动机气缸压力故障 ………… 73
5.3 供电继电器故障 ……………… 74
5.4 动力转向模块故障 …………… 75
5.5 凸轮轴调节电磁阀故障 ……… 78
5.6 二次空气泵继电器故障 ……… 79
5.7 起动机故障 …………………… 82
5.8 启动继电器故障 ……………… 84

第6章 汽车点火及电源故障 / 86

6.1 单缸不点火 …………………… 86
6.2 点火线圈故障 ………………… 87
6.2.1 点火线圈故障一 ……………… 87
6.2.2 点火线圈故障二 ……………… 89
6.3 火花塞故障 …………………… 91
6.4 电脑板损坏导致四缸失火 …… 91

6.5　燃油高压油泵故障 ················ 93
6.6　点火锁故障 ·························· 94
6.7　发电机故障 ·························· 97

6.8　电源线烧蚀 ·························· 99
6.9　电瓶灯点亮 ························ 100
6.10　油嘴堵塞 ·························· 103

07 第7章　汽车燃油故障　/ 104

7.1　燃油泵故障 ······················ 104
7.2　燃油泵线路故障 ················ 105
7.3　燃油泵控制电路故障 ·········· 107
7.4　燃油泵控制模块故障 ·········· 109
7.5　燃油压力传感器故障 ·········· 112
　　7.5.1　燃油压力传感器故障一 ··· 112
　　7.5.2　燃油压力传感器故障二 ··· 113

7.6　喷油器故障 ························ 115
7.7　燃油滤清器堵塞 ················ 117
7.8　燃油压力调节阀故障 ·········· 117
　　7.8.1　燃油压力调节阀故障一 ··· 117
　　7.8.2　燃油压力调节阀故障二 ··· 118
7.9　高负荷混合气过稀 ············· 119

08 第8章　汽车冷却润滑故障　/ 120

8.1　冷却风扇无高速 ················ 120
　　8.1.1　电脑控制单元故障 ········ 120
　　8.1.2　线路故障 ··················· 122
8.2　水管堵塞 ·························· 123
8.3　水温传感器故障 ················ 124
8.4　冷却风扇常转 ··················· 126
　　8.4.1　大众朗逸冷却风扇常转 ····· 126
　　8.4.2　大众宝来电子扇常转 ····· 131

8.5　发动机润滑故障 ················ 133
　　8.5.1　机油量不足 ················ 133
　　8.5.2　机油黏度降低 ············· 133
　　8.5.3　机油泵性能不良 ·········· 134
　　8.5.4　机油滤清器堵塞 ·········· 135
　　8.5.5　机油黏度过大 ············· 135
　　8.5.6　润滑部位配合间隙过小 ··· 136
8.6　机油压力传感器故障 ·········· 136

09 第9章　发动机排气故障　/ 138

9.1　尾气排放不达标 ················ 138
　　9.1.1　三元催化转换器故障 ····· 138
　　9.1.2　氧传感器废气再循环系统

故障 ··································· 141
　　9.1.3　曲轴箱强制通风系统故障 ··· 141
9.2　前氧传感器故障 ················ 142

9.3　后氧传感器故障 ················ 144

9.4　三元催化堵塞 ···················· 145

   9.4.1　起亚三元催化堵塞 ··········· 145

   9.4.2　大众三元催化堵塞 ··········· 145

9.5　进、排气门与气门座密封不良 ····· 148

9.6　气缸压力过高 ···················· 149

   9.6.1　燃烧室内积炭过多 ··········· 149

9.6.2　气缸衬垫过薄 ················ 149

9.7　气缸压力过低 ···················· 150

   9.7.1　气缸与活塞环和活塞磨损

       过大 ························· 150

   9.7.2　活塞环对口 ················· 151

   9.7.3　气缸垫烧蚀、漏气 ··········· 151

第10章　自动变速器挡位故障　/ 152

10.1　挂前进挡或倒挡都不能行驶 ······· 152

   10.1.1　油泵损坏 ·················· 152

   10.1.2　无ATF油 ·················· 154

   10.1.3　选挡杆与手动阀之间的连接

        松动 ······················ 154

   10.1.4　阀体集滤器滤网堵塞 ········ 155

   10.1.5　主油路严重堵塞 ············ 156

10.2　无法挂挡 ······················· 156

   10.2.1　线路故障 ·················· 156

   10.2.2　换挡模块故障 ·············· 158

10.3　自动变速器升挡过迟 ············· 165

   10.3.1　发动机怠速过高 ············ 165

   10.3.2　节气门故障 ················ 166

10.3.3　主调压阀故障 ·············· 167

10.3.4　换挡执行元件打滑 ·········· 168

10.4　自动变速器不能升挡 ············· 169

   10.4.1　车速传感器故障 ············ 169

   10.4.2　2挡制动器或高挡离合器

        故障 ······················ 169

10.5　自动变速器无前进挡 ············· 170

10.6　自动变速器无倒挡 ··············· 171

   10.6.1　倒挡油路泄漏 ·············· 171

   10.6.2　倒挡及高挡离合器或低挡及倒

        挡制动器打滑 ·············· 171

10.7　自动变速器跳挡 ················· 174

第11章　自动变速器损坏故障　/ 175

11.1　自动变速器打滑 ················· 175

   11.1.1　液压油油面太低 ············ 175

   11.1.2　液压油油面过高 ············ 176

   11.1.3　离合器或制动器摩擦片

        损坏 ······················ 176

   11.1.4　制动带磨损过甚或烧焦 ······ 179

11.1.5　离合器打滑烧毁 ············ 181

11.2　自动变速器换挡冲击过大 ········· 181

   11.2.1　节气门拉线或节气门位置

        传感器调整不当 ············ 181

   11.2.2　主油路油压太高 ············ 182

   11.2.3　强制降挡开关损坏 ·········· 184

11.2.4 传感器故障 ·················· 184

11.3 自动变速器无锁止 ············· 185

11.3.1 变矩器中锁止离合器损坏··· 185

11.3.2 锁止电磁阀故障 ··········· 187

11.3.3 锁止控制阀故障 ··········· 190

11.4 自动变速器异响 ··············· 191

11.4.1 油泵故障 ·················· 191

11.4.2 锁止离合器故障 ··········· 192

11.4.3 行星齿轮机构故障 ········· 193

11.4.4 导轮单向离合器故障········ 194

11.5 自动变速器油温传感器损坏 ···· 195

11.6 自动变速器控制单元故障 ······ 197

11.7 自动变速器插接器接触不良 ···· 198

12 第12章 手动变速器故障 / 204

12.1 手动变速器挡位故障 ··········· 204

12.1.1 手动变速器跳挡 ··········· 204

12.1.2 手动变速器挂挡困难 ······· 205

12.2 手动变速器异响 ··············· 205

12.2.1 齿轮异响 ·················· 205

12.2.2 轴承响 ···················· 207

12.3 手动变速器漏油 ··············· 208

12.4 离合器故障 ··················· 209

12.4.1 离合器打滑 ················ 209

12.4.2 离合器分离不彻底 ········· 210

12.4.3 起步发抖 ·················· 210

13 第13章 汽车转向行驶与制动故障 / 212

13.1 转向沉重 ····················· 212

13.1.1 转向沉重故障一 ··········· 212

13.1.2 转向沉重故障二 ··········· 213

13.2 无转向助力 ··················· 214

13.2.1 无转向助力故障一 ········· 214

13.2.2 无转向助力故障二 ········· 214

13.3 转向行驶系统异响 ············· 218

13.3.1 转向泵及系统异响 ········· 218

13.3.2 底盘异响 ·················· 219

13.3.3 轮毂轴承异响 ············· 219

13.3.4 轮胎噪声 ·················· 220

13.3.5 传动轴不平衡 ············· 220

13.3.6 悬架下摆臂故障 ··········· 221

13.3.7 悬架下摆臂球头损坏 ······· 221

13.3.8 减振器故障 ················ 222

13.3.9 连接杆损坏 ················ 223

13.4 汽车跑偏 ····················· 223

13.4.1 汽车跑偏故障一 ··········· 223

13.4.2 汽车跑偏故障二 ··········· 224

13.4.3 汽车跑偏故障三 ··········· 224

13.5 轮胎异常磨损 ················· 225

13.6 底盘悬架故障 ················· 226

13.7 制动故障 ····················· 227

13.7.1 制动失效 ·················· 227

13.7.2 制动抖动 ·················· 228

13.7.3 制动不灵 ·················· 228

13.7.4 制动拖滞 ·················· 229

13.7.5 制动无力 ·················· 229

13.8 真空助力器故障 ··············· 230

13.9 ABS 总泵故障 ················· 232

13.10 车轮转速传感器故障 ··········· 237

14 第14章　汽车空调故障 / 239

14.1　空调不制冷 ················ 239
　14.1.1　压缩机故障 ············ 239
　14.1.2　蒸发器温度传感器故障 ··· 241
　14.1.3　水温高 ················ 242
　14.1.4　冷却风扇不工作 ········ 244
　14.1.5　制冷剂漏完 ············ 246
　14.1.6　空调压力传感器故障 ···· 248
　14.1.7　空调控制单元 J301 损坏 ·· 250
　14.1.8　空调面板损坏 ·········· 253
　14.1.9　继电器故障 ············ 256
14.2　断断续续有冷气流出 ······· 258
　14.2.1　压缩机电磁离合器打滑 ·· 258
　14.2.2　冰堵或脏堵 ············ 259
　14.2.3　压缩机电磁阀损坏 ······ 259
14.3　只在高速时有冷气 ········· 261
　14.3.1　压缩机皮带打滑 ········ 261

14.3.2　压缩机工作不良 ········ 262
14.4　冷风量不足，蒸发器及低压管
　　　大量结霜 ················ 262
　14.4.1　蒸发器或风道阻塞 ······ 262
　14.4.2　鼓风机控制面板损坏 ···· 263
　14.4.3　鼓风机线路故障一 ······ 264
　14.4.4　鼓风机线路故障二 ······ 266
14.5　压缩机不能正常自动停转 ···· 267
　14.5.1　蒸发箱温度传感器故障 ·· 267
　14.5.2　高压压力开关损坏 ······ 268
14.6　空调制冷效果差 ·········· 268
　14.6.1　视液镜中有混浊气泡 ···· 268
　14.6.2　制冷剂充填过量 ········ 269
　14.6.3　冷凝器冷却不良 ········ 269
14.7　空调冷风变热风 ·········· 270

15 第15章　汽车电脑及通信故障 / 272

15.1　发动机电脑故障 ··········· 272
　15.1.1　发动机电脑故障一 ······· 272
　15.1.2　发动机电脑故障二 ······· 284
15.2　发动机控制单元故障 ········ 286
15.3　CAN 对地短路 ············· 289

15.4　CAN 对正极短路 ··········· 292
15.5　多媒体打不开 ············· 294
15.6　主驾驶座椅调节模块异常 ······ 296
15.7　空调通信线路故障 ·········· 297

16 第16章　汽车防盗故障 / 302

16.1　检测不到钥匙 ············· 302
16.2　防盗数据丢失 ············· 303

16.3　防盗匹配错误 ············· 305
16.4　防盗控制器故障 ··········· 305

16.5 防盗系统线路故障 ················ 310

16.6 无钥匙进入系统故障 ··············· 314

16.7 防盗电脑与发动机电脑认证失败 ······································· 317

17 第17章 汽车灯光故障 / 326

17.1 汽车大灯常亮 ··············· 326

17.2 不能开启远光 ··············· 330

17.3 行车灯/停车灯工作异常 ········· 334

17.4 大灯和雾灯都不亮 ··········· 337

17.5 室内灯不亮 ················· 338

17.6 小灯和倒车灯不亮 ··········· 343

17.7 后部左右转向灯不亮 ········· 349

18 第18章 汽车仪表信号故障 / 351

18.1 组合仪表线路故障 ··········· 351

18.2 仪表针脚脱焊 ··············· 354

18.3 仪表 T/C 故障灯点亮 ········· 357

18.4 仪表灯不亮 ················· 361

18.5 仪表背景灯无法调节 ········· 363

18.6 危险警告灯异常 ············· 366

18.7 高位制动灯不亮 ············· 370

18.8 仪表不显示机油液位 ········· 378

18.9 仪表 EPC 灯点亮 ············· 380

19 第19章 汽车中控门锁故障 / 383

19.1 车辆无法上锁 ··············· 383

19.2 中控锁控制逻辑错误 ········· 386

19.3 搭铁线路断路 ··············· 393

19.4 遥控无法开启后备厢 ········· 394

19.5 后备厢开关故障 ············· 399

19.6 智能钥匙故障 ··············· 401

19.7 转向柱锁控制单元硬件损坏 ··· 402

20 第20章 汽车电动门窗故障 / 407

20.1 锁车后玻璃不能自动上升 ······· 407

20.2 主驾驶不能控制其他三个门玻璃升降器 ······························· 410

20.3 副驾驶车窗不动作 ··········· 413

20.4 主驾驶玻璃升降器失常 ··········· 414
20.5 右后门玻璃升降器失效 ··········· 418
20.6 左前门窗玻璃不能工作 ··········· 420
20.7 四门车窗无法升降 ··········· 423

20.8 车窗控制开关故障 ··········· 430
20.9 主驾驶侧车窗只能下降无法上升 · 432
20.10 右后车窗无法升降 ··········· 434

21 第21章 汽车雨刮和安全气囊故障 / 442

21.1 雨刮不工作 ··········· 442
21.2 雨刮不能回位 ··········· 445
21.3 雨刮高速经常性失灵 ··········· 447
21.4 雨刮喷水不工作 ··········· 448
21.5 气囊灯长亮 ··········· 453

21.6 气囊灯偶尔亮 ··········· 454
21.7 气囊电脑无法通信 ··········· 456
21.8 气囊游丝内部损坏虚接 ········· 458
21.9 驾驶席侧气囊电阻过高 ··········· 460

22 第22章 汽车其他故障 / 462

22.1 后视镜不能用 ··········· 462
22.2 漏电故障 ··········· 464
22.3 音响打不开 ··········· 466

22.4 汽车正常启动报故障码 ··········· 467
22.5 敞篷打不开 ··········· 468
22.6 天窗不工作 ··········· 470

关键词索引 / 476

故障现象关键词 ··········· 476
故障部位关键词 ··········· 479

参考文献 / 483

《汽车故障诊断手册》配套视频

序号	视频内容	页码	序号	视频内容	页码
1	发动机气门室盖拆装	8	33	更换变速器油	154、208
2	气缸盖、气缸垫拆卸与安装	11、16	34	空挡位置开关总成更换	156
3	更换机油机滤	12、135	35	自动变速器主油路油压检查	182
4	活塞连杆组拆装	14、151	36	手动变速器常见故障检修	204
5	更换冷却液	17	37	汽车离合器	209
6	检查与更换传动皮带	22、24	38	离合器的主缸和工作缸	211
7	拆卸正时链	27	39	汽车万向传动装置	218
8	安装正时链	27	40	汽车悬架	221、226
9	检查配气相位	28	41	前制动器的检查与更换	224
10	调整配气相位	28	42	轮胎的检查与更换	225
11	炭罐电磁阀的检测	33	43	制动主缸检查与更换	228
12	电子节气门检测	36	44	调整制动器间隙	229
13	节气门拆装与清洗	46	45	ABS油压调节器总成的更换	238
14	加速踏板位置传感器的检测	51	46	检查冷凝器和风扇	242、244、269
15	进气凸轮轴位置传感器检测	52	47	添加制冷剂	246
16	曲轴位置传感器检测	54	48	继电器检查	256
17	空气流量计检测	60	49	检查鼓风机	263
18	氧传感器检测	62、143	50	汽车空调系统压力检测	268
19	进气凸轮轴电磁阀的检测	78	51	汽车空调系统抽空	268
20	排气凸轮轴电磁阀的检测	78	52	汽车空调通风系统	270
21	更换起动机	84	53	汽车空调系统检漏	271
22	检测点火线路	90	54	发动机控制单元电源电路检查	288
23	检查火花塞	92	55	检测总线线路	290
24	更换发电机	98	56	测量数据总线（正常波形）	301
25	汽车燃油供给系统	104	57	测量数据总线（高线短路）	301
26	燃油泵检查测试	109	58	测量数据总线（低线短路）	301
27	燃油压力	112	59	测量数据总线（高线和低线短路）	301
28	喷油器检测	115	60	组合大灯及开关检查	326
29	燃油压力调节阀检查测试	117	61	仪表的拆卸和安装	351
30	汽车冷却系统	120	62	更换车门锁	383
31	冷却液温度传感器1的检测	125	63	检测转向柱电子控制单元	406
32	检查气缸压力	149	64	更换后视镜	462

汽车发动机机械故障

1.1 异响故障

1.1.1 附件皮带异响

（1）车辆信息

车型：雪铁龙世嘉。发动机：1.6升。行驶里程：130000公里。

（2）故障现象

车辆停放一晚后，早上冷车启动时，发动机侧会出现尖叫声。

（3）可能的故障部位

附件皮带、附件皮带张紧轮、附件皮带惰轮。

（4）故障诊断与排除

❶ 检查发动机附件皮带（图1-1-1）。如果汽车出现发动机舱里面有异响的现象，一般都是皮带松动了或者是质量不好了，所以我们首先就要检查一下发动机皮带。我们可以先启动车子，然后往皮带上倒点水，若异响消失，说明是皮带有问题。

发动机皮带异响，用水浇是为了增加其黏性，相当于提高了皮带的黏性。但水

图 1-1-1　发动机附件皮带

干之后皮带会恢复原来状态，这就是皮带浇水的原理。

❷ 检查附件皮带张紧轮、附件皮带惰轮。启动发动机，使用听诊器检查附件皮带张紧轮、附件皮带惰轮是否有异响。检查后并没发现附件皮带张紧轮、附件皮带惰轮有异响。

❸ 故障排除。更换附件皮带，启动发动机后异响消失。

因为异响是在冷车时出现，让车主把车开回去，第二天早上观察是否有同样的故障出现。

通过几天的回访跟进，故障没有再出现。

（5）案例总结

发动机皮带吱吱作响，是由于皮带和皮带轮接合面磨得比较光滑引起的。一般都在发动机转速迅速改变的时候出现，有时候皮带带动的附件负荷加大也会造成皮带响。

皮带发出吱吱响声，一般情况下代表皮带表面摩擦系数大大降低，已经过度磨损。如果在车辆负载时发出响声，不妨观察其中一组传动皮带，你会发现皮带自动张紧装置或皮带张紧轮上的阻力或者说弹力会异常地增加。

大多数皮带自动张紧器在其底部与张紧器臂之间，沿着滑道方向的某处有一组皮带磨损长度指示标志。该标志由指针和两到三个标示组成，它标明了皮带张紧器的工作范围。如果指针超出了这个范围，那么皮带大概拉伸得过长，应该更换了。在没有安装皮带自动张紧器的车上，在两个皮带轮中间位置用一个标准的皮带伸长量测量尺进行测量。如果与标准值有差异，最好更换皮带。

 ## 1.1.2　附件皮带张紧器异响

（1）车辆信息

车型：2010 年款本田雅阁。行驶里程：100000 公里。

（2）故障现象

怠速时发动机皮带张紧器异响，在开空调或急加速时，皮带张紧器会发出"嗒嗒"的声音。

（3）故障诊断与排除

❶ 分解张紧器，发现橡胶圈发生膨胀，配合间隙变小，导致旋转时发生异响（图1-1-2）。

❷ 提取橡胶圈表面的油泥分析，张紧器内部树脂被矿物油污染，如 P/S（助力转向）油。

❸ 查看发动机舱结构，P/S 泵和 P/S 油壶漏油均在张紧器上方，更换 P/S 泵，更换 P/S 油管，P/S 油渗漏及添加 P/S 油不慎等均很有可能将 P/S 油滴在张紧器上，渗入张紧器内部（图 1-1-3）。

图 1-1-2　张紧器

图 1-1-3　发动机舱结构

（4）案例总结

❶ 涉及 P/S 油的作业要特别注意，不要将 P/S 油滴到张紧器上。

❷ 发生助力泵 P/S 油渗漏故障时要注意检查张紧器，如有油液黏附需及时擦掉。

1.1.3　气门异响

（1）车辆信息

车型：2012 年款科鲁兹。发动机：1.6 升。行驶里程：78000 公里。

（2）故障现象

发动机怠速运转时发出有节奏的金属敲击声，中速以上时响声减弱或消失。

（3）故障诊断与排除

❶ 用听诊器察听，凸轮轴附近响声明显，使用断火试验，响声无变化。

❷ 可能出现故障的情况：挺杆与导孔配合面磨损严重、挺杆液压偶件磨损、润滑油供油不足。

❸ 怠速时发动机顶部响声明显，中速以上响声减弱或消失，断火试验响声无变化，即为液压挺杆响，具体部位可用听诊器根据响声变化来判断。

❹ 在启动时液压挺杆有不大的响声是正常的（润滑油未充分进入液压挺杆），

图 1-1-4 液压挺杆

发动机转速达到 2500 转 / 分后继续运转 2分钟，挺杆仍有响声，先检查调整机油压力。若机油压力正常，则应更换液压挺杆。

更换液压挺杆（图 1-1-4），异响消失。

（4）案例总结

几个故障位置所产生的异响都一样，在排除故障时要注意检查的方法。

1.1.4 活塞异响

（1）车辆信息

车型：2009 年款卡罗拉。发动机：1.6 升。行驶里程：123000 公里。

（2）故障现象

发动机冷启动后怠速时，气缸上部发出有节奏地"吭吭"金属敲击声，提高转速，响声消失。

（3）故障诊断与排除

❶ 拔出机油尺，检查机油量并视情况添加。

❷ 响声呈有节奏的明显"嗒嗒"声，多缸敲缸响，响声杂乱，随转速升高而趋向急骤明显。如因活塞装合时裙部变形引起的敲缸，则响声随发动机运转温度升高而有缓和（甚至消失）。用逐缸断火法诊断，发响气缸断火后，响声消失或减弱。

拆检活塞与气缸，对气缸进行修理、更换活塞（图 1-1-5）。

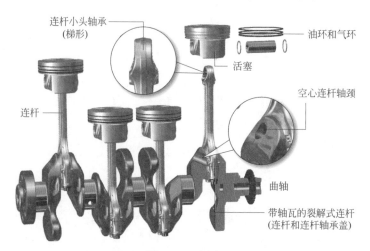

连杆小头轴承
（梯形）

油环和气环

活塞

空心连杆轴颈

连杆

曲轴

带轴瓦的裂解式连杆
（连杆和连杆轴承盖）

图 1-1-5 活塞

（4）案例总结

敲缸产生的异响可分为冷车模式和热车模式，检查故障时需要区分车辆出现故障的情况。

1.1.5 涡轮增压器异响

（1）车辆信息

车型：2015年款帕萨特。发动机：1.4升。行驶里程：45000公里。

（2）故障现象

加速时车辆前部异响，类似于金属摩擦声。

（3）故障诊断与排除

❶ 发动机急加速至1800~2500转/分时出现异响。

❷ 异响来自涡轮增压器旁通阀机构，即如图1-1-6所示的1~3位置。

❸ 摇臂及弹簧垫圈异常磨损导致图1-1-6中位置2出现轴向窜动，产生异响（图1-1-7）。

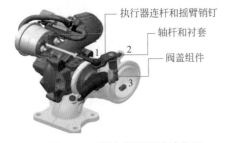

执行器连杆和摇臂销钉
轴杆和衬套
阀盖组件

图1-1-6　涡轮增压器故障位置

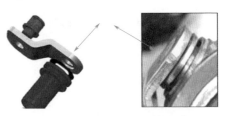

图1-1-7　故障位置出现轴向窜动

解决方案为增加衬套高度，减小摇臂与衬套之间间隙，以增加弹簧垫圈压紧力；采用电动执行机构涡轮增压器。

（4）案例总结

出现故障的位置比较隐蔽，在排除故障时要细心检查，对故障位置处理后，要持续跟进客户，确认故障是否已经解决。

1.1.6 水泵异响

（1）车辆信息

车型：2016年款雪佛兰科鲁兹。发动机：1.6升。行驶里程：30000公里。

（2）故障现象

冷启动后，行车 1 分钟左右出现"吱吱"的异响。

（3）故障诊断与排除

❶ 检查后确定异响范围在发动机侧。

❷ 在附件皮带处喷洒水，异响依然存在，因此判断不是皮带异响。

图 1-1-8　科鲁兹发动机

❸ 拆下附件皮带，再次启动发动机（图 1-1-8），异响消失。因此将故障锁定在转向助力泵、水泵、发电机、压缩机。

❹ 再次安装附件皮带，启动发动机，使用听诊器检查转向助力泵、水泵、发电机、压缩机工作时是否有异响，检查过程中发现水泵产生异响。

❺ 更换水泵（图 1-1-8 箭头）后，异响消失。

（4）案例总结

遇到这类异响故障，先确定异响的位置，再使用排除法，逐一排除零部件故障。

 **1.1.7　平衡轴异响**

（1）车辆信息

车型：2015 年款宝马 320i。发动机：2.0 升。行驶里程：68000 公里。

（2）故障现象

原地加速，当发动机转速在 3000 ～ 4000 转 / 分时异响声很大，同时能感觉到方向盘在强烈地振动。

（3）故障诊断与排除

❶ 该车在 1 个月之前做完发动机大修。

❷ 使用电脑诊断仪，检查发动机故障码和数据流，均正常。

❸ 用举升机将车举升，检查发现发动机和自动变速器未碰触到车身，各支架均正常，液力变矩器也无明显跳动。

❹ 经过反复检查，发现当发动机转速达 4000 转 / 分时，发动机油底壳振动强烈。考虑到发动机刚大修过，决定拆卸油底壳检查平衡轴装配是否正常。拆卸油底壳，检查发现平衡轴的装配位置与正确的装配位置正好相反（图 1-1-9）。

❺ 重新正确地装配平衡轴后试车，异响和振动均消失。

（4）案例总结

该车为人为故障，需提高维修人员的技能水平，减少这类人为故障。

 **1.1.8 飞轮异响**

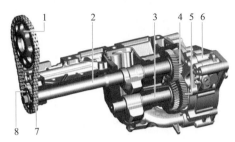

图 1-1-9　宝马 N20 发动机的平衡轴

1—曲轴链轮；2—上部平衡轴；3—下部平衡轴；4—上部平衡轴齿轮；5—机油泵齿轮；6—机油泵；7—平衡轴和机油泵传动齿形链；8—平衡轴链轮

（1）车辆信息

车型：2009 年款大众迈腾。发动机：1.8升。行驶里程：120000 公里。

（2）故障现象

车辆启动后打开空调，可在右前轮下听见明显的"哗啦哗啦"声。

（3）故障诊断与排除

❶ 拆卸压缩机皮带，启动发动机，异响依然存在。

❷ 试车时异响的位置很明显在发动机后部范围，有部件松动也会引起异响，在检查外围时没有发现有松动的零部件。

❸ 进一步拆检，首先检查飞轮和起动机，防止掰齿现象而产生碎屑卡滞或起动机甩轮松动，没有发现问题。

❹ 拆检油底壳，检查发动机连杆机构部分，在拆检前先拆下火花塞，粗略地检查一下活塞在上止点的位置是否有差异，均正常。

❺ 拆下双质量飞轮（图 1-1-10），用手托起并轻轻晃动，可听到"哗啦哗啦"的声响，如同试车时的故障声音。

❻ 更换新的飞轮后试车，故障排除。

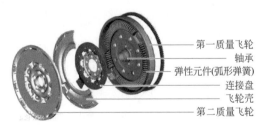

第一质量飞轮
轴承
弹性元件(弧形弹簧)
连接盘
飞轮壳
第二质量飞轮

图 1-1-10　DSG（直接换挡）变速器双质量飞轮

（4）案例总结

双质量飞轮内的弹簧因进水而生锈，造成动作卡滞，在外力作用下折断。因为开空调时，发动机负荷大而转速低，折断的弹簧在离心力无法克服重力的情况下来回碰撞腔壁而产生异响。

1.2　漏油故障

1.2.1　发动机气门室盖漏油

视频精讲

（1）车辆信息 ····

车型：2006年款雪铁龙凯旋。发动机：2.0升。行驶里程：98000公里。

（2）故障现象 ····

发动机加速不良，故障灯点亮。

（3）故障诊断与排除 ····

❶ 使用电脑诊断仪读取故障码，故障内容分别为1缸缺火、多缸缺火。

图1-2-1　进排气侧的气门室盖漏油

❷ 拆下点火线圈和火塞检查，当拆下发动机装饰盖时，发现进排气侧的气门室盖漏油严重（图1-2-1）。此时，引发故障的原因有可能为火花塞故障、点火线圈故障。

❸ 拆卸点火线圈和火塞检查，火花塞电极上全是机油并且积炭严重，需要更换；清洁点火线圈上的机油，更换进排气气门室盖垫。

❹ 清除故障码，启动发动机，发动机运行正常，故障消失。

（4）案例总结 ····

更换气门室盖时要注意工艺，必须按厂家的标准工艺操作，如果紧固螺栓的力矩不均匀，容易在短时间再次出现漏油，造成返修。

1.2.2　气门油封漏油

（1）车辆信息 ····

车型：2006年款雪铁龙凯旋。发动机：2.0升。行驶里程：150000公里。

（2）故障现象 ....

发动机加速不良，故障灯点亮。

（3）故障诊断与排除 ....

❶ 用电脑诊断仪对发动机控制单元进行故障查询，故障存储器中有2个故障记录，显示气缸2有不发火现象。

❷ 通过现场试车，并读取发动机数据块第15组内容发现，在行驶中第2缸一直存在不发火现象。

❸ 对调点火线圈，故障位置依然在第2缸。

❹ 拆卸火花塞，火花塞电极上全是机油，导致无法跳火；检查发动机气门室盖垫、气缸垫，均没发现漏油。

❺ 更换全新的火花塞后，路试，故障消失；让车主回家使用观察。

❻ 过了一个月，车辆再次出现该故障。

❼ 检查发动机气门室盖垫、气缸垫，均没发现漏油；怀疑是活塞环或气门油封漏油，为验证猜想，对第2缸进行缸压测量，缸压正常，表明气缸不存在漏油。

❽ 启动发动机，用加油门和松油门的方法来判断是否气门油封漏油，加油门时排气管冒蓝烟表明活塞、活塞环和气缸套磨损间隙过大；松油门时排气管冒蓝烟表明气门油封损坏、气门导管磨损。测试结果表明，气门油封漏油。

图1-2-2　更换气门油封

❾ 更换气门油封（图1-2-2），故障排除。

（4）案例总结 ....

冒蓝烟是烧机油的现象，主要是由活塞、活塞环、气缸套、气门油封、气门导管磨损引起的，但首先要排除废气管引起的烧机油现象，即油水分离器和PVC（聚氯乙烯）阀损坏也会引起烧机油。

如果是活塞环的问题，可通过缸压数据判断磨损量，如果不是相当严重，或是某个气缸的问题，可添加修复剂进行改善，应该在行驶1500公里后自动修复。

 ## 1.2.3　油底壳漏油

（1）车辆信息 ....

车型：2009年款大众捷达。发动机：1.6升。行驶里程：90000公里。

（2）故障现象　　　　　　　　　　　　　　　　　　　　　　　　　··· ·

早晨车辆开出停车位后，地上有油迹。

（3）故障诊断与排除　　　　　　　　　　　　　　　　　　　　　　··· ·

❶ 到服务站后，检查发动机机油，发现机油量明显缺少。

❷ 检查发动机上部，没有发现漏油。

❸ 举升车辆，检查发现车辆底盘护板上有大量的油迹，拆下底盘护板，发现发动机油底壳处有大量的油迹，无法确认漏油的位置（图1-2-3）；对发动机下部有油迹的位置进行清洁，补充发动机机油，然后复原车辆，让客户再使用一周。一周后车辆再次进店进行检查，发现发动机油底壳与发动机缸体密封处有漏油。

图 1-2-3　发动机油底壳漏油

❹ 拆下发动机油底壳进行检查，目测检查是否有变形或损坏，确认没有上述问题后，再对油底壳重新进行密封和安装，安时装必须根据厂家的标准工艺进行操作。

❺ 车辆维修后，让客户使用一周，再回来复检，复检没有漏油的现象，重装并对发动机油底壳密封后，故障解决。

（4）案例总结　　　　　　　　　　　　　　　　　　　　　　　　··· ·

对于无法确定漏油故障的，建议先将漏油的位置清洁干净，使用一段时间后再返店进行检查，这样可以准确地看到故障位置。

 ## 1.2.4　废气涡轮增压器漏油

（1）车辆信息　　　　　　　　　　　　　　　　　　　　　　　　··· ·

车型：2014年款大众迈腾。发动机：2.0升。行驶里程：40000公里。

（2）故障现象　　　　　　　　　　　　　　　　　　　　　　　　··· ·

汽车下方存在油迹，机油油位提示显示亮起。

（3）故障诊断与排除　　　　　　　　　　　　　　　　　　　　　　··· ·

❶ 检查发动机机油，有缺少，已到报警线。

❷ 检查发动机上部，发现废气涡轮增压器转换阀有漏油（图1-2-4），并且发现发动机上有大片的油迹，无法确定准确的漏油位置。首先对发动机的油迹进行清洁，然后复原车辆，让客户再使用一周。一周后车辆再次进店进行检查，发现只有废气

涡轮增压器转换阀处有漏油，通过拆检发现是机油泄漏到直通孔的螺栓上（图1-2-5中红色箭头）。

图 1-2-4　废气涡轮增压器转换阀处漏油　　　　图 1-2-5　废气涡轮增压器漏油位置

❸ 确定为转换阀区域内泄漏机油（废气涡轮增压器），更换转换阀的紧固螺栓，故障解决。

（4）案例总结

本故障是由于螺栓故障产生的漏油，螺栓故障很容易被忽略，往往会造成重复性的维修。

 ## 1.2.5　气缸垫漏油（表1-2-1）

视频精讲

表 1-2-1　气缸垫漏油

车辆信息	车型：2010 年款雪铁龙世嘉
	发动机：1.6 升
	行驶里程：70000 公里
故障现象	车辆行驶时出现水温高，风扇高速旋转
故障诊断与排除	①检查发动机水温，仪表显示 120℃，散热风扇一直高速旋转 ②使用电脑诊断仪读取水温温度为 120℃，与仪表显示一致 ③检查冷却液液位，正常，因为还处在高温，所以不能打开储液壶盖，需等到水温到 60℃以下再打开 ④检查发现发动机机油缺少，发动机气缸垫有漏油 ⑤打开储液壶盖，发现冷却液中有油迹，结合发动机气缸垫漏油，初步判定是发动机气缸垫漏油到冷却水道内，并且对冷却水道造成堵塞。对气缸垫进行拆检，检查气缸垫油道与水道有几处已经连通，导致气缸垫漏油到水道 ⑥更换发动机气缸垫、冷却水箱、节温器、暖风水箱，复原车辆，故障排除
案例总结	水温高是漏油引起的二次故障，维修时要细心查找真正的原因，找不到真正的源头，最终会造成返修

1.2.6 机油滤清器漏油

视频精讲

（1）车辆信息

车型：2010 年款雪铁龙世嘉。发动机：2.0 升。行驶里程：80000 公里。

（2）故障现象

车辆在行驶时，发动机机油报警灯点亮。

（3）故障诊断与排除

❶ 检查发动机机油，机油标尺上已看不见机油；发动机机油滤清器处有明显、大量的机油泄漏。

图 1-2-6　更换机油滤清器密封圈

❷ 清洁发动机机油滤清器处的机油并且补充机油至标准位置。

❸ 启动发动机，检查机油滤清器的漏油位置，发动机运行 10 分钟后发现机油滤清器外壳密封圈有漏油，故障的位置找到了。

❹ 根据厂家的标准工艺更换机油滤清器外壳密封圈（图 1-2-6），再次启动车辆进行检查，发动机运行 10 分钟后，依然存在漏油；下一个维修方案为更换机油滤清器总成，再次启动车辆检查，机油滤清器漏油的故障解决。

（4）案例总结

在拆卸机油滤清器时明显感觉到紧固时的力矩比较大，在拆卸时比较困难，这说明当时没有按厂家的标准工艺操作导致机油滤清器外壳变形。保养虽简单，如果不按标准工艺操作也会出现大问题。

1.2.7 曲轴前油封漏油

（1）车辆信息

车型：2012 年款雪佛兰科鲁兹。发动机：1.6 升。行驶里程：98000 公里。

（2）故障现象

车辆在行驶时突然熄火，不能启动。

（3）故障诊断与排除

❶ 检查燃油、蓄电池电量、起动机工作情况，均正常。

❷ 使用电脑诊断仪没有读到故障码。

❸ 检查时发现发动机下部有大量的机油。

❹ 使用工具旋转曲轴时，只能旋转1/6圈，初步怀疑正时皮带错齿导致气门顶弯、曲轴变弯、活塞损坏等。

❺ 拆卸正时皮带发现其上全是机油（图1-2-7），并且少了6个齿；拆卸进气歧管，检查发现1缸和4缸的进气门已经损坏（顶弯）。

❻ 对发动机进行大修，维修后车辆正常使用。

图 1-2-7　曲轴前油封漏油

（4）案例总结

正时皮带上的机油是曲轴前油封漏油所致，正时皮带长时间泡油，最终造成了发动机损坏的结果。早发现问题，早进行维修，就能降低造成的损失。

 ## 1.2.8　曲轴后油封漏油

（1）车辆信息

车型：2014年款雪铁龙爱丽舍。发动机：1.6升。行驶里程：108000公里。

图 1-2-8　曲轴后油封漏油

（2）故障现象

车辆挂挡困难，挂上挡后提速车辆不走。

（3）故障诊断与排除

❶ 检查发动机工况，正常。

❷ 在发动机不启动时，进行挂挡检查，所有挡位均正常。

❸ 启动发动机后，在不行驶的情况下，所有挡位均不好挂入并且伴有"哗哗哗"的异响，踩下离合器踏板时异响变小，抬起离合器踏时异响变大，初步判定为离合器故障。

❹ 拆检离合器，发现摩擦片已经脱落造成不好挂挡和异响。

❺ 同时发现曲轴后油封漏油比较严重（图1-2-8），整个离合器均有机油。

❻更换曲轴后油封、离合器一套零件，试车，故障解决。

（4）案例总结

本车的故障是由于曲轴后油封漏油，摩擦片长时间泡油导致脱落，从而出现故障。

1.3 烧机油故障

1.3.1 活塞环烧机油

视频精讲

（1）车辆信息

车型：2001 年款大众捷达。发动机：1.6 升。行驶里程：180000 公里。

图 1-3-1　大众捷达排气管冒蓝烟

（2）故障现象

发动机机油消耗过快，排气管冒蓝烟（图 1-3-1）。

（3）故障诊断与排除

❶检查发动机机油液位，与上次保养相隔 4 个月，跑了 5000 公里，机油消耗较多。

❷检查发动机，无漏油现象。

❸检查发动机排气，有蓝色的尾气排出，初步判定为烧机油。

❹启动发动机，热车之后进行急加速，只要转速急速攀升，排气管有蓝色烟雾排出。初步判定为活塞环出现了故障，通过检测缸压，判断是 1 缸活塞环出现了问题。

（4）案例总结

急加速烧机油主要是气缸内壁与活塞环间的密封效果不良，导致机油直接从曲轴箱进入燃烧室。

1.3.2 气门油封烧机油

（1）车辆信息

车型：2016 年款大众速腾。发动机：1.4 升。行驶里程：70000 公里。

（2）故障现象

车辆在行驶中出现发动机抖动并且故障灯点亮的故障。

（3）故障诊断与排除

❶ 使用电脑诊断仪对发动机控制单元进行检测，故障存储器中故障码：P0300——检测到不发火；P0302——气缸 2 检测到不发火（图 1-3-2）。

图 1-3-2　大众速腾故障码

❷ 经现场试车并读取发动机数据流第 15 组数据内容（图 1-3-3），行驶中第 2 缸存在失火故障现象。

❸ 分别将第 2 缸与第 3 缸的点火线圈及火花塞依次对调，当第 2 缸火花塞装配到第 3 缸时，第 3 缸有失火现象，以此判断为第 2 缸火花塞故障，因此更换火花塞。

❹ 车主使用约 10 天后再次反映发动机故障灯报警。通过读取故障记录，发现与之前的故障存储相同：气缸 2 检测到不发火。通过将第 2 缸火花塞与其他缸火花塞仔细对比，发现电极表面附有一层油膜（图 1-3-4）。

图 1-3-3　大众速腾数据流　　　　图 1-3-4　第 2 缸火花塞与其他缸火花塞对比

❺ 经清洗火花塞，失火现象好转，但是当火花塞电极重现油膜后，失火故障现象依然存在。火花塞油膜产生与气门油封和活塞环密封有关联，与用户协商，拆解

图 1-3-5　积炭严重

了发动机气缸盖，发现积炭严重。

⑥ 进一步拆检发现，第 2 缸存在严重机油内漏状况，经缸筒、气缸盖和气门比较，最终判断为气门导管处漏机油（如果缸体与活塞环密封不严，则在缸筒上部边沿会留下较严重的积炭；如果气门油封渗漏，则会在气门杆上留下较多积炭），如图 1-3-5 所示。

⑦ 更换气门油封后，故障彻底排除。

（4）案例总结

维修过程中如遇到因火花塞故障引起发动机失火，需根据火花塞的状态，进一步分析引起火花塞故障的原因，并进行处理，切不可仅更换火花塞来进行处理。

1.4 冷却液泄漏故障

 1.4.1　气缸垫漏液

视频精讲

（1）车辆信息

车型：2009 年款雪铁龙爱丽舍。发动机：1.6 升。行驶里程：70000 公里。

（2）故障现象

冷却液报警灯点亮，散热风扇持续高速旋转，车内有异味。

（3）故障诊断与排除

❶ 检查发动机冷却液，冷却液缺少很多。

❷ 检查水管、散热水箱、水泵，没有漏水；气缸垫处有漏水，并且沿着发动机滴落到排气管上，产生异味（图 1-4-1）。

❸ 更换发动机气缸垫，车辆使用一段时间后来店复检，漏水故障解决。

图 1-4-1　雪铁龙爱丽舍
发动机气缸垫漏水

（4）案例总结

漏水引起的水温高。

 1.4.2　水泵漏液

视频精讲

（1）车辆信息

车型：2010 年款奥迪 A4L。发动机：2.0 升。行驶里程：55000 公里。

（2）故障现象

冷却液不正常地减少。

（3）故障诊断与排除

❶ 检查储液壶的冷却液液位，冷却液已看不见，说明减少得比较多，怀疑有地方漏水。先验证是不是漏水，于是把冷却液加到规定位置。

图 1-4-2　奥迪 A4L 漏水的位置

❷ 让车子怠速运行一段时间，没发现冷却液减少，但当加油的时候就发现变速箱上方有红色的冷却液，最后经过确认，就是水泵漏水，可以看到水流的痕迹（图 1-4-2 和图 1-4-3）。

❸ 拆卸水泵后，检查发现漏水的位置（图 1-4-4）。

图 1-4-3　奥迪 A4L 水泵的位置

图 1-4-4　奥迪 A4L 水泵漏水的位置

④更换水泵，漏水故障解决。

（4）案例总结

EA888发动机水泵的位置比较隐蔽，增加了检查的难度，所以对怀疑部件的检查要细心、有耐心。

1.4.3 出水室漏液

（1）车辆信息

车型：2008年款雪铁龙世嘉。发动机：1.6升。行驶里程：76000公里。

（2）故障现象

漏冷却液。

（3）故障诊断与排除

①检查储液壶的冷却液液位，冷却液已看不见，说明减少得比较多，怀疑有地方漏水。

②检查水管、水泵、水箱、缸垫，均无漏水；发动机上的出水室有明显的漏水（图1-4-5）。

图1-4-5 雪铁龙世嘉出水室漏水

③更换出水室密封垫，漏水故障解决。

（4）案例总结

查找发现故障位置难度不高，处理这类的故障时，要将接触面清理干净，安装工艺要严格遵守厂家的要求。

1.5 漏气故障

1.5.1 气门室盖漏气

（1）车辆信息

车型：2014 年款别克威朗。发动机：1.6 升。行驶里程：64000 公里。

（2）故障现象

行驶时车辆加速无力，怠速时抖动。

（3）故障诊断与排除

❶ 电脑诊断仪检测结果为 1 缸和 4 缸缺火，初步怀疑是火花塞、点火线圈及油路故障。

❷ 对调点火线圈试验，故障依然存在，排除点火线圈的问题。

❸ 更换火花塞，清洗喷油嘴和节气门，故障依然存在。

❹ 发动机怠速时能听到很小的"嘶嘶嘶"声，经检查确定气门室盖漏气（图 1-5-1）。

图 1-5-1 别克威朗气门室盖漏气位置

❺ 更换气门室盖，故障解决。

（4）案例总结

本案例中，气缸失火是由于漏气引起的，维修人员只看到了表面的故障，却忽略了真正引起气缸失火的原因。

1.5.2 涡轮增压器漏气（表 1-5-1）

表 1-5-1 涡轮增压器漏气

车辆信息	车型：2014 年款大众宝来
	发动机：1.4 升
	行驶里程：54000 公里

续表

故障现象	汽车加速时车速提速慢，有发动机动力不足的感觉
故障诊断与排除	①排除电控系统等其他导致该故障的元件问题，也检查了燃油系统压力，符合标准 ② 3 挡以发动机转速 2000r/min 全负荷加速，进入 01-08-115，读取 4 区压力在 960 ～ 990mbar 之间（1bar=10^5Pa，下同），压力不在参数范围内 ③检查涡轮增压器，发现压气端在热车时比较容易直观地观察到损坏的裂缝。已经直观地发现涡轮增压器漏气故障（参见图 1-1-6）
案例总结	本案例通过分析数据流快速排除怀疑的部位并且找到了故障位置，灵活运用所学的知识能事半功倍

 ## 1.5.3　进气歧管漏气（表 1-5-2）

表 1-5-2　进气歧管漏气

车辆信息	车型：2014 年款大众朗逸
	发动机：1.6 升
	行驶里程：47000 公里
故障现象	汽车出现抖动、怠速不稳
故障诊断与排除	①检查仪表的发动机故障灯，没有点亮 ②使用电脑诊断仪没有读取到故障码，发动机电控系统不存在故障 ③打开发动机机舱盖，怠速时发动机抖动，并且有"嘶嘶嘶"的声音，使用烟雾测试仪检测，找到进气歧管有裂缝，存在漏气的现象 ④更换进气歧管总成，故障解决
案例总结	一般进气歧管的绝对压力值在 40~80kPa 之间，但是每个品牌都有轻微的区别。当发动机工作时，在进气冲程活塞向下运动形成的抽吸作用下，进气歧管压力会低于大气压力 进气歧管压力会受到节气门的开度、发动机转速和密封性能的影响 ①节气门开度越小，进气时活塞形成的抽吸作用越大；进气歧管吸力越大，真空度越大，进气管压力越小 ②发动机转速越高，进气时活塞形成的抽吸作用越大；进气歧管吸力越大，真空度越大，进气歧管压力越小 ③密封性能越好，进气歧管吸力越大；真空度越大，进气歧管压力越小

 ## 1.5.4　活塞环漏气

（1）车辆信息

车型：2001 年款雪铁龙富康。发动机：1.6 升。行驶里程：210000 公里。

（2）故障现象

车辆动力不足。

（3）故障诊断与排除

❶ 排除电控系统其他导致该故障的元件问题，也检查了燃油系统压力，符合标准。

❷ 检查发动机，没有漏气。

❸ 检查发动机缸压，第 2 缸的缸压只有 4bar，其他 3 个缸均在 10bar。为验证是气门油封还是活塞环漏气，可在气缸中加入一些干净的良好机油。机油加入后，气缸压缩力显著增强，则表明活塞环不良，气体是经过活塞与气缸壁之间的缝隙而漏入油底壳的。如果加入机油后，气缸压缩力仍无明显变化，则表明气缸压缩力不足与活塞环无关，而可能是气体经过进气门或排气门时漏掉的（图 1-5-2）。

图 1-5-2　雪铁龙富康两个气环开口重叠导致漏气

❹ 对发动机进行大修后车辆恢复正常。

（4）案例总结

活塞环漏气主要有以下几方面原因。

❶ 活塞环槽磨损。活塞环槽磨损主要在环槽的下表面，造成磨损的原因是气环的下冲击和活塞环在环槽内的径向滑动，使第二密封面的密封效果下降。

❷ 活塞环磨损。由于活塞环的材质与气缸壁不配套（两者的硬度相差太大），使活塞环磨损后其密封性变差。

❸ 活塞环开口间隙过大，不符合要求，面环的封气效果变差，节流作用降低，漏气通道加大。

❹ 活塞环开口分布不合理。为了减少漏气，加强环开口处的节流作用，使环的封气路线变长，故各道气环的开口需按要求操作。

❺ 发动机工作时，作用在环上的各种力相平衡并处于浮动状态，可引起环的径向振动，使密封失效；同时可能出现环的圆周转动，这将使安装时的开口错开角度发生变化，也会造成漏气。

汽车正时故障

2.1 正时皮带故障

2.1.1 正时皮带跑偏

视频精讲

（1）车辆信息

车型：2010年款雪铁龙凯旋。发动机：2.0升。行驶里程：140000公里。

（2）故障现象

车辆启动后，发动机正时皮带处会出现"沙沙沙"的声音。

（3）故障诊断与排除

❶ 拆卸附件皮带，启动发动机，"沙沙沙"的声音依然存在，此时初步确定产生异响的位置为正时皮带处（图2-1-1）。

❷ 拆卸正时皮带上盖，发现正时皮带上盖有磨损，启动发动机，"沙

图 2-1-1 雪铁龙凯旋发动机正时皮带

沙沙"的声音消失。

❸ 检查正时皮带外侧，有明显的磨损；检查正时张紧轮，有明显的凹槽。

❹ 更换正时皮带、正时张紧轮、惰轮。

❺ 复原车辆后启动发动机，异响消失。

（4）案例总结 · · · ·

此类故障多是由于前一次安装不正确导致正时皮带出现"跑偏"，因此在碰到这类故障时首先询问车主上一次的维修记录，以便快速找到故障。

 2.1.2　正时皮带移位

（1）车辆信息 · · · ·

车型：2013 年款标致 307。发动机：1.6 升。行驶里程：64000 公里。

（2）故障现象 · · · ·

冷车启动后，发动机有"吱吱吱"的声音。

（3）故障诊断与排除 · · · ·

❶ 发出异响的位置是附件皮带、正时皮带。

❷ 确认是否为发电机皮带异响：启动发动机前在发电机皮带处浇点水，点火，"吱吱吱"的声音消失。待 1 ～ 2 分钟水分磨干后，"吱吱吱"声音再次出现。再浇点水，异响再次消失。如果是上述情况，则说明是发电机皮带异响。

同时检查发电机皮带是否有老化（图 2-1-2）、皮带的张紧力是否合适，上述两个问题同样会产生异响。

❸ 拆卸附件皮带，启动发动机，异响仍然存在，故产生异响的位置在正

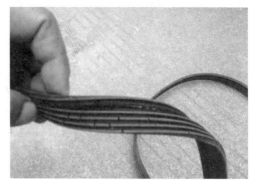

图 2-1-2　标致 307 附件皮带老化

时皮带内；拆下正时皮带上盖，发现正时皮带上盖有磨损的痕迹，观察到正时皮带有移位。

更换正时皮带、张紧轮、惰轮，故障解决。

（4）案例总结 · · · ·

异响的声音千奇百怪，也有很多是相同的，只要对怀疑的零件一个个排除，真正的故障位置就会找到。

视频精讲

2.1.3 正时皮带断裂

（1）车辆信息

车型：本田雅阁 Coupe。发动机：F22B4。行驶里程：180000 公里。

（2）故障现象

车辆在中速行驶中突然熄火。

图 2-1-3 本田雅阁 Coupe 正时皮带断裂

（3）故障诊断与排除

将故障车辆拖到车间，经过检查发现正时皮带断裂，皮带表面有白色渗透物（难去除），通过询问车主得知该车只换过 1 次正时皮带（现已行驶 180000 公里），初步判定为皮带没有按时更换，并且在腐蚀物影响下产生了断裂（图 2-1-3）。由于该车当时是中速行驶，并且熄火后车主处理得当，能利用车辆惯性靠边停车，等待救援，没有盲目启动车辆，所以在解体检修中只发现 2 个气缸的气门被稍微顶弯，其他没问题，没有造成大的经济损失。

对发动机进行维修，更换损坏的零件，故障排除。

（4）案例总结

本次故障是由于用户没有遵守厂家的维护标准造成的，日常的工作中，除了对车辆进行维护外还要引导用户对车辆进行保养。

2.2 正时皮带张紧轮异响

（1）车辆信息

车型：2008 年款标致 207。发动机：1.4 升。行驶里程：90000 公里。

（2）故障现象

发动机怠速时，发动机皮带处出现"叽叽叽"的声音。

（3）故障诊断与排除

❶ 拆卸附件皮带，启动发动机，"叽叽叽"的声音依然存在，此时初步确定产

生异响的位置为正时皮带处。

❷ 拆卸正时皮带上盖，启动发动机，异响依然存在，使用听诊器对张紧轮和惰轮进行检查，检查发现正时皮带张紧轮发生异响（图2-2-1箭头）。

❸ 拆下正时皮带张紧轮，用手快速转动张紧轮，能听到轴承产生的异响。

❹ 更换正时皮带张紧轮，复原车辆；启动发动机，异响消失。

图 2-2-1　标致 207 正时皮带张紧轮

（4）案例总结

正时皮带张紧轮产生的异响与惰轮的异响类似，可用排除法对故障位置进行检测。

2.3　正时链条盖密封不良

（1）车辆信息

车型：2014 年款大众迈腾。发动机：2.0 升。行驶里程：98000 公里。

图 2-3-1　大众迈腾正时链条盖上有油迹

（2）故障现象

正时链条盖上有油迹（图2-3-1）。

（3）故障诊断与排除

❶ 清洁有油迹的位置，让客户自行使用一周再回店检查维修。

❷ 一周后，再次检查漏油的位置，确定为正时链条上盖。

❸ 更换正时链条上盖密封条，故障解决。

（4）案例总结

车辆使用到一定的里程或年限塑胶件会出现老化，安装的零件虽简单但是要遵循厂家标准工艺安装，避免二次维修。

2.4 正时错位

（1）车辆信息

车型：2004 年款雷诺一代风景。发动机：1.6 升。行驶里程：210000 公里。

（2）故障现象

发动机噪声大。行驶乏力，最高车速只能达到 115km/h。

（3）故障诊断与排除

❶ 接车后用听诊器仔细对发动机的这种声音进行辨认，发现有两种不同的声音：一种是很有规律的气门间隙过大造成的"气门响"；另一种是在加速时有明显的"突爆声"，即爆震声。

❷ 询问车主得知该车以前发动机也有噪声，在另一家修理厂更换正时皮带后噪声又变成另一种，且更换正时皮带后动力不足。

❸ 试车发现该车高速时明显动力不足，只能加速到 115km/h。根据检查的情况和客户反映的材料，我们重新用专用工具对发动机的正时皮带进行检查，发现错了 2 个齿，即正时提前 2 个齿，校准后发动机的噪声明显减小，只剩下有规律的气门响。再试车发动机高速行驶有力，故障排除（图 2-4-1）。

图 2-4-1 凸轮轴定位

（4）案例总结

车辆在更换正时皮带时最好用厂家提供的专用工具进行定位：一是对曲轴定位；二是对凸轮轴进行定位。在安装好正时皮带后紧固曲轴皮带轮螺栓前，要通过曲轴飞轮轮齿顺时针转动直到无法转动曲轴为止，保持曲轴不动并固定住曲轴方可紧固螺栓。因为曲轴定位销孔相对于定位销有一定的旷量，反映到飞轮上有 3 个齿左右的余量，如果在紧固螺栓时不消除此量，那么就会发生错齿，导致发动机爆震、动力不足的故障现象。

2.5 正时错乱

（1）车辆信息

车型：2008 年款标致 308。发动机：1.6 升。行驶里程：100000 公里。

（2）故障现象

车辆抖动、加油不畅。

（3）故障诊断与排除

车辆保养后，第二天着车发现车辆加速无力，怠速抖动。

接车后，读取了故障码，如图 2-5-1 所示，并且清除不掉故障码。

图 2-5-1　标致 308 故障码

根据故障码，测量进气压力传感器的电压，传感器为 4 线的，拔掉进气压力传感器插头测试结果如下。

1 号脚：0.0V。2 号脚：0.0V。3 号脚：5V。4 号脚：0.0V。

插上传感器插头测量结果如下。

1 号脚：2.1V。2 号脚：0.8V。3 号脚：5V。4 号脚：0.0V。

根据测得的数值得知 3 号脚为 5V 供电，4 号脚是接地，剩下的一个是进气温度信号，另一个是进气压力信号。验证哪一个是进气温度信号，哪一个是进气压力信号。维修人员经加油门并测 1 号线和 2 号线，分别得知 1 号线信号随着油门的大小而变化，为进气压力信号；2 号线信号不会随着油门大小而变化，说明是进气温度信号。

那么故障原因找到了，但是根据测量结果，1 号线是信号线，电压为 2.1V，启动着车，怠速时测量 1 号线的电压为 2.4V，这是不正常的，因为在怠速时进气压力信号电压正常值为 1.2 ～ 1.5V，现在明显偏高。于是进一步测量进气压力传感器插头到发动机电脑板之间的线是否有短路的地方，测量结果为正常，但测量过程中发现信号线插针空隙变大了，塞了根铜丝进去之后，发现电压还是 2.4V，但故障码可以清除了。

读取数据流，数据流显示进气压力过高，为 500mbar，换算一下就等于 50kPa（图 2-5-2）。

喷油脉宽为 4.5ms，很明显也很大，其他数据流都是正常的，长短期燃油修正都在正常范围之内（图 2-5-3）。

根据数据流分析，进气压力数值高、喷油脉宽数值大的原因有：

❶ 进气系统漏气；

❷ 进气压力传感器损坏；

❸ 三元催化器堵塞；

❹ 喷油嘴堵塞；

❺ 正时错误；

❻ 配气相位异常。

视频精讲

视频精讲

图 2-5-2　标致 308 歧管压力数据流（一）

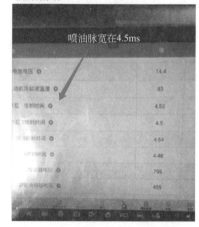

图 2-5-3　标致 308 喷油脉宽数据流（一）

经检查，无漏气；拆下前氧传感器验证三元催化器，无堵塞；检查正时，经过一番周折维修人员反馈正时错了 3 个齿。

重新对好正时，读取数据流，进气压力和喷油脉宽正常（图 2-5-4 和图 2-5-5）

图 2-5-4　标致 308 歧管压力数据流（二）

图 2-5-5　标致 308 喷油脉宽数据流（二）

试车，加速正常，故障解决。

（4）案例总结

由于正时错乱从而导致进气压力升高，真空度降低，发动机电脑板接收到进气压力的信号进而增大喷油量。

第**3**章

汽车怠速故障

凸轮轴调节阀故障

（1）车辆信息

车型：2015 年款大众迈腾。发动机：2.0 升。行驶里程：76000 公里。

（2）故障现象

发动机故障指示灯亮。

（3）故障诊断与排除

车辆正时跳齿以后把气门顶了，在维修以后，启动车辆有失火抖动的故障现象。首先用解码器读取故障码，读取到 P0016——气缸列 1，进气凸轮轴位置 / 曲轴位置传感器：分配不正确，还有失火的故障码（图 3-1-1）。

对于这些故障码首先应该检查 P0016 正时故障，此车刚大修，更换过正时套装，正时点不会错，我们可通过数据流对发动机正时进行诊断。首先读取 91 组

图 3-1-1　大众迈腾故障码

和 93 组数据流（图 3-1-2）。

数据流显示			
数据流名称	值	E+M	单位
凸轮轴调节(缸组1进气)	091		
091-1.发动机转速 (G28)	640.0		r/min
091-2.凸轮轴调整,进气气缸列1	5.88		%
091-3.凸轮轴调整,进气气缸列1(标准)	38.00		°KW
091-4.凸轮轴调整,进气气缸列1(实际)	38.00		°KW

数据流名称	值	E+M	单位
凸轮轴调节自适应	093		
093-1.发动机转速 (G28)	760.0		r/min
093-2.发动机负荷	30.83		%
093-3.进气凸轮轴相位位置-缸组1	60.70		°
093-4			

图 3-1-2 大众迈腾发动机数据流

图 3-1-3 大众迈腾调节阀损坏

读取这两组数据流以后发现其不对，正常 91 组 3 区凸轮轴额定调节值为 28.00，4 区实际调节值为 27.50。此数据为凸轮轴调节器 VVT 正常运行值，如果超出数值应检查配气结构和 VVT 结构，并检查机油压力供给系统状态。93 组 3 区数据流为 60.70°，正常为 ±5° 以内，超过 ±5° 为链条拉长。新更换的正时，其数据流为 60° 肯定不对，怀疑 VVT 链轮泄压，于是重新拆卸，在拆卸过程中发现进气凸轮轴油压调节阀中间活塞凸出来了（图 3-1-3）。正常是不应该凸出来的，在更换新的油压调节阀以后数据流恢复正常，怠速不抖动。

（4）案例总结

进气凸轮轴调节阀损坏导致泄压，引起发动机故障。

3.2 发动机漏气

（1）车辆信息

车型：日产骐达。发动机：1.6 升。行驶里程：95047 公里。

（2）故障现象

怠速抖动。

（3）故障诊断与排除

用解码器读取故障码，内容为混合气稀。读取数据流，发现长期燃油修正为 30.469%，空气流量计数据为 1.490g/s（图 3-2-1）。

空气流量计数据比实际小，检查漏气。拆下炭罐电磁阀检查，没有发现常通，堵上废弃阀管道看数据流，燃油修正没有掉下来。拔掉刹车真空泵到进气管的管道，堵住后读取数据流，燃油修正掉到 -3，说明真空泵常通，有空气进入进气管。

更换刹车泵，故障解决。

（4）案例总结

本案例中，发动机漏气，通过分析数据流，再对怀疑的位置一一验证，最终排除故障。

当前发动机	值	缸当前值	6
燃油系统1状态	CL		
发动机冷却液温度	105	80 - 110	de
短期燃油修正(缸组1)	4.688	-15 - 15	
长期燃油修正(缸组1)	30.469	-25 - 25	
进气歧管绝对压力	38	20 - 108	
发动机转数	711.750	0 - 6000	
来自质量空气流量传感器的空气流量	1.490	2 - 6	
氧传感器输出电压(缸组1,传感器1)	0.765	0 - 5	
氧传感器输出电压(缸组1,传感器2)	0.675	0.1 - 0.9	

图 3-2-1　日产骐达发动机数据流

3.3 单缸气缸压力不足

（1）车辆信息

车型：雪佛兰科鲁兹。发动机：1.6 升。行驶里程：100485 公里。

（2）故障现象

车子在停一晚上后启动，开始时抖动。

（3）可能的故障原因

火花塞、点火线圈、喷油嘴故障或缸压有问题。

（4）故障诊断与排除

用解码器读取故障码，内容为 3 缸失火。

❶ 检查发动机点火线圈。如果汽车出现发动机抖动等现象，一般都是以上几种零件损坏导致气缸失火。故障码内容为 3 缸失火，说明 1/2/4 缸是正常工作的。检查时可以调换 1/2/4 缸的点火线圈，进行诊断调换后再读取故障码，内容还是 3 缸失火，检查点火信号，也是正常的，说明故障点不在点火线圈。

❷ 检查喷油嘴。按照检查点火线圈的方法检查喷油嘴，调换后读取故障码，内容还是 3 缸失火。检查喷油信号，也是正常的，说明故障点不在喷油嘴。

❸ 检查火花塞。拆下来发现 3 缸火花塞发黑（图 3-3-1），发黑说明混合气浓，

即油多气少、燃烧不好。

这时候务必对缸压进行检查，检查缸压发现 1/2/4 缸的缸压值都在 10 左右，而 3 缸缸压值在 7 左右，3 缸缸压明显不正常，可见故障点就在这里。拆检发动机，发现 3 缸活塞环断裂（图 3-3-2）。

图 3-3-1　雪佛兰科鲁兹 3 缸火花塞发黑

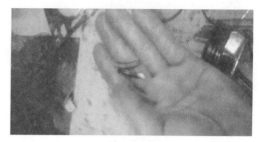

图 3-3-2　雪佛兰科鲁兹 3 缸活塞环断裂

对发动机进行大修，修复后，故障排除。

（4）案例总结

活塞环断裂导致气缸内压力不足，混合气燃烧不充分，失火抖动。

3.4　进气门积炭

（1）车辆信息

车型：2007 年款丰田奥德赛。发动机：2.4 升。行驶里程：220000 公里。

（2）故障现象

冷车抖动，热车正常；发动机无故障码。

（3）故障诊断与排除

维修历史：更换了油泵、点火线圈、水温传感器、火花塞，清洗了节气门，故障依旧。

冷车启动困难，热车后正常，类似这种问题，可能的原因一般是燃油压力过低或者发动机积炭过多（图 3-4-1）。

于是打算从积炭入手，拆掉进气歧管，发现进气门积炭严重（图 3-4-2），同时咨询车主，在用油这一块，车主很喜欢加燃油宝。有可能使用的汽油有问题，于是清洗进气门积炭，更换汽油，维修人员反馈故障解决。

（4）案例总结

汽车启动的条件很多，最主要的三大要素：良好的缸压，合适的空燃比，正确的点火正时。

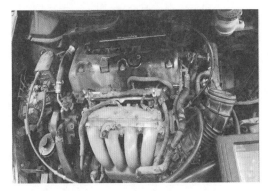

图 3-4-1　丰田奥德赛发动机

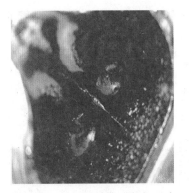

图 3-4-2　丰田奥德赛进气门积炭

3.5 炭罐电磁阀故障

（1）车辆信息

车型：别克 GL8。发动机：3.0 升。行驶里程：130000 公里。

视频精讲

（2）故障现象

发动机故障灯偶亮，不过熄火重启后故障灯又暂时不亮了，但最近故障灯亮得越来越频繁。

（3）故障诊断与排除

使用电脑诊断仪读取故障码，内容为燃油修正系统贫化，缸列 1、缸列 2（图 3-5-1）。

根据故障码分析，故障为混合气过稀（图 3-5-2）。

读故障码

中国通用V50.20 > 自动搜索 > 系统选择 > ECM(发动机控制模块)

故障代码	故障码描述	状态
P0171-00	燃油修正系统贫化，缸列1	
P0174-00	燃油修正系统贫化，缸列2	

图 3-5-1　别克 GL8 故障码

数据流名称	值	标准范围	单位
短期燃油修正，缸列1	1.17	-100.00 - 100.00	%
长期燃油修正，缸列1	28.63	-100.00 - 100.00	%
短期燃油修正，缸列2	-2.75	-100.00 - 100.00	%
长期燃油修正，缸列2	27.84	-100.00 - 100.00	%
加热型氧传感器，缸列1，传感器1	0.72	0.00 - 1.27	伏特
加热型氧传感器，缸列1，传感器2	0.60	0.00 - 1.27	伏特
加热型氧传感器，缸列2，传感器1	0.09	0.00 - 1.27	伏特
加热型氧传感器，缸列2，传感器2	0.65	0.00 - 1.27	伏特
发动机转速	637.75	0.00 - 8000.00	分钟转数
发动机冷却液温度传感器	84.00	-40.00 - 215.00	摄氏度
进气温度传感器	35.00	-40.00 - 215.00	摄氏度

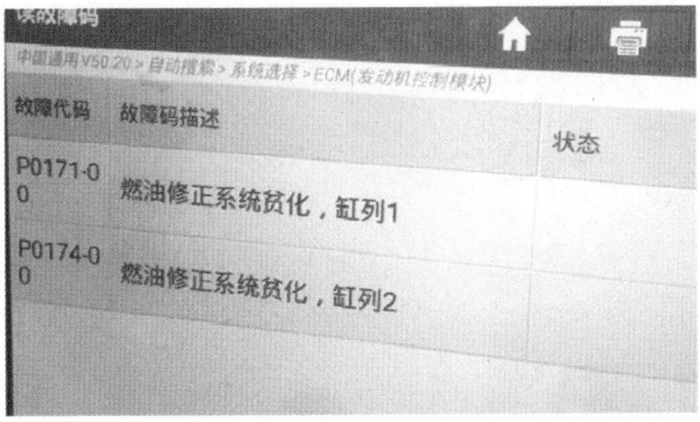

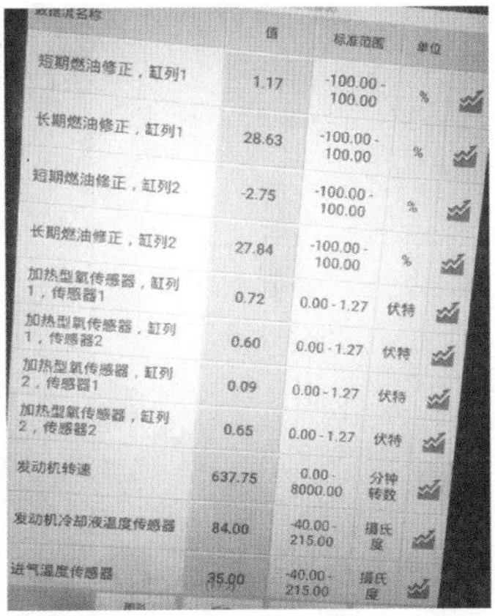

图 3-5-2　故障车（别克 GL8）发动机数据流

图 3-5-3　正常发动机数据流
（别克 GL8）

根据长短期燃油修正的数据，确认故障为混合气过稀没错。根据这个故障点进行排查，先检查进气系统有无漏真空，在查找过程中，并没有发现问题，不存在漏真空现象。随后用电脑查看数据，发现空气流量计数据不对，检查炭罐电磁阀，发现炭罐电磁阀时好时坏，正好跟车主反应的故障现象一样，故障越来越频繁。

更换好炭罐电磁阀后，再次读取发动机数据流（图 3-5-3），长短期燃油修正数据正常，故障解决。

（4）案例总结

炭罐电磁阀损坏后，一直处于常开状态。在怠速情况下，如果有燃油蒸气进入进气歧管，就会使混合气过浓，造成发动机燃烧不正常，部分气缸工作不良，最后出现"失火"现象。

3.6　ETCS 继电器故障

（1）车辆信息

车型：2008 年款本田雅阁。发动机：2.0 升。行驶里程：156940 公里。

（2）故障现象

发动机故障灯亮，加速无力。

（3）故障诊断与排除

使用电脑诊断仪读取故障码（图 3-6-1）。

图 3-6-1　本田雅阁故障码

经检查电路图得知ETCS（电子节气门控制系统）继电器给发动机一个供电电源，从而控制节气门加减速工况（图3-6-2）。

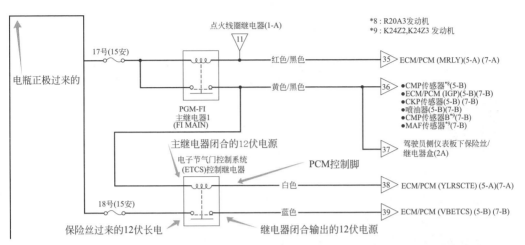

图 3-6-2　本田雅阁电路图

根据电路图检查了供电主继电器输出和保险丝的电源，无异常。短接继电器看加油是否正常，加速一切良好。那么问题就出现在电脑板控制上面，测量电脑板控制线没有负极控制，查找 ETCS 继电器到 PCM 之间的线路是否良好，发现 ETCS 继电器到 PCM 之间的线路断路（图 3-6-3）。

修复线路，清除故障码，故障解决。

（4）案例总结

排查故障要根据故障码的含义和依据电路图才能不走弯路，解决好故障。

图 3-6-3　本田雅阁故障位置

3.7　节气门故障

（1）车辆信息

车型：2013 年款纳智捷 U7 MPV。发动机：2.0 升。行驶里程：155282公里。

（2）故障现象

在行驶中仪表显示发动机故障灯突然亮起。

（3）故障诊断与排除

客户将车开到店里，上车检查确实如车主所说的一样，仪表显示发动机故障灯点亮了。接上诊断电脑，读取发动机电脑故障码，内容为 P0122——节气门位置（TPS）1 数值过低（图 3-7-1）。

视频精讲

图 3-7-1　纳智捷 U7 故障码

读取故障码后，通过上面的知识知道了故障码的含义，再读取节气门位置传感器的数据流。以下为打开点火开关，没有踩下加速踏板的数据流如图 3-7-2 所示。

❶ 节气门位置传感器 1（88.96%）。

❷ 节气门位置传感器 2（7.80%）。

打开点火开关，踩下加速踏板 1/3 的数据流如图 3-7-3 所示。节气门位置传感器 1（88.96%）不变化，节气门位置传感器 2（21.07%）有变化，到这里足以说明节气门位置传感器 1 出了问题。

数据流名称	值	单位	公制
相对节气门位置	7.84	%	
相对节气门位置 B	19.22	%	
加速踏板位置 D	14.90	%	
加速踏板位置 E	7.45	%	
ETC节气门位置传感器#1	88.96	%	
ETC节气门位置传感器#2	7.80	%	

图 3-7-2　没有踩下加速踏板的数据流

数据流名称	值	单位	公制
相对节气门位置	21.18	%	
相对节气门位置 B	32.16	%	
加速踏板位置 D	47.84	%	
加速踏板位置 E	23.92	%	
ETC节气门位置传感器#1	88.96	%	
ETC节气门位置传感器#2	21.07	%	

图 3-7-3　踩下加速踏板 1/3 的数据流

首先找到维修手册中节气门部分的电路图，从电路图中看到节气门位置传感器 2 的信号是由 2 号针脚到发动机电脑 ECU E26 号针脚，节气门位置传感器 1 的信号是由 3 号针脚到发动机电脑 ECU E39 号针脚（图 3-7-4）。

从电路图中分析得到导致报故障码的原因：

❶ 节气门位置传感器 1 到发动机电脑（ECU）线路虚接或者断路；

❷ 节气门损坏；

❸ 发动机电脑损坏。

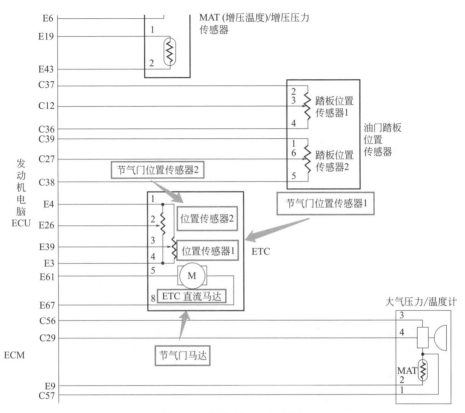

图 3-7-4　纳智捷 U7 电路图

　　拔下节气门插头，测量 1 号针脚电压为 0，即节气门位置传感器负极电压（图 3-7-5）。测量节气门插头 2 号针脚电压为 4.90V，即节气门位置传感器 2 的信号电压（图 3-7-6）。

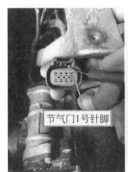

图 3-7-5　测量节气门 1 号针脚电压

图 3-7-6　测量节气门 2 号针脚电压

测量节气门插头 3 号针脚电压为 0，即节气门位置传感器 1 的信号电压（图 3-7-7）。

测量节气门插头 4 号针脚电压为 5.01V，节气门位置传感器电源（图 3-7-8）。

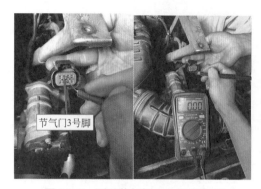 

图 3-7-7　测量节气门 3 号针脚电压　　　　图 3-7-8　测量节气门 4 号针脚电压

插上节气门插头，测量节气门位置传感器 1 和节气门位置传感器 2 的信号电压，用两个万用表分别测各个信号电压的数值并做对比（图 3-7-9）。

没有踩下加速踏板，节气门位置传感器 1（1.32V）和 2（3.74V）的信号电压如图 3-7-10 所示。

图 3-7-9　测量节气门位置传感器信号电压　　图 3-7-10　没有踩下加速踏板时的测量数据

踩下加速踏板 50%，节气门位置传感器 1（2.46V）和 2（2.58V）的信号电压如图 3-7-11 所示。

踩下加速踏板 80%，节气门位置传感器 1（3.61V）和 2（1.42V）的信号电压如图 3-7-12 所示。

通过上面电压的测试，节气门位置传感器 1 输出了信号电压给发动机电脑（ECU），但是 ECU 没有接收到节气门位置传感器 1 的信号电压，现在 ECU 接收到的是跟拔下节气门插头一样的电压（0V），断开的状态，故障越来越明显了。

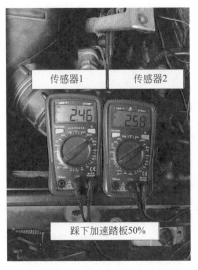

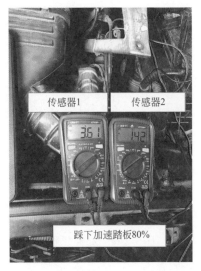

图 3-7-11　踩下加速踏板 50% 时的测量数据　　图 3-7-12　踩下加速踏板 80% 时的测量数据

找到 ECU，在左前大灯后面，装在蓄电池座支架上（图 3-7-13）。

可以先拆下蓄电池，再拆掉蓄电池座，然后拆下 ECU，拔掉插头。

当拆完这些后发现 ECU 这根线束被重新用电胶布包过，先拔下 ECU 插头，测量 E 插头上的 39 号针脚到节气门插头的 3 号针脚的通断。万用表测量的结果是不通，再测线阻为无穷大，测量线阻时先将万用表调到 20MΩ 挡位，再将其慢慢调到 200Ω 挡位，以免测量结果不准确（图 3-7-14）。

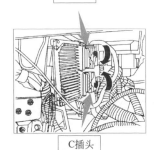

图 3-7-13　纳智捷 U7 发动机电脑（ECU）

图 3-7-14

20MΩ挡

通断挡

图 3-7-14　测量 E 插头上的 39 号针脚到节气门插头的 3 号针脚的通断

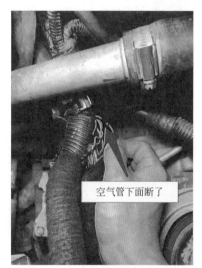

空气管下面断了

图 3-7-15　纳智捷 U7 ECU
到节气门的线断路

现在可以准确地判断发动机电脑（ECU）到节气门的线断了，但需要剥线看问题出现在哪里。直接从线束分叉处（图 3-7-15）开始剥线，还没有剥多少的时候就已经发现问题了，线的确是断了。

这根线刚好在线支架那里，不好接线，修复好节气门位置传感器 1 的 3 号针脚到发动机电脑 39 号针脚断了的线，恢复好发动机电脑插头、蓄电池、节气门插头。清除故障码后，再次读取故障码，诊断仪显示无故障码（图 3-7-16 和图 3-7-17）。

打开点火开关再次读取数据流，节气门位置传感器 1（7.80%）和节气门位置传感器 2 信号一致了（图 3-7-18），启动车辆，仪表发动机故障灯熄灭，故障解决。

（4）案例总结

电子节气门（ETC）可通过驾驶员的控制，使适当的空气量流入进气歧管确保供油与空气混合后的燃烧行程顺利进行。与传统的机械式节气门不同，电子节气门放弃了线的控制方式，而以加速踏板位置传感器将开度转为电压值后输入发动机电脑（ECU），ECU 再控制节气门马达开启角度，以准确达到驾驶员对车辆的操控要求。

ETC 有两个位置传感器，分别是传感器 1 和传感器 2。这两个传感器是一种电位计，可将电子节气门位置信号转换成输出电压，并发送电压信号给 ECU，同时检测节气门开启与关闭的速度，将电压信号提供给 ECU，使用诊断仪读取此时的数据，

ECU 经过内部运算后会以百分比的方式呈现出来，以便诊断故障。

图 3-7-16　修复线路

图 3-7-17　修复线路后发动机无故障码

数据流名称	值	单位		数据流名称	值	单位	
相对节气门位置	7.84	%		相对节气门位置	21.96	%	
相对节气门位置 B	18.82	%		相对节气门位置 B	33.33	%	
加速踏板位置 D	14.90	%		加速踏板位置 D	48.24	%	
加速踏板位置 E	7.45	%		加速踏板位置 E	23.92	%	
ETC加速踏板传感器#1	0	%		ETC加速踏板传感器#1	32.78	%	
ETC加速踏板传感器#2	0	%		ETC加速踏板传感器#2	32.78	%	
ETC节气门位置传感器#1	7.80	%		ETC节气门位置传感器#1	21.85	%	
ETC节气门位置传感器#2	7.80	%		ETC节气门位置传感器#2	21.85	%	

图 3-7-18　节气门位置传感器 1 和 2 信号一致

3.8　保险丝熔断

（1）车辆信息

车型：2009 年款别克君越。发动机：2.4 升。行驶里程：116000 公里。

（2）故障现象

大修后发现冷车启动怠速不稳，踩下油门踏板发动机加不上速。

（3）故障诊断与排除

使用电脑诊断仪读取故障码如下（图3-8-1）。

❶ P0134-00：加热型氧传感器电路活动性不足，传感器1。

❷ P0300-00：检测到发动机缺火。

❸ P1133-00：加热型氧传感器转换不足，传感器1。

❹ P0030-00：加热型氧传感器加热控制电路传感器1。

❺ P0036-00：加热氧传感器加热器控制电路传感器2。

❻ P0102-00：质量空气流量（MAF）传感器电路低频。

❼ P0036-00：加热型氧传感器加热器控制电路传感器2。

❽ P0102-00：质量空气流量（MAF）传感器电路低频。

❾ P0443-00：蒸发排放（EVAP）吹洗电磁阀控制电路。

(a)

(b)

(c)

图3-8-1　别克君越故障码

由于故障码过多，我们对这些故障码进行分析研究发现这些传感器有一个共性，那就是缺少电源。于是我们对该车的发动机控制系统电路进行了研究，电路图如图 3-8-2 所示。

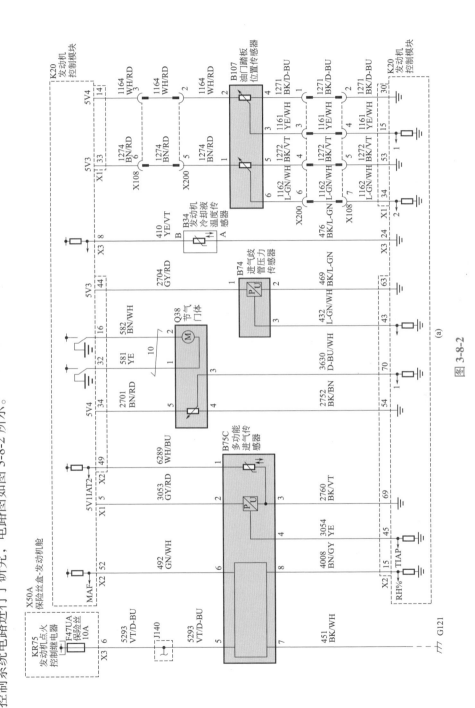

图 3-8-2

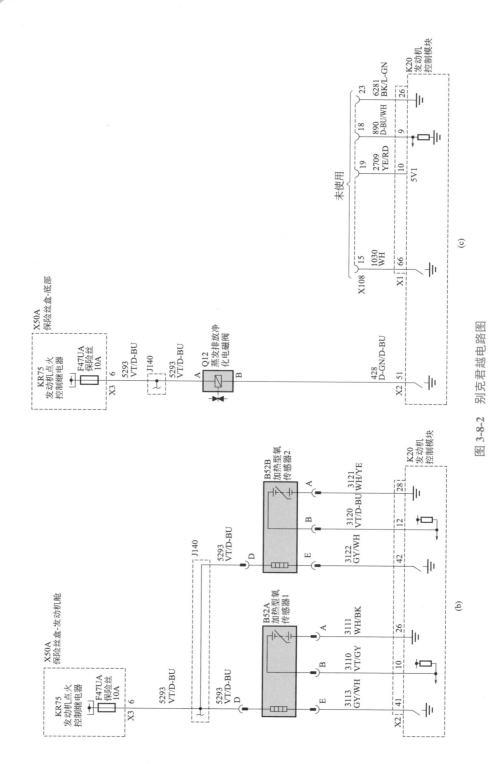

图 3-8-2 别克君越电路图

通过查看电路图我们发现前后氧传感器加热电路 12 伏电源、空气流量计（MAP）12 伏电源、炭罐电磁阀（EVAP）12 伏电源都是由发动机控制点火继电器 KR75 供给的，然后再经过保险丝 F47（10A）来提供。于是，我们把目标重点锁定在 F47 保险丝上，看看 F47 是否损坏。经检查发现 F47 保险丝熔断。

更换保险丝 F47 后，清除故障码，发动机冷启动怠速平稳，加速良好，故障排除。

（4）案例总结

当发动机有许多故障码时，我们不能单从一个故障码入手，这样会走很多弯路，还没有头绪。我们应该分析为什么发动机会同时报这几个传感器故障，这些故障码是否存在共性，是否共用了电源或搭铁。如果发现它们的共性就能快速锁定故障点，为维修该类故障节约了大量时间。

3.9　节气门积炭

（1）车辆信息

车型：2008 年款沃尔沃 S80。发动机：2.5 升。行驶里程：199845 公里。

（2）故障现象

行驶途中发动机故障灯点亮，加油没劲。

（3）故障诊断与排除

维修历史：故障车曾维修过发动机，因发动机报故障内容为曲位与凸轮轴位置传感器信号不合理，更换了两个 VVT 电磁阀，故障消失，过一段时间就报现在这个故障码（图 3-9-1）。

沃尔沃 V43.90 › 自动搜索 › 系统选择 › ECM(汽油发动机)

ECM-P061D00　内部控制模块发动机 空气量性能不良 一般
故障信息-无子类型信息

配件搜索　　冻结帧　　帮助　　相关搜索

图 3-9-1　沃尔沃 S80 发动机故障码

故障灯一亮，发动机就加不起油，说明发动机收到影响动力系统的故障信息，从而引起动力受限，导致加速无力。

通过故障码分析，发动机报空气量性能不良，其主要作用是监测发动机进气量大小，并将进气量的信号转换成电信号传送到发动机电脑（ECU），ECU 通过这个

信号来决定发动机的喷油量，同时这辆车是带涡轮增压的，还要考虑这一块的问题。如果是空气流量计后方漏气，那么有一部分空气未经空气流量计进到燃烧室，而电脑检测到的进气量只有空气流量计反馈的信号，根据计算就喷这么多的燃油，会导致发动机空燃比失调，各缸工作不良。

推测故障原因可能有：

❶ 空气流量计后方与节气门前方漏气；

❷ 配气相位不对；

❸ 节气门积炭；

❹ 空气流量计本身故障；

❺ 空气流量计电路故障。

视频精讲

图 3-9-2　沃尔沃 S80 发动机数据流（一）

检查后确定进气系统没有漏气，从数据流分析，而且通过系统已可以看到漏气率，急速进气量为 2.8g/s（10.08kg/h），在急速工况，无论是慢慢加油，还是急加油，故障码都不会出现。从急速的角度分析，发动机运转平稳，可以确定正时没问题，当时看到大气压力只有 77 千帕，就怀疑有问题，经过了解，当地的大气压就是这个值，如图 3-9-2 所示。

但发现这辆车的节气门开度偏大，达到 4.3%，检查一下空气流量计，是一个新的空气流量计，空气格也是新的，说明这车在别的地方修过。进一步检查节气门，发现节气门有油迹和积炭，当时就怀疑积炭影响到空气流量计的信号。比如节气门脏了，电脑会慢慢修正节气门开度，本来只需要打开两度，就可以经过 10 克 / 秒的进气量，但是电脑计算到节气门要打开 5 度才能达到 10 克 / 秒的进气量，这时就会报空气流量计的故障码（图 3-9-3）。

图 3-9-3　沃尔沃 S80 节气门有卡滞

于是清洗节气门，并且在洗节气门的时候，电机朝上，防止清洗剂进到电机内部，造成不必要的麻烦。洗过之后，读取数据流，发现节气门开度下降到 1.96%，说明积炭确实会影响节气门开度（图 3-9-4）。

　　清洗节气门之后试车，经过一段时间的路试，故障现象没有出现，过几天进行电话回访，客户说没有出现之前的故障现象，表明问题解决。

（4）案例总结

　　通过这个案例可以看出，在分析问题的时候，从有些数据流可以看到一些不同寻常的信息。此外，故障码产生的原因也要知道，一般是电脑收到的信号不合理，而导致信号不合理的原因有很多，这时就需要结合故障现象，通过数据流进行分析。

图 3-9-4　沃尔沃 S80 发动机数据流（二）

3.10 发动机气门关闭不严（表 3-10-1）

表 3-10-1　发动机气门关闭不严

车辆信息	车型：五菱荣光
	发动机：B12
	行驶里程：198000 公里
故障现象	怠速的时候没问题，但只要在路上行驶遇到上坡就会失去动力
故障诊断与排除	最初原因是冬天的时候加的是自来水，天气太冷，水堵胀出来，把发动机拆下来换了水堵之后出现的问题。判断出现故障的原因有以下几个 ①火花塞性能不良 ②点火线圈工作不良或漏电 ③喷油嘴堵塞，雾化不良 ④燃油压力不足 ⑤缸盖变形，气门密封不严 首先从简单的分析，火花塞更换过，点火线圈对换过，喷油嘴清洗过，故障依旧。之后不知怎么下手了，这辆车怠速正常，能加油，唯独上坡没力；发动机急加速时没劲；检查三元催化器，没有异常 读取发动机数据流，发现进气压力达到 47 千帕，正常为 28 ～ 32 千帕，分析问题可能是有地方漏气，经检查没有地方漏气 导致进气压力高的原因，可能有正时不对、气门密封不良，也可能是凸轮轴磨损。而这辆车凸轮轴磨损的可能性不大，因为原来是好的，因换了水堵之后出现的。分析有可能是缸盖轻微变形了，造成气门关闭不严，建议车主更换气门，重新磨气门，加工缸盖，过了一段时间回复，故障已解决
案例总结	类似此类故障现象，主要是根据数据流分析相关数据，如空气流量计、进气压力、节气门开度、喷油脉宽、燃油压力，常规检查应细致，同时要有方向地进行验证。该车的故障就是由于环境所致，冬天天气太冷，而且加的是自来水，水结冰后体积膨胀，缸盖又是铝质材料，容易变形

第**4**章

汽车发动机传感器故障

4.1 进气压力传感器故障

（1）车辆信息

车型：2016年款长安欧诺。发动机：1.5升。行驶里程：54000公里。

（2）故障现象

加油发闷，无法正常提速。

（3）故障诊断与排除

该车原故障为进气温度故障，显示-40℃，更换进气温度传感器后温度变为23℃，但是出现加速无力现象。

查看进气压力数据流，在怠速时为34kPa，怠速正常，而在提速过程中最大为55kPa（550hPa），自然吸气时正常应到101kPa，判断为进气压力传感器内部故障（图4-1-1）。

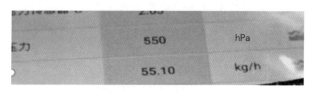

图 4-1-1　长安欧诺数据流

更换进气压力传感器，故障排除。

（4）案例总结

本案例中，维修技师通过检测进气压力传感器去排查故障，掌握真正的测量技巧对提升个人能力有很大帮助。

4.2 节气门位置传感器故障

（1）车辆信息

车型：2011 年款丰田卡罗拉。发动机：1.6 升。行驶里程：84000 公里。

（2）故障现象

发动机怠速不稳，加速无力。

（3）故障诊断与排除

❶ 传感器与电控单元（ECM）之间的连接线路如图 4-2-1 所示。节气门位置传感器有 4 根导线，ECM 通过 VC 端子给节气门位置传感器供 5V 电源，传感器经过 E2 端子通过 ECM 搭铁，传感器有两路输出信号，即 VTA1 和 VTA2，输出信号理论图形如图 4-2-2 所示。

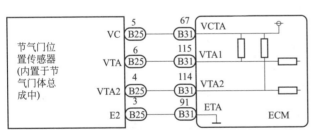

图 4-2-1　传感器与电控单元（ECM）
之间的连接线路

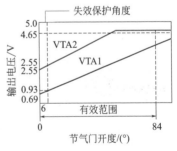

图 4-2-2　霍尔节气门位置传感器输
出信号理论图形

❷ VTA1 用于检测节气门开度，VTA2 用于检测 VTA1 的故障。传感器信号电压与节气门开度成比例，在 0 ～ 5V 之间变化，信号被送至发动机 ECM 作为节气门开度信号。

❸ 电源电路检查。拔下传感器线束连接器 B25（图 4-2-3），点火开关 ON，用万用表检测 B25 插头上端子 5 与搭铁间电压，测量值为 5V，正常。

用万用表检查 B25 插头上端子 3 与搭铁之间的电阻，测量值为 0.4Ω，正常。

检测传感器信号线路，拔下 B25 与 B31，检查 B25 插头上端子 6 与 B31 插头上

端子 115 之间的导线电阻，检查 B25 插头上端子 4 与 B31 插头上端子 114 之间的导线电阻，测量值均小于 1Ω，正常。

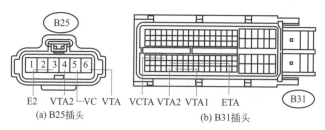

图 4-2-3　线束连接器 B25 与 B31 插头

❹ 传感器动态工作效果检测。

点火开关 OFF，插上连接器 B25 和 B31 插头。

用万用表分别检测 B25 端子 6、4 与搭铁间电压值，怠速时测量值为 0.3V 和 2V；在踩下油门踏板情况下正常值分别为 2V 和 2V，表明节气门位置传感器存在故障。

怠速状态正常值分别应为 0.5～1.1V 和 2.1～3.1V；在踩下油门踏板情况下正常值分别为 3.3～4.9V 和 4.6～5.0V。

更换新的传感器，故障排除。

（4）案例总结

节气门位置传感器出现故障时，不能正确产生节气门开度位置信号，发动机 ECM 接收不到节气门实际开度信号而进入失效保护模式，所以出现发动机怠速不稳，踩下加速踏板加速行驶时，感到发动机加速无力的故障现象。

 **4.3　冷却液温度传感器故障（表 4-3-1）**

表 4-3-1　冷却液温度传感器故障

车辆信息	车型：2008 年款本田奥德赛
	发动机：2.4 升
	行驶里程：184000 公里
故障现象	车辆冷车启动困难，而热车怠速和加速工况正常
故障诊断与排除	①读取发动机故障码，没有任何故障 ②检查发动机点火，火花有点弱，更换 4 个点火线圈后，启动发动机，故障依旧 ③检查燃油压力，打开点火开关时，压力表指示为 360kPa，当关闭点火开关大约 15min 后，保持压力为燃油保持压力，为 230kPa 左右，说明油压正常 ④拆下喷油器，目测没有异常，对喷油器进行清洗后，启动发动机重新检查，故障并没有好转 ⑤由于冷启动困难，而热车正常，可能与发动机冷却液温度传感器有关；等到车辆完全冷却后，连接电脑诊断仪，读取车辆的冷却液温度，显示为 -40℃，室外温度是 20℃，这明显不正常；启动车辆，冷却液温度依然显示为 -40℃，发动机运行 1 分钟后，冷却液温度显示 80℃，显然冷却液温度传感器存在故障 ⑥更换 ECT 传感器 1 后，故障排除

续表

案例总结	由于冷却液温度传感器阻值变化错误，造成提供给 ECM/PCM 错误的信号，引起发动机冷车启动困难

4.4 油门踏板位置传感器故障

（1）车辆信息

车型：2013 年款广汽传祺 GS5。发动机：2.0 升。行驶里程：90438 公里。

（2）故障现象

踩油门踏板没反应，故障码报油门踏板位置传感器 1 信号电压低。

（3）故障诊断与排除

通过故障码分析，这个故障码肯定会导致加速没反应，因为踩油门踏板的时候，电脑要收到两组信号，ECU 内部会计算这两组信号有没有符合程序设定的值。假如其中一组信号不对，就不会控制节气门工作，所以导致加速没反应。另外，如果检测到刹车信号也会导致加速无反应！此车故障点可能在：

❶ 油门踏板位置传感器 1 供电缺失；

❷ 油门踏板位置传感器 1 信号线断路；

❸ 油门踏板位置传感器 1 信号线对负极短路；

❹ 油门踏板位置传感器 1 插头虚接。

刚想检查，发现油门踏板位置传感器更换过，于是测油门踏板位置传感器 1 的信号，发现为零伏。拔下插头，发现插头虚接，移位了，针脚歪了一点（图 4-4-1），修复针脚，插上传感器插头，清除故障码，故障解决。

针脚歪了一点，接触不良

图 4-4-1　广汽传祺 GS5 油门踏板位置传感器

视频精讲

（4）案例总结

　　有可能是修理工安装的时候不小心、大意导致的故障，通过了解油门踏板的工作原理，就能知道导致故障的原因，检查起来就很快，这个人为故障也不例外。

4.5　凸轮轴位置传感器故障

（1）车辆信息

　　车型：大众速腾。发动机：1.4 升。行驶里程：57000 公里。

（2）故障现象

　　发动机故障灯点亮，启动时间过长，驾驶舒适感变差。

（3）故障诊断与排除

　　使用电脑诊断仪读取故障码（图 4-5-1）。

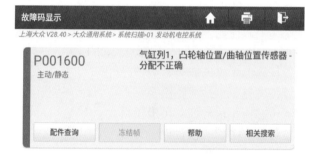

视频精讲

图 4-5-1　大众速腾故障码

　　P001600 故障码生成机理：曲轴的作用是将活塞的上下运动变成旋转运动。凸轮轴的作用是控制气门的开启和闭合。电控单元（ECU）会持续监视可变凸轮轴的正时位置，看凸轮轴和曲轴之间是否有不对准的情况。如果这个不对准超出了 1 个轮齿，则该故障码会出现。

　　故障码相关的故障范围：

❶凸轮轴位置传感器元件、线路或 ECU 故障；

❷曲轴位置传感器故障；

❸凸轮轴可变正时调整部分故障；

❹发动机正时故障；

❺曲轴位置信号盘故障或间隙不正常；

❻凸轮轴位置传感器靶轮故障或间隙不正常。

大众车型的 G40 凸轮轴位置传感器，作为曲轴位置传感器 G28 的辅助传感器，主要作用是判缸信号，帮助发动机控制单元来识别气缸 1 在压缩冲程的上止点，是 1 缸点火和喷油的时间基准信号。有了这个初始信号之后，发动机控制单元才能在曲轴位置传感器的信号基础上，依据控制单元内固有的程序，依次来控制各个气缸的点火和喷油。若发动机在启动的时候丢失了 G40 信号，则无法判断 1 缸喷油和点火的初始时间，此时对发动机控制单元来说，丢失了喷油和点火的时间标准，结果将导致启动困难，启动时间延长。

　　由此分析可知，G40 的信号和曲轴位置传感器的信号在任何时候必须相互同步，两者之间的相对位置应该是恒定不变的，而这主要是通过正时传动（本车为正时皮带）来同步的。因此针对发动机控制单元来说，G40 传感器信号本身不仅要符合标准，信号产生的时间还必须和曲轴位置传感器 G28 一致。

图 4-5-2　EA211 凸轮轴

　　由于 EA211 发动机的凸轮轴位置传感器靶轮与凸轮轴（图 4-5-2）之间的制造工艺为过盈配合，所以在某些激烈驾驶状况下会导致靶轮沿圆周方向发生移位。只有借助于双通道示波器才能发现故障真正原因。当然在测量波形时，还必须能看懂 G28 和 G40 之间的对应关系，也就是要知晓两者之间正确的相对位置。

　　使用示波器，测量波形（图 4-5-3 ～图 4-5-6）。

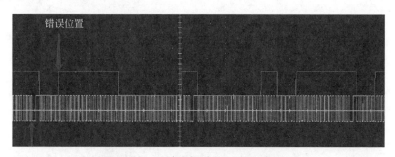

图 4-5-3　故障车辆波形（大众速腾）

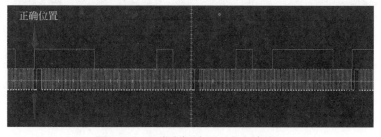

图 4-5-4　正常车辆波形（大众速腾）

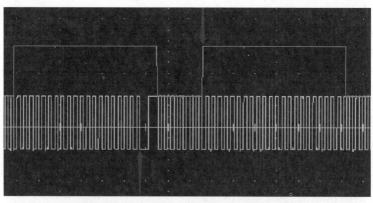

图 4-5-5　故障车辆波形特写（大众速腾）

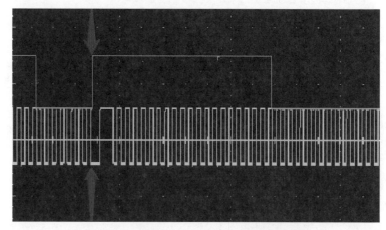

图 4-5-6　正常车辆波形特写（大众速腾）

由于EA211凸轮轴与气门室盖集成为一体，所以更换凸轮轴与气门室盖总成即可。

（4）案例总结

本案例中，维修技师通过测得的波形分析故障，并确定故障位置。

 4.6 曲轴位置传感器故障

 4.6.1　曲轴位置传感器故障一

视频精讲

（1）车辆信息

车型：2010年款北斗星。发动机：1.0升。行驶里程：120000公里。

（2）故障现象

　　车辆行驶半小时左右，熄火后再次启动有时不能启动，等 20 分钟左右又可以启动，启动后一切正常，基本上每天都出现好几次。

（3）故障诊断与排除

　　接车后验证故障，跟客户描述一样，路试 20 分钟左右熄火再次启动，马达可以正常运转但是无法着车，用解码器读取故障码，无故障码。随即下车检查，经检查不喷油、不点火，启动时油泵也不工作，怀疑是电脑板没有工作，检查电脑板的供电和搭铁，也都在正常值。装好后，再次启动可以着车，无奈接着试车，折腾了好几个小时，故障再次出现，还是同样的故障，不喷油、不点火。既然电脑板工作正常，随即把不喷油、不点火的原因指向了曲轴位置传感器。读取数据流，启动马达发现转速数据流没有变化，说明没有接到曲轴位置传感器的信号。找到曲轴位置传感器，拔掉插头测量线束，两根线电压都是 2.54V，说明电脑板给的基准电压正常（图 4-6-1）。

图 4-6-1　测量电源电压

　　测量曲轴位置传感器的阻值，为无穷大（图 4-6-2）。正常的阻值应在 900 欧姆左右。

　　故障已经大概锁定了，恢复线束，等了几分钟，尝试启动，可以启动。马上熄火，测量曲轴位置传感器的阻值为 809 欧姆，正常（图 4-6-3）。

图 4-6-2　测量曲轴位置传感器的阻值（异常）

图 4-6-3　测量曲轴位置传感器的阻值（正常）

　　更换曲轴位置传感器，故障排除。

（4）案例总结

　　此车曲轴位置传感器是磁电式的，传感器内部线圈匝线短路虚接造成此故障。当行驶半小时左右发动机温度过热后造成传感器内部短路，所以测量为无穷大，停车等待一会温度下降，线圈的绝缘性恢复一些，又可以量到正常阻值，造成此故障现象。

4.6.2 曲轴位置传感器故障二

（1）车辆信息

车型：2006年款现代伊兰特。发动机：1.6升。行驶里程：202163公里。

（2）故障现象

大修之后发动机抖动，亮故障灯。

（3）故障诊断与排除

通过问诊这辆车的维修历史，了解到该车是在大修发动机之后又出现的故障，而P0016的故障码指的是曲轴位置传感器与凸轮轴位置不合理，那么通过分析，可能的原因有：

❶ 正时不对；

❷ 机油压力不够；

❸ 凸轮轴位置传感器有故障；

❹ 曲轴位置传感器有故障；

❺ 机油压力过低；

❻ VVT（可变正时气门系统）电磁阀损坏；

❼ VVT链轮损坏。

通过对故障码的分析，决定从外围入手检查，从简到繁。VVT电磁阀可以通过直接通电，判断电磁阀是否正常。经过检测，发现电磁阀卡滞了，直接更换解决故障（图4-6-4）。

图4-6-4 现代伊兰特
电磁阀不工作

（4）案例总结

只要懂得P0016故障码原理，对故障一步一步进行排除，那么，找到故障只是时间问题。

4.7 前氧传感器故障

（1）车辆信息

车型：2009年款中华骏捷FRV。发动机1.5升。行驶里程：109940公里。

（2）故障现象　　　　　　　　　　　　· · ·

车辆油耗高，动力不足。

（3）故障诊断与排除　　　· · ·

使用电脑诊断仪读取故障码，发动机没有输出故障码。读取发动机数流，如图 4-7-1 所示。

发动机转速：741r/min。

电瓶电压：13.55V。

节气门开度：4%。

进气歧管绝对压力：29kPa。

进气温度：52℃。

喷油脉宽：2.8ms。

前氧传感器电压：在 0.7V 左右变化不大。

短期燃油修正：-3% ～ +3%。

长期燃油修正：+22.5%。

进气温度电压	2.46	V
节气门位置电压	0.47	V
废气再循环阀电压	0.60	V
进气压力传感器电压	1.32	V
发动机冷却液温度	87.00	℃
进气温度	52.50	℃

电瓶电压	13.55	V
车速	0	km/h
发动机转速	741	r/min
大气压力	103.22 (1/6)	kPa

| 标准数据流 | 数据流采集 | 图形 | 报告 |

图 4-7-1　中华骏捷 FRV 发动机数据流

通过数据流分析：喷油脉宽是 2.8ms，喷油量数值大；前氧传感器电压在 0.7V 左右变化不大；短期燃油修正正常，但是长期燃油修正为 +22.5%，这几组数据流是不对的。首先看一下喷油脉宽是 2.8ms，喷油量大，那么造成喷油量增大的原因有很多种，如喷油嘴堵塞，进气歧管压力过大，或者油压过大和前氧传感器损坏等都能造成喷油脉宽数值增大，显然排除了进气压力电瓶电压等造成的问题。

那么看一下前氧传感器电压是在 0.7V 左右且变化不大，这就有问题了，一般前氧传感器的工作范围在 0.1 ～ 0.9V 时是每隔 10 秒钟跳变 8 次。再看长期燃油修正为 +22.5%，说明混合气过稀，才调整到 +22.5%，长期燃油修正是根据短期燃油修正调整的，如果说短期燃油修正调整到超上限或者下限都会转接到长期燃油修正，而短期燃油修正会再次恢复默认值，从 0 开始计数修正和调整。那么知道它们的关系，显然是前氧传感器损坏造成给发动机电脑控制单元输入一个错误的信号，发动机控制单元从而控制加大喷油脉宽。为了验证是不是前氧传感器损坏，拆下火花塞（图 4-7-2）。

火花塞燃烧得非常黑，混合气确实过浓，符合客户报修的费油情况。检查氧传感器到发动机控制单元之间的线路，没有问题。拔下前氧传感器，读取数据流，发现长期燃油修正数值慢慢恢复正常，说明是前氧传感器出了问题。拆下前氧传感器，也是非常黑的（图 4-7-3）。

更换前氧传感器，试车，故障排除。

图 4-7-2 火花塞积炭严重

图 4-7-3 前氧传感器

（4）案例总结

　　因为前氧传感器损坏给发动机控制单元一个错误的信号，实际是混合气过浓造成的车辆费油且动力偶尔不足。维修故障过程中要结合诊断仪进行数据流分析才能锁定故障所在。

4.8 后氧传感器故障

（1）车辆信息

　　车型：2010 年款别克君威。发动机：2.4 升。行驶里程：98000 公里。

（2）故障现象

　　发动机故障灯点亮，侧滑灯点亮，仪表显示屏提示请检修电子稳定性控制。

（3）故障诊断与排除

　　启动车辆，看到发动机故障灯与侧滑灯点亮，与客户描述一致。

　　使用解码器读取故障码（图 4-8-1）。

　　读到发动机控制单元存有图 4-8-1 所示的几个故障码，除此之外，车身电脑也有几个关于牌照灯的故障码，由于与此故障无关，在此不再赘述。由于别克车发动机动力系统出故障导致动力不足，牵引力不够就会导致侧滑灯点亮，所以我们重点解决发动机故障。

　　我们分析这几个故障码，凭借经验，氧传感器、空气流量计、炭罐电磁阀应该是有一个共同的电源（图 4-8-2）。

图 4-8-1　别克君威发动机故障码

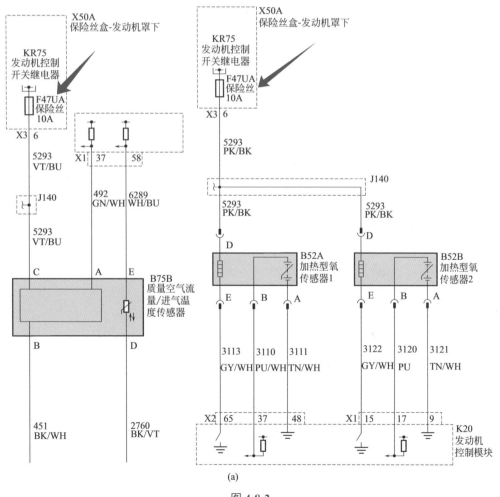

(a)

图 4-8-2

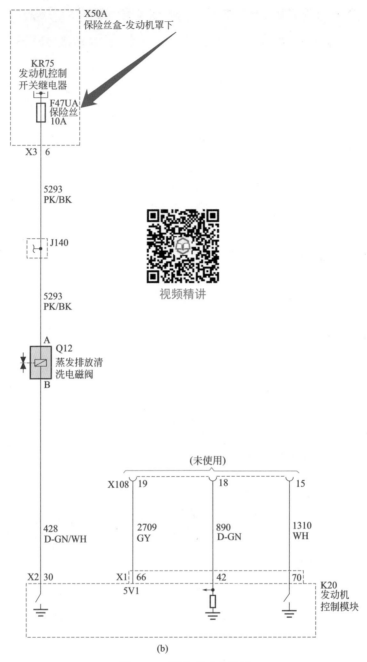

图 4-8-2　别克君威电路图

从以上电路图可以看到，空气流量计、氧传感器、炭罐电磁阀都是由 F47UA 保险丝供电的，那么最大的可能就是这个保险丝熔断了。通过电路图查找到 F47UA 保险丝的具体位置（图 4-8-3）。

找到该保险丝后发现保险丝已经熔断（图 4-8-4）。

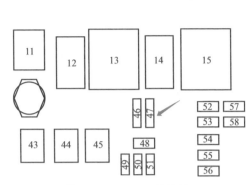

图 4-8-3　F47UA 保险丝

图 4-8-4　F47UA 保险丝已经熔断

更换保险丝后，保险丝一插上立刻熔断，这是意料之中的，因为此类故障并不少见，一般都是因为某个部件或者线路对地短路导致的。最常用的手法就是挨个拔掉保险丝下游的用电器插头，如果拔掉某个用电器插头后，保险丝的输出脚不对地短路了，说明就是这个拔掉的用电器对地短路。如果拔掉了所有用电器插头，保险丝的输出脚仍然是对地短路的，说明线束中间有对地短路的地方。

把试灯夹在正极，试灯插在保险丝输出针脚，试灯点亮。然后逐个去拔掉这几个用电器的插头，当拔掉后氧传感器的插头时，试灯熄灭（图 4-8-5）。

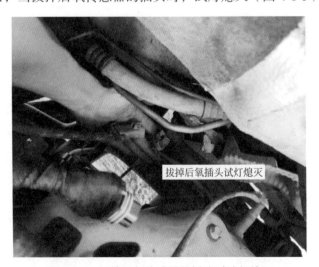

拔掉后氧插头试灯熄灭

图 4-8-5　拔掉后氧传感器的插头时试灯熄灭

然后插上新的保险丝，清除故障码，启动车辆，重新读取故障码，发现只剩下后氧传感器的故障码，说明确实是后氧传感器对地短路导致的故障（图 4-8-6）。

视频精讲

只剩下后氧传感器故障，因为拔掉了
后氧传感器

图 4-8-6　别克君威后氧传感器故障码

更换新的后氧传感器，清除故障码，所有故障灯都熄灭，试车，故障未出现。

（4）案例总结

这类故障比较常见，大家首先要从这些部件的共用电源下手。而且共用保险的损坏一般都是因为某个部件对地短路导致的，氧传感器是比较容易出现短路的部件，大家可以重点检查氧传感器。别克车辆侧滑灯点亮很多都是发动机故障引起的，大家可以先解决发动机故障，然后再看侧滑灯是否可以熄灭，再决定下一步的维修方案。

4.9　爆震传感器故障

（1）车辆信息

车型：2014 年款五菱宏光 S。发动机：1.5 升。行驶里程：170000 公里。

（2）故障现象

发动机故障灯点亮，原地加油门极限只能上到 3000r/min，行车加速无力，排气管排出的气体有很浓臭味道。

（3）故障诊断与排除

连接诊断仪读取故障码，故障码内容为爆震传感器电路电压过低。

经问诊，故障是在更换完离合器片后半个月出现的，最近没有加过劣质汽油，发动机正时组件也没拆卸过。读取数据流发现点火提前角一直处于 -4°～ -8° 来跳动，且电压一直处于 0。检查后发现爆震传感器插头没有插。插上插头后清除故障码，启动后再读取数据流，数据流的点火提前角和原来一样。因此，测量爆震传感器，无电压输出；接上示波器，没有波形输入（图 4-9-1）。

在检查线束过后，确定线束没有问题，决定更换爆震传感器，更换后，故障解决（图 4-9-2）。

图 4-9-1　没有波形输入（五菱宏光 S）　　　图 4-9-2　正常波形输入（五菱宏光 S）

数据流的点火提前角在 -1° ～ 6° 跳动。因为安装爆震传感器时力矩稍微大一点，重新按标准力矩安装后点火提前角在 3° ～ 6° 跳动。试车验证，故障排除，交车。

（4）案例总结

从问诊中得知，刚换完离合器片没多久，怀疑插接件接触不良所致或者是线路对地短路、开路，或者是爆震传感器损坏，也可能是发动机 ECU 损坏。

经检查的确插接件没有插，插上后故障依旧，因此测量传感器输出电压和波形，均无。为了更准确排除故障，对线束进行了测量，经测量线束没有问题，于是更换爆震传感器。但在安装中犯了一个大多数修理工都不注意的小错误——没有按照规定的力矩拧紧传感器螺栓，导致传感器所测量的数值不准确，重新安装后试车，故障解决。

汽车启动故障

5.1 保险丝烧断

（1）车辆信息

车型：2018 年款荣威 i6。发动机：1.5L。行驶里程：18022 公里。

（2）故障现象

接到车后试车，启动车辆无反应，仪表故障灯全部点亮，电子驻车不能工作，车无法移动，两侧转向灯常亮（图 5-1-1）。

图 5-1-1　荣威 i6 仪表故障灯

（3）故障诊断与排除

    接上诊断仪进行全车系统扫描，扫描到网关系统报的故障为：

❶ 车身高速 CAN 总线关闭；

❷ 与安全气囊控制模块（SDM）失去通信；

❸ 与泊车辅助控制模块（PDC）失去通信；

❹ 与防抱死制动模块（ABS）失去通信；

❺ 与电动助力转向模块失去通信；

❻ 与发动机控制模块（ECM）失去通信；

❼ 与变速器控制模块（TCM）失去通信；

❽ 与远程 PRND 显示模块失去通信。

    找到维修手册，查看数据通信 - 车身高速 CAN 系统电路图（图 5-1-2），车身控制模块（BCM）这条高速 CAN 总线与网关模块（Gateway）之间搭载的模块有：

❶ 转向柱锁控制模块（ESCL）；

❷ 无钥匙进入控制模块（PEPS）；

❸ 电源管理控制模块（PMDC）；

❹ 空调控制模块（AC）。

    车身控制模块（BCM）的 CAN L 是 51 号针脚，CAN H 是 52 号针脚。

    转向柱锁控制模块（ESCL）的 CAN L 是 4 号针脚，CAN H 是 1 号针脚。

    无钥匙进入控制模块（PEPS）的 CAN L 是 5 号针脚，CAN H 是 6 号针脚。

    电源管理控制模块（PMDC）的 CAN L 是 22 号针脚，CAN H 是 23 号针脚。

    空调控制模块（AC）的 CAN L 是 6 号针脚，CAN H 是 5 号针脚。

    网关控制模块（Gateway）的 CAN L 是 19 号针脚，CAN H 是 20 号针脚。

    导致车身高速 CAN 总线关闭的原因：

❶ 车身控制模块（BCM）损坏；

❷ 转向柱锁控制模块（ESCL）损坏；

❸ 无钥匙进入控制模块（PEPS）损坏；

❹ 网关模块（Gateway）损坏；

❺ 电源管理控制模块（PMDC）损坏；

❻ 空调控制模块（AC）损坏。

    根据车型查找，这辆车中配不带电源管理控制模块、转向柱锁和远程 PRND 显示模块。

    全车保险用试灯检查一遍，没有问题。根据故障码提示车身高速 CAN 总线关闭，首先检查车身控制模块（BCM）的 CAN 总线，然后用万用表测 51 号和 52 号针脚的 CAN 电压，测得 CAN L 和 CAN H 都为 0.70V，车身高速 CAN 总线的电压明显被拉低了（图 5-1-3）。

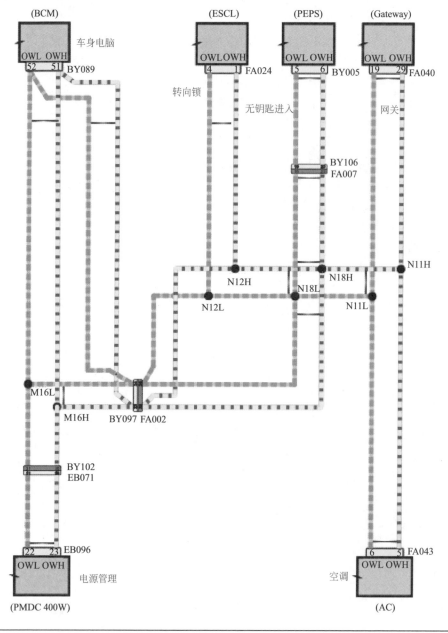

图 5-1-2　荣威 i6 数据通信 - 车身高速 CAN 系统电路图

车身高速 CAN 电压被拉低，有可能是 CAN 总线短路，或在车身高速 CAN 这条总线上的模块内部短路拉低了电压。逐一拔掉在车身高速 CAN 总线上的模块，最后检查到空调控制模块，测量空调控制模块总线 5 号和 6 号的电压是 0.76V，电压还是被拉低。拔下插头测 5 号和 6 的电压是 2.70V，车身高速 CAN 总线电压恢复正常，说明空调控制模块内部损坏拉低了车身高速 CAN 总线的电压，导致不能通信（图 5-1-4）。

图 5-1-3　测量 CAN L 和 CAN H 的电压

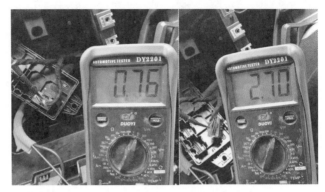

图 5-1-4　测量空调控制模块总线的电压

　　检查发动机控制模块的 CAN 总线，CAN L 是 44 号针脚，2.12V 电压；CAN H 是 45 号针脚，2.90V 电压。即为发动机控制模块 CAN 总线电压在范围之内，为了确定是不是发动机控制模块损坏了，拔下凸轮轴位置传感器测量有没有 5V 电压，测量到 0V 电压，没有 5V 供电（图 5-1-5）。

图 5-1-5　检查发动机控制模块 CAN 总线的电压

图 5-1-6 损坏的模块（荣威 i6）

按照诊断仪提示（报失去通信的模块），对各个模块进行检查，检查有没有供电（供电包括正极和负极）。用万用表测量 CAN L 和 CAN H 对负极电压（CAN L 和 CAN H 电压相加等于 5V 左右），用万用表测量 CAN 总线的终端电阻阻值（CAN 总线终端电阻阻值在 60Ω 左右）。

经过检查坏了的模块有（图 5-1-6）：

❶ 发动机控制模块；

❷ 变速箱控制模块；

❸ ABS 控制模块；

❹ 车身控制模块；

❺ 网关控制模块；

❻ 泊车辅助控制模块；

❼ 空调控制模块。

检查完后，给车主打电话，报损坏的模块有哪些，商量后，车主要求自己拖回去修。

过了五天，荣威 4S 店打电话过来说，模块全部换好了，但是钥匙学习不上去，让我们维修技师过去看一下。

到店后，由于钥匙没有学习上去，点火开关打不开，于是用专用检测仪读取故障码，内容为：

❶ 变速箱报电控单元快速学习未编程；

❷ 车身控制模块报 BCM 未收到 EMS 认证请求；

❸ 安全气囊报与发动机控制模块失去通信；

❹ 组合仪表报与车身控制模块或组合仪表的 VIN 码不匹配（图 5-1-7）。

经过检查发现车身控制模块不能通信，把车身控制模块不能通信的问题解决了，钥匙就可以学习上了。

整车故障码列表

TCM				
1	P2534	00	点火开关2挡电压低于阈值	当前
2	P287C	00	电控单元快速学习未编程	当前
3	U0100	00	与发动机控制模块(ECM)失去通讯	当前
DHL				
	通讯异常			
SCS				
	无故障码			

(a)

BCM				
	通讯异常			
IPK				
1	B1221	86	里程计数信号无效	偶发
2	U0245	87	与信息娱乐控制模块(FICM)失去通讯	偶发
3	U1500	00	与车身控制模块(BCM)或组合仪表(IPK)的VIN码不匹配	偶发
FICM				
	通讯异常			

(b)

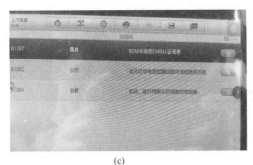

(c)   (d)

图 5-1-7 荣威 i6 故障码（匹配前）

又过了两天车主又打电话来，说还是拖过来修，接到车后点火开关还是不能打开。将道通诊断仪接上，扫描全部模块系统，发现车身电脑可以通信。

将防盗版电脑学习钥匙接上电脑，选择增加钥匙，即将开始智能钥匙匹配，点击"确定"开始，输入 4 位防盗密码，按照设备提示操作，直到显示匹配完成（图 5-1-8）。

(a)   (b)   (c)

图 5-1-8 荣威 i6 防盗钥匙匹配

现在点火开关可以打开了，尝试启动车辆，启动不着车，因为车主的专用检测器没有学习上钥匙，发动机控制模块也没有编程。我们用设备倒数据，把旧的发动机控制模块的数据读出来，写到新的发动机控制模块里（图 5-1-9）。

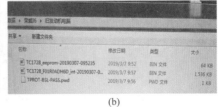

(a)   (b)

图 5-1-9

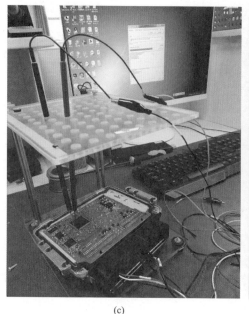

(c)　　　　　　　　　　　　　　(d)

图 5-1-9　防盗数据写入新发动机控制模块中

"移植"完数据后，将发动机控制模块装上，启动车辆，只听到启动马达"哒哒哒"的响，启动马达不转，跟蓄电池没电一样。

找到启动马达继电器，短接继电器 30 号脚和 87 号脚启动，马达可以转，就是没有着车的迹象。打开点火开关，节气门一直动作，且发动机控制模块不能通信，拔下节气门插头，发动机控制模块可以通信了。

读取发动机系统故障码，显示为节气门位置输出电路 -SENT 芯片通信最大故障（图 5-1-10）。

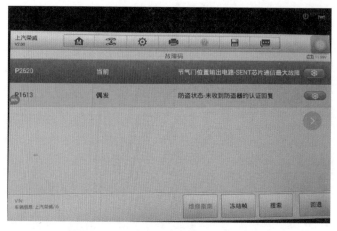

图 5-1-10　荣威 i6 故障码（匹配后）

再读取发动机系统数据流发现（图 5-1-11）：

❶ 供应电压 133V；

❷ 点火开关供电电压 10.9V；

❸ 主继电器供电电压 10.9V。

数据流读到的电压明显不对，找到维修手册主继电器的保险，用试灯测量保险两端，试灯可以点亮，但是为什么发动机控制模块数据流读取到的电压只有 10.9V（图 5-1-12）？

图 5-1-11 荣威 i6 发动机数据流

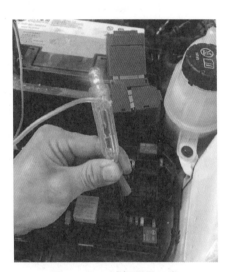

图 5-1-12 试灯测量正常

找到维修手册电路图，ER18 主继电器 85 号针脚是发动机控制模块控制主继电器线圈，86 号和 87 号针脚共用 KL.30 供电，30 号针脚经过 15A 保险给发动机控制模块的 3 号、6 号、5 号针脚供电（图 5-1-13）。

找到发动机控制模块，用试灯测 3 号、6 号、5 号针脚，试灯可以点亮。再用万用表测电压，测得电压居然只有 10.27V，试灯也可以正常点亮（图 5-1-14）。

用万用表测量继电器 30 号针脚到发动机控制模块 3 号针脚阻值（图 5-1-15），测得阻值为 3.61kΩ，这个阻值中间线路有虚接，中间还有一个 15A 保险。去保险端测量，电压也是只有 10.63V，试灯可以点亮（图 5-1-16），拔下保险一看保险烧了，没有烧断导致虚接（图 5-1-17），发动机电脑供电不足。

（4）案例总结

这辆车修了好几天，维修经验是：单单用试灯测量保险不准确，试灯和万用表结合测量电压可保证万无一失。

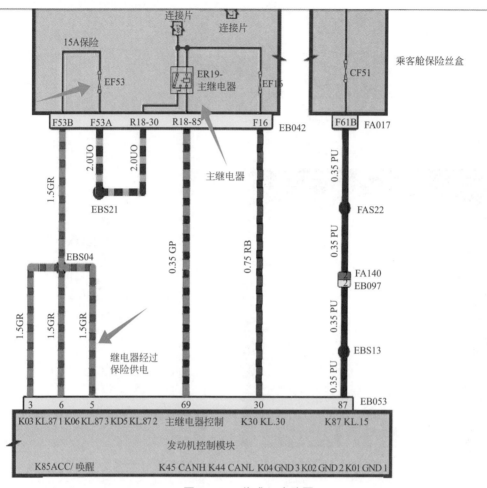

图 5-1-13　荣威 i6 电路图

图 5-1-14　测量发动机控制模块电压

图 5-1-15　测量继电器 30 号针脚到
发动机控制模块 3 号针脚阻值

图 5-1-16　测量保险端电压

图 5-1-17　保险烧毁（荣威 i6）

5.2　发动机气缸压力故障

（1）车辆信息

车型：大众宝来。发动机：1.6 升。行驶里程：170000 公里。

（2）故障现象

发动机有启动迹象，但最终无法启动着机。

（3）故障诊断与排除

接车后用 VAS 5052 进行检测，发动机控制系统及其他电控系统中均无故障码存储；检查发动机的配气正时，正常。

检查点火系统及火花塞，除了 4 个火花塞电极处比较湿润外，其他均正常。

测量燃油压力，符合车辆技术要求。在拔掉汽油泵熔丝后，经多次启动，再插回汽油泵熔丝启动发动机，发动机可以启动，但发动机怠速运转抖动严重。

偶然中打开机油加注口盖时，发动机可以启动，同时发现机油加注口处有大量的白烟冒出，并且发动机怠速抖动严重。根据上述检测结果分析，该车应为发动机本身机械方面的故障。

测量气缸压力，发现第 2 缸的气缸压力只有 0.6kPa，气缸压力明显偏低，其他缸的气缸压力符合车辆技术要求，从而可以确定第 2 缸有问题。

拆检第 2 缸，发现该缸活塞的第 2 道气环断裂成 3 段（图 5-2-1）。

更换第 2 缸活塞气环，装复后试车，发动机启

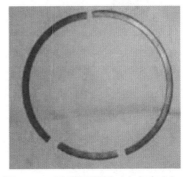

图 5-2-1　活塞环断开（大众宝来）

动运转一切正常，故障排除。

（4）案例总结

· · · ·

发动机第 2 缸活塞的气环断裂后，会导致大量的可燃混合气从活塞气环断裂处窜气到曲轴箱里。通过曲轴箱通风系统使"窜气"进入节气门后方，从而导致传感器判断进气量大，发动机控制单元根据进气量调整喷油量，导致喷油量过多，"淹死"火花塞，导致发动机无法启动。

在打开机油加注口盖后曲轴箱里的"窜气"从机油加注口处排出，曲轴箱内的气体压力变小，无法顶开油气分离器的膜"窜气"，无法通过曲轴箱通风系统使"窜气"进入节气门后方，此时发动机可以启动。把汽油泵熔丝拔掉后，多次启动发动机，进油管内部汽油压力逐渐下降，使喷油器的喷油量下降，同时燃烧室内的部分可燃混合物被排出，此时发动机可以启动。

5.3 供电继电器故障（表 5-3-1）

表 5-3-1　供电继电器故障

车辆信息	车型：2008 年款大众迈腾
	发动机：2.0 升
	行驶里程：124000 公里
故障现象	车辆有时无法启动
故障诊断与排除	维修技师试车发现，车辆为偶发性故障。与用户沟通得知，故障前几天曾经出现过一次。当时起动机不运转，仪表指示灯也不亮。本以为是蓄电池的问题，找就近的修理厂更换蓄电池后，发现问题依然存在
	检查搭铁、保险丝和起动机，未见异常。经多次试车，故障终于出现了。此时发现转向柱仍然可以正常解锁，这样便排除了对防盗系统的怀疑，问题集中在 15 号电源、车身控制单元 J519 及相关线路上
	将 15 号电源继电器 J329 跨接，发动机可以启动。断开跨接线后，起动机无法运转，仪表灯不亮，与故障现象一致。测量继电器的线圈电阻，为 562Ω，过大，说明是继电器损坏
	更换继电器，试车，故障排除
案例总结	本案例为偶发故障，在检查时有一定难度，但是故障总会有出现时候，加强技术积累，尽可能在出现故障的有限时间内了解故障

5.4 动力转向模块故障

（1）车辆信息

车型：2011 年款别克英朗 GT。发动机：1.8 升。行驶里程：134000 公里。

（2）故障现象

车辆启动没反应，全车系统进不去。

（3）故障诊断与排除

最初是发动机系统报 P0010 故障码（进气凸轮轴电磁阀异常），更换电磁阀后可以正常启动。测量了一下电压，再启动时方向盘就没助力了。

再后来熄火后，发现电子助力方向插头装回去就不能启动，全车系统均不能通信。

现在进不了系统，无法读取发动机故障码，首先检查的问题就是通信这一块，当时来的时候是好的。问题是突然间的，间歇性，也有可能原来就有问题。再经过详细问诊，得知这辆车是二手车，原来就有问题的可能性就比较大。这时首先检查为什么不能通信，通过咨询，并非进不了全车系统，只可以进车身控制系统，系统有故障码，这才是关键（图 5-4-1）。

图 5-4-1　别克英朗 GT 故障码

通过故障码分析，可能某个模块损坏了，或者 CAN 总线短路了，导致高速网络瘫痪，发动机、变速箱、动力转向模块、ABS 之间都不能通信，就会无法启动。对于 CAN 总线的工作原理，下面分析问题点所在（图 5-4-2）：

❶ 发动机电脑板损坏或总线断路；

❷ 变速箱电脑板损坏或总线断路；

❸ ABS 电脑板损坏或总线断路；

❹ 动力转向模块损坏或总线断路。

通过之前的分析，我们要知道这辆车的总线拓扑图，需要找资料。因为通过之前的故障码，都表示动力 CAN 总线通信失败，如图 5-4-2，指的是动力 CAN 网络拓扑图。这个时候通过资料，可以看到终端电阻在车身控制模块与发动机电脑板处。

我们也可以在 OBD 诊断接头进行简单的诊断，所以就不需要在诊断插头测通信电压，可以直接测终端电阻是否正常，如图 5-4-3 所示，可以看出什么了吗？通过万用表的数值，读到 12.06 欧姆，正常值为 60 欧姆左右，有可能是其中一个模块损坏或者 CAN 总线断路。

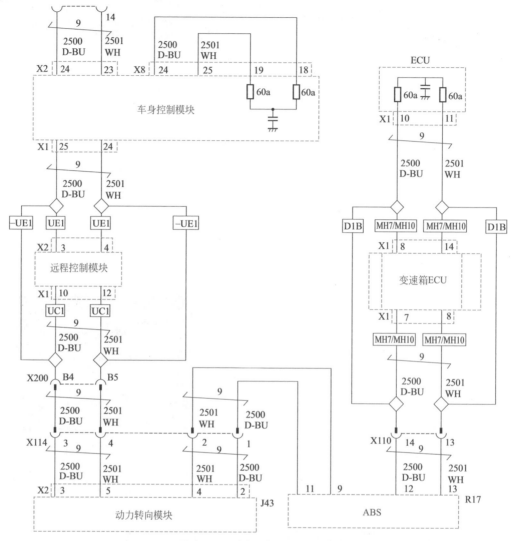

图 5-4-2　别克英朗 GT 电路图

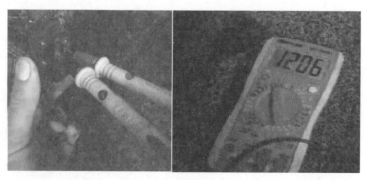

图 5-4-3　测量终端电阻

　　测量动力 CAN 总线的部件，如电脑板、ABS、变速箱电脑板、动力转向。根据图 5-4-2，可以直接找电脑板，然后往前推理，这时候断电，找到发动机电脑板的 CAN 总线针脚进行测量（图 5-4-4）。

图 5-4-4　测量发动机电脑的 CAN 总线电阻

　　通过图 5-4-4，得到了一个很重要的信息，电脑板插头拔了，测有终端电阻 120 欧姆，对比刚才的资料，发动机电脑板的终端电阻是好的。

　　随后测线束端，发现没有 120 欧姆，说明问题在插头到车身电脑之间。根据 CAN 拓扑图，检测 ABS 模块，测量结果没有 120 欧姆。这个时候我们就把故障范围缩小了，下一个测量动力转向模块，测量数值为无限大，存在故障（图 5-4-5）。

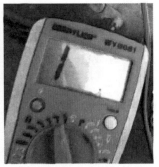

图 5-4-5　测量动力转向模块的 CAN 总线电阻

　　检查说明终端电阻在动力转向模块断了，就是说在动力转向模块有两组 CAN 总线，一进一出，从车身控制模块过来的 CAN 总线可以测到电阻，但是从输出端没有测到电阻，即可表明动力转向模块损坏。

　　正常情况下是有一进一出，就是说在断电的情况下，拔了电脑板插头，在其他总线模块针脚均可以测到终端电阻值 120 欧姆，通过这个测试方法，虽然有点慢，但可以找到问题点。

　　更换动力转向模块，故障排除。

（4）案例总结

通过这个案例可知，单方面了解检测方法的多样性，通过测终端电阻亦可以。

5.5 凸轮轴调节电磁阀故障

（1）车辆信息

车型：2016 年款大众桑塔纳。发动机：1.6 升。行驶里程：56000 公里。

（2）故障现象

车辆难启动，启动着车后无怠速，同时伴随着发动机故障灯点亮。

（3）故障诊断与排除

读取故障码为 P0341，其内容为凸轮轴位置传感器不可信信号（图 5-5-1）。
导致这个故障码出现的可能原因有：

❶ 凸轮轴位置传感器、曲位传感器故障；

❷ 凸轮轴调节电磁阀故障；

❸ 传感器线路电源故障；

❹ 正时跳齿问题；

❺ 电脑板故障。

视频精讲

经过逐一排除，拆下进气凸轮轴调节电磁阀直接通电，调节电磁阀不动作，说明就是这个电磁阀卡在开启位置不能回位导致故障现象的出现，更换凸轮轴调节电磁阀，故障彻底解决（图 5-5-2）。

视频精讲

图 5-5-1　大众桑塔纳故障码

图 5-5-2　进气凸轮轴调节
电磁阀（大众桑塔纳）

（4）案例总结

本案例中，根据从简到繁的原则，最后排除故障。

5.6　二次空气泵继电器故障

（1）车辆信息

车型：2007 年款大众帕萨特。发动机：2.0 升。行驶里程：156000 公里。

（2）故障现象

车辆无法启动。

（3）故障诊断与排除

发动机电脑读到的故障码内容为：气缸 3.3.4 喷射阀对地短路，氧传感器加热电路对地短路，可变进气歧管转换阀对地短路。其他系统的一些故障码因为与车辆启动无关，暂时可以不用去考虑（图 5-6-1）。

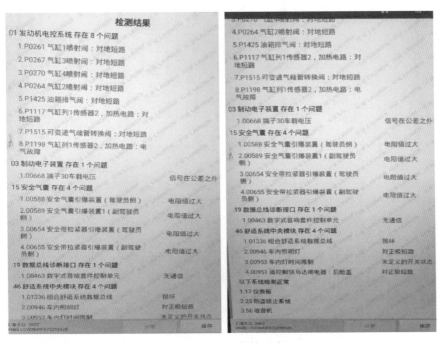

图 5-6-1　大众帕萨特故障码

从故障码可以分析得到该车辆喷油嘴应该是失去了正极供电，用试灯测量喷油嘴插头，果然没有正极供电，接着我们查找电路图（图 5-6-2）。

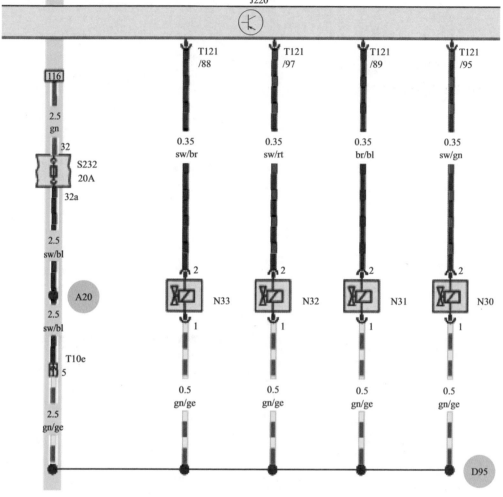

图 5-6-2　大众帕萨特电路图（一）

J220—Motronic 控制单元；N30—气缸 1 喷油阀；N31—气缸 2 喷油阀；N32—气缸 3 喷油阀；N33—气缸 4 喷油阀；S232—
保险丝架内的保险丝 32；T10e—10 芯插头连接；T121—121 芯插头连接；A20—正极连接（15a）；D95—连接（喷油阀）

从图 5-6-2 中可以看出喷油嘴都是由 S232 保险供电的，经检查 S232 保险没有电，那么接着往前找地址码 116（图 5-6-3）。

通过电路图可以看到该保险丝是由燃油泵继电器供电的，拔掉继电器，测量插座有 30 号电和 15 号电，短接 30 号输入与 75 号输出，测量喷油嘴插头处有了 12V 供电。我们可以看到此继电器为 5 脚继电器，还有一个 75a 输出，我们继续查看电路图（图 5-6-4）。

可以看出该二次空气泵继电器 87a 输出脚给二次空气泵继电器、进气歧管转换阀、活性炭罐电磁阀、氧传感器加热供电，这也就解释了前面所说的所有故障码生成的原因。

接着我们测量继电器线圈有正极 15 号电，打启动时有负极控制，说明继电器的控制没有问题，换上新的继电器以后，可以清除掉故障码，但是车辆仍然无法启动，测量喷油嘴与点火线圈没有控制信号，但是发动机电脑没有任何故障码。因为没有示波器，所以用万用表交流挡位测量磁电式曲轴位置传感器输出，启动时从 0.37V 升到 1.1V，基本可以判断为正常。怀疑发动机电脑损坏，将发动机电脑送到一个修发动机电脑的店去检测，该店表示确实损坏但无法维修。

更换二次空气泵继电器和发动机电脑，故障解决。

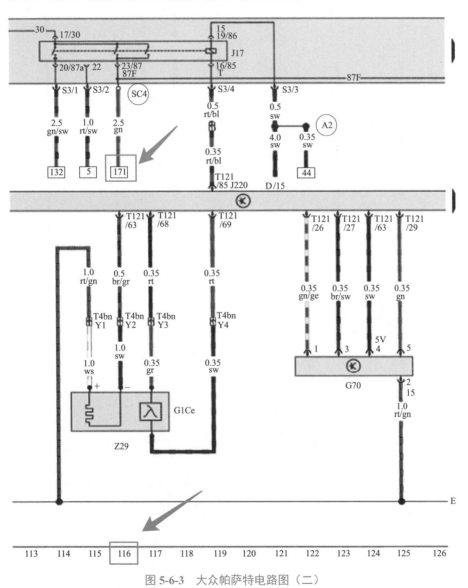

图 5-6-3　大众帕萨特电路图（二）

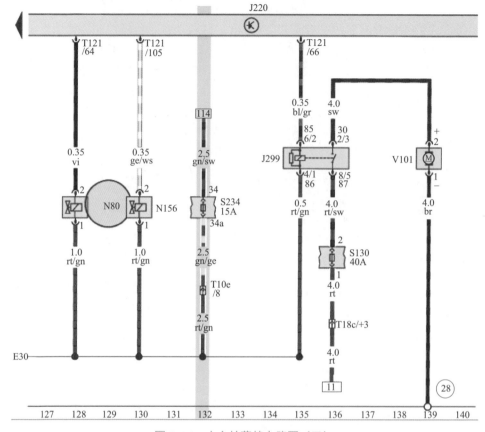

图 5-6-4　大众帕萨特电路图（三）

J220—Motronic 控制单元；J299—二次空气泵继电器；N80——活性炭罐电磁阀 1；N156—进气歧管转换阀；S130—
二次空气泵保险丝；S234—保险丝架内的保险丝 34；T10e—10 芯插头连接；T18c—18 芯插头连接；T121—121 芯插
头连接；V101—二次空气泵马达；28—前围板上的接地点；E30—连接（87a）

（4）案例总结　　　　　　　　　　　　　　　　　　　　　　　　　　　　　　　· · ·

　　对于此故障，我们以后也会经常遇到，因为基本上所有电控发动机的供电控制
逻辑都是文中叙述到的。而一旦主继电器没有闭合，所有由主继电器供电的用电设
备都会报出对地短路的故障码，这时候我们就可以借鉴本案例的诊断思路。

5.7　起动机故障

（1）车辆信息　　　　　　　　　　　　　　　　　　　　　　　　　　　　　　　· · ·

　　车型：2007 年款别克君越。行驶里程：48454 公里。

（2）故障现象

热车不能启动，早上也不能启动，点火、关闭重复十多次有时候能启动。

（3）故障诊断与排除

检修点火开关到继电器线路 30 号线时，控制线路均能吸合继电器；继电器到马达线路的正极电压降，开钥匙时为 0.03V，启动时为 0.35V 左右；搭铁正常。

检查到起动机启动继电器这一步后，根据检查的情况，发现问题很可能在启动继电器到起动机的线路，或者起动机损坏。通过电路图得知（图 5-7-1），这辆车的启动控制原理是电脑板通过控制继电器吸合，之后让起动机工作。根据维修人员描述，继电器有动作，可以排除电脑故障，分析故障原因有可能出现在线路、继电器或起动机上。

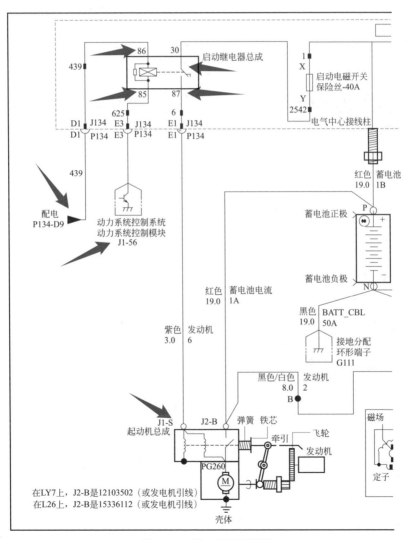

图 5-7-1　别克君越电路图

根据电路图，首先检查启动继电器闭合后，测得电压为 11.44 伏（图 5-7-2）。再测量起动机侧电压，正常，即可说明起动机坏了。

视频精讲

图 5-7-2　测量电压（别克君越）

更换起动机，故障排除。

（4）案例总结

本案例中维修技师因不了解最简单的检修方法，导致走了很多弯路。

5.8　启动继电器故障

（1）车辆信息

车型：2008 年款现代伊兰特。发动机：1.6 升。行驶里程：149854 公里。

（2）故障现象

车主正常停车以后，打启动没反应，仪表不亮，经检查有个保险爆了，更换保险后打启动保险立刻又爆。

（3）故障诊断与排除

在电路图中可以看到，点火开关的供电保险和起动机继电器是同一个 40 安培的保险，现在故障是一开钥匙打启动，保险立刻就爆，首先排除点火开关后面的用电器，因为在点火打开以后如果后面有用电器短路，ACC 和 ON 挡后面的保险会爆，主保险不会爆。

拔掉启动继电器再试，直接短接继电器看能不能启动，结果一短接冒烟了，保险也爆了。于是插回启动继电器，拔掉起动机吸拉开关的控制线，用试灯搭铁测量起动机控制线，打启动试灯点亮，说明启动点亮系统没有问题（图 5-8-1）。

启动控制电路都没有问题，只有起动机的吸拉开关内部短路才会导致一启动保险就爆，更换新的起动机后问题解决。

（4）案例总结

起动机内部故障，更换后解决。

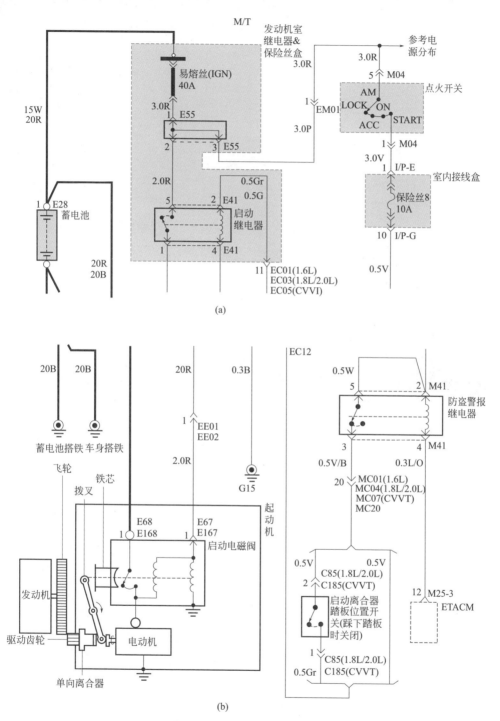

图 5-8-1　现代伊兰特电路图

第6章

汽车点火及电源故障

6.1 单缸不点火

（1）车辆信息

车型：2012 年款宝马 X5。发动机：N55。行驶里程：150000 公里。

（2）故障现象

车辆怠速抖动，发动机加速无力，发动机故障灯点亮报警，中央信息显示屏显示"发动机功率下降"。

（3）故障诊断与排除

使用电脑诊断仪读取故障码。

❶ 2EE0 熄火，多个气缸：喷射关闭。

❷ 2EFE 熄火，多个气缸：已识别。

❸ 2EF4 熄火，气缸 6：喷射关闭。

❹ 2F04 熄火，气缸 6：已识别。

读取发动机各个气缸的运转平稳值，第 6 缸运转的平稳值数值为 7.83，除了第 2 缸为 −2.34 之外，其他几个气缸的运转平稳值则很小，几乎接近 0。正常的数值越接近 0，表示发动机运转得越平稳，所以分析点火系统有故障的可能性要大一些（图 6-1-1）。

重点检查点火线圈的线束、点火线圈、火花塞。

检查点火线圈线束，没有发现异常。拆卸点火线圈，目测检查表面，也无破裂及油污现象。和其他正常工作的气缸对调点火线圈，然后启动车辆检测，还是第6缸不工作。

拆卸火花塞检查，发现第6缸火花塞的侧电极挨着中心电极，没有间隙。可能是安装时没按照规范操作导致火花塞侧电极受到撞击引起的。

更换第6缸火花塞，删除故障存储，试车，故障排除。

运转不平稳值

功能：气缸6运转平稳性数值(标准值：−200～200)
状态：7.83 L/s
功能：气缸5运转平稳性数值(标准值：−200～200)
状态：−2.34 L/s
功能：气缸4运转平稳性数值(标准值：−200～200)
状态：0.19 L/s
功能：气缸3运转平稳性数值(标准值：−200～200)
状态：−0.99L/s
功能：气缸2运转平稳性数值(标准值：−200～200)
状态：0.01L/s
功能：气缸1运转平稳性数值(标准值：−200～200)
状态：−1.24L/s

图 6-1-1 宝马 X5 发动机数据流

（4）案例总结

善用电脑诊断仪和数据流，可快速地锁定故障。此案例可能是人为造成的故障，安装时的粗心造成火花塞损坏，导致出现故障。

6.2 点火线圈故障

6.2.1 点火线圈故障一

（1）车辆信息

车型：2008 年款尼桑骏逸。发动机：1.8 升。行驶里程：128000 公里。

（2）故障现象

车辆出现的问题是怠速不稳，提速无力，抖动，尾气呛人，偶尔可以听到排气管有"突突突"的声音。

（3）故障诊断与排除

出现怠速不稳的原因很多，比如点火系统、燃油供给系统、配气系统等出了问题均会出现怠速不稳，排查此类问题，需要逐个检查。这辆车采用的是独立点火系统，每个缸有一个点火线圈，做到精准控制。

首先根据诊断仪读取故障码入手，通过检查，发动机系统没有任何故障码。读取数据流，发现怠速的时候进气量低于正常值，水温 90℃，进气温度 42℃，转速在

712r/min 左右跳动。而进气量为 1.7 ~ 1.9g/s，正常值为 2 ~ 6g/s，通过急加油，进气量为 18.70g/s，明显低于正常值，容易使发动机工作不良，对于自然吸气发动机，急加油时进气量一般大于或等于 40g/s。造成进气量低的原因可能有：节气门前方至空气流量计后方有漏气、空气流量计性能不良、三元催化器堵塞等。经检查没有漏气，检查空气流量计电源电压为 5 伏，搭铁正常，决定更换空气流量计（图 6-2-1）。

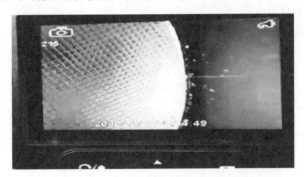

图 6-2-1　尼桑骏逸发动机数据流

空气流量计更换过之后，怠速正常，加油有劲。交车第二天，故障又出现了，读取数据流，进气量依旧偏低，当时就怀疑三元催化器堵塞，造成排气不畅。用内窥镜检查三元催化器是否堵塞，通过观察，没有任何堵塞（图 6-2-2）。发现氧传感器电压在 0.45 伏以下跳变的频率居多，怀疑混合气稀，或者某个气缸燃烧不好。

图 6-2-2　用内窥镜检查三元催化器

于是从头开始检查，观察发动机抖动的规律，不定时会抖一下；4 缸有时候工作不良，拔插头，有时候会抖，有时候不会，随即检查火花塞，发现烧黑了，表明 4 缸工作不好（图 6-2-3）。

图 6-2-3　检查火花塞

随即测试火花塞跳火强度，回馈火花塞跳火很弱，排查点火线圈的控制信号是否正常。启动发动机，用 LED 试灯测控制线，正常情况下会闪烁，通过测试，控制信号正常，说明点火线圈工作不良（图 6-2-4）。

更换点火线圈，清洗火花塞，问题解决（图 6-2-5）。

图 6-2-4 测量控制线

图 6-2-5 更换点火线圈（尼桑骏逸）

（4）案例总结

通过这个案例，可重新认识诊断思路的重要性。对于怠速不稳，首先检查点火系统、喷油系统，以及各个传感器的信号是否正常；问诊也是一个解决问题的关键，让自己少走弯路。而为什么会导致进气量低呢？由于 4 缸偶尔工作不良，造成混合气稀，电脑检测到过稀的信号，在修正到极限的时候则控制节气门开度减小，怠速补偿系统开始调节。

 ## 6.2.2 点火线圈故障二

（1）车辆信息

车型：2009 年款上海大众朗逸。发动机：1.6 升。行驶里程：241645 公里。

（2）故障现象

怠速抖动严重，故障灯点亮，加速无力。

（3）故障诊断与排除

故障码内容为：1 缸缺火，多缸失火。

维修历史：更换了点火线圈和火花塞，依旧是 1 缸缺火，多缸失火。

检查了点火线圈的控制和接地以及供电（图6-2-6）。

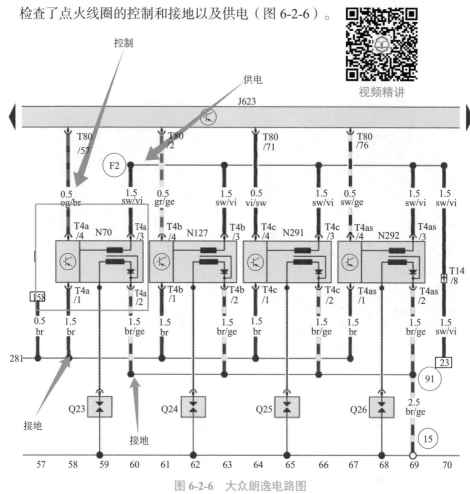

图 6-2-6　大众朗逸电路图

N292—带功率输出级的点火线圈4；Q23—火花塞1；Q24—火花塞2；Q25—火花塞3；Q26—火花塞4；

T4a—4芯插头连接；T4as—4芯插头连接；T4b—4芯插头连接；T4c—4芯插头连接；T14—14芯插头连接；

T80—80芯插头连接；⑮—气缸盖上的接地点；⑨1—接地连接1，在全电子点火开关导线束中；Ⓕ2—正极

连接（87a），在全电子点火开关导线束中

可以看到，电路图中1号是接地，对正极都能点亮试灯，那么接地没问题。

2号也是接地，对正极也能点亮试灯，接地也没问题。

3号为供电，对负极能点亮试灯，说明供电也没问题，最后一个4号为信号。于是着车测量，在着车时，将试灯接负极，将试灯的功率挡断开，只用LED试灯去量信号线，发现试灯闪烁，信号也没问题。

说明控制端没问题，那么只可能是配件有问题。

再更换一套点火线圈，故障消失，故障码也没有了，故障解决。

（4）案例总结

在判断问题时，一定要合理应用我们所学的理论知识去验证故障本身，就能准确地找到问题所在。

6.3 火花塞故障（表6-3-1）

表6-3-1 火花塞故障

车辆信息	车型：2012年款雪佛兰科鲁兹
	发动机：1.6升
	行驶里程：91645公里
故障现象	保养后，发动机怠速抖动
故障诊断与排除	该车在汽修店里做完保养，更换正时皮带、火花塞、"三滤"，清洗积炭后，试车时发现怠速有抖动，抖动得很有规律，急加速时有缺缸的情况 出现故障的原因如下 ①节气门初始化未做好 ②某缸喷油器不工作 ③某缸点火线圈工作不良 ④某缸火花塞工作不良 使用电脑诊断仪读取故障码，车辆没有输出故障码，数据流也正常 水温在60℃以下后，对节气门进行初始化，故障依旧 使用听诊器检查四个气缸的喷油器工作情况，可听见喷油器清晰的工作声音，四个气缸喷油器工作正常 使用换件法，对调一个全新的点火线圈，试车，故障依旧 检查火花塞，因为火花塞是全新的，所以怀疑在安装时可能放入的力度过大导致火花塞电极变形，拆出火花塞检查，正常 所有能导致故障的原因都没发现问题，根据故障现象，出现问题的位置一定是以上原因 接下来，再次更换4个全新的火塞，试车，故障排除 因为之前换的是全新的火花塞，可以进行索赔，但要找到有故障的火花塞，接着逐个安装火花塞试车，最后确定1个火花塞是有问题的 更换后，故障排除
案例总结	本案例中，由于备件的问题引起故障，出现故障不要紧，只要遵循检修的原则和思路，故障终能解决

6.4 电脑板损坏导致四缸失火

（1）车辆信息

车型：2014年款奇瑞瑞虎。发动机：SQR484F。行驶里程：98154公里。

（2）故障现象

早上启动车辆之后抖动严重，故障灯点亮。

（3）故障诊断与排除

使用电脑诊断仪读取故障码，如图 6-4-1 所示。

故障原因：

❶ 火花塞损坏；

❷ 点火线圈损坏；

❸ 喷油嘴损坏；

❹ 点火线圈供电 / 控制线路故障；

❺ 喷油嘴供电 / 控制线路故障；

❻ 发动机电脑损坏。

视频精讲

检查火花塞间隙，正常；点火线圈输出四缸的点火信号，正常；检查四缸喷油嘴供电，没问题；发动机电脑未输出四缸喷油信号，测量四缸喷油嘴控制线路到发动机电脑插头，无虚接 / 断路。拆开发动机电脑进行维修，发现发动机电脑内部进水（图 6-4-2）。

图 6-4-1　奇瑞瑞虎故障码

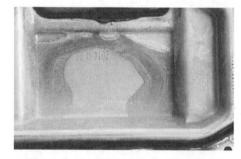

图 6-4-2　发动机电脑进水（奇瑞瑞虎）

更换发动机电脑，故障排除。

（4）案例总结

由于发动机电脑进水导致内部针脚腐蚀 / 断掉，致使四缸不工作。单个气缸失火首先要从火花塞 / 点火线圈 / 喷油嘴进行故障排查，检查火花塞间隙正常；点火线圈点火正常；喷油嘴电阻正常；拔出油轨检查四个气缸喷油嘴，只有四缸喷油嘴无法喷油，喷油嘴供电正常供电；接着检查喷油嘴信号线，没有断路 / 虚接，更换发动机电脑故障解决。

6.5 燃油高压油泵故障

（1）车辆信息

车型：2010 年款奥迪 A4L。发动机：2.0 升。行驶里程：104000 公里。

（2）故障现象

行驶中自行熄火，然后无法启动。

（3）故障诊断与排除

使用诊断电脑检测发动机控制单元，发动机系统存储 2 个故障码：

❶ P008700——燃油油轨 / 系统压力，过低，主动 / 静态，优先等级 1，故障频率 25；

❷ P229400——燃油压力调节器 2，电气故障 / 断路，被动 / 偶发，优先等级 1，故障频率 25。

通过分析发动机控制单元内的故障码，怀疑燃油压力不正常，首先使用燃油压力表测量燃油低压系统，压力为 6.5bar，标准值为 5 ～ 7bar，在正常范围内。

然后测量低压燃油流量为 450mL，正常（标准值 15s 流量不少于 400mL）。最后对低压油路进行保压测试（蓄电池电压为 12.5V，关闭测量装置闭锁栓，观察测量装置上的降压，测量低压管路的密封性和保持压力，10min 后压力必须大于 3bar），为 3.2bar，低压油路正常。通过上述测量，判断燃油低压供给泵正常。

读取怠速时高压油泵的压力为 10kPa，不正常（怠速时标准值为 35 ～ 45bar）。用试灯测量连接燃油压力调节阀 N276 的连接插头（图 6-5-1），模拟供油状态，试灯点亮，排除燃油调节阀供电电路故障。接下来通过发动机控制单元内的元件测试功能，对燃油压力调节阀执行元件测试，这时可以听到"哒哒"声，同时用手触摸燃油压力调节阀有震动感，判定燃油压力调节阀工作正常。

此时怀疑喷油器有常通泄漏现象，拆下火花塞，检查发现火花塞电极没有明显的汽油痕迹，也无明显的汽油味道。用内窥镜观察气缸内部，未发现明显汽油，排除喷油器泄漏的可能。

通过上述诊断工作，最终判断为燃油高压油泵机械故障。拆卸高压油泵，发现高压油泵驱动挺杆部位有明显的汽油味道。继续拆解高压油泵，发现柱塞密封圈损坏，此密封圈起到隔绝汽油与机油的作用，由于汽油压力比机油压力高，故怀疑汽油可能窜入曲轴箱。检测机油液位，发现机油量远大于标准量。打开机油加注口盖，可以闻到很浓的汽油味道。由此判定因高压油泵柱塞密封圈磨损变形，导致高压燃油经过柱塞与泵体之间的缝隙流到曲轴箱，使高压燃油泄漏，造成高压低于规定值。更换高压油泵和机油后试车，故障被彻底排除。

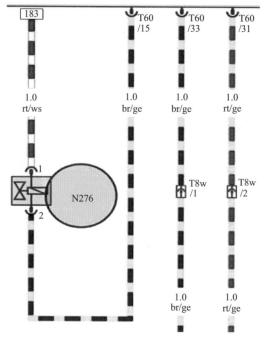

图 6-5-1　奥迪 A4L 电路图

（4）案例总结

　　当故障出现后，首先检测故障码，然后用我们的理论知识去分析故障产生的原因，再经过从简到难的顺序逐一排除，直至找到故障点，并将故障彻底排除。

 **点火锁故障**

（1）车辆信息

　　车型：2013 年款福特嘉年华。发动机：1.5 升。行驶里程：87579 公里。

（2）故障现象

　　打车起动机无任何反应，短接起动机可以正常启动。

（3）故障诊断与排除

　　首先确认故障现象，钥匙打到启动挡位，继电器不吸合，起动机无任何反应。继电器 4 个针脚只有 30 号针脚有电。短接 30-87 号针脚可着车，说明启动继电器到起动机无故障，问题出在起动机控制上。用诊断仪读取故障码（图 6-6-1）。

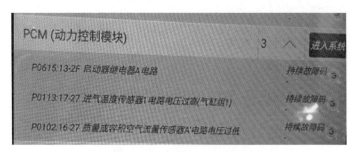

图 6-6-1　福特嘉年华故障码

　　由于有关于起动机继电器的故障码，且控制脚无 12V 电压，针对车型查找电路图。启动继电器控制脚 1、2 分别由 ECU 22#、24# 控制。而故障码的意思就是两端没有产生回路，即故障点有线路断路虚接，或者继电器内部线圈损坏。用万用表测量继电器控制脚电阻为 120Ω，对比同车其他继电器，阻值正常，替换继电器。用万用表测量继电器与 ECU 线路的线路导通性，两根线都导通，且阻值为 0.1Ω，线路正常。将继电器插回，故障码可清除，打车故障依旧。ECU 到继电器线路无问题。故障码形成的原因是之前拔掉继电器所致（图 6-6-2）。

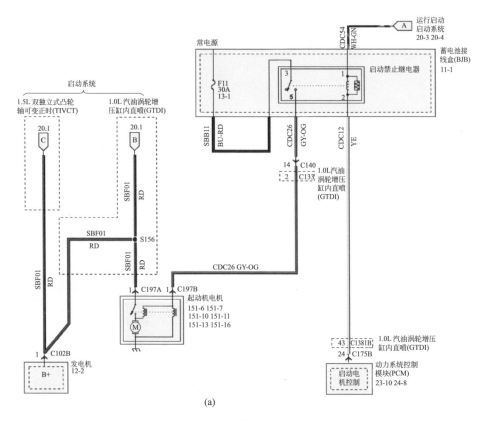

(a)

图 6-6-2

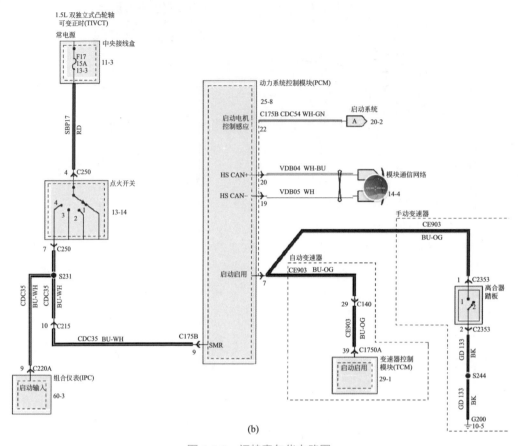

图 6-6-2　福特嘉年华电路图

故障点现在转移到了 ECU 没有控制起动机继电器吸合，且无故障码。那么是不是有某个条件没达到导致 ECU 不控制启动？通过上述电路图我们来查看一下控制逻辑。点火开关 7 号脚为启动信号，将 F17 的正极信号发送给 ECU9 #。ECU 还需要 7 号脚连接自动挡的 39 号脚给的搭铁信号（对于手动车辆必须要踩离合器），还有可能需要通过数据总线与防盗电脑的通信，这辆车防盗灯不亮，且防盗无故障，不在考虑范围内。

下面对条件进行验证，测量 ECU7# 到变速箱电脑 39# 的阻值为 0.3Ω，开钥匙有搭铁信号。点火开关 7# 与 ECU9# 的阻值为 0.1Ω，在启动时有 12V 电压输出。问题陷入僵局了。

是不是还有必要条件没达到？此时重新观察故障现象。当打到启动挡时，仪表跟着黑屏。

问题是打到启动挡时仪表黑屏了，而打到 ON 挡时仪表常上电，模块也能正常读取。那么我们下一步就是跳过点火开关，给个信号（图 6-6-3）。

点火锁的挡位有：OFF，ACC，ON，ST。

OFF：钥匙关闭，车辆可以进入休眠状态，无大型用电器工作。

ACC：车辆部分功能上电（多媒体、玻璃车窗的功能可以实现），接 ACC 继电器。

ON：车辆运行功能上电（仪表、ECU、变速箱电脑等），接通 IG1、IG2 继电器，同时接通 ACC 继电器。

ST：启动挡，接通启动挡、ON 挡。

根据电路图知道 4 号脚为正极，7 号脚接启动挡。由于开关上没有负极，可以通过短接线路寻找 IG 线。将一根线接 4# 并短接到 1# 使仪表上电，此时用另一根线去接 4# 和 7#，车辆可以着车（图 6-6-4）。

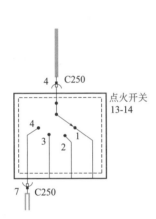

图 6-6-3　端子接线图

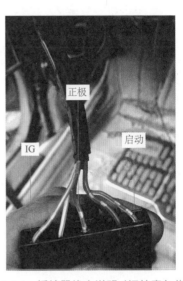

图 6-6-4　插接器线束说明（福特嘉年华）

1—关闭；2—附件电器 / 运行；3—启动 / 运行；4—启动

判断为点火开关内部故障，在启动挡的状态下，ON 挡断开了，导致电脑板没有工作开机，也就无法控制启动继电器吸合了。

更换点火开关，试车，故障排除。

（4）案例总结

本案例，根据从简到繁的检修原则，逐步检查，最终锁定故障零件。

6.7　发电机故障

（1）车辆信息

车型：2004 年款马自达 6。行驶里程：198454 公里。

（2）故障现象

发电机不发电。

（3）故障诊断与排除

突然间发现电瓶没电了，换了新的电瓶，测试发现发电机不发电。于是判断发电机不发电的原因有：

视频精讲

❶ 发电机皮带松旷，打滑；

❷ 励磁电源线路故障；

❸ 发电机本身故障；

❹ 发电机 B+ 电源断路。

先检查机械方面的原因，如皮带、发电机是否牢固，经确认没问题；检查励磁电源，打开点火开关，有 12 伏电压，表明控制没问题；同时检查发电机，安装牢固，皮带没问题；又看了维修手册，那么问题就在发电机，更换即可解决。

发电机检查步骤如下。

❶ 检查电瓶是否充满电。

❷ 检查驱动皮带的偏转和张力值是否正确，如果不符合要求，则更换驱动皮带。

❸ 关闭所有用电设备。

❹ 转动点火开关，启动发动机，检查在发动机转动过程中，发电机的转动是否平稳、无噪声。

❺ 测量如表 6-7-1 所示的接线端子的电压值，如果达不到要求，应对发电机进行必要的维修或更换。发电机线束端连接器如图 6-7-1 所示。

表 6-7-1　接线端子电压测量

接线端	点火开关	空转（20℃）/V
B	B+	13 ～ 15
P	接近 1	3 ～ 8
D	接近 0	0

注：打开设备（前大灯、空调电机、后车窗除霜器）并观察电压表读数的增加情况。

图 6-7-1　发电机线束端连接器

（4）案例总结

这辆车属于他励类型，假如没有励磁电源，发电机就不会发电，这个是我们平时要注意的问题。

6.8 电源线烧蚀

（1）车辆信息

车型：2017 年款长安欧诺。行驶里程：48454 公里。

（2）故障现象

空调不工作。

（3）故障诊断与排除

接车后，启动车辆开空调，空调面板 AC 灯点亮，但没有听到压缩机离合器吸合的声音。先按常规检查保险丝、空调继电器、空调压力开关等，均正常。短接空调继电器，压缩机工作，风扇转，有冷风出，说明有冷媒，没空调控制信号到达。打开空调开关，就会向发动机电脑提供一个空调请求信号，发动机电脑收集相关传感器信号，判断在合理的情况下控制空调继电器闭合，空调压缩机才工作。检查室外温度传感器，电压为 2.4 伏左右，在合理范围内。当用诊断仪读取蒸发箱温度传感器数值时，发现异常，正常系统电压应在 13 ～ 14 伏之间，数据流显示系统电压为 11.6 伏，明显偏低，用万用表检测系统电压，检测的结果与数据流显示的一致（图 6-8-1）。

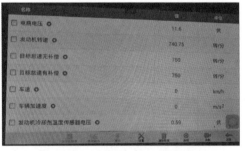

图 6-8-1　长安欧诺数据流（异常）

接下来检查电路连接、蓄电池及充电系统，发现发电机电源线头烧蚀，通往蓄电池的电源线烧黑了，于是判断故障原因为发电机发电量过高，或者是发电机输出接线柱接触不良，从而导致电源线烧蚀（图 6-8-2）。

更换发电机及电源线，空调可以正常工作，读取数据流，蓄电池电压处在正常范围内，故障排除（图 6-8-3）。

图 6-8-2　发电机电源线烧蚀（长安欧诺）

图 6-8-3　正常数据流（长安欧诺）

（4）案例总结

蓄电池电压过低时为什么会空调不工作了？当发动机电脑检测到电池电压过低时就会切断空调的工作，以保证发动机正常工作，这可联想到发动机水温高也会使空调不工作。其实这还真不能算疑难杂症，随着技术不断更新，我们的思维也要赶上。同时，还要从大局角度看问题，单个系统的控制策略与整体控制策略存在一定的关系。

6.9 电瓶灯点亮

（1）车辆信息

车型：2004 年款别克凯越。发动机：1.5L。行驶里程：60925 公里。

（2）故障现象

客户报修仪表点亮，充电系统故障（电瓶灯点亮）（图 6-9-1）。

图 6-9-1　故障车电瓶灯点亮（别克凯越）

（3）故障诊断与排除

用 431 远程诊断该车辆，读取故障码为 P0621-00，含义为发电机 L 端子电路异常（图 6-9-2）。

图 6-9-2　别克凯越故障码

发动机控制模块(ECM)使用发电机接通控制电路以控制发动机上的发电机负载。发动机控制模块的高电平侧驱动器向电压调节器提供电压，以此来控制电压调节器接通和断开磁场电路。发动机控制模块监测发电机接通控制电路的状态。当点火开关置于 ON 位置且发动机关闭，或充电系统发生故障时，发动机控制模块应在发电机接通控制电路上检测到电压过低。发动机运行时，发动机控制模块应在发电机接通控制电路上检测到电压过高。

该故障码产生的条件是：

❶ 在点火开关置于 ON 位置测试期间，发动机控制模块在发电机接通控制电路上检测到电压并持续 5 秒钟；

❷ 置于 RUN 位置测试期间，发动机控制模块在发电机接通控制电路检测到电压过低并持续 15 秒钟。

造成充电系统故障的原因有：

❶ 发电机本身损坏；

❷ 线路问题；

❸ 电脑板内部问题。

查阅电路图（图 6-9-3）得知，发电机为一条线的 L 线，是由电脑板控制的，当检测到有故障时，会通过数据总线向 BCM 发送指令，再由 BCM 接收到指令时通过数据总线会再次发送给仪表系统，同时仪表点亮充电故障指示灯。

打开钥匙后测量发电机上的 L 线插头的电压。不拔插头时的电压为 2.55V，拔下插头时的电压为 12V，启动着车后拔下插头的电压为 13.11V（图 6-9-4）。

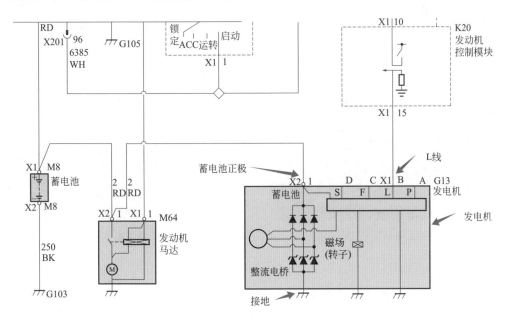

图 6-9-3

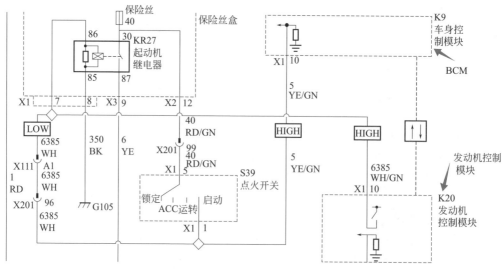

图 6-9-3　别克凯越电路图

启动着车后插上插头的电压为 2.55V，由此可见是发电机内部损坏了。如果发电机正常情况下 L 端子是 14 伏电压，因为发电机发电了，那么故障车不管是开钥匙还是着车电压始终是 2.55V，说明发电机损坏，更换新的发电机，再次测量发电机的 L 端子线，电压为 14.26V（图 6-9-5）。

图 6-9-4　故障车辆测量数值（电压）

图 6-9-5　正常车辆测量数值（电压）

（4）案例总结

因为发电机内部损坏，造成了该故障现象。拉低了 L 线的电压也就是励磁线的电压，电脑板检测到低电压以后会通过数据总线向 BCM 发送故障指令，再由 BCM 通过数据总线给仪表故障指令，从而仪表点亮发电系统故障指示灯。

6.10　油嘴堵塞（表6-10-1）

表 6-10-1　油嘴堵塞

车辆信息	车型：江铃全顺
	行驶里程：142358 公里
故障现象	车辆行驶中熄火，并且停在斜坡后就不好启动
故障诊断 与排除	故障原因分析 ①高压油泵损坏 ②油路堵塞 ③油路破损泄压 ④油嘴损坏 首先检查油路油管，并无破损。更换了柴油滤芯，清洗管路，故障依旧。读取数据流，测量高压油轨压力为350MPa，急速时为正常值。考虑过车主反映车子高速行驶时，松油门再急加速车子速度上不去，应该为供油不足。检查各喷油嘴的回油，发现第三缸喷油嘴回油过大，其他油嘴回油也偏大。拆下喷油嘴，校正喷油嘴，装车后故障排除，第二天冷车启动很好着车
案例总结	喷油嘴堵塞导致了缸内供油不足，造成急加速无力，甚至会熄火

汽车燃油故障

第 7 章

视频精讲

 燃油泵故障（表 7-1-1）

表 7-1-1　燃油泵故障

车辆信息	车型：斯柯达明锐
	发动机：1.4 升
	行驶里程：88000 公里
故障现象	冷车不好启动、加速慢
故障诊断与排除	使用电脑诊断仪读取故障码，车辆没有输出故障码，怀疑车辆燃油压力低导致 测量低压燃油压力为 3.8bar，略低于标准值 4.0bar，熄火后保持压力为 1.8bar 试验高压部分燃油压力，分别拔开高压燃油压力传感器 G247、燃油压力调节阀 N276 的插头，10s 后压力表上升到 55bar，发动机加速不畅，1 分钟后熄火 当 G247 信号有故障时发动机控制单元 J220 会关闭 N276，同时将检测到高压系统油压低的信息传递至燃油泵控制单元 J538，这时燃油泵控制单元 J538 会提高燃油泵转速，增加燃油供给 检查结果与控制逻辑相符，说明 G247、N276、J220 及 J538 是正常的 检查燃油滤芯，当拔开回油管时发现不回油，导致不回油的原因包括控制阀卡滞、燃油泵压力不足。故障指向燃油泵压力不足 更换燃油泵，怠速油压为 4bar，加速和提速正常，故障排除
案例总结	本案例中，燃油泵工作不良导致出现故障

7.2　燃油泵线路故障

（1）车辆信息　• • •

车型：别克凯越。发动机：1.6 升。行驶里程：121011 公里。

（2）故障现象　• • •

车辆不能启动。

（3）故障诊断与排除　• • •

经检查点火线圈不点火，点火线圈没有电源。

分析不能启动的原因有：

❶ 保险丝损坏；

❷ 继电器损坏；

❸ 主继电器不工作；

❹ 点火线圈的电源线断路，虚接。

查阅电路图得知：点火线圈上的供电电源是由 15A 的保险丝和油泵继电器供给的，如图 7-2-1 所示。

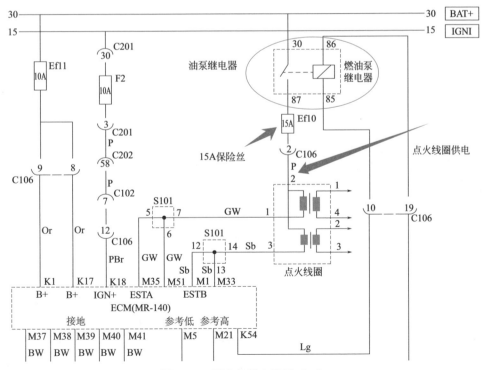

图 7-2-1　别克凯越电路图（一）

找到 15A 保险丝，经测量，保险丝没有熔断，但是没有 12 伏电源过来。短接油泵继电器，点火线圈有电了，证明燃油泵输入线有 12 伏电源。检查油泵继电器的控制，85 号线是由发动机控制模块（ECU）控制的正极，86 号线是常搭铁，都是正常的，但启动发动机后油泵继电器不闭合，证明了油泵继电器已经损坏（图 7-2-2）。

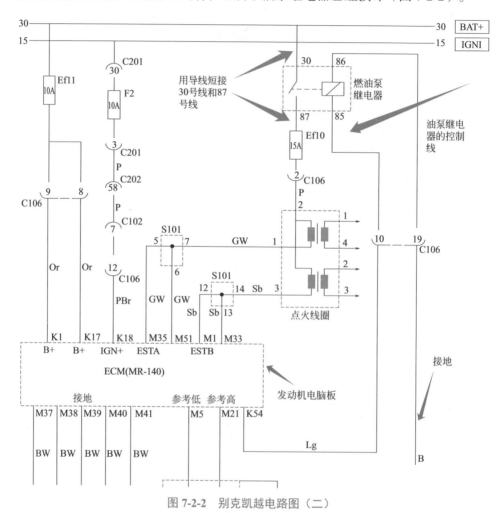

图 7-2-2　别克凯越电路图（二）

更换一个新的油泵继电器，启动发动机，油泵继电器能正常供电，但还是不能正常着车。用诊断仪读取故障码，没有故障码存在。防盗也不存在故障问题，检查点火线圈和火花塞，都是好的。

重新理了一下思路，既然能正常点火，那油路是不是好的呢？再一次检查喷油嘴的供电和控制端，喷油嘴供电正常，控制端正常。拆下燃油导轨上燃油泵输出的燃油管路，发现没有燃油输出，检查燃油泵插头，发现插头上存在虚接、脏污和氧化，处理插头后，发动机能正常启动，故障排除（图 7-2-3）。

图 7-2-3　检查燃油泵插头

（4）案例总结　　　• • • •

由于油泵继电器损坏和油泵插头存在虚接造成该车辆不能正常启动。

7.3　燃油泵控制电路故障

（1）车辆信息　　　• • • •

车型：2015 年款江淮瑞风 S3。行驶里程：160000 公里。

（2）故障现象　　　• • • •

无法着车。

（3）故障诊断与排除　　　• • • •

使用电脑诊断仪读取故障码为 P0628，内容为油泵继电器控制电路电压过低（图 7-3-1）。

图 7-3-1　江淮瑞风 S3 故障码

首先找到燃油泵的继电器，将其拔下，在继电器的85-86控制脚上串上功率试灯，打开点火开关后试灯点亮，而且很明亮，说明油泵继电器的控制没有问题。

测量油泵继电器的供电，正常。直接用导线短接燃油泵继电器的30-87针脚。但是打启动还是无法着车，没有听到油泵工作的声音。接着拆下后排座椅，找到燃油泵的插头（图7-3-2）。

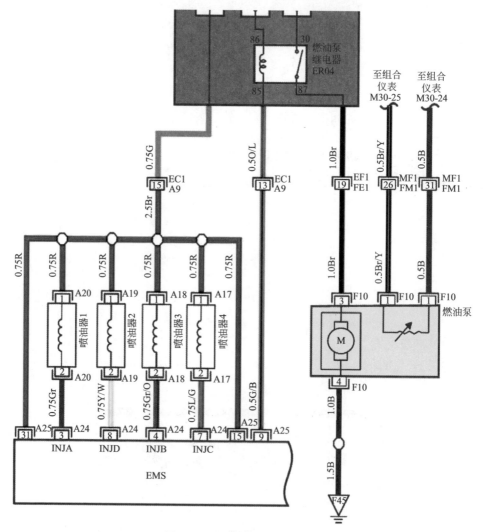

图 7-3-2　江淮瑞风 S3 电路图

直接拔下油泵插头，在3号脚和4号脚之间串上功率试灯，试灯点亮，说明燃油泵控制线路是没有问题的。问题有可能出在燃油泵上，于是拆下燃油泵。最后发现燃油泵的插头线已经脱落了，用电烙铁重新把线焊接好，然后恢复装车。打开钥匙可以听到油泵工作的声音，于是打启动顺利着车，问题解决（图7-3-3）。

视频精讲

图 7-3-3　燃油泵的插头线脱落（江淮瑞风 S3）

（4）案例总结

本案例通过故障码快速缩小故障范围，然后根据电路图找到故障位置。因此，对电路要有一定的了解和知识的积累。

7.4 燃油泵控制模块故障

（1）车辆信息

车型：2015 年款凯迪拉克 ATSL。发动机：2.0 升。行驶里程：68000 公里。

（2）故障现象

怠速时发动机抖动，加速无力。

（3）故障诊断与排除

用诊断仪进入发动机系统读取故障码，内容为与燃油泵控制模块（底盘控制模块）失去通信，故障码不能清除，说明故障现在确实存在（备注：凯迪拉克 ATSL根据车辆配置不同，底盘控制模块和燃油泵控制模块是集成在一起的，从而叫底盘模块）。

启动着车，进入发动机系统读取数据流，发现长期燃油修正为 +21%，说明系统过稀，根据故障码的含义说明燃油泵控制系统已经和发动机控制模块失去了通信，但发动机控制模块接收不到燃油泵模块的信息，从而控制喷油脉宽延长来维持发动机燃油供给。根据电路图检查电源搭铁，正常。底盘控制模块总线是 5 号和 17 号脚，6 号和 18 号脚，共 4 根数据总线（图 7-4-1）。

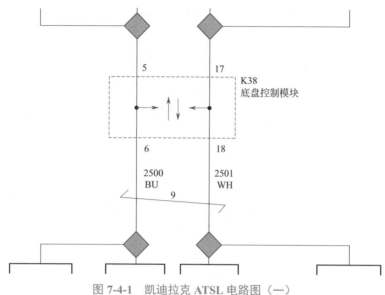

图 7-4-1　凯迪拉克 ATSL 电路图（一）

　　测量两组线的电压，拔掉燃油泵的插头后都没有电压，插上插头后 2V 和 3.02V 波形都正常。测量电阻，没有电阻，用示波器检查波形也显示正常（图 7-4-2）。

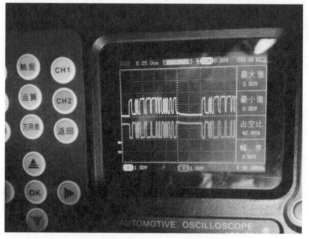

图 7-4-2　测量波形（凯迪拉克 ATSL）

　　因为没有电阻、有波形，有电源和搭铁，考虑到这辆车有两组网络总线，而维修人员不了解这两组数据总线的原理就更换了底盘控制模块（燃油泵控制模块），所以装上新的燃油泵控制模块后用诊断仪检查仍然会报之前的故障码，内容为与燃油泵控制模块失去通信，证明不是燃油泵控制模块的问题。再次查找电路图，得知该车的数据串行总线是由发动机管理系统中 120 欧姆的终端电阻和 120 欧姆的终端电阻器之间的多个控制模块组成的数据串行总线（图 7-4-3）。

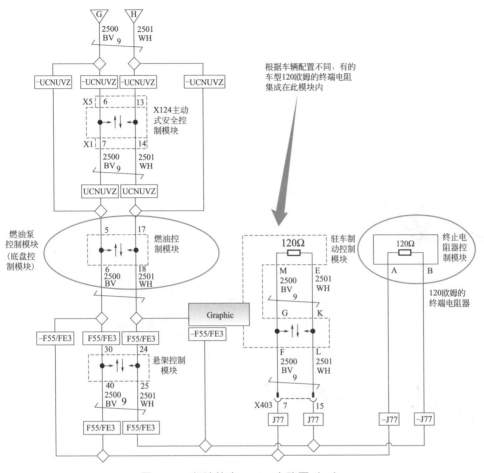

图 7-4-3 凯迪拉克 ATSL 电路图（二）

因为之前检查数据总线时没有终端电阻，同时对该模块上的两组数据总线的原理不是很明白，导致忽略掉没有终端电阻的问题。再次检查终端电阻，该模块上的插头 6 号和 18 号针脚有 120 欧姆的电阻，5 号和 17 号针脚没有电阻，此时回想起来之前测电阻是开钥匙时测的，因测量终端电阻必须关掉钥匙（断电）才准确，犯了很大的错误，5 号和 17 号针脚没有电阻，说明线路中存在断路的现象。排查线路，结果找到后排座椅后上方的一个远程通信接口即终端控制模块上有一个插头未插上（图 7-4-4）。

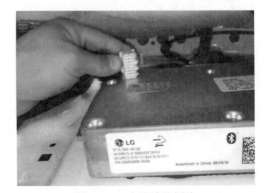

图 7-4-4 未连接的插头

插上插头，测量燃油泵控制模块上的 5 号和 7 号针脚有 120 欧姆电阻，说明线路正常了。装上燃油泵控制模块，读取故障码，此时显示无故障，故障排除。

（4）案例总结

在数据总线当中，不管有没有断路，只要模块电源搭铁是好的，那么该模块就会向外发送数据包。本案例是燃油泵模块插头插上时测量的波形，同时燃油泵模块与远程通信控制模块之间又存在断路的（插头未插上）情况，所以模块本身也会向外发送数据。

 燃油压力传感器故障

 7.5.1 燃油压力传感器故障一

视频精讲

（1）车辆信息

图 7-5-1 上汽荣威故障码

车型：2012 年款上汽荣威。发动机：2.4升。行驶里程：108000 公里。

（2）故障现象

怠速时发动机抖动，加速无力，发动机故障灯点亮。

（3）故障诊断与排除

显示故障码为 P018B，内容为燃油压力传感器性能异常（图 7-5-1）。

导致这种故障的原因有：

❶ 燃油压力传感器损坏；

❷ 信号线与其他线路电压短路或虚接；

❸ 发动机电脑板损坏。

读取数据流，燃油压力为 258 千帕（图 7-5-2）。

实车测量燃油压力为 460 千帕（图 7-5-3）。

测量三根针脚对地电压，分别为 5V、0V、2.57V；拔掉压力传感器插头后电压为 5V、0V、0V。再次读取燃油压力数据流，显示为 0kPa，插头针脚也无虚接情况，检查到这里已经确定为燃油压力传感器故障。

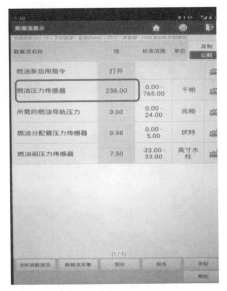

图 7-5-2　读取数据流（一）

图 7-5-3　测量燃油压力

更换燃油压力传感器，再次读取数据流，正常（图 7-5-4）。

试车，故障排除。

（4）案例总结

本案例中，通过读取数据流的数据与实车测量的数据比较，最后确定燃油压力传感器故障。

 7.5.2　燃油压力传感器故障二

（1）车辆信息

车型：2015 年款奥迪 Q5。发动机：2.0 升。行驶里程：151976 公里。

（2）故障现象

偶尔难着车。

（3）故障诊断与排除

图 7-5-4　读取数据流（二）

之前换了一套线束，报燃油压力传感器故障，换了 2 个传感器，故障依旧。

使用电脑诊断仪读取故障码为 P019000，内容为燃油压力传感器 - 电路电气故障

（图 7-5-5）。

燃油压力传感器其实就类似于一个电位计，根据压力的多少来反馈电压给发动机电脑。

测量传感器 3 根线的电压，分别为两个 5.01V，一个 0.01V，也就是分别为传感器的供电、传感器的信号、传感器的接地（图 7-5-6～图 7-5-8）。

图 7-5-5　奥迪 Q5 故障码

图 7-5-6　传感器的供电电压

图 7-5-7　传感器的信号电压

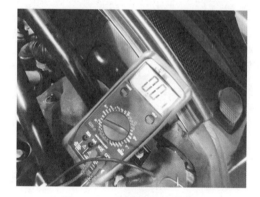

图 7-5-8　传感器的接地电压

传感器的 3 根线电压都测量出来了，接下来就验证一下是否有问题。短接信号和接地线，故障码内容为燃油压力过低，那就说明电脑板和线束都没问题，继续换传感器。

换第三个燃油压力传感器后，故障解决。

（4）案例总结

在短接接地线和信号线时，燃油压力的信号就对地短路了，故障码也是对地短路，所以，足以判断线路和传感器没问题。强大的理论是一切实践的基础。

7.6　喷油器故障

（1）车辆信息

车型：2012 年款雪佛兰科鲁兹。发动机：1.6 升。行驶里程：98000 公里。

（2）故障现象

怠速时发动机抖动，加速无力。

（3）故障诊断与排除

仪表上发动机故障灯点亮（图 7-6-1）。

图 7-6-1　发动机故障灯点亮（雪佛兰科鲁兹）

视频精讲

使用电脑诊断仪读取发动机故障码为 P0203，内容为喷油器 4 控制电路异常（图 7-6-2）。

读取发动机数据流，气缸 4 没有工作（图 7-6-3）。

图 7-6-2　雪佛兰科鲁兹故障码

图 7-6-3　雪佛兰科鲁兹数据流

关闭发动机，使用万用表测量4缸喷油器的电源电压为11.81V，正常（图7-6-4），说明供电不存在故障。

正常应为蓄电池电压

图 7-6-4　测量4缸喷油器的电源电压

测量搭铁线，结果为无穷大，不存在短路的情况。根据电路图所示，喷油器的搭铁为常开，在没有工作的情况下应是无穷大（图7-6-5）。

正常状态应为无穷大

图 7-6-5　测量搭铁线

更换 4 缸喷油器，删除故障码，试车，故障排除。

（4）案例总结　　　　　　　　　　　　　　　　　　　　　　　　　　　···

本案例通过读取故障码、数据流，再到测量电源搭铁，最后锁定故障零件，在没有十足的把握下切不能随意换件。

7.7 燃油滤清器堵塞（表 7-1-1）

表 7-7-1　燃油滤清器堵塞

车辆信息	车型：2012 年本田雅阁
	发动机：2.0 升
	行驶里程：88000 公里
故障现象	发动机不能启动
故障诊断与排除	检查燃油箱内有汽油，打开点火开关能听到油泵工作的声音 根据打开点火开关能听到油泵工作的声音，判断油泵控制线路正常 测量燃油压力，显示压力为 180kPa（标准值为 380～430kPa），明显偏低。首先检查燃油管路，没有发现被压扁或折弯的现象 拆下燃油泵总成时，检查发现油泵过滤器内有泥沙，并且附在油泵滤网上，说明滤网堵塞 更换油泵滤网并清洗油箱内部，重新添加汽油，发动机能正常启动，燃油压力为 340kPa，在标准的油压范围内，故障排除
案例总结	车辆使用时要去正规的加油站加油，车主反馈说之前在私人那里加过油，所以出现了这次的故障

7.8 燃油压力调节阀故障

 ### 7.8.1　燃油压力调节阀故障一（表 7-8-1）

视频精讲

表 7-8-1　燃油压力调节阀故障一

车辆信息	车型：大众速腾
	发动机：1.8 升
	行驶里程：68000 公里
故障现象	车辆在行驶过程中，突然加速无力，发动机故障灯报警

故障诊断与排除	接车后，试车，发动机故障灯报警，发动机最高转速只能达到 3000r/min 连接电脑诊断仪读取故障码，显示故障码内容为燃油压力调节阀 N276 机械故障 读取发动机工作时的数据流（01-08-140-3 区，显示组第三区的数值为 7bar，结果不正常，怠速时正常值应为 40bar 左右），数据说明该车的高压供油系统工作不正常 高压供油系统无高压的原因主要有以下几种可能 （1）低压燃油系统压力过低，造成进入高压泵的供油不足，导致高压系统油压低 （2）燃油压力调节阀 N276 故障，导致无法建立正常的高压（怠速时 40bar 左右） （3）高压泵内机械故障，造成高压泵内的堵塞，无法建立高压 初步判断该车故障点为燃油压力调节器 N276 故障导致高压燃油压力过低，出现加速无力的现象。但是为了区分是 N276 调节阀电路故障还是机械故障，使用电脑诊断仪对 N276 做元件功能测试，这时可听见 N276 电磁阀"哒哒"的声音，同时用手触摸 N276 电磁阀能感觉到振动，说明燃油压力调节器 N276 电磁阀工作正常。因此，把故障点锁定在燃油调节阀的高压泵上，更换高压泵，故障排除 更换燃油压力调节阀（与高压泵集成在一起）N276 后试车，一切正常，读取高压供油系统燃油压力为 40bar 左右
案例总结	本案例中维修技师通过分析数据流锁定故障范围，然后用元件动作测试排除可疑零件，最终排除故障

 ## 7.8.2　燃油压力调节阀故障二（表 7-8-2）

表 7-8-2　燃油压力调节阀故障二

车辆信息	车型：奥迪 A6L
	发动机：2.0 升
	行驶里程：48000 公里
故障现象	发动机加速无力，并伴有耸车
故障诊断与排除	使用电脑诊断仪检查为 1 ～ 4 缸失火 检查点火线圈、火花塞、喷油嘴，均正常 测量燃油压力，低压端为 4.5kPa，正常；高压在保持阶段数据值有下降。启动发动机，读取怠速时的油压为 50kPa 左右，略有偏高，正常值应该在 40kPa 左右，空挡加速至 2000r/min 时，油压没有变化 根据高压油压的一些异常，将故障位置锁定在高压油泵上。拆下高压油泵发现油泵回位弹簧和柱塞有被汽油侵蚀过的痕迹，工作原理上此处是需要机油润滑的，因此故障原因是高压油泵内部密封不严导致燃油内泄。更换高压油泵后试车，故障排除
案例总结	本案例中，维修技师通过测量燃油压力，发现油压偏高，从而找到故障位置

7.9　高负荷混合气过稀

（1）车辆信息

车型：2016 年款现代朗动。发动机：1.6 升。行驶里程：63151 公里。

（2）故障现象

发动机故障灯点亮，清除后跑几十公里会再次点亮，其他无明显故障现象。

（3）故障诊断与排除

显示故障码为 P2191，内容为高负荷状态下系统过稀（乘法）（1 排）。清理了节气门、喷油嘴、空滤，但故障依旧（图 7-9-1）。

怠速时读取数据流分析，一切正常，这车行驶 6 万多公里没有做过大保养，且这车装配的是 D 型进气系统。

那么能导致高转速时出现偶发性故障

图 7-9-1　现代朗动故障码

的可能性应当重点放在油路这块：喷油嘴清洗过，怠速油压测得也没问题（3.6bar），检查汽油滤芯及油泵滤网，发现滤网极脏（图 7-9-2）。

图 7-9-2　堵塞的滤网

更换汽油滤芯及汽油泵后，交由车主试车 200 公里，故障灯不再点亮，故障彻底解决。

（4）案例总结

混合气过稀的故障在平时的维修中遇到的比较多，进气量不够或喷油量不够都会影响混合气浓度，因此在检修时要对系统检查清楚，才能在维修时少走弯路。

第**8**章

汽车冷却润滑故障

8.1　冷却风扇无高速

 8.1.1　电脑控制单元故障

视频精讲

（1）车辆信息

车型：2007 年款比亚迪 F3。发动机：1.6 升。行驶里程：168000 公里。

（2）故障现象

电子扇没有高速运转，水温高；检查了保险，没问题；动作测试只有低速，没有高速。

（3）故障诊断与排除

对于现在的汽车，发动机冷却系统大部分都是水冷，这个时候控制散热风扇的方式就很多了，在低端车型中，一般通过控制多个继电器使风扇高、低速运转；在中端车型中，大部分使用模块控制，就是由电脑给信号到风扇控制模块，由风扇控制模块直接控制风扇的高、低速；更高级的就是把模块集成在风扇上，电脑采集各种传感器的相关数据，通过占空比控制风扇的高、低速。

这辆车的控制方式采用的是由电脑控制继电器，使散热风扇实现高、低速运转，可能的故障原因有：

① 高速风扇继电器损坏；

② 线路故障；

③ 电脑控制故障。

首先找到电路图（图 8-1-1），通过电路图分析控制原理，打开点火开关，点火继电器工作，唯独 1 号与 3 号继电器均有 15 号电源，而 1 号与 3 号继电器有 30 号电，同时电脑控制 2 号继电器吸合才能工作。

电器与 3 号继电器工作，这时 1 号继电器、2 号继电器、2 号继电器闭合，这时 1 号继电器、2 号继电器工作，前提是 1 号继电器工作，同时电脑控制 2 号继电器要想工作。

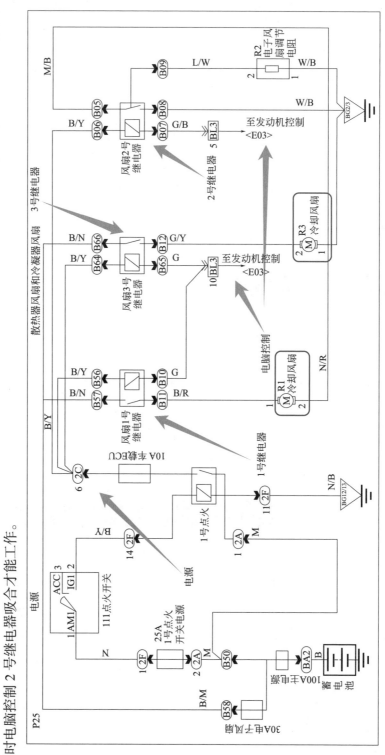

图 8-1-1　比亚迪 F3 电路图

再次查看电路图，风扇低速运转的前提是 1 号继电器闭合，同时 3 号继电器也闭合，使冷却风扇工作。1 号继电器闭合之后，电流经过冷却风扇，到风扇调速电阻，再经过 2 号继电器的 87a 回到负极；而风扇高速运转是通过控制 2 号继电器闭合，则电流不经过风扇调速电阻形成回路。

通过动作测试，只有低速运转，没有高速运转，而执行高速运转的时候，只有 2 号继电器工作，于是先检查 2 号继电器 30 号脚，没有电源电压；直接在 1 号继电器上用一根导线跨接 30、87 号脚，这时风扇高速运转，则表明在执行风扇高速运转的时候，电脑没有控制 1 号继电器闭合，只是控制了 2 号继电器闭合，通过短接的方法，迅速找到问题。同时可以排除控制线路虚接的可能，确定是电脑板的问题。

（4）案例总结

通过原理，可以很快地分析故障，有电路图，更能准确找到问题所在，总结这个案例，进一步了解电脑的控制逻辑，对基本功的考验，就是从故障诊断开始。

8.1.2 线路故障

（1）车辆信息

车型：2018 年款大众捷达。发动机：1.5 升。行驶里程：28000 公里。

（2）故障现象

车辆事故修复好后，散热风扇高速不运行。

（3）故障诊断与排除

使用电脑诊断仪读取故障码，如图 8-1-2 所示。

图 8-1-2　大众捷达故障码

故障原因：

❶ 冷却风扇故障；

❷ 冷却风扇控制模块故障；

❸ 风扇控制线路故障；

❹ 发动机电脑损坏。

通过以上故障码分析，内容为散热风扇促动（带动）2-电气故障，散热、风扇促动（带动）指的是高速风扇带动运行故障。确认了故障，高速风扇不动作，低速风扇正常。那么首先可以用解码器测试散热风扇高速运行不动作；接着检查风扇本身，直接给高速风扇供电，一供电高速风扇就运行，说明风扇自身没问题；检查风扇控制模块供电搭铁，正常；检查低速风扇控制线输出，正常；风扇高速控制线没有控制输出。随后找到发动机电脑端高速风扇控制输出，直接从电脑板跨接一根高速控制线到风扇控制模块，高速风扇正常工作，说明这根高速控制线路已经断路（图 8-1-3）。

修复线路，试车，故障排除。

图 8-1-3　线束断开（大众捷达）

（4）案例总结

通过故障码和故障现象分析，该车辆出过事故，线路存在断路的可能性比较大，随后用解码器测试，散热、风扇高速没有动作；继续从用电器往上排除故障，发现高速控制发动机电脑已经输出，风扇控制模块这边没有高速控制信号，风扇高速控制没有被执行；直接将发动机电脑插头端的高速风扇控制线跨接到风扇控制模块，接着验证线路断路，找到线路断点，故障解决。

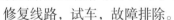

8.2　水管堵塞

（1）车辆信息

车型：2007 年款比亚迪 F3。发动机：1.6 升。行驶里程：108000 公里。

（2）故障现象

发动机报警，冷却液液位指示灯点亮，水温表显示水温过高。

（3）故障诊断与排除

首先连接诊断电脑，没有发现任何故障码；用 X431 测试，散热风扇运转，也没有任何问题。然后检查冷却系统，发现严重缺少冷却液，开始对冷却系统进行仔细检查，看是否有漏水的地方，发现无漏水痕迹。待水温降下来后添加足够的冷却液，把冷却系统空气排净，不启动车，从上水管加冷却液，直到上水管与散热水箱排出冷却液再把水管装上，这样可以排净冷却系统的空气。启动车辆后冷却液液位故障灯熄灭，然后发现冷却液直接大循环，而且回水壶往外喷水，压力特别大，从这点就可以判断出气缸垫已经串气了。经过跟车主沟通，报维修项目及价格，最终商定拆解气缸盖。

气缸盖拆解下来后发现 2 缸和 3 缸之间已经串气了，然后清洁气缸盖、发动机和水箱，更换新的节温器和气缸垫，经过 3 个小时的努力，装配完工。接下来添加足够的冷却液，排净空气，启动车辆着车，发现水壶的回水管不回水，顺着这根回水管看到它连接到一个 7 字形的小铁管上，而这个铁管是在节气门处缸盖后面由一颗内六角螺栓固定。为了验证这根水管是否堵塞，直接用气枪吹回水管，不通，说明此段管路堵塞。拆下 7 字形小铁管，看到此管已经堵满水垢，故障点已找到（图 8-2-1）。

图 8-2-1　堵塞的水管（比亚迪 F3）

疏通小铁管后安装，启动车辆，回水正常；经长时间试车，水温正常。维修结束，交车。

（4）案例总结

气缸垫损坏的原因有以下几个：

❶ 气缸垫老化；

❷ 气缸盖质量问题；

❸ 气缸盖变形；

❹ 气缸盖螺栓松动造成气缸盖与发动机不平；

❺ 气缸套不平。

8.3　水温传感器故障

（1）车辆信息

车型：2009 年款雪佛兰科鲁兹。发动机：1.6 升。行驶里程：128000 公里。

（2）故障现象

发动机故障灯点亮，主要为冷却液温度传感器的故障。

（3）故障诊断与排除

故障码显示为 P00B4-00，内容为散热器冷却液温度（RCT）传感器电路电压过高（图 8-3-1）。这车有两个温度传感器，分别是发动机水温传感器和散热器水温传感器。

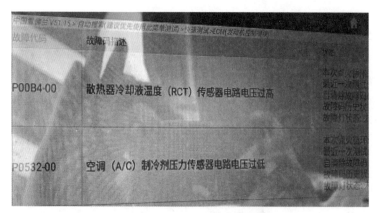

图 8-3-1　雪佛兰科鲁兹故障码

经测量，发动机水温传感器插头拔掉后两线电压为 5V、0V，而散热器水温传感器拔掉插头后两线电压为 12V、0V。那么能导致这个故障出现的原因有：

❶ 线路对 12 伏电源短路；

❷ 发动机电脑板内部短路。

经检查线路无问题，那么即为发动机电脑板内部对 12 伏电源短路，建议更换电脑板，但车主不同意。于是直接把线路剪断，从发动机水温传感器拉一根 5 伏导线过来，该故障解决（图 8-3-2）。

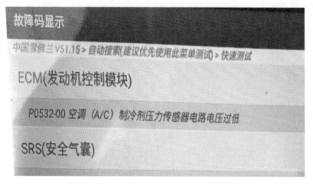

图 8-3-2　P00B4-00 故障码消失

视频精讲

（4）案例总结

本案例中，涉及对线路的改动，在日常工作中如非必要切勿对线路进行改动。

8.4 冷却风扇常转

8.4.1 大众朗逸冷却风扇常转

（1）车辆信息

车型：2010 年款大众朗逸。发动机：2.0 升。行驶里程：158000 公里。

（2）故障现象

冷却风扇常转。

（3）故障诊断与排除

打开点火开关，冷却风扇常转，在某修理厂维修了一段时间，没有找到故障原因。从图 8-4-1 所示的照片中可以看出该修理厂剥开过发动机电脑至冷却风扇的线束。

图 8-4-1 故障车辆的线束经过维修（大众朗逸）

使用电脑诊断仪读取故障码，如图 8-4-2 所示。

图 8-4-2 大众朗逸故障码

截图后清除故障码，再次读取故障码，只剩下了两个。

❶ P2185——发动机冷却液温差传感器 2：过大信号。

❷ P0038——气缸列 1 氧传感器 2，加热器：对正极短路。

接着分析 P2185 和 P0038 故障码，一个是水箱出水口的冷却液温度传感器 2 信号过大，一个是后氧传感器加热电路对正极短路，这两个故障码之间应该没有什么联系。因为客户要解决的问题是风扇常转，所以暂时不去考虑 P0038 故障码。风扇常转的原因很明显就是由 P2185 故障码导致的，发动机电脑接收到了过大的不正常的冷却液温度传感器 2 信号，为了防止高温损坏发动机，所以控制冷却风扇常转。

接着分析导致冷却液温度传感器 2 信号过大的原因有：

❶ 冷却液温度传感器 2 损坏；

❷ 冷却液温度传感器 2 线路断路；

❸ 冷却液温度传感器 2 线路对正极短路（可能性较小）；

❹ 冷却液温度传感器 2 进入发动机电脑内部的搭铁故障。

因为该车已经在其他修理厂修了很久，而且线路都被剥开检查过了，所以现在怀疑最大的可能就是第❹点。接着测量传感器的负极线与正极，之间没有电压，说明这个故障码产生的原因是因为传感器的负极线开路导致的。再测量传感器到发动机电脑之间的连接性，测试电阻为 0.3Ω，说明线路没有开路。那么最有可能的就是发动机电脑内部负极损坏。

于是拆下发动机电脑并打开外壳，很明显地能看见内部丝印烧断了，如图 8-4-3 所示。

图 8-4-3　内部损坏位置（大众朗逸）

用一条导线将丝印连接的焊点焊接起来，将发动机电脑恢复装车（图 8-4-4）。

图 8-4-4　修复电路板

但是装好后清除故障码发现故障码清除不掉，再次打开发动机电脑发现丝印再次烧断，那么很明显是外围电路有线对正极短路导致发动机电脑内部搭铁线丝印烧断。

用万用表通断挡测量这条丝印与发动机电脑针脚 2 号、7 号、19 号、20 号、21 号、28 号相通，查看电脑针脚图（图 8-4-5）。

插头连接(仅适用于带2.0 I发动机的汽车)
A - Motronic控制单元-J220-
B- 80芯插头连接-T80- (1 -52芯)，黑色
C- 80芯插头连接-T80- (53-80芯)，黑色
1 -氧传感器加热装置(催化净化器前)
2 -接线柱31
3 -未占用
4 -接线柱15
5 -未占用
6 -未占用
7 -油门踏板位置传感器
8 -油门踏板位置传感器(5伏)
9 -主继电器控制
10 -未占用
11 -交流发电机
12 -未占用
13 -氧传感器1加热装置

14 -活性炭容器装置电磁阀1 (周期性控制)
15 -接线柱30a
16 -未占用
17 -高压传感器
18 -油门踏板位置传感器2(5伏)
19 -油门踏板位置传感器2
20 -氧传感器(催化净化器前)
21 -水箱出口冷却液温度传感器、氧传感器(催化净化器后)
22 -散热器风扇控制单元信号
23 -制动踏板信号
24 -车载电网控制单元、GRA开关
25 -未占用
26 -燃油泵继电器
27 -接线住87
28 -接线柱31
29 - K诊断导线
30 -制动真空泵(仅适用于带自动变速箱的汽车)

图 8-4-5　大众朗逸电脑针脚图

可以得知这条丝印是发动机电脑内部搭铁线，与这条线相通的有油门踏板位置传感器、前氧传感器、后氧传感器、冷却液温度传感器 2。

一定是某个传感器或其线路对正极短路了，所以导致电脑内部搭铁线一直烧坏。

这时想起该车还有一个故障码为 P0038（后氧传感器加热线路对正极短路）。但是后氧传感器加热线是由发动机电脑内部加热驱动供给的，就算后氧传感器损坏导致加热线对正极短路，也不应该导致后氧传感器信号线这边搭铁一直烧呀？莫非是后氧传感器的信号线也与正极线短路了？

为了验证我们的猜想，于是拔掉后氧传感器插头，先测量后氧传感器加热线的电阻（加热线通常为 2 根白色线），测得阻值为 0.3 欧姆，证实加热线与正极短路（图 8-4-6）。

图 8-4-6　测量后氧传感器加热线的电阻

然后测量后氧传感器信号线与加热线之间的阻值，为 0.5 欧姆，证实后氧传感器的信号线也与正极短路，也就是说后氧传感器有 3 根线在内部都短路在了一起（图 8-4-7）。

图 8-4-7　测量后氧传感器信号线与加热线之间的阻值

拔掉后氧传感器插头，再次焊接好电脑板，恢复装车，打开点火开关，成功清除掉原来的故障码，启动车辆，风扇不转，再次读取故障码，只剩下一个关于拔掉后氧传感器的故障码（图 8-4-8）。

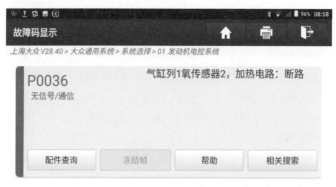

图 8-4-8　再次读取故障码（大众朗逸）

可以确定故障原因为后氧传感器内部正极与信号短路，过大的电流通过信号线和发动机电脑 21 号针脚进入发动机电脑内部，导致丝印烧断。冷却液温度传感器失去了接地，相当于信号线断路，所以电脑内部检测到冷却液温度传感器的信号一直等于电源电压，于是报出了过大信号的故障码，控制冷却风扇常转（图 8-4-9）。

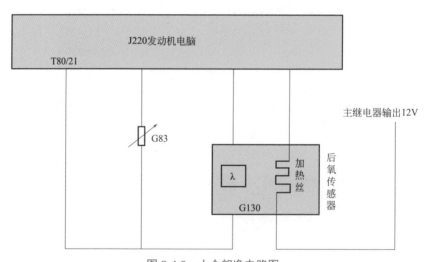

图 8-4-9　大众朗逸电路图

G83—冷凝器出口处的水温传感器；G130—后氧传感器

更换后氧传感器，试车，一切正常，故障解决。

（4）案例总结

以后再遇到烧电脑板的故障，不能只顾着把电脑板修好就行了，一定要考虑到会不会是有外围电路故障导致电脑板烧坏，先解决外围电路故障，防止电脑板再次烧坏。

8.4.2　大众宝来电子扇常转

（1）车辆信息

车型：大众宝来。行驶里程：138000 公里。

（2）故障现象

冷却风扇常转。

（3）故障诊断与排除

用解码器读取故障码，内容为散热器风扇促动 1 电气故障：断路 / 对地短路（图 8-4-10）。

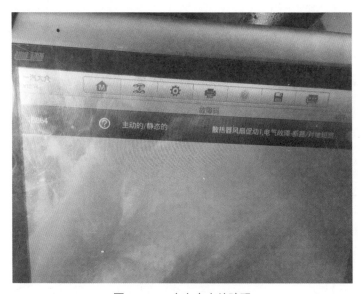

图 8-4-10　大众宝来故障码

首先拔下风扇控制单元插头，用万用表分别对四个针脚的负极进行测量，测量结果为，蓝黑色 12V，紫黄色 0V，红色 12V，褐色 0V。对正极测量结果为，蓝黑色 0V，紫黄色 10V，红色 0V，褐色 12V（图 8-4-11）。

经过看电路图可以得知紫黄色线是电脑板用于控制占空比，不工作时是没有占空比信号输出的。测量结果是，打开钥匙，紫黄色线对正极为 10V，拔掉电脑板，用万用表对正极测风扇插头，同样也是 10V，证明线路直接搭铁，所以打开钥匙电子扇常转。于是将电脑板 T20-22 号脚和 T4b-3 线路剪断，直接从电脑板"飞线"到电子扇插头，问题解决，接着查线路发现电瓶底部线路磨破搭铁了。

修复线路，故障解决。

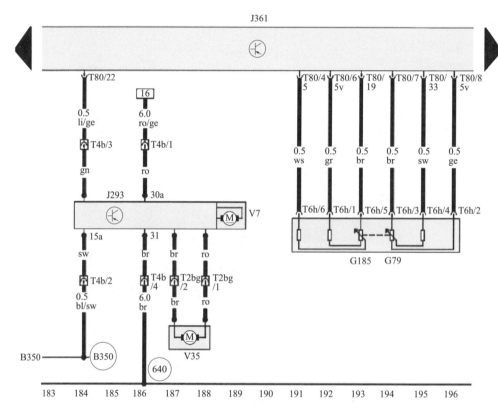

图 8-4-11　大众宝来电路图

G79—油门踏板位置传感器；G185—油门踏板位置传感器2；J361—Simos控制单元；J293—散热器风扇控制单元；

T2bg—2芯棕色插头连接，在散热风扇护罩中部；T4b—4芯黑色插头连接，在散热风扇左侧下部；T6h—6芯黑

色插头连接；T80—80芯黑色插头连接；V7—散热器风扇；V35—右侧冷却液风扇；⑥640—接地点，在左前纵

梁顶部中间；Ⓑ350—主线束中的正极连接1（87a）

（4）案例总结

本案例是由于短路引起的故障，维修技师根据电路图逐步排查，最后找到故障
的位置。

8.5 发动机润滑故障

8.5.1　机油量不足（表 8-5-1）

表 8-5-1　机油量不足

车辆信息	车型：2010 年款大众迈腾
	发动机：2.0 升
	行驶里程：80000 公里
故障现象	车辆机油报警灯点亮
故障诊断与排除	①机油报警灯点亮是由于机油缺少、传感器或线路故障、机油泵故障、机油滤清器堵塞所致 ②根据从简到繁的原则，首先检查机油油量是否在规定的范围内。检查发现发动机机油量偏少，机油油量偏少的原因有发动机烧机油、发动机漏油；检查发动机发现油底壳漏油，对发动机漏油的地方进行维修，补充发动机机油至标准位置，启动发动机，机油报警灯熄灭，故障解决
案例总结	发动机机油量不足，单位油量循环次数增多、温度增高、机油变稀、黏度变差、油泵内泄加重，压力就会降低 发动机工作时，机油压力一般保持在 150～350kPa 的范围内。若机油压力表指示的压力值小于 98kPa，则可视为机油压力过低，容易造成零件过度磨损，甚至发生烧瓦抱轴、活塞烧蚀等机械故障

8.5.2　机油黏度降低（表 8-5-2）

表 8-5-2　机油黏度降低

车辆信息	车型：2010 年款丰田凯美瑞
	发动机：2.0 升
	行驶里程：87000 公里
故障现象	冷车时，车辆正常；热车后，发动机机油灯点灯
故障诊断与排除	①发动机刚启动时压力正常，运转一段时间后机油压力迅速降低。诊断这类故障，可通过分析发动机润滑系统发生的变化，来确定可能的故障原因 ②冷车时，检查发动机油量，正常；机油黏度，正常 ③使车辆热车到正常的工作温度，检查机油黏度，此时发现机油的黏度变低，拉起机油尺机油像水一样滴落；查询车辆的保养记录，距离上次 9000km，然后更换指定品牌和级别一样机油，故障消失
案例总结	一般情况下，机油的黏度越高，机油压力越高。如果机油的黏度越低，那么机油压力也会越低。所以，当机油的黏度低到一定的程度后，机油压力就会低于发动机要求的压力，这个时候机油灯就会亮起 刚启动时机油温度较低，而运转一段时间后，机油温度随发动机温度升高。而温度对润滑系统的影响主要是机油黏度，随温度升高机油黏度下降。如果机油黏度过低，在各轴承间隙一定时，对机油的节流作用变弱，机油压力也会降低

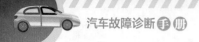

8.5.3 机油泵性能不良（表8-5-3）

表8-5-3 机油泵性能不良

车辆信息	车型：2006年款奥迪A6
	发动机：2.0升
	行驶里程：87000公里
故障现象	车辆在市内行驶正常，高速120km/h长时间行驶正常，车辆超速在140km/h以上行驶10min后，发动机机油报警灯报警
故障诊断与排除	①检查机油油面高度，正常 ②检测机油品质，用手感觉机油的黏度，正常 ③仪表电路分析。发动机熄火，机油压力开关断开；发动机启动，当机油压力达到120～160kPa时，机油压力开关闭合，提供仪表控制单元机油压力信号；当发动机转速达到1800r/min且发动机机油温度达到80℃时，机油压力开关没有闭合（接通），发动机机油报警灯报警。启动发动机，发动机温度在80℃以上，提高发动机转速至2000r/min，发动机机油报警灯没有报警，拔下机油压力开关导线，提高发动机转速至2000r/min，发动机机油报警灯报警。该车线路正常 ④机油压力表及开关检测。连接机油压力表和机油压力开关。利用二极管试灯接到蓄电池正极和机油压力开关上构成回路。启动发动机，慢慢提高转速。机油压力达到120～160kPa时，二极管应亮，否则更换机油压力开关。继续提高转速，达到2000r/min且机油温度达到80℃时，机油压力至少应为200kPa。该车检测数据为：发动机温度85℃；发动机怠速时机油压力读数为150kPa；发动机转速为2000r/min时，机油压力表读数为250kPa。启动发动机后，压力开关即接通，二极管试灯常亮，提高发动机转速，机油压力上升，二极管试灯依然常亮，符合发动机要求。经过常规检测，没有发现故障部位 ⑤路试。连接机油压力检测表，上路试车，车辆以120km/h行驶时，发动机温度90℃，机油温度95℃，机油压力280kPa（稳定）；车辆以140km/h行驶5min后，发动机温度90℃，机油温度上升至110℃，机油压力略下降，至250kPa测试仪表指针开始左右摆动，随着时间延长，摆动量加大，偶尔摆动量超过100kPa，减速至120km/h后，机油温度下降至95℃，机油压力稳定在280kPa 路试结果：一定是机油压力测试仪表指针某瞬间摆动量过大，造成机油压力开关瞬间断路报警。机油泵提供压力油，由并联接开的机油限压阀限压，控制机油压力。压力油流经机油散热器和滤清器后进入主油路，主要完成曲轴轴瓦和连杆轴瓦润滑后，流回油底壳。当发动机不带负荷空转时，曲轴轴瓦和连杆轴瓦受力小，机油泄漏 间隙均匀，机油泄漏量小，机油流量少，提高发动机转速，机油压力上升，机油压力表指针不摆动。当发动机带负荷运转时，曲轴轴瓦和连杆轴瓦受力大，机油泄漏间隙不均匀，机油流量多；提高发动机转速，机油流量更多，所以机油压力略上升，机油压力表指针略有摆动是正常的。即使发动机轴瓦间隙过大，也只是机油泄漏量过多、机油压力偏低，但是不会造成某瞬间100kPa左右大的摆动。机油泵限压阀控制机油的压力，根据机油泵泵油量、发动机润滑系统用油量的不同，自动调整限压阀的开度。当发动机带负荷超速运行时，机油泄漏量增加，如果机油泵限压阀发卡或运行滞后，就会造成机油压力瞬间过高或过低，压力开关断路，机油报警 ⑥更换机油泵。试车，故障消失
案例总结	在该车维修过程中，常规检测时没有发现故障；在发动机接入机油压力表后试车后，发现机油压力波动是造成该车故障的原因

8.5.4 机油滤清器堵塞（表 8-5-4）

表 8-5-4 机油滤清器堵塞

车辆信息	车型：2005 年款大众捷达
	发动机：1.6 升
	行驶里程：170000 公里
故障现象	车辆发动机怠速时机油压力报警灯报警，发动机转速升到 1200r/min 时机油压力报警灯熄灭
故障诊断与排除	①在机油高压开关和低压开关处分别接入压力表，发现怠速时高压开关处机油压力为 200kPa，低压开关处仅为 10kPa ②由于机油高压开关装在油道首端，低压开关装在油道末端，该发动机高压开关处机油压力正常，低压开关处机油压力过低。出现上述现象的原因是机油滤清器堵塞，而机油滤清器内的旁通阀又未打开，因此造成汽车怠速时机油压力报警灯报警 ③更换机油滤清器、机油，故障排除
案例总结	在车辆的使用中，发动机机油吸入量减少而导致压力过低，机油报警灯点亮，会使发动机润滑不足，使机械齿轮表面产生直接摩擦，加剧磨损，产生高温，烧坏部件

 8.5.5 机油黏度过大（表 8-5-5）

视频精讲

表 8-5-5 机油黏度过大

车辆信息	车型：2012 年雪铁龙新爱丽舍
	发动机：1.6 升
	行驶里程：70000 公里
故障现象	发动机动力不足，机油压力报警灯点亮
故障诊断与排除	①机油压力过高的主要原因 a.机油选用标号不合理 b.机油滤清器或主油道堵塞且回油阀开启压力过大 c.发动机大修时曲轴、连杆轴承配合间隙过小，机油回流不畅，致使机油压力过高 d.喷嘴堵塞，使机油喷出量减少或停喷，导致压力过高 e.新维修的曲轴轴承、连杆轴承、凸轮轴承间隙过小，润滑油进入摩擦表面困难而使主油道压力过高 f.限压阀压力失调，使油泵不能顶开限压阀回流减压 ②根据由繁到简的思路，查看机油黏度是否过大，可用手感法加以判断，检查得知机油黏度过大，更换机油和机滤后，启动发动机，机油压力报警灯熄灭 ③路试，车辆动力性能正常
案例总结	当发动机刚启动时，由于机油温度低、黏度大，故机油压力表指示的压力值偏高。但随着发动机温度上升，机油黏度下降并稳定在一个规定值范围内。如果机油压力一直超过 350kPa 则为机油压力偏高 机油压力偏高，摩擦表面难以形成良好的油膜，润滑条件变差，加速了零件的磨损，还易冲坏垫片或油封，造成漏油

8.5.6 润滑部位配合间隙过小（表8-5-6）

表8-5-6 润滑部位配合间隙过小

车辆信息	车型：2003年款大众帕萨特
	发动机：1.8升
	行驶里程：280000公里
故障现象	发动机大修后机油压力报警灯偶尔闪烁
故障诊断与排除	①根据车辆的维修记录，初步怀疑是新维修的曲轴轴承、连杆轴承、凸轮轴轴承间隙过小，润滑油进入摩擦表面困难而使主油道压力过高 ②检查时，怠速和原地加速机油压力报警灯都不亮，故障不明显，短时间路试也没有试出来，大约行驶12km机油压力报警灯闪亮开始报警，这时加速，机油压力报警灯有时熄灭 ③回厂后检查机油压力传感器，无异常。用气管吹油道，畅通，无堵塞现象。再用机油压力表测量机油压力，热车时怠速为68.95kPa，2000r/min时为206.85kPa，与维修手册上给出的数值相比偏低，正常值是热车时怠速为80～140kPa，2000r/min时为200～1310kPa。怀疑是机油泵泄压，更换机油泵后测量机油压力，与原来测量的数值相差不太多，看来与机油泵没有关系 ④与油压直接相关的只有轴瓦了，机油泵出来的油经过机油滤清器调压阀直接进入主油道给轴瓦提供润滑。最后决定把油底壳打开拆下轴瓦，找一个新连杆把轴瓦夹紧，用千分表测量出轴瓦与连杆轴之间的间隙为0.03mm，属正常范围；再用千分尺测量新主轴瓦与原车旧主轴瓦的厚度，结果发现新瓦片比旧瓦片薄了0.08mm，看来问题出在新主轴瓦上，该瓦片说是原厂件但质量不过关，从而导致主轴瓦泄压，油压处在正常值的底线。重新买了一套与旧瓦片数据一致的纯正原厂瓦，装配后测量机油压力，热车怠速时为124kPa，2000r/min时为310kPa，油压明显提高 ⑤试车，车辆机油压力报警灯不亮，故障解决
案例总结	现在汽车配件市场比较混乱，副厂件、劣质件层出不穷，这给汽车维修工作带来了困难和考验。希望同行们以此为鉴，以免日后给车主及维修企业带来一些不必要的浪费和麻烦

8.6 机油压力传感器故障

（1）车辆信息

车型：2011年款奥迪A6。发动机：2.4升。行驶里程：249163公里。

（2）故障现象

客户来店，说亮了一个故障灯，检查发现是机油压力报警灯亮了。

（3）故障诊断与排除

读取故障码，如图8-6-1所示。

图 8-6-1　奥迪 A6 故障码

　　故障码说明了机油油位或机油温度传感器断路或对正极短路，断路和短路都是指信号线。

　　接下来开始排查故障，首先检查传感器的供电、接地和信号，数据如下：

❶ 1 号脚为供电，12V；

❷ 2 号脚为接地，0V；

❸ 3 号脚为信号，拔掉插头，打开钥匙测量为 12V。

　　这时再插上插头，测量 3 根线的电压，分别为 12V、0V、12V。接下来测量传感器的 1 号和 3 号脚，发现是通的，这说明是传感器的内部短路了。

　　更换传感器，故障解决，并且测量了 1 号和 3 号脚，并不互通。

（4）案例总结　　　　　　　　　　　　　　　　　　　　　　　　　　　　• • • •

　　在维修此类故障时，首先要了解传感器的工作原理，那么检测时就简单了许多。

第**9**章

发动机排气故障

9.1 尾气排放不达标

9.1.1 三元催化转换器故障

（1）车辆信息

车型：雷克萨斯 RX270。发动机：1AR-FE。行驶里程：180000 公里。

（2）故障现象

该车辆尾气检测不合格，要求检查和维修。

（3）故障诊断与排除

❶ 发动机动力充足，且车辆一直都在 4S 店维护和维修。分析造成车辆尾气检测不合格的可能原因有：混合气燃烧不充分；三元催化转换器转换效率低。

❷ 检查发动机力：启动发动机，怠速时发动机转速为 700r/min 左右，正常；急踩加速踏板，发动机转速可以达到 4000 ～ 5000r/min，正常。

❸ 连接故障检测仪，读取怠速时的发动机系统数据流（图 9-1-1），未见异常。将发动机转速提升至 4000r/min 左右，维持一会儿，发现发动机转速表始终在 4000r/min 左右轻微晃动，有游车的现象；再过一会儿，组合仪表上的发动机故

障灯异常点亮。读取发动机系统的故障码，读得故障码 P0172 和 P0301（图 9-1-2），P0172 是当前故障码，P0301 是待定故障码，分析认为两者之间有着必然的联系：要么是混合气过浓导致第 1 缸缺火；要么是第 1 缸缺火，导致第 1 缸未能燃烧，从而引起混合气过浓。决定先从混合气过浓的故障码入手进行检查，分析认为造成故障的可能原因有喷油器故障、空气流量传感器故障、点火系统故障、空燃比传感器故障、冷却液温度传感器故障等。

参数	值	单位
Vehicle Speed	0	km/h
Engine Speed	671	rpm
Calculate Load	26.2	%
Vehicle Load	20.0	%
MAF	3.62	gm/sec
Atmosphere Pressure	101	kPa(abs)
Coolant Temp	95	C
Intake Air	45	C
Engine Run Time	730	s
AF Lambda B1S1	1.001	
AFS Voltage B1S1	3.302	V
AFS Current B1S1	0.00	mA
Short FT B1S1	1.562	%
Long FT B1S1	0.000	%
Total FT #1	0.007	
Catalyst Temp B1S1	487.7	C
Catalyst Temp B1S2	370.9	C
Cylinder #1 Misfire Count	0	
Cylinder #2 Misfire Count	0	
Cylinder #3 Misfire Count	0	
Cylinder #4 Misfire Count	0	

诊断代码		MIL: ON	
代码	说明	当前	待定
P0172	系统状态过浓（1列）	X	X
P0301	检测到 1 号气缸缺火		X

图 9-1-1 怠速时雷克萨斯 RX270 发动机系统数据流　　图 9-1-2 雷克萨斯 RX270 发动机系统故障码

④ 故障分析。在正常的闭环控制下，当实际喷油量偏离发动机控制模块（ECM）估算的喷油量时，将导致短期燃油修正值发生改变，如果短期燃油修正值持续出现偏差，则会调节长期燃油修正值。实际喷油量与 ECM 估算的喷油量的偏差也影响燃油修正平均学习值，燃油修正平均学习值是短期燃油修正平均值和长期燃油修正平均值之和，如果燃油修正平均学习值超过 +35% 或者 -35% 时，ECM 将记录故障码 P0172。

查看故障码 P0172 的定格数据，得知故障出现时发动机转速为 5000r/min，短期燃油修正值为 -20.313%，长期燃油修正值为 -22.657%，燃油修正平均学习值为 -42.97%，超过 -35%，所以才会记录故障码 P0172；另外，第 1 缸的缺火次数为 3 次。诊断至此可知，发动机处于高速运转时会出现混合气过浓的故障现象。

缓慢踩下加速踏板，直到发动机转速达到 3000 r/min 以上时，读取发动机数据流（图 9-1-3），发动机转速为 4142r/min 时，短期燃油修正值为 -8.594%，长期燃油修正值高达 -27.344%，说明混合气长期处于过浓的状态。另外，在长期燃油修正值异常偏大的同时，第 1 缸的缺火次数也不断递增，高达 41 次；前面的三元催化转换器的温度高达 720℃，后面的三元催化转换器的温度高达 490℃，正常情况下前面的三元催化转换器的温度不会超过 630℃，后面的三元催化转换器的温度不会超过 450℃。

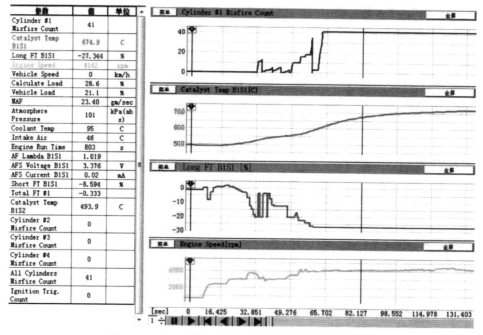

图 9-1-3 加速时雷克萨斯 RX270 发动机系统数据流

分析以上数据得知，故障只有在发动机高速运转的情况下才出现，发动机怠速运转时是正常的，如果是燃油压力故障或喷油器故障，发动机在怠速状态也会有异常，怀疑是相关传感器工作不良，在发动机高速运转的情况下提供了错误的信号。

检查冷却液温度传感器信号，在故障出现时为 95℃，正常；查看空燃比传感器的反馈电压，通过主动测试调节喷油量的大小，空燃比的反馈电压可以正常变化，正常；查看空气流量传感器，无损坏现象，更换后试车，故障依旧；仔细检查进气系统，未见异常。

为什么前面的三元催化转化器的温度会高于 63℃呢？结合故障只在发动机高转速时发生，怀疑三元催化转化器堵塞，导致排气不畅，引起三元催化转化器温度过高。

❺ 故障排除。拆下排气支管，利用内窥镜进行检查，发现前面的三元催化转化器有堵塞的情况。更换前面的三元催化转化器后试车，故障排除。让客户再次去检测尾气排放，顺利通过。

（4）案例总结

三元催化转换器出现堵塞时，发动机处于低速运转的状态下，数据均正常，但是在发动机高速运转的情况下，可能会出现混合气过浓、长期燃油修正值偏大、三元催化转化器温度偏高、发动机负荷变大、发动机冷却液温度偏高、发动机动力不足、换挡延迟、某缸缺火等情况。

 ### 9.1.2 氧传感器废气再循环系统故障（表 9-1-1）

表 9-1-1　氧传感器废气再循环系统故障

车辆信息	车型：本田奥德赛
	发动机：2.4 升
	行驶里程：300000 公里
故障现象	检测线上进行年检，发现中、高速时尾气排放超标
故障诊断与排除	①用电脑诊断仪进行诊断，没有故障码输出，因此排除了可燃混合气过浓的问题。接下来认真检查三元催化转化装置，有轻微的脏污，但没有太大问题。又检查了节气门和喷油嘴，有轻微积炭，于是对上述部位进行了清洗，并用水性除炭剂对进气道和燃烧室进行了彻底清洗。装复后试车，发动机工作状况良好，但检测尾气排放，中、高速时仍然超标 ②废气再循环系统不是所有工况都工作的，在低速和水温低于 50℃ 时 EGR 不工作，以防止产生失速现象；在高速和中负荷时，一般具备了产生 NO_x 的条件，所以 EGR 投入工作，以控制 NO_x 的排放。因为该发动机在怠速和低速时尾气排放正常，仅在中、高速时尾气排放不正常，所以怀疑该车的故障原因应在废气再循环系统（EGR） ③检查 EGR 阀，发现阀杆严重磨损，更换阀杆和膜片回位弹簧（原来的回位弹簧有卡滞现象），并清洗了积炭，装复后试车，故障排除
案例总结	汽油中的蜡和胶质是形成积炭的主要原因，因此一定要使用高质量的汽油（注意：高标号汽油并不等于高质量汽油）。汽油添加剂可以有效防止金属表面形成积炭，并能逐渐活化已有的积炭颗粒，从而慢慢去除积炭，对发动机具有保护作用，但如果加入了伪劣产品，则可能会适得其反。不要使汽车长时间怠速行驶，经常短距离行驶的车辆最好定期跑一下高速。要定期用合格的燃油系统清洗剂不解体清洗发动机

 ### 9.1.3 曲轴箱强制通风系统故障（表 9-1-2）

表 9-1-2　曲轴箱强制通风系统故障

车辆信息	车型：2010 年款东风本田 CR-V
	发动机：2.0 升
	行驶里程：58000 公里
故障现象	发动机怠速不稳且容易熄火；检测线上进行年检，尾气排放超标

续表

故障诊断与排除	①读取发动机故障码，没有任何显示 ②拆下进气软管，检查节气门体，没有发现积炭的现象 ③连接燃油压力表，打开点火开关，读取燃油压力为320kPa，没有发现异常 ④检查火花塞，发现间隙为1.3mm并且有积炭，更换4个火花塞后，故障依旧 ⑤最后在发动机怠速时，使用钳子轻轻夹住PCV阀与进气歧管之间的软管，无"咔哒"声（正常情况下PCV阀中应发出"咔哒"声），说明存在真空泄漏的情况 ⑥检查PCV阀密封圈发现破裂，重新更换密封圈后，发动机故障排除，尾气排放也达标了
案例总结	车辆曲轴箱强制通风系统出现真空泄漏，使多余的空气被吸入进气歧管，导致可燃混合气体过稀，容易引起发动机熄火，尾气排放超标

9.2 前氧传感器故障

（1）车辆信息

车型：2012年款宝马535i。发动机：3.0升。行驶里程：62000公里。

（2）故障现象

车辆行驶中发动机故障灯点亮，车辆启动正常，怠速有轻微抖动，行驶中无明显异常现象。

（3）故障诊断与排除

❶ 技术背景。N55发动机满足欧5排放标准。使用2个氧传感器进行空燃比控制，一个氧传感器用作发动机附近的废气催化剂转换器前的调控用传感器；另一个氧传感器用作发动机附近的废气催化剂转换器中的监控用传感器。氧传感器的传感机构由一个二氧化锆陶瓷表面（层压板）组成。层压板中插入的加热元件确保快速加热到至少750℃的必要工作温度。氧传感器有两个元件，即一个所谓的测量元件和一个参考元件，这两个元件上涂有铂电极。用此氧传感器可以无级测量0.65～2.5的空燃比（稳定的特性线）。此氧传感器工作时的加热功率比常规氧传感器低。此外，此氧传感器可更快准备就绪。在测量元件上施加电流，于是很多氧气被抽送到参考元件中，直到参考元件的电极之间出现一个450mV的电压为止。测量元件上施加的电流就是空燃比的测量参数。

❷ 通过电脑诊断仪进行诊断检测，读取故障内容如下：12B 104——废气催化剂转换器前氧传感器加热装置，控制：断路（表9-2-1）。

表9-2-1　读取到的宝马535i故障码

12B104 废气催化剂转换器前氧传感器加热装置，控制：断路	
故障描述	本诊断将监控废气催化剂转换器前氧传感器加热装置的控制系统 故障监测条件：如果存在断路，则识别到故障

续表

故障识别条件	电压条件：供电电压介于 9 ～ 16V 温度条件：无 时间条件：发动机启动后 10s 其他条件：发动机接通 总线端状态：总线端 KL.15 接通
故障码存储记录条件	该故障将在 10s 内记录
保养措施	连锁故障，排除下列部件或功能故障：总线端 KL.15N1 检查下列部件之间的导线和插头连接：数字式发动机电子系统（DME）、废气催化剂转换器前氧传感器 检查废气催化剂转换器前氧传感器 更新废气催化剂转换器前氧传感器
故障影响和抛锚说明	无
驾驶员信息	排放警示灯
服务提示	氧传感器加热装置的内电阻可测得（在拔下 / 拆卸状态下）。在氧传感器损坏和冷却（低于50℃）的情况下，可能在线脚 Pin4（12V）和线脚 Pin3（接地）之间测得大于 1000Ω 的电阻。插头连接处不能接触清洁剂或溶剂，否则氧传感器可能被损坏

调用控制单元功能，读取发动机的控制单元关于空燃比控制的数据流（图 9-2-1）。

功能和状态显示
空燃比控制
功能：　　废气催化剂转换器前氧传感器加热装置状态
状态：　　关闭
功能：　　废气催化剂转换器前氧传感器状态
状态：　　0
功能：　　废气催化剂转换器前氧传感器电压
状态：　　1.48V
功能：　　废气催化剂转换器后氧传感器加热装置状态
状态：　　关闭
功能：　　废气催化剂转换器后氧传感器状态
状态：　　1.00
功能：　　废气催化剂转换器前氧传感器电压
状态：　　0.79V
功能：　　混合气调节回路
状态：　　断开
功能：　　废气催化剂转换器前氧传感器 λ 实际值
状态：　　0.99
功能：　　废气催化剂转换器前氧传感器 λ 标准值
状态：　　1.00
功能：　　空燃比控制
状态：　　0

图 9-2-1　空燃比控制的宝马 535i 数据流

视频精讲

❸ 选择故障内容执行检测计划，对于 ISTA 系统建议检测下列部件间的导线：发动机控制、废气催化剂转换器前氧传感器。

信号名：U-LHV 1、T-LHV 1、M-LSV 1、A-LSVR1、A-LSVP 1。

检查导线和插头连接，正常。接下来进行氧传感器加热装置检测：关闭总线端 KL.15 和总线端 KL.R。

拔下下列部件的插头：废气催化剂转换器前氧传感器。

使用废气催化剂转换器前氧传感器加热元件的欧姆表在以下线脚 Pin 间进行测试：线脚 Pin4（+12V）、线脚 Pin3（接地）。

标准值：大于 0Ω，小于 100Ω。

实际测量废气催化剂转换器前氧传感器线脚 Pin4 和线脚 Pin3 之间的电阻为无穷大，和标准值不符，所以判断为氧传感器内部加热电路损坏。

❹ 更换废气催化剂转换器前氧传感器，删除故障存储，故障排除。

（4）案例总结

混合气过稀是引起发动机抖动的主要原因。通过 DME 控制单元的功能读取发动机空燃比的数据流，2 个后氧传感器的信号明显过高，表示混合气过稀。

9.3 后氧传感器故障（表 9-3-1）

表 9-3-1　后氧传感器故障

车辆信息	车型：2010 年款丰田凯美瑞
	发动机：2.4 升
	行驶里程：110000 公里
故障现象	发动机故障灯亮
故障诊断与排除	①发动机怠速运转平稳，加速顺畅，只是发动机故障灯亮 ②检测发动机控制单元，发现故障码 P0136——后氧传感器故障。观察冻结帧数据，发现故障出现时，前氧传感器的输出电压为 3.49V，后氧传感器的输出电压为 0.21V，总喷油修正量为 15%。初步看来，故障与喷油不足有关 ③利用故障诊断仪的主动测试功能，将喷油量增加 12.5%，然后观察后氧传感器的输出电压，发现为 0.87V。再将喷油修正量设置为减少 12.5%，然后观察后氧传感器的输出电压，发现为 0.11V。这看起来似乎正常，但与正常车进行对比，很快发现了问题 ④在故障诊断仪发出增加喷油的指令后，正常车的后氧传感器信号仅用了 5s 的时间便从低电压变为高电压，而故障车却用了 22s。当执行减少喷油的指令后，正常车的后氧传感器信号仅用了 3s 的时间便从高电压变为低电压，而故障车却用了 36s。显然是故障车的后氧传感器对氧气密度变化的响应过慢 ⑤更换后氧传感器，故障排除
案例总结	氧传感器的作用是测定发动机燃烧后的排气中氧是否过剩的信息，即氧气含量，并把氧气含量转换成电压信号传递到发动机电脑，使发动机能够实现以过量空气因数为目标的闭环控制。确保三元催化转化器对排气中的碳氢化合物、一氧化碳和碳氮化合物三种污染物都有最大的转化效率，最大限度地进行排放污染物的转化和净化

9.4 三元催化堵塞

9.4.1 起亚三元催化堵塞（表 9-4-1）

表 **9-4-1** 起亚三元催化堵塞

车辆信息	车型：2010 年款起亚锐欧
	发动机：1.6 升
	行驶里程：205462 公里
故障现象	更换正时皮带之后无法启动，发动机无故障码
故障诊断 与排除	遇到这个故障时，车辆是开到维修店的，并已更换了底盘件，并且是更换正时皮带之后出现的故障，打不着车，而且发动机报的故障码与启动不了没关系。打不着车的原因很多，通过进一步问诊，正时超过正常值很多，打启动的时候转速也够，拆下火花塞，发现火花塞湿了，可见是"淹缸"了。那么现在怀疑故障点有以下几个 ①燃油压力不够 ②喷油嘴漏油 ③气缸缸压不足 ④火花塞点火性能下降 ⑤三元堵塞 　　接上油压表，确定油压是否正常。启动的时候油压为 350 千帕，正常。拆出喷油嘴总成，打启动的时候雾化也是好的，火花塞在测试的时候跳火也良好。恰巧缸压表被别人借走了，当时想了一下，来的时候是好的，不可能缸压就出问题了吧？于是拆了前氧，打启动，有启动的迹象，随后又把火花塞拆出来，用气枪吹干燃烧室的汽油，再装上启动，可以启动了，这说明是三元堵了
案例总结	打不着车的原因很多，不能单单看一个故障点，应放宽视角。有时候，修车的经验很重要，修车也讲究思路，故障出现前，与故障出现后，还有检查了什么等都很重要

9.4.2 大众三元催化堵塞

（1）车辆信息　　　• • • •

车型：大众 Ea111。发动机：1.6 升。

（2）故障现象　　　• • • •

三元催化堵塞。

（3）故障诊断与排除

大众 Ea111 发动机 1.6L 为 D 型系统。

将大众 Ea111 发动机 1.6L 三元堵塞与正常车况数据流进行对比。

❶ 前氧修正的对比（图 9-4-1 ～图 9-4-3）。

通道1			
☐ 转速	正常车况	741	r/min
☐ 温度		96	℃
☐ 空气过量系数积分器	前氧修正 ⟶	−1	%
☐ 开关位置	[01111111]		

图 9-4-1　正常车前氧修正数据流（大众 Ea111）

通道1			
☐ 转速	三元堵塞　怠速	738	r/min
☐ 温度		102	℃
☐ 空气过量系数积分器	前氧修正 ⟶	−2	%
☐ 开关位置	[01111111]		

图 9-4-2　三元堵塞 - 怠速时前氧修正数据流

通道1			
☐ 转速	三元堵塞-加油门	1050	r/min
☐ 温度		90	℃
☐ 空气过量系数积分器	前氧修正 ⟶	−10	%
☐ 开关位置	[01111011]		

图 9-4-3　三元堵塞 - 加油门时前氧修正数据流

❷ 负荷、喷油脉宽、进气压力的对比（图 9-4-4 和图 9-4-5）。

通道2			
☐ 转速	正常车况	753	r/min
☐ 负载	发动机负荷 ⟶	18	%
☐ 时间修正值	喷油脉宽 ⟶	2	ms
☐ 绝对压力	进气压力 ⟶	255	mbar

图 9-4-4　正常车发动机负荷、喷油脉宽和进气压力数据流

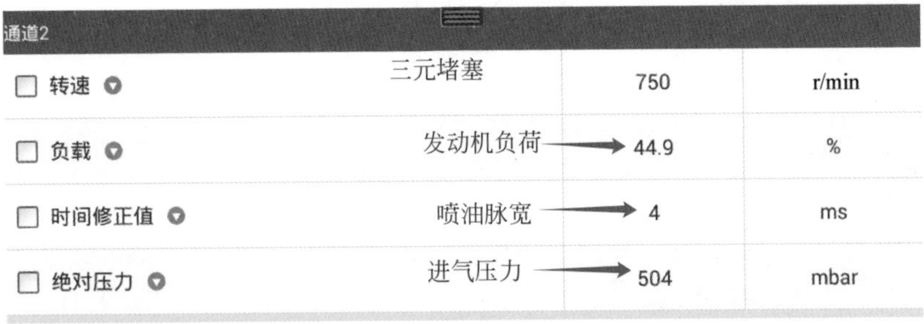

通道2			
☐ 转速 ⊙	三元堵塞	750	r/min
☐ 负载 ⊙	发动机负荷 ——➤	44.9	%
☐ 时间修正值 ⊙	喷油脉宽 ——➤	4	ms
☐ 绝对压力 ⊙	进气压力 ——➤	504	mbar

图 9-4-5　三元堵塞时发动机负荷、喷油脉宽和进气压力数据流

❸ 进气温度的对比（图 9-4-6 和图 9-4-7）。

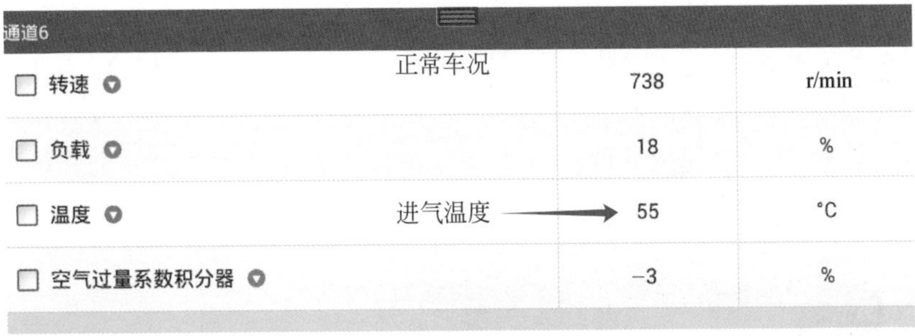

通道6			
☐ 转速 ⊙	正常车况	738	r/min
☐ 负载 ⊙		18	%
☐ 温度 ⊙	进气温度 ——➤	55	°C
☐ 空气过量系数积分器 ⊙		−3	%

图 9-4-6　正常车进气温度数据流

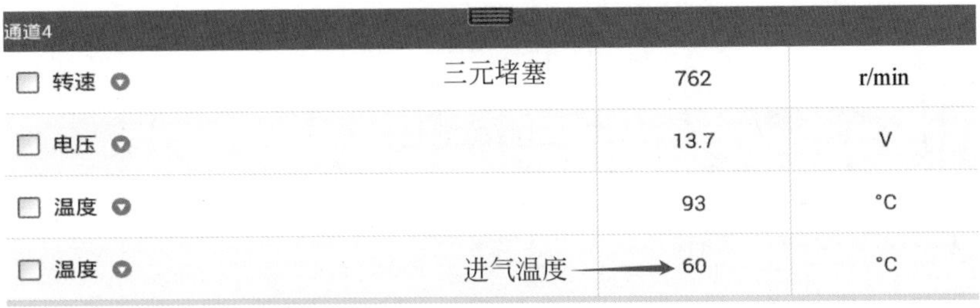

通道4			
☐ 转速 ⊙	三元堵塞	762	r/min
☐ 电压 ⊙		13.7	V
☐ 温度 ⊙		93	°C
☐ 温度 ⊙	进气温度 ——➤	60	°C

图 9-4-7　三元堵塞时进气温度数据流

❹ 节气门开度的对比（图 9-4-8 和图 9-4-9）

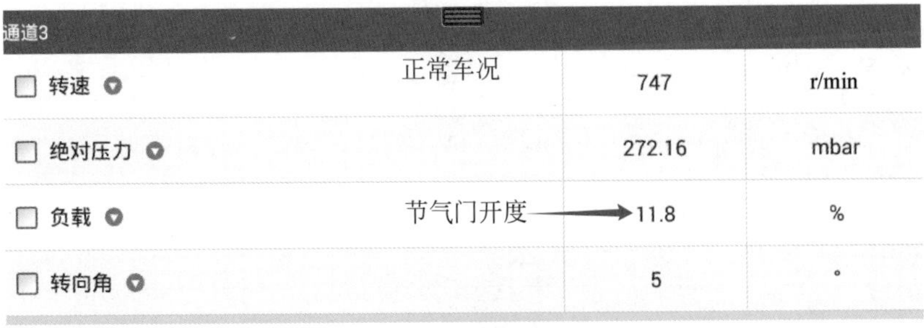

通道3			
☐ 转速 ⊙	正常车况	747	r/min
☐ 绝对压力 ⊙		272.16	mbar
☐ 负载 ⊙	节气门开度 ——➤	11.8	%
☐ 转向角 ⊙		5	°

图 9-4-8　正常车节气门开度数据流

通道3			
☐ 转速 ●	三元堵塞	756	r/min
☐ 绝对压力 ●		459	mbar
☐ 负载 ●	节气门开度 ——➜	13.7	%
☐ 转向角 ●		−2	°

图 9-4-9　三元堵塞时节气门开度数据流

（4）案例总结

对于 D 型系统的车辆，三元堵塞以后，由于排气背压升高，废气回流到气缸以及进气歧管，所以会导致进气温度上升，进气压力升高。因为进气压力信号是喷油脉宽的主要依据，所以喷油脉宽会变大。喷油脉宽变大会导致混合气变浓，燃油修正向负的方向进行。节气门开度会变大一点来调整怠速。由于这些因素的变化，所以发动机负荷也会变得很大。

9.5　进、排气门与气门座密封不良（表9-5-1）

表 9-5-1　进、排气门与气门座密封不良

车辆信息	车型：2004 年款本田雅阁
	发动机：2.0 升
	行驶里程：150000 公里
故障现象	发动机加速无力、急速抖动、机油消耗量大并伴有尾气冒蓝烟
故障诊断与排除	①观察排气管轻微冒蓝烟 ②使用电脑诊断仪检查，发动机未输出故障码 ③检查空气滤清器，无异常、无堵塞 ④检查机油，油质正常，机油量偏少；排除发动机漏油，则是发动机烧机油 ⑤拆下火花塞，发现火花塞电极有严重积炭，怀疑与机油漏进燃烧室有关 ⑥测量气缸压力，1 缸 3bar、2 缸 11bar、3 缸 1bar、4 缸 11.5bar，1 缸气缸压力偏低；向 1 缸（压力过低的气缸）火花塞孔内注入一定量的机油，然后重测气缸压力并记录；测得的压力同样是 3bar，表明活塞的密封性不存在问题，初步怀疑是气门油封或气门座的问题，建议对发动机拆检，再确定维修方案 ⑦拆检发动机，拆下 1 缸进、排气门油封，发现其中两个进气门油封严重磨损 ⑧更换气门的全部油封和气门座，恢复车辆，试车，故障解决
案例总结	由于该气门油封变形，导致密封不严，从而造成机油被吸入燃烧室，燃烧后生成蓝烟

9.6　气缸压力过高

 9.6.1　燃烧室内积炭过多（表 9-6-1）

视频精讲

表 9-6-1　燃烧室内积炭过多

车辆信息	车型：2013 年款大众捷达
	发动机：1.4 升
	行驶里程：69000 公里
故障现象	起动机正常工作，发动机无法启动
故障诊断与排除	①检查车辆底盘、车身等外部环境，正常。测试蓄电池电压为 12.25V，火花塞跳火正常，喷油器喷油正常 ②使用电脑诊断仪读取故障码，车辆没有输出故障码 ③测量各缸气缸压力分别为：1 缸 19.8 bar，2 缸 18 bar，3 缸 18 bar，4 缸 17.5 bar。查阅捷达维修手册，标准缸压为 10 ～ 15 bar。根据缸压过高现象，对比正常车辆，判断缸压表没有故障；检查发动机正时，正常 ④初步怀疑是燃烧室的积炭过多导致，使用内窥镜检查气缸内的积炭，发现活塞的顶部已出现很厚的积炭，先将积炭清除 ⑤试车，车辆可以正常启动，动力性能正常
案例总结	根据车主反馈的情况，车辆经常在市内使用，堵车的路程比较多，跑高速的时间较少，再加上使用的汽油也有问题，所以气缸内部燃烧后残留的积炭增加，使燃烧室的容积减小，从而导致气缸压力过高。 气缸压力表检测气缸压力的方法 ①发动机运转至正常温度，水冷发动机水温 75 ～ 95℃ ②拆除全部火花塞或喷油器（柴油机） ③把节气门置于全开位置 ④把气缸压力表的锥形橡胶接头压紧在被测缸的火花塞孔内，或把螺纹管接头拧在火花塞孔上 ⑤用起动机带动曲轴旋转 3 ～ 5s，指针稳定后读取读数，然后按下单向阀使指针回零。每个气缸的测量次数应不少于两次

 9.6.2　气缸衬垫过薄（表 9-6-2）

表 9-6-2　气缸衬垫过薄

车辆信息	车型：2010 年款本田飞度
	发动机：1.5 升
	行驶里程：87000 公里

续表

故障现象	车辆噪声大，急速抖动
故障诊断与排除	①询问车主得知，两周前在外地由于水温高将缸垫冲了，在当地的修理厂进行了维修，维修后就出现了噪声大、急速抖动的问题 ②使用电脑诊断仪读取故障码，车辆没有输出故障码 ③排除电控及线路的故障 ④测量各缸气缸压力分别为：1缸17bar，2缸11bar，3缸11bar，4缸17.5bar。查阅本田飞度的维修手册，标准缸压为10~15bar。根据缸压过高现象，对比正常车辆，判断缸压表没有故障 ⑤检查发动机正时，无异常 ⑥拆下发动机气缸垫，发现气缸垫比原厂的气缸垫薄了0.1mm，更换原厂的气缸垫，恢复车辆，启动发动机，发动机正常，无异响、无抖动
案例总结	本案例的故障是由于零件问题导致的，这类故障往往容易使维修人员忽略；气缸垫过薄会造成气缸的压缩压力偏高，从而引起爆发压力过高，直接导致发动机工作爆震

9.7　气缸压力过低

9.7.1　气缸与活塞环和活塞磨损过大（表9-7-1）

表9-7-1　气缸与活塞环和活塞磨损过大

车辆信息	车型：2003年款雪铁龙爱丽舍
	发动机：1.4升
	行驶里程：187000公里
故障现象	车辆行驶时动力不足，油耗增加
故障诊断与排除	①使用电脑诊断仪检查，发动机未输出故障码 ②检查空气滤清器，无异常、无堵塞 ③启动发动机，打开机油加注口盖，有烟冒出；初步判定为气缸、活塞、活塞环损磨过大导致 ④测量气缸压力，1缸10bar，2缸10.5bar，3缸9bar，4缸5bar，4缸缸压偏低 ⑤向4缸（压力过低的气缸）火花塞孔内注入一定量的机油，然后重测气缸压力并记录；测得的压力有所回升，至7bar，表明是气缸壁、活塞环和活塞之间密封出现问题 ⑥对发动机进行拆检，发现4缸气缸壁有磨损，故对发动机进行大修 ⑦车辆恢复后，故障解决
案例总结	发动机气缸磨损故障的外界原因 ①空气滤清器失效，或机油滤清器滤清效果欠佳，使得大量杂质进入气缸，造成磨料磨损 ②润滑油质量低劣，含硫量过高，腐蚀气缸壁 ③较长时间的低温运转

9.7.2　活塞环对口（表 9-7-2）

表 9-7-2　活塞环对口

视频精讲

车辆信息	车型：2004 年款北京现代伊兰特
	发动机：1.6 升
	行驶里程：200000 公里
故障现象	怠速不稳，动力不足； 机油消耗量大，尾气排蓝烟
故障诊断 与排除	①使用电脑诊断仪检查，发动机未输出故障码 ②检查空气滤清器，无异常、无堵塞 ③检查曲轴通风管口，有气体冒出，异常；正常应无气体冒出 ④当拆出火花塞时，发现火花塞头部有机油油迹，这是不正常的现象 ⑤测量气缸压力，1 缸 4bar，2 缸 10.5bar，3 缸 9bar，4 缸 8bar，1 缸气缸压力偏低。向 1 缸（压力过低的气缸）火花塞孔内注入一定量的机油，然后重测气缸压力并记录；测得的压力有所回升，至 9.5bar，表明活塞的密封性出现了问题，建议对发动机拆检，再确定维修方案 ⑥拆解发动机，检查发现活塞环存在对口；测量气缸的圆柱度，发现 1 缸失圆，需对发动机进行大修 ⑦发动机大修后，车辆发动机工作恢复正常，故障解决
案例总结	气缸失圆是使活塞环产生对口的主要原因。气缸在主推侧向力的作用下造成的磨损，或加工时圆度和圆柱度的超差，使气缸在径向截面上呈椭圆状，在轴向上呈上大下小的锥形

9.7.3　气缸垫烧蚀、漏气（表 9-7-3）

表 9-7-3　气缸垫烧蚀、漏气

车辆 信息	车型：2010 年款丰田卡罗拉
	发动机：1.6 升
	行驶里程：80000 公里
故障 现象	发动机前段时间高温，冷却液"开锅"了，目前是运转不平稳，排气管有"突、突"的响声，动力下降，转速不能提高
故障 诊断 与排 除	①向车主询问故障车的基本情况 ②取下水箱盖，启动发动机中速运转，水箱内有气泡冒出。水箱加水口不断有气泡冒出，初步判定为缸垫烧蚀 ③测量气缸压力，1 缸 6bar，2 缸 5bar，3 缸 5bar，4 缸 6bar，气缸压力偏低。从火花塞孔内注入一定量的机油，然后重测气缸压力并记录，测得的压力与第一次相差不大，表明活塞的密封性不存在问题，初步判定为缸垫的问题，建议对发动机拆检，再确定维修方案 ④拆卸气缸垫，发现气缸垫已损坏，更换气缸垫，复原车辆 ⑤路试，车辆恢复正常
案例总结	常见气缸垫烧蚀是由于高温高压燃气冲击气缸垫，烧坏包口、护圈及石棉板，导致气缸漏气、润滑油、冷却水口串漏。出现冲蚀气缸垫故障时，发动机动力性下降，气缸压力不足；严重时出现化油器回火，排气管放炮现象，应立即更换气缸垫

第 10 章

自动变速器挡位故障

10.1.1　油泵损坏

（1）车辆信息

　　车型：2008 年款别克君越。发动机：2.4 升。变速器：6 挡手自一体。行驶里程：99000 公里。

（2）故障现象

　　挂前进挡、倒挡都没反应

（3）故障诊断与排除

　　❶ 使用电脑诊断仪读取故障码，车辆有没有输出故障码。

　　❷ 检查变速箱，有漏油的现象，询问车主得知，变速箱漏油已超过 2 年；初步怀疑是变速箱油不够导致变速器内部零件损坏。

　　❸ 车辆高速行驶中一切正常，突然出现失去动力，经过检查底盘传动轴一切正常，那就说明变速箱机械部分突然出现了故障，比如变速箱油压突然不正常，油泵损坏或者变速箱输入轴断裂。

④ 分解变速箱，首先拆下变速箱油底壳，接着拆下变速箱电脑，然后拆下变速箱阀体，再拆开变速箱头壳；变速箱内部零部件、离合器全部解体后，没有发现明显异常。那么就检查最后一个元件——变速箱油泵。

⑤ 打开变速箱油泵，发现变速箱油泵齿轮破裂，内部导槽脱落（图 10-1-1）。变速箱油泵齿轮破裂后，变速箱系统压力为零，变速箱所有换挡执行都会出现失效状态，所以该车变速箱挂挡不走，就是因为变速箱油泵磨损后齿轮破裂造成的。

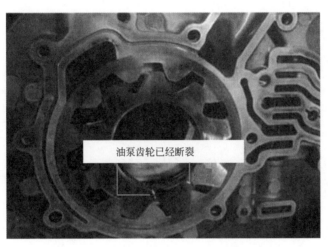

油泵齿轮已经断裂

图 10-1-1 变速箱油泵齿轮破裂（别克君越）

⑥ 接着检查变矩器，变矩器输入轴径和油泵结合处已经严重拉伤，所以对变矩器进行更换。

⑦ 更换变矩器、变速箱油泵总成，彻底清洗变速箱内部所有零部件，更换变速箱滤网。装复变速箱总成，加注原厂变速箱油，试车，变速箱挂挡不走故障顺利解决。

（4）案例总结 ....

当车主发现变速箱漏油时，没有及时进行检查和维修，当变速箱油量少到一定程度时，即使能够高速行驶，但变速箱油量不足，变速箱润滑系统就会出现异常，变矩器和油泵会出现慢慢磨损，磨损到一定程度时，油泵齿轮抱死、油泵齿轮断裂，造成系统压力降低，挂挡不走。如果变速箱漏油时能够及时进行处理，添加变速箱油，就不会出现本例的变速箱损坏，挂挡不走故障问题。当您遇到变速箱漏油故障问题时，一定要及时进行检查维修，避免因小失大，切记不可带着变速箱故障驾驶车辆，以免造成不必要的损失。

10.1.2 无ATF油（表10-1-1）

表 10-1-1　无 ATF 油　　视频精讲

车辆信息	车型：2011 年款雪佛兰科鲁兹
	发动机：1.6 升
	变速器：6 挡手自一体
	行驶里程：109000 公里
故障现象	车辆停放半年，启动后，挂 D/R 挡不走
故障诊断与排除	①车辆被拖回厂里，启动车辆，变速器报警灯点亮；使用电脑诊断仪，读取到关于变速器的一个油压低的故障码 ②排除了变速器电控相关的故障 ③举升车辆，发现变速器底板有大量的油迹，初步怀疑是变速器油泄漏过多导致油压不足 ④打开变速器的液位螺栓，没有油液流出；拆卸放油螺栓，检查变速器油液量和品质，放出的油量只有 1.5 升，偏少；油品质正常 ⑤更换变速器油液，车辆可正常使用，故障排除；因车主有事，维修漏油再约时间
案例总结	①自动变速器油不够会影响油压压力，会导致离合器片损坏，变速箱磨损 ②自动变速器油缺少，油面过低，将导致自动变速器不能自动换挡 ③需定期检查自动变速器油面，自动变速器油是一种特殊的高级润滑油，不仅具有润滑、冷却作用，还可以传递转矩和液压以控制自动变速器的离合器及制动器工作的性能

10.1.3　选挡杆与手动阀之间的连接松动

（1）车辆信息　　　　　　　　　　　　　　　　　　　　　　　　　　····

车型：2009 年款雪铁龙世嘉。发动机：1.6 升。变速器：4 挡手自一体。行驶里程：150000 公里。

（2）故障现象　　　　　　　　　　　　　　　　　　　　　　　　　　····

车辆挂挡不走。

（3）故障诊断与排除　　　　　　　　　　　　　　　　　　　　　　　　····

❶ 使用电脑诊断仪读取故障码，没有故障码输出。

❷ 启动车辆，挂挡读取数据流，检查电脑与仪表、挂挡杆三者是否在同一个挡位；当挂挡到 D 挡时，诊断仪上显示的是 D 挡，仪表上同样显示是 D 挡，但仪表的挡位显示一直在闪烁；当来回挂挡时，发现挡位的间隙过大；检查到此，初步怀疑是选挡杆的问题。

❸ 将换挡杆移至 P 挡位置，拆卸变速器阀体外壳（图 10-1-2），同时检查变速器的油质，正常。

❹ 检查选挡杆与手动阀，发现选挡杆压板正处在齿轮上，位置不正确；重新调整位置后，复原车辆。

❺ 试车，故障解决。

（4）案例总结

本次故障案例，容易对换挡拉索进行误判，所以在维修前需了解变速器的结构。

图 10-1-2 拆卸变速器阀体外壳（雪铁龙世嘉）

10.1.4 阀体集滤器滤网堵塞（表 10-1-2）

表 10-1-2 阀体集滤器滤网堵塞

车辆信息	车型：2008 年款起亚嘉华
	发动机：2.7 升
	变速器：4 挡
	行驶里程：200000 公里
故障现象	无论换挡操纵手柄位于倒挡、前进挡，汽车都不能行驶；汽车启动后能行驶一小段路程，但稍微热车就不能行驶
故障诊断与排除	①将车拖回厂里，在举升机上架起，启动发动机，挂入各挡位运转未发现有异响，且在任何一个挡位时车轮都不转。检查 ATF 液面，正常；挂任意挡位时用仪器检查电路工作情况，正常。用听筒听，挂 D 挡或 R 挡时，感觉变速器内离合器无动作 ②打开油底壳，发现油壳上有较多的铜屑，油色发黑，ATF 油有烧焦味。抬下变速器，拆下槽板阀体，拆下前进伺服带处的单向滚子离合器，均未发现异常。继续拆解时，发现驱动太阳轮轴处的铜套脱落，并且磨损开裂。另外，驱动总成太阳轮轴已经沿轴向开裂，并且两端已断裂 ③驱动总成的太阳轮轴由于衬套脱落，摩擦受热且伴有杂质，使得太阳轮轴受热卡死而导致开裂，从而使驱动总成没有输入动力，挂入任何挡位都不能转动。继续检查，发现阀体集滤器滤网已被杂质污垢严重堵塞，结成胶状，用气泵在正反方向吹都无法过气 ④自动变速器集滤器滤网严重堵塞，导致 ATF 油无法吸入阀体内，这个过程是一个渐进、缓慢的过程。将损坏的驱动轮总成和已经磨损的离合器片更换，同时将其他零件彻底清洗一遍，并更换新集滤器，重新装复试车，故障排除
案例总结	车辆变速器损坏的原因是变速器油使用周期过长，长期不换而变质、沉淀并且挥发。同时，在使用中一些摩擦元件因润滑不良，出现打滑和发热现象，加速了相应摩擦元件的磨损。而离合器、制动器打滑和磨损，又加速了变速器油的变质与污染。变质和污染的 ATF 油垢最终将集滤器滤网严重堵塞，产生行驶中失去动力的故障

10.1.5 主油路严重堵塞（表 10-1-3）

表 10-1-3 主油路严重堵塞

车辆信息	车型：2006 年款本田雅阁
	发动机：2.0 升
	变速器：5 挡
	行驶里程：150000 公里
故障现象	车辆挂 D/R 挡不走
故障诊断与排除	①首先进行常规检查，ATF 油液面正常，但有焦煳味。由于是老旧车辆，决定还是拆下自动变速器解体检修 ②经解体检查，发现 K1 离合器片全部烧焦，有的软片已磨光，需要更换活塞、"O" 形密封圈、离合器片。拆解阀体，清洗油路板，经查油路板里多条油道均被油垢堵塞，造成 ATF 油路、油液无法畅通，而到液压控制（油压）严重失调，导致车辆挂挡后无法行驶 ③彻底清洗阀体后装复试车，故障排除，提速敏捷不打滑，挂挡起步不发闯，高速行驶平稳有力
案例总结	自动变速器的工作状态与使用情况有很大关系，日常的维护也必不可少；对于使用年限较长的车辆，检查维修时更要细心

 10.2 无法挂挡

 10.2.1 线路故障

视频精讲

（1）车辆信息

车型：2007 年款大众途锐。发动机：3.6 升。变速器：6 挡手自一体。行驶里程：150000 公里。

（2）故障现象

车主洗完车以后，挡杆在 P 挡挂不出来，刹车灯与倒车灯都不亮。

（3）故障诊断与排除

❶ 使用电脑诊断仪读取故障码，故障码有很多（图 10-2-1）。

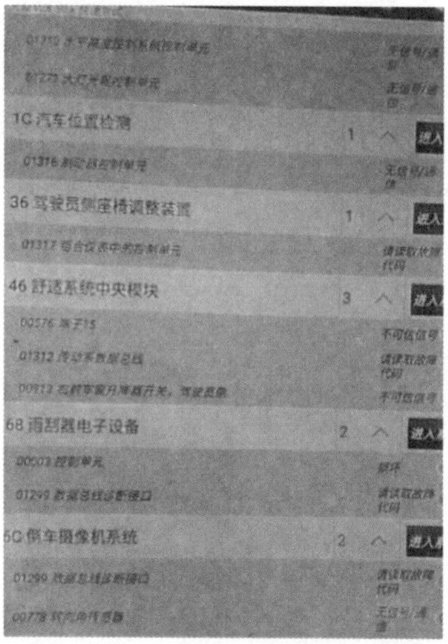

图 10-2-1　大众途锐故障码

❷ 这么多的通信故障初步怀疑是供电出了问题，而在故障码中有端子 15 断路、启动供电继电器（端子 15）断路 / 对地短路的故障码，所以先要检查一下 15 号电。

查询电路图得知该车端子 15 供电继电器位于驾驶员座椅下方的电控箱上。找到继电器，用手按住继电器则车辆恢复正常（图 10-2-2）。

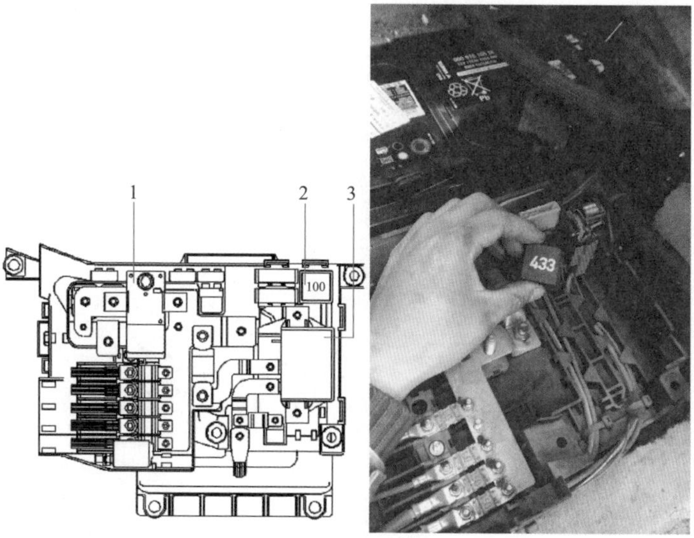

图 10-2-2　大众途锐供电继电器

1—蓄电池主开关和断路开关（E74）；2—端子 15 的供电继电器（J329）（433）；3—副蓄电池充电继电器（J713）

❸ 该继电器无法吸合，测量继电器的控制没有正极还是没有负极，测量反馈有常正极，没有负极控制。查询电路图（图 10-2-3）。

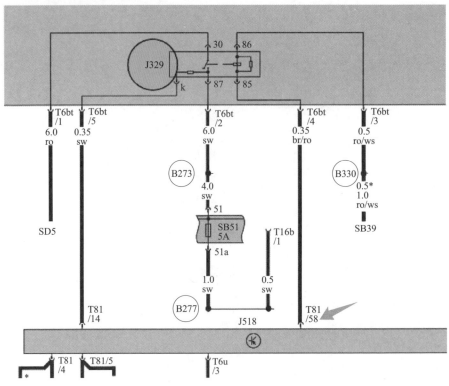

图 10-2-3 大众途锐电路图

J329—接线端15的电源继电器，在驾驶员座椅下方；J518—进入及启动许可控制单元；SB39—保险丝架 B 上的保险丝
39；SD5—保险丝架 D 上的保险丝 5；T6bt—6 芯黑色插头连接，在驾驶员座椅下；T6u—6 芯插头连接；T16b—16 芯插头
连接，自诊断接口，驾驶员侧脚部空间；T81—81 芯插头连接

❹ 可知 15 号继电器的负极是由 J518 控制的，测量 T81/58 针脚有没有输出负极，
没有得到反馈，经检查中间进水氧化断路了。

❺ 修复断路的线束并清理积水，试车，故障解决。

（4）案例总结 ▪▪▪▪

洗车时应注意，发动机机舱尽量不要用水冲洗，减少故障出现的概率。

 10.2.2 换挡模块故障

（1）车辆信息 ▪▪▪▪

车型：2009 年款沃尔沃 C30。发动机：2.4 升。变速器：5 挡手自一体。行
驶里程：100000 公里。

（2）故障现象

车辆挂不进挡。

（3）故障诊断与排除

❶ 启动车后，踩刹车，挡位电磁阀不工作，只要手动拨动一下挡位电磁阀，再次踩刹车，其可以正常工作，只要熄火再次启动车辆，故障现象又回到原来的问题，无任何故障码。

❷ 由于没有故障码，因此先用诊断电脑读取制动开关状态数据流和换挡锁电磁阀状态数据流。没踩刹车，制动开关和换挡电磁阀都没有工作；踩下刹车，制动开关工作了，换挡锁电磁阀却没有解除（图 10-2-4）。

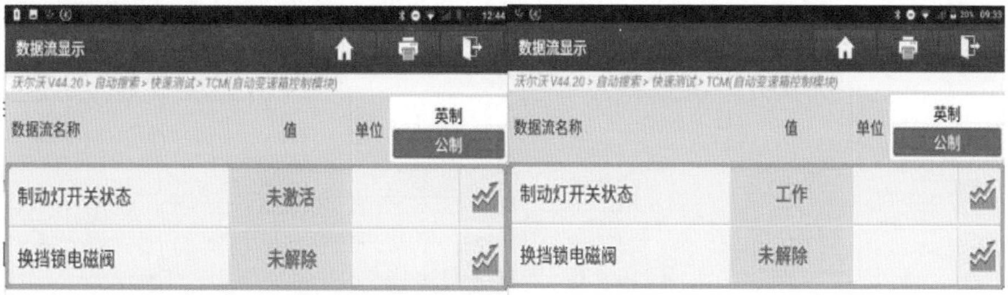

图 10-2-4　沃尔沃 C30 数据流

❸ 先万用表测量换挡锁电磁阀的两根线，踩刹车时万用表显示 0.06V，代表并没有电压输出（图 10-2-5）。

图 10-2-5　测量换挡锁电磁阀电压

❹ 找到维修手册挡位选择模块（GSM）电路图（图 10-2-6）。

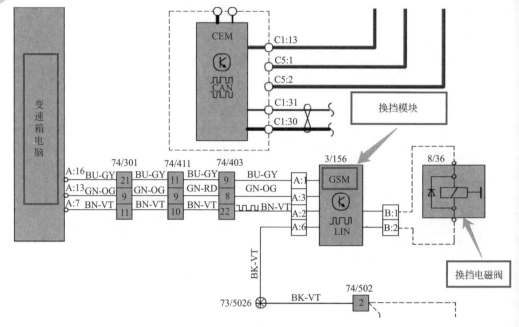

图 10-2-6　沃尔沃 C30 电路图

❺ 测量 GSM A1 号针脚到变速箱电脑 A16 号针脚电压，为 12.16V，正常（图 10-2-7）。

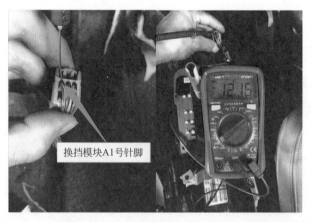

图 10-2-7　测量 GSM A1 号针脚到变速箱电脑 A16 号针脚电压

❻ 测量 GSM A2 号针脚到变速箱电脑 A7 号针脚 LIN 总线电压，为 8.29V（图 10-2-8）。

❼ 测量 GSM A3 号针脚到变速箱电脑 A13 号针脚电压，是变速箱电脑给的负极电压，正常（图 10-2-9）。

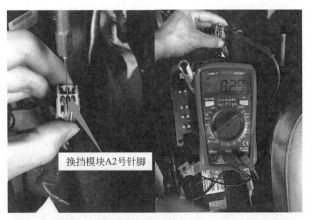

图 10-2-8　测量 GSM A2 号针脚到变速箱电脑 A7 号针脚电压

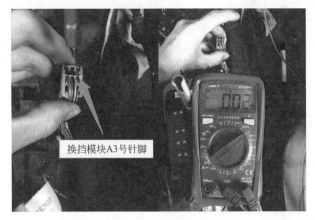

图 10-2-9　测量 GSM A3 号针脚到变速箱电脑 A13 号针脚电压

❽测量 GSM A6 号针脚电压，为接地负极电压，正常（图 10-2-10）。

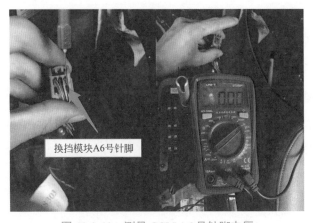

图 10-2-10　测量 GSM A6 号针脚电压

⑨ 测量 GSM A6 号针脚到 A1 号针脚电压，为 12.16V，接地负极，正常（图 10-2-11）。

⑩ 目前 GSM 电源、负极都正常，再使用示波器检测 LIN 总线的波形是否正常。第一步，进入示波器选项界面，点击总线测试图标（图 10-2-12）。

图 10-2-11　测量 GSM A6 号
针脚到 A1 号针脚电压

图 10-2-12　点击总线测试图标

第二步，点击 LIN 总线测试（图 10-2-13）。

图 10-2-13　点击 LIN 总线测试

　　LIN 总线的波形如图 10-2-14 所示，正常；问题还是出在挡位选择模块上。

⑪ 如图 10-2-15 所示可以看到两个 N/S 磁铁，一个是刹车信号磁铁，另一个是 P 挡位置磁铁。把 GSM 装上，刹车信号霍尔元件和 P 挡位置信号霍尔元件刚好在两个 N/S 磁铁上面（图 10-2-15）。

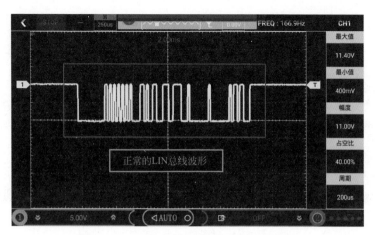

图 10-2-14　LIN 总线的波形（沃尔沃 C30）

当 N/S 磁铁垂直照射霍尔元件改变电压，GSM 接收到信号，才能执行换挡电磁阀动作。如果某个霍尔元件没有电压变化，GSM 接收不到信号，就不执行换挡电磁阀动作。

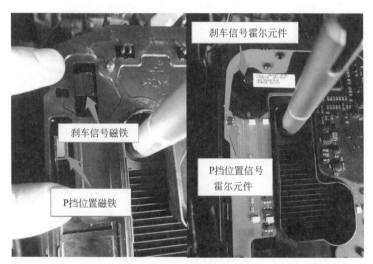

图 10-2-15　挡位选择模块（GSM）

⑫ 使用万用表测刹车信号霍尔元件信号是否正常，把挡位电磁阀用手拨动一下，以方便踩刹车测信号。

⑬ 检测时，没有踩刹车的信号为 5.03V，踩下刹车为 0V，电压会变化，说明刹车信号正常（图 10-2-16）。

⑭ 检测 P 挡位置信号霍尔元件是否正常，现在 P 挡位置磁铁在 P 挡位置霍尔元件下面，但是信号电压却是 5.03V，把换挡模块拆下来拿开再测电压也是 5.03V，说明 P 挡位置磁铁无效（图 10-2-17）。

负极
信号

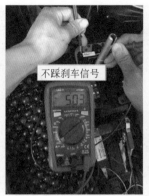
不踩刹车信号

踩刹车信号

图 10-2-16　使用万用表测霍尔元件刹车信号

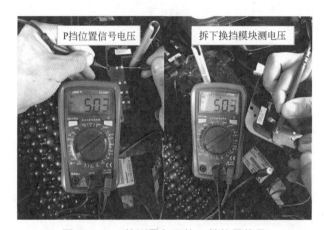
P挡位置信号电压
拆下换挡模块测电压

图 10-2-17　检测霍尔元件 P 挡位置信号

⓯ 在 P 挡位置霍尔元件下面放一个常用的磁铁，垂直照射 P 挡位置霍尔元件，再测电压，万用表显示 0V。现在 P 挡位置霍尔元件信号是正常的了（图 10-2-18）。

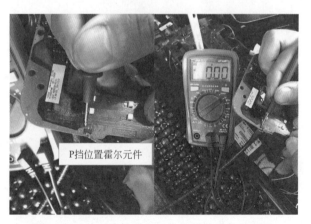
P挡位置霍尔元件

图 10-2-18　正常的霍尔元件 P 挡位置信号电压

查到这里已经很明显是 P 挡位置 N/S 磁铁有问题，可以联想到磁铁是分 N 极和 S 极的。分解换挡总成，把 N/S 磁铁翻一面重新装上试车，踩刹车时换挡电磁阀可以工作。

引发故障的原因为磁铁装反了，导致霍尔元件 P 挡位置电压没有改变，换挡模块（GSM）没有接收到信号。

再次读取数据流（图 10-2-19），车辆的数据流已正常。

数据流显示		🏠 🖨 ↪
沃尔沃 V44.20 > 自动搜索 > 快速测试 > TCM (自动变速箱控制模块)		
数据流名称	值	单位	英制 / 公制
制动灯开关状态	工作		〰
换挡锁电磁阀	解除		〰

图 10-2-19　沃尔沃 C30 正常数据流

（4）案例总结

这个故障是由于 N/S 电磁铁装反，霍尔元件 P 挡位置没有改变电压，信号不变。换挡模块（GSM）不知道此时挡位在什么位置，无法对换挡电磁阀进行控制。

有了扎实的理论知识，才能将每个元件在电路中起什么作用分析出来，如果能理解元件的工作原理，相信修车就会变得简单多了。

10.3　自动变速器升挡过迟

10.3.1　发动机怠速过高（表 10-3-1）

表 10-3-1　发动机怠速过高

车辆信息	车型：2008 年款本田雅阁
	发动机：2.4 升
	变速器：5 挡
	行驶里程：128000 公里
故障现象	慢慢加油门可以升挡，但如果油门加快点升挡缓慢，或保持在 3 挡（或 4 挡），这时松一下油门再加油便又能顺利升挡 同时经试车发现，该车的最高车速较正常车偏低，并且燃油消耗量大

故障诊断与排除	①发动机动力不足故障主要体现在以下3点 　a.空气流量控制 　b.点火系统故障 　c.燃油压力不足 ②根据由易到难的故障排除思路，先对发动机动力不足故障进行检查。使用电脑诊断仪对车辆进行检测，发动机未输出故障码；读取发动机数据流，发现发动机的怠速偏高，达到了1200r/min，正常应是700～1000r/min ③检查发动机空气滤清器，正常 ④对车辆先后更换了火花塞和空气流量计，故障依旧 ⑤清洗电子节气门积炭并对节气门进行初始化，试车，故障排除
案例总结	检查发动机的故障需从简到繁进行

 ## 10.3.2　节气门故障（表10-3-2）

表 10-3-2　节气门故障

车辆信息	车型：2012年款宝马320i
	发动机：2.0升
	变速器：6挡手自一体
	行驶里程：128000公里
故障现象	车辆行驶中发动机故障灯点亮，升挡缓慢，加速无力，停车状态下发动机剧烈抖动
故障诊断与排除	①车辆来店后首先通过诊断电脑编程诊断软件ISTA进行诊断检测，读取故障内容如下 a.2B2B DME 节气门调节器，位置监控 b.2B0B DME 节气门电位计 c.2B22 DME 节气门调节器，闭合弹簧检测 d.2B06 DME 节气门电位器 e.2B02 DME 节气门电位器 f.2B20 DME 节气门调节器，控制 选择故障内容执行检测计划，对于检测的功能或组件存储有下列故障 　发动机控制单元2B029，当前存在故障。可能的故障原因：检测导线和插头连接、主继电器、电动节气门调节器、发动机控制单元异常 　发动机控制单元2B06，当前存在故障。可能的故障原因：检测导线和插头连接、主继电器、电动节气门调节器、发动机控制单元异常 　发动机控制单元2B0B，当前存在故障。提示：其他节气门故障的连锁故障 　发动机控制单元2B22，当前不存在故障。可能的故障原因：检测导线和插头连接、电动节气门调节器异常 ②执行上述的几个故障内容检测计划，进行相关的基础检查，最终分析判断为节气门故障

续表

故障诊断 与排除	③更换节气门，进行电动节气门调节器的自适应。为平衡部件公差，需要对发动机控制单元和节气门进行调校。这时要在一个规定的紧急空气点(节气门的中断位置)测试，在下部机械限位(节气门完全关闭)进行自学。复位弹簧也会被检查，复位弹簧的任务是在故障情况下关闭节气门 　　为进行调校，必须满足下列条件：蓄电池电压大于 10V；发动机转速小于 32r/min；车辆行驶速度小于 2km/h；进气温度大于 -10℃；发动机温度大于 -10℃且小于 142℃；此外，不允许节气门电位器有故障 　　每次切换到点火开关位置 2 时在不通电的情况下检查节气门的位置，这时节气门必须在紧急空气点位置。在紧急空气点，节气门由于弹簧力仍打开一个缝隙，为的是在节气门关闭时仍能为发动机的紧急运行获得足够的空气。如果测得的紧急空气点在允许的范围之外，会有一个故障存储 　　打开节气门，紧接着关闭，可以检查复位弹簧所在的位置是否能使节气门重新回到紧急空气点。这里也存在一个自带的故障码。为了避免节气门在运行时碰到下部的机械限位，也要对这点识别学习。如果测得的下部机械限位在允许范围之外，同样会有一个故障存储。如果进行调校的条件未满足，但已经成功地进行了一次调校，则调校会在无故障输入的情况下中断。这里前一次进行的调校的数值适用。如果进行调校的条件未满足，且调校从未成功地进行(例如更换发动机控制单元或节气门)，则调校会在有故障输入的情况下中断 　　在所有的故障情况下只允许发动机进行一次紧急运行，因为不能确保节气门功能良好 ④删除故障存储，试车，故障排除
案例总结	当车速达到一定速度时，电脑会收到车速传感器的信号从而控制换挡，车速越高，换的挡位也越高。当超车时驾驶员会猛踩油门，此时节气门位置传感器会把信号传给电脑，从而进行强制降挡实现超车。超车后再松开油门，挡位就又会上升

 ### 10.3.3　主调压阀故障（表 10-3-3）

表 10-3-3　主调压阀故障

车辆信息	车型：别克君威
	发动机：3.0 升
	变速器：4T65E
	行驶里程：108000 公里
故障现象	车辆在行驶中，换挡时有严重的冲击感
故障诊断 与排除	君威轿车在出现换挡冲击故障时，多是由变速器 PC 阀性能不良引起的。PC 阀是变速器的主油路压力调节电磁阀，它是根据变速器控制单元提供的信号控制变速器的主油路压力，保证换挡时的平顺性，提高车辆的驾乘舒适性。当 PC 阀出现故障时，由于变速器主油压不能适时调节，在换挡时会出现冲击现象。在更换 PC 阀后，故障排除
案例总结	PC 油压电磁阀用于调节变速器系统油压。而变速器的换挡是由 PCM 控制两个换挡电磁阀来实现的，当出现换挡电磁阀和 PC 阀卡滞、泄油、线圈工作不良等故障后，常引发冲击，更换 PC 阀后，换挡冲击的故障即可排除

10.3.4 换挡执行元件打滑（表 10-3-4）

表 10-3-4　换挡执行元件打滑

车辆信息	车型：别克 GL8 商务车
	发动机：2.5 升
	变速器：4T65E
	行驶里程：228000 公里
故障现象	车辆行驶时，升挡偶尔出现冲击
故障诊断与排除	①维修人员首先检查该车变速器的基本情况。油质、油量正常，失速试验正常。检测发动机、变速器控制单元，未见故障码。路试未见异常 ②观察发现大部分挡位保持油压的补偿值都在 -20 ~ 20 kPa，只有 3 挡为 420 kPa。这说明在执行 3 挡时，要大幅度提高工作油压才能支持执行元件的工作 ③清除 TAPS 中存储的挡位，保持油压补偿值后开始路试，此时所有的补偿值都变为 0 kPa。路试 30 km 后，各挡位的补偿值都在 -20 ~ 20 kPa 内，正常。继续试车突然发现，不知什么时候时 3 挡的油压补偿值又达到了 420 kPa，但故障现象却并未出现。这说明液压系统中的确是存在着隐患，故障迟早还会出现 ④出现这种情况有两种可能性：一种是 3 挡执行元件的油道存在泄漏；另一种是油压未能送达执行元件。考虑到其他挡位都是正常的，由此推断工作油压应该不是问题，检查重点应放在执行元件的控制上 ⑤根据维修手册可知，3 挡是由离合器 2、3 同时接合而产生的。根据路试所得到的数据判断，在车辆行驶中，离合器 2 及离合器 3 中至少有一个是工作异常的。而离合器工作异常的原因除了摩擦片外，就是离合器在接合时油缸内没有形成足够的油压。该变速器刚做过大修，且故障只是偶尔出现，所以摩擦片烧蚀的可能性不大。故障分析应围绕油压展开 上述 2 个离合器分别由 1-2 换挡阀和 2-3 换挡阀来控制。由于在路试的前 30 km 内，油压补偿值未出现明显变化，所以油道泄漏的可能性不大。故障很可能出自这 2 个换挡阀的动作错误 ⑥首先检查换挡控制电磁阀。检查发现，1-2 换挡控制电磁阀进油端的过滤网被杂质堵塞。由于 1-2 换挡阀是它的继动阀，这一问题自然会对换挡阀的动作产生不利影响。如果在 1-2 换挡阀的左侧存在残留油压，那么当该阀处于某一特定位置时，离合器 2 的油道将被切断，打滑在所难免 ⑦故障排除：清洗阀体后试车。这次的试车里程超过了 100 km，在此期间 3 挡的补偿值始终未见升高，说明故障已经彻底排除
案例总结	对于液压系统，油道的洁净是一个至关重要的工作

10.4.1　车速传感器故障（表 10-4-1）

表 10-4-1　车速传感器故障

车辆信息	车型：奥迪 A6
	发动机：2.8 升
	变速器：自动变速器
	行驶里程：76000 公里
故障现象	车主反映车辆在行驶中不升挡
故障诊断与排除	①故障原因分析 a. 电控系统故障 b. 相关离合器泄压，摩擦片烧蚀 c. 阀体、电磁阀工作不良 ②用电脑诊断仪读取故障码，无显示故障码 ③举升车辆，检查自动变速箱油，油面、油液基本正常 ④经分析若是自动变速箱内部故障，势必会引起离合器或制动带的磨损，自动变速箱油会变质。此车自动变速箱油基本正常，可判断故障在电控部分 ⑤用电脑诊断仪读取不出故障码，分析有以下两种情况 a. 线路有特别异常的情况，自动变速箱控制单元接收不到信号 b. 自动变速箱控制单元故障 逐个检查自动变速箱上的电控元件，发现车速传感器根部导线里面的铜丝均露出，并互相碰撞在一起。将车速传感器导线重新包扎，再进行试车、检测。在试车过程中，车辆行驶正常，升降挡平顺。故障问题解决
案例总结	车速传感器检测传动油输出的车速信号，并将信号传给自动变速箱控制单元，控制单元根据此控制自动变速箱的升、降挡。此车的车速传感器导线碰在一起，电控单元接收不到信号，就不能顺利控制自动变速箱工作

10.4.2　2 挡制动器或高挡离合器故障（表 10-4-2）

表 10-4-2　2 挡制动器或高挡离合器故障

车辆信息	车型：大众帕萨特 B5
	发动机：1.8 升
	变速器：01N 自动变速器
	行驶里程：165000 公里

续表

故障现象	车辆不能从 1 挡升到 2 挡
故障诊断与排除	用电脑诊断仪进入自动变速器系统，读取故障码，诊断仪显示正常，无故障记录。此时将车用举升机升起进行换挡试验，缓加速，当车速达到 4.0km/h 时，里程表指针突然跌落一下，随即跳上了一个挡，这时车速可达 80km/h，而从诊断仪的数据流读取中发现，挡位显示始终是由 1 挡直接跳到 3 挡，无法升至 2 挡和 4 挡 　　2 挡和 4 挡是由变速器内部的 B2 制动器工作，制动住太阳轮才起作用的，于是怀疑 B2 制动器摩擦片烧蚀或 B2 活塞泄压。经检查，ATF 油质无异味，无烧损摩擦片痕迹，于是将车辆阀体拆下 　　用自动变速器专用油路试漏机进行试漏试验，可在变速器不解体的情况下测量 B2 制动器的工作情况。经测试，B2 制动器工作油压正常，无泄压现象，表明执行元件 B2 制动器正常，可判定故障点在控制 B2 制动器的控制元件上 　　01N 型自动变速器的阀体上共有 7 个电磁阀，其中 2 个为 EPC 油压调节阀，5 个为通断换挡阀，而 N89 换挡电磁阀正是控制 B2 制动器的，更换一个新电磁阀，装车试验，故障依旧 　　在仔细检查插在电磁阀上的扁状印制线束时发现，连接 N89 电磁阀的插头断路，导致 N89 电磁阀无法接收到变速器控制单元的 12V 控制电压，导致 B2 制动器不工作，因此出现无 2 挡和 4 挡的现象。更换该线束后，故障排除
案例总结	线路故障，通过电脑诊断仪无法读出，但可细心检查出来

10.5 自动变速器无前进挡（表 10-5-1）

表 10-5-1　自动变速器无前进挡

车辆信息	车型：福特蒙迪欧
	变速器：自动变速器
	行驶里程：195000 公里
故障现象	车辆行驶中发动机转速突然升高，随后便无前进挡，但倒挡可以行驶
故障诊断与排除	①连接电脑诊断仪进行自测，没有故障码，说明电路部分无故障 ②做失速试验，倒挡时发动机的失速转速大约为 2000r/min，D 挡、2 挡和 1 挡时失速转速为发动机的最高转速，判断是参与前进挡的离合器功能失效或挂前进挡时主油路油压下降所致。测量主油路油压，挂前进挡时没有发现异常，判断是参与前进挡的离合器功能失效可能性较大 ③分解变速器，发现前进／直接／滑行离合器鼓机械性损坏，于是更换。更换后，重新组装，试车，故障排除
案例总结	变速器电路部分的诊断方式：从变速器处断开控制线束，此时变速器的油压会升至最高，且前进挡会锁定在 3 挡。若断开控制线束后，故障现象发生变化，则电路部分的故障可能性较大，否则机械和液压部分的故障可能性较大。因为当断开电路时，变速器转变成液压控制，而非电控 　　变速器机械部分的诊断方法：依据变速器执行器动作情况表，在所有前进挡均不工作时，最可能的原因是所有前进挡的公共执行器，即前进离合器和前进单向离合器故障。在实际维修中，单向离合器故障的概率要低于前进离合器 　　变速器油路部分的诊断方法：检查变速器油位、油质和油压，是判断油路快速而有效的方法。在维修变速器时，一定要从电路、机械和油路三方面先做出大致判断，才可分解，否则分解后就无法再判断，最终导致故障原因无法确定

 **10.6** **自动变速器无倒挡**

 10.6.1 倒挡油路泄漏（表 10-6-1）

表 10-6-1 倒挡油路泄漏

车辆信息	车型：别克凯越
	发动机：1.8 升
	变速器：4HP-15
	行驶里程：98000 公里
故障现象	车辆挂倒挡（R 挡）不能行驶，其他挡位正常
故障诊断与排除	①通过路试，发现其他挡位一律正常，挂 R 挡车辆无法行驶 ②检查操纵手柄的位置，未发现异常 ③检查倒挡油路油压，发现油压过低，经过车主同意，拆检自动变速箱 ④拆卸自动变速箱发现倒挡油路泄漏，阀孔轻微磨损，用砂纸打磨处理阀芯和阀孔 ⑤保险起见，维修技师检查了离合器片，果然发现存在损坏 ⑥因离合器片磨损严重，直接更换原厂离合器片 ⑦装复，试车，故障排除
案例总结	倒挡主油路油压测试方法如下 ①拆下自动变速器壳体上的主油路测压孔或倒挡油路测压孔螺塞，接上油压表 ②启动发动机，将换挡操纵手柄拨至倒挡（R）位置 ③在发动机怠速运转工况下读取油压，该油压即为怠速工况下的倒挡主油路油压 ④用左脚踩住制动踏板，同时用右脚将加速踏板完全踩下，在发动机失速工况下读取油压，该油压即为失速工况下的倒挡主油路油压 ⑤将换挡操纵手柄拨至空挡（N）位置，让发动机怠速运转 1min

10.6.2 倒挡及高挡离合器或低挡及倒挡制动器打滑

（1）车辆信息 . . .

车型：2008 年款别克昂科雷。发动机：3.6 升。变速器：6T75E。行驶里程：178000 公里。

（2）故障现象 . . .

自动变速器无倒挡，且当车速在 40km/h 左右时，发动机转速会突然升高至

4700r/min，同时发动机故障灯点亮。

（3）故障诊断与排除　　· · ·

连接 GDS+MDI，读取全车故障码，发现自动变速器控制模块存储有故障码 P0777 和 P0798，含义分别为压力控制电磁阀 2 卡滞在接通位置和压力控制电磁阀 2 性能故障。清除故障码后试车，故障依旧。根据发动机突然负荷减小、转速上升的故障现象，初步判断离合器打滑。

6T75E 自动变速器中没有带式制动器，采用 3 个片式制动器（$B_{1-2-3-4}$、B_{L-R} 和 B_{2-6}）、2 个离合器（C_{3-5-R} 和 C_{4-5-6}）和 1 个单向离合器（OWC）实现 6 个前进挡及倒挡（表 10-6-2）。在不同挡位下 6 个换挡执行元件的接合情况见表 10-6-3。

表 10-6-2　6 个换挡执行元件的作用

执行元件	功能
$B_{1-2-3-4}$	固定输出行星齿轮机构太阳轮
B_{L-R}	固定输入齿圈及反作用行星齿轮机构行星架
B_{2-6}	固定反作用行星齿轮机构太阳轮
C_{3-5-R}	把输入轴和反作用行星齿轮机构的太阳轮连接
C_{4-5-6}	把输入轴和反作用行星齿轮机构行星架及输入排齿圈连接
OWC	单向固定输入行星齿轮机构齿圈及反作用行星齿轮机构行星架，防止其逆时针旋转

表 10-6-3　在不同挡位下 6 个换挡执行元件的接合情况

挡位	C_{4-5-6}	C_{3-5-R}	B_{2-6}	B_{L-R}	$B_{1-2-3-4}$	OWC
P/N	×	×	×	O	×	×
R	×	O	×	O	×	×
1	×	×	×	O	O	O
2	×	×	O	×	O	×
3	×	O	×	×	O	×
4	O	×	×	×	O	×
5	O	O	×	×	×	×
6	O	×	O	×	×	×

注：O 表示接合；× 表示不接合。

通过分析该车自动变速器的结构和工作原理可知，若离合器 C_{3-5-R} 和制动器 B_{L-R} 出现打滑，将会导致无倒挡。

从油位孔检查自动变速器油位，正常，但自动变速器油有浓重的焦煳味，这说明该变速器确实存在打滑故障。拆解自动变速器，分解离合器 C_{3-5-R}，发现离合器摩擦片烧蚀；检查离合器 C_{3-5-R} 波形片，正常；分解制动器 B_{L-R}，发现摩擦片上除了有油污外一切正常；分解其他离合器和制动器，均未发现问题。

通过拆解该自动变速器传动部分，只发现离合器 C_{3-5-R} 摩擦片打滑，而离合器又受阀板控制，结合故障码 P0777 和 P0798，怀疑阀板上的电磁阀有故障。各电磁阀的作用见表 10-6-4。

表 10-6-4　各电磁阀的作用

电磁阀	功能
SS1	控制离合器选择阀 2
SS2	控制离合器选择阀 3
TCC	控制 TCC 的运行
PCS1	控制管路压力
PCS2	控制离合器 C_{3-5-R} 调节阀
PCS3	控制制动器 B_{L-R} 及离合器 C_{4-5-6} 调节阀
PCS4	控制制动器 B_{2-6} 调节阀
FCS5	控制离合器 $C_{1-2-3-4}$ 调节阀

从表 10-6-4 中可知，控制离合器 C_{3-5-R} 调节阀的电磁阀为 PCS2，拆解阀板电磁阀总成，用万用表测量电磁阀 PCS2 的电阻，为 4.9Ω；测量其他电磁阀的电阻，除了电磁阀 SS1 和 SS2 的电阻为 24.1Ω 外，其他电磁阀的电阻均为 4.9Ω 左右。考虑到故障码提示压力控制电磁阀 2 卡滞在接通位置，将电磁阀 PCS2 串联 1 个电阻，并用蓄电池直接为其供电，用手触摸电磁阀 PCS2，明显感觉电磁阀 PCS2 动作，这说明电磁阀 PCS2 卡滞在接通位置的可能性不大；再仔细检查电磁阀总成上的控制油道及滤网，发现与电磁阀 PCS2 连接的油道上的密封圈损坏。

更换电磁阀总成，清洗阀板总成及离合器、制动器摩擦片，并用压缩空气吹干变速器壳体及阀板油孔。把新的离合器摩擦片 C_{3-5-R} 浸泡在自动变速器油中 30 min 后，安装自动变速器并添加自动变速器油。

试车，故障现象消失。

（4）案例总结

故障是由电磁阀 PCS2 连接的油道上的密封圈损坏引起的。由于密封圈不能密封，导致油压下降，在 R 挡、3 挡或 5 挡时，离合器 C_{3-5-R} 摩擦片打滑。自动变速器控制模块根据变速器输入轴转速传感器数据和变速器输出轴转速传感器数据计算传动比，并将指令挡位的传动比和计算出的传动比做比较，当指令挡位为 R 挡、3 挡或 5 挡时，

比较的差值≥150r/min且超过规定时间，变速器控制模块以为电磁阀 PCS2 卡滞在接通位置，设置故障码 P0777 和 P0798。

10.7 自动变速器跳挡（表 10-7-1）

表 10-7-1   自动变速器跳挡

车辆信息	车型：奔驰 GLA260
	变速器：7 挡双离合
	行驶里程：150000 公里
故障现象	车辆在行驶中会偶尔自动跳入空挡进行滑行
故障诊断与排除	在正常行驶的情况下，变速器一般处于正常的行驶挡位。但是，如果变速器齿轮自动滑挡，汽车便会发生跳挡的情况。造成这种情况的原因一般是因为变速器的齿轮或者其他部件磨损，当然也有可能是其他原因，例如变速杆传动部件松动，但这些情况并不常见 检查变速器的油量，正常；检查变速器的油质，有烧焦的味道，初步判定变速器内部有严重的磨损 分解变速器，放出的变速器油有少许的金属粉末并伴有烧焦的味道，拆解发现摩擦片也有少许的磨损，更换摩擦片。按电脑检测出来的故障码对变速器电磁阀进行拆卸，更换控制单元，而且过程中发现传感器电路出现故障，电磁阀接触不良，更换电磁阀后，故障排除
案例总结	面对偶尔出现的故障，需要按常规的检查方案进行，绝对不能让车主继续驾车行驶，待故障明显时损坏的情况就很严重了

第 **11** 章

自动变速器损坏故障

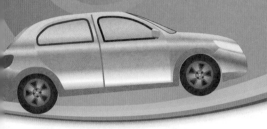

11.1.1　液压油油面太低（表 11-1-1）

表 11-1-1　液压油油面太低

车辆信息	车型：2004 年款雪铁龙富康
	发动机：1.6 升
	变速器：4 挡
	行驶里程：179000 公里
故障现象	起步无力
故障诊断与排除	①试车发现起步时发动机转速很快升高，但车速升高缓慢 ②使用电脑诊断仪读取故障码，变速器没有输出故障码 ③检查发动机工况，正常 ④举升车辆，检查变速器液位及油品质：变速器油温在 90℃时检查液位，富康这款车的液位螺栓即是放油螺栓，拆下放油螺栓没有变速器油流出，接着拆卸变速器内的液位螺栓，变速器油量偏少、品质正常 ⑤更换变速器油液，更新检查液位 ⑥试车，故障排除
案例总结	变速器油的液位过低，导致油压不足，变速器内部的摩擦片打滑，最终造成车辆起步无力

11.1.2　液压油油面过高（表 11-1-2）

表 11-1-2　液压油油面过高

车辆信息	车型：2012 年款雪佛兰科鲁兹
	发动机：1.6 升
	变速器：6 挡手自一体
	行驶里程：79000 公里
故障现象	自动变速器报警，停车等 10 分钟后又可以行驶 20 分钟，接着又点亮变速器报警灯，车速只能达到 60km/h
故障诊断与排除	①使用电脑诊断仪读取故障码，有一个变速器温度过高的故障 ②询问车主的维修保养情况，春节时在老家更换过变速器油 ③初步怀疑是更换的变速器油品牌不对或者变速器油加多、加少了 ④举升车辆，拆下液位螺栓，有变速器油流出，大约流出 2 升油液，同时检查油品质，正常；重新调整变速器液位至正常位置 ⑤试车，故障解决
案例总结	变速器的油液位过高，运转中被行星排剧烈搅动后产生大量气泡会使摩擦片打滑，产生的气泡会形成气阻导致温度过高

11.1.3　离合器或制动器摩擦片损坏

（1）车辆信息

　　车型：2014 年款别克昂科威。发动机：2.0 升。变速器：6 挡手自一体。行驶里程：119000 公里。

（2）故障现象

　　车辆在前进挡时起步困难，一旦汽车起步后，发动机转速上升而车速上升缓慢。车速达到 20km/h 左右后，发动机转速上升，车速上升正常。还感觉到挂倒挡时，汽车倒车速度不如以前。

（3）故障诊断与排除

　　❶ 连接电脑诊断仪，读取全车故障码，发现变速器控制模块无故障码显示。

　　❷ 从油位孔检查变速器油位，正常，但发现变速器油颜色特别深。在分析该车故障原因前，我们查阅了 6T75E 变速器资料（图 11-1-1）。

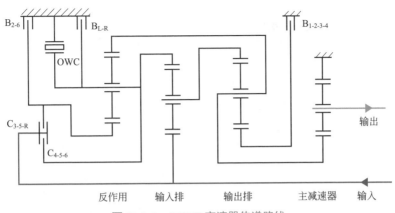

图 11-1-1 6T75E 变速器传递路线

变速器内部有 3 排行星齿轮机构和 6 个换挡执行元件，主减速器为行星齿轮式。3 排行星齿轮机构分别称为输出行星齿轮机构、输入行星齿轮机构和反作用行星齿轮机构。最前排是输出行星齿轮机构，它的内齿圈与输入行星齿轮机构的行星架连接，它的行星架和反作用行星齿轮机构的齿圈连接，是动力输出端。中间排是输入行星排机构，它的太阳轮与输入轴通过花键相连；它的行星架与输出行星齿轮机构内齿圈相连；它的内齿圈与反作用行星齿轮机构行星架相连。最后排是反作用行星齿轮机构，它的内齿圈与输出行星架相连，是动力输出端；它的行星架与输入行星齿轮机构的内齿圈相连（表 11-1-3）。

表 11-1-3 6T75E 变速器换挡执行元件作用

执行元件	功　能
$B_{1-2-3-4}$	固定输出太阳轮
B_{L-R}	固定输入齿圈及反作用排行星架
B_{2-6}	固定反作用排太阳轮
C_{3-5-R}	把输入轴和反作用排的太阳轮连接
C_{4-5-6}	把输入轴和反作用排行星架及输入排齿圈连接
OWC	单向固定输入排齿圈/反作用排行星架，防止其逆时针旋转

❸ 在 6T75E 变速器中，没有带式制动器，采用 3 个片式制动器、2 个离合器和 1 个单向离合器实现 6 个前进挡和倒挡（表 11-1-4）。

表 11-1-4 6T75E 变速器各挡位工作情况

挡位	C_{4-5-6}	C_{3-5-R}	B_{2-6}	B_{L-R}	$B_{1-2-3-4}$	OWC
P/N				接合		

续表

挡位	$C_{4\text{-}5\text{-}6}$	$C_{3\text{-}5\text{-}R}$	$B_{2\text{-}6}$	$B_{L\text{-}R}$	$B_{1\text{-}2\text{-}3\text{-}4}$	OWC
R		接合		接合		
1				接合	接合	接合
2			接合		接合	
3		接合			接合	
4	接合				接合	
5	接合	接合				
6	接合		接合			

通过分析该变速器的结构和工作原理可知：在前进挡 D1 位时，制动器 $B_{1\text{-}2\text{-}3\text{-}4}$ 和制动器 $B_{L\text{-}R}$、单向离合器 OWC 工作。分析 D1 位传动路线：D1 位时由于制动器 $B_{L\text{-}R}$ 工作，所以输入排的齿圈固定不动，输入排的太阳轮输入，输入排行星架输出给输出排的齿圈，在输出排中由于制动器 $B_{1\text{-}2\text{-}3\text{-}4}$ 工作固定输出排的太阳轮，输出排的齿圈输入，输出排的行星架减速输出给主减速器的太阳轮，主减速器行星排的齿圈固定，主减速器行星排的行星架输出得到 D1 挡。分析 R 挡位传动路线：在 R 挡时，由于离合器 $C_{3\text{-}5\text{-}R}$ 工作，动力由反作用排的太阳轮输入，制动器 $B_{L\text{-}R}$ 工作，固定反作用排的行星架，动力由反作用排的齿圈输出实现 R 挡。

通过挡位分析，初步判断制动器 $B_{L\text{-}R}$ 打滑，因为如果制动器 $B_{L\text{-}R}$ 打滑就会引起汽车起步和倒车困难。于是拆解变速器，在拆解变速器时发现变速器油十分脏，分解离合器 $C_{3\text{-}5\text{-}R}$，检查离合器摩擦片、$C_{3\text{-}5\text{-}R}$ 离合器波形片，均正常。分解制动器 $B_{L\text{-}R}$，发现摩擦片有烧蚀现象。分解其他离合器和制动器均未发现问题。考虑到制动器 $B_{L\text{-}R}$ 受阀板控制，怀疑阀板上的阀体卡滞或电磁阀有故障才导致制动器 $B_{L\text{-}R}$ 摩擦片打滑，拆解阀板及电磁阀总成（表 11-1-5）。

表 11-1-5　各电磁阀的作用

电磁阀	功　能
SS1	控制离合器选择阀 2
SS2	控制离合器选择阀 3
TCC	控制 TCC 的运行
PCS1	控制管路压力
PCS2	控制 3-5-R 离合器调节阀
PCS3	控制 $R_{1/4\text{-}5\text{-}6}$ 离合器调节阀
PCS4	控制 2-6 离合器调节阀
PCS5	控制 1-2-3-4 离合器调节阀

❹ 分解阀板后，发现阀板上的变速器油很脏，检查阀板上的各个阀体，发现各个阀体运行正常，用万用表欧姆挡测量阀板上的各个电磁阀，阻值均正常。通过检查结果，判断该车故障是因为变速器油太脏引起制动器 B_{L-R} 摩擦片烧蚀。

❺ 清洗阀板总成及离合器、制动器摩擦片，并用压缩空气吹干变速器壳体及阀板油孔。把新的制动器 B_{L-R} 摩擦片浸泡在自动变速器油中半小时后，安装变速器并添加自动变速器油。试车，故障排除，半个月后电话回访车主，车主反馈故障彻底消失。

（4）案例总结

分析该车故障原因可能是车主没有按规定时间或里程去更换变速器油导致的。由于汽车在起步或倒挡时，变速器输出的转矩比较大，变速器中离合器或制动器承受的力比较大，如果变速器油变质，将会导致离合器或制动器的摩擦片烧蚀，从而引起变速器打滑故障。通过此例故障也给各位车主提醒，自动变速器油应按维修手册规定及时更换。

 ## 11.1.4　制动带磨损过甚或烧焦（表 11-1-6）

表 11-1-6　制动带磨损过甚或烧焦

车辆信息	车型：2008 年款奔腾
	发动机：2.0 升
	变速器：5 挡手自一体
	行驶里程：140000 公里
故障现象	正常行驶时，升挡有耸车的感觉，车辆无法正常升挡。没有 2 挡，进入 3 挡后换挡冲击严重，AT 故障报警灯常亮
故障诊断与排除	①用电脑诊断仪检测故障码，存在故障码：P0732——挡位 2 错误（检测到错误的齿轮传动比）；P0734——挡位 4 错误（检测到错误的齿轮传动比） ②进行路试时确认故障现象，用检测仪检查输入 / 涡轮速度传感器的频率：关闭点火开关，连接诊断仪，启动发动机，车速为 40km/h，在 D 挡驾驶汽车，节气门开度大约为 25%，读取输入 / 涡轮速度传感器的频率约为 1.275Hz（正常值为 1.300Hz），检测结果不正常 ③经过试车确认，车辆不能正常升挡，无 2 挡，车辆偶尔可以升到 2 挡，有时直接升到 3 挡，进入 3 挡后换挡冲击严重，AT 故障报警灯点亮，车辆进入故障保护模式 ④分析故障系统基本工作原理：变速器电脑（PCM）根据节气门开度、车速及发动机转速等相关信号来控制变速器各电磁阀的工作，进而接通或切断通往离合器和制动器的油路，并控制管路压力，以实现变速器的自动换挡 2-4 挡制动带的操作如下 a. 当液压作用于伺服固定器与伺服活塞（2-4 挡制动带接合侧）时，伺服活塞作用于 2-4 挡制动带以锁定 2-4 制动鼓。同时，伺服机构复位弹簧也起到阻碍的作用，从而可以获得最佳 2-4 制动带接合力 b. 当液压作用于伺服活塞与变速驱动桥箱（2-4 挡制动带释放侧）时，伺服活塞被推向伺服器固定器一侧，这使得 2-4 制动带靠自身弹力延伸，打开 2-4 制动带

续表

| 故障诊断与排除 | c.当液压同时作用于伺服器固定器与伺服活塞之间以及伺服活塞与变速驱动桥箱之间时,伺服器活塞被推向伺服固定器一侧,因为这两个区域与弹簧力的差别,2-4制动鼓的锁定被解开
⑤分析故障产生的可能原因
a.自动变速器ATF液位过低或变质
b.换挡电磁阀A、B或C被卡住
c.压力控制电磁阀吸附
d.管路压力过低
e.2-4挡制动带打滑
f.3-4离合器打滑
g.前进挡离合器打滑
h.控制阀被卡住(旁通阀或3-4挡电磁阀)
i油泵故障
j.TCM故障
⑥故障检查及判定
a.自动变速器ATF液位低或变质。发动机预热后,检查油尺油位,在油尺上下刻度之间。油质发黑,并有烧焦味。ATF液颜色呈红棕色,没有烧焦气味,油品变质。正常ATF液的颜色为明红色,无异味。呈红棕色、黑色或有烧焦味,发现金属微粒,可能是ATF磨损,这是机械零件因润滑不良而烧蚀造成的,很有可能是制动带或摩擦片的烧蚀
b.检查液压系统管路压力。连接油压表,启动发动机,测量管路油压、D挡油压、R挡油压。管路压力为400kPa(正常压力为330～470kPa);R挡压力为600kPa(正常压力为490～710kPa);D挡压力为400kPa(正常压力为330～470kPa)。测量油压分析:管路油压、R挡油压、D挡油压在规范范围内,说明油泵工作正常,系统压力正常
c.检查发动机失速转速。启动发动机,挂D挡失速转速为3100r/min(标准值为2300～2900r/min),挂R挡失速转速为2800r/min(标准值为2300～2900r/min)。R挡失速转速正常,D挡失速转速高,说明有离合器、制动带打滑的现象
d.检查换挡电磁阀A、B或C被卡住。当把+B用于每个变速驱动桥接线端时,换挡电磁阀A、B或C能发出"咔嗒"声,A、B或C电磁阀正常。检查变速器上的组合插头和TCM插头之间线束,都正常;检查涡轮速度传感器、车速传感器插头和线束,都正常;检查变速器内的专用线束,都正常
⑦根据诊断仪检测到的故障码,ATF油位、油质检查,路试结果,失速试验检测在D挡时发动机失速转速高于标准值的分析结果,判断变速器内机械系统有问题。进一步拆油底壳,油底壳内有大量摩擦粉末沉淀,说明自动变速器的制动带和摩擦片磨损严重,必须进行修理。拆下变速器,拆下油泵,同时分解变速器,检查前进挡离合器片、单向离合器、变矩器单向离合器、低速倒挡制动带、3-4挡离合器,都正常。当拆下2-4挡制动带时发现有不正常的磨损和烧蚀,分解2-4挡制动带伺服器,2-4挡制动带伺服器阀芯和壳体有发卡及拉伤,致使2-4挡制动带磨损严重和烧蚀,检查结果证明这部分有故障
⑧更换故障零部件:2-4挡制动带,2-4挡制动带伺服器,2-4挡制动带伺服器阀芯,对壳体拉伤的地方进行修复处理。因为壳体的拉伤非常轻微,对壳体拉伤的部位用1000号细砂纸进行修复处理。安装完毕后用诊断仪清除故障码,上路行驶时,升挡耸车的感觉没有了,现在车辆正常升挡,AT灯熄灭,故障解决 |
| 案例总结 | 通过该车故障的排除过程,可以发现该车故障的根本原因是过了质保期(3年或6万公里)后,没有及时保养,更换ATF工作液和油滤器,工作液变质,磨损下来的金属颗粒太多,金属微粒进入液压系统 |

11.1.5　离合器打滑烧毁（表 11-1-7）

表 11-1-7　离合器打滑烧毁

车辆信息	车型：2010 年款雪佛兰科鲁兹
	发动机：1.6 升
	变速器：6 挡手自一体
	行驶里程：120000 公里
故障现象	车辆自动变速器挂前进挡和倒挡都不走车
故障诊断与排除	①使用电脑诊断仪检测，没有故障码输出 ②检查变速器，没有漏油 ③检查变速器油液位，在自动变速器油温达到89℃时，拧开油位设置螺塞，检查自动变速器油量，结果排出了少量油液，说明油量足够，但是油的颜色发黑，内部有少量黑色颗粒，并且闻起来有明显煳味，说明有离合器烧损现象 ④连接油压表和 GDS+MDI 进行管路压力检查，将故障诊断仪上的压力读数和压力表上的读数进行对比，结果压力读数相差很大，当 GDS 上压力为 400kPa 时，油压表显示为 900kPa，当 GDS 上压力为 800kPa 时，油压表显示为 2000kPa ⑤拆检发现变速器内部有大量的黑色小颗粒，除离合器 C_{L-R} 没有烧损以外，其他的 4 个离合器均严重磨损，最严重的是离合器 C_{4-5-6}，内片上的摩擦材料已几乎磨完，金属外片也磨损严重，并过热发黑发蓝；离合器 C_{2-6} 金属外片上引圆周均布有 7 处过热发黑痕迹，内片上的摩擦材料的花纹已磨光并颜色发暗；离合器 C_{3-5-R} 和离合器 $C_{1-2-3-4}$ 内片上的摩擦材料的花纹都磨光了，并且颜色发暗 ⑥ GF6 自动变速器的 TCM 和阀体是一个总成，更换 TCM 及阀体总成、磨损的零部件后，进行 TCM 的维修编程和配置与设定，故障排除
案例总结	故障原因可能是阀体油压控制失效，导致油压异常，4 个离合器打滑烧损，导致无前进挡和倒挡

 自动变速器换挡冲击过大

 11.2.1　节气门拉线或节气门位置传感器调整不当

（1）车辆信息　　　· · ·

　　车型：2011 年款雪铁龙 C5。发动机：2.0 升。变速器：6 挡手自一体。行驶里程：80000 公里。

（2）故障现象

车辆起步后换挡杆从空挡或驻车挡位回入倒车挡位或前进挡时，汽车出现较大幅度振动，车辆行驶过程中变换挡位时也会产生冲击。

（3）故障诊断与排除

❶ 使用电脑诊断仪读取故障码，车辆没有输出故障码。

❷ 使用电脑诊断仪读取发动机转速数据流，急速 1100r/min，偏高；汽油机怠速转速为 700 ～ 1000r/min。

❸ 检查发动机空气滤清器，正常。

❹ 检查节气门上的积炭，比较严重，清除节气门的积炭（图 11-2-1）。

图 11-2-1　清洁节气门积炭前后对比

❺ 复原车辆，试车，故障解决，后期回访车主，故障未再出现。

（4）案例总结

发动机怠速高于标准值，则会造成起步挂挡时出现较大冲击，因为节气门的开度信号影响变速器的升降挡。

 ## 11.2.2　主油路油压太高

视频精讲

（1）车辆信息

车型：2011 年款雪铁龙世嘉。发动机：1.6 升。变速器：4 挡手自一体。行驶里程：80000 公里。

（2）故障现象

❶ 行驶中变速箱出现故障报警，Service 黄灯点亮，S 灯和雪花灯交替闪烁。起

步时冲击较大。

❷ 发动机转速升高时变速箱降在 3 挡不换挡，尤其是在高速行驶中突然出现车辆减速时发动机转速升高。

（3）故障诊断与排除

❶ 雪铁龙世嘉搭载 Al4 型 4 速手自一体变速箱，该变速箱后期故障问题较多，像本故障就是变速箱压力控制出现异常，尤其是主压力电磁阀损坏后压力调节异常，出现行驶中变速箱锁挡，这种故障最为常见。

❷ 根据故障码（图 11-2-2）可以得知，这是主压力电磁阀磨损后，实际油压和额定压力出现偏差造成的。怠速行驶，读取数据流，发现怠速挂挡时，实际压力值在 3.5 ～ 4.0 之间来回变化，而标准压力值应为 3.0，油压相差较大。

❸ 放出变速箱油，变速箱油特别黑。拆下变速箱阀体，更换主压力电磁阀，上方的两个大电磁阀一个是主压力电磁阀，一个是锁止电磁阀，更换主压力电磁阀（图 11-2-3）、锁止电磁阀即可解决故障。

图 11-2-2　雪铁龙世嘉故障码

图 11-2-3　更换主压力电磁阀

❹ 安装电磁阀后装复阀体及油底壳，加注雪铁龙专用自动变速箱油。试车查看数据流，怠速时挂入前进挡，实际油压值为 3.0，额定油压值在 2.95 ～ 3.05 之间，波动完全在正常范围内，高速试车及实时查看油压，实际油压和额定压力一直保持在一定范围内，故障解决。

（4）案例总结

只要到专业的自动变速箱维修厂家及时进行检修，通过更换电磁阀并检修线路，即可解决世嘉变速箱故障，及时检修可以有效避免变速箱意外损坏。

11.2.3 强制降挡开关损坏（表11-2-1）

表11-2-1　强制降挡开关损坏

车辆信息	车型：2011年款大众新宝来
	变速器：6挡手自一体
	行驶里程：95000公里
故障现象	当汽车以3挡或超速挡行驶时，突然将油门踏板踩到底，自动变速器不能立即降低一个挡位
故障诊断与排除	①新宝来09G自动变速箱不能强制降挡可能的原因 a.节气门位置传感器信号不一致 b.强制降挡开关损坏或安装不当 c.强制降挡电磁阀损坏或线路短路、断路 d.阀板中的强制降挡控制阀卡滞 ②检测方法 a.检查节气门位置传感器，正常 b.检查强制降挡开关，发现开关安装不正确 c.重新安装强制降挡开关后，试车，故障解决
案例总结	强制降挡开关检查方法：在将油门踏板踩到底时，强制降挡开关的触点应闭合；松开油门踏板时，强制降挡开关的触点应断开。如果将油门踏板踩到底时强制降挡开关触点没有闭合，可用手直接按动强制降挡开关。如果按下开关后触点闭合，说明开关安装不当，应重新调整；如果按下开关后触点仍不闭合，说明开关损坏，应予以更换

11.2.4 传感器故障（表11-2-2）

表11-2-2　传感器故障

车辆信息	车型：大众速腾
	发动机：1.4T
	变速器：DSG
	行驶里程：80000公里
故障现象	车辆起步时偶尔会出现加油发动机空转不走车的现象，起步时有时故障会出现，故障出现得没有规律，出现故障时仪表上的挡位指示灯全部变红且闪烁报警

续表

故障诊断 与排除	①根据 DSG 变速器的控制原理，离合器油路的切断一般由以下原因引起：电控系统直接性的电路故障被识别或触发保护切断功能；油温传感器在温度超过工作极限值时触发保护切断；离合器工作油压过高时由电子机械压力控制阀 N233（N371）与联合安全滑阀切断相应的动力传输组件。因无明确的故障码显示，电控元件或线路直接性的断路 / 短路原因导致故障的可能性首先可以排除 ②对于安全控制电磁阀 N233 和 N317 来说，它们是调节阀，各控制变速器机械部分的一半（变速器传动部分 1 和传动部分 2），当出现影响安全的故障或离合器工作压力过大时，允许安全阀迅速地切断各自控制的离合器。但值得注意的是，此两种状态下的油压切断一般情况下是针对传动部分 1 或传动部分 2 的其中一项，此时即使切断部分传动，也不会引起发动机类似于在 N 挡的空转失速状态，况且在很多实际情况下还会触发应急功能的激活，因此和本例的故障现象不太吻合 ③分析至此，故障重点在油温传感器的信号上。对 DSG 变速器而言，共有 3 个油温传感器：变速器油温传感器 G93 和控制单元温度传感器 G510 内置在变速器控制单元中，当油温超过 145℃时，电控系统会停止向离合器供油，使离合器处于断开位置；离合器温度传感器 G509（与离合器转速传感器一体）位于离合器壳体内，信号超差时也会触发变速器保护功能以切断离合器的供油 ④进一步对离合器安全控制电磁阀 N233 和 N317 的工作状态进行监控，数据显示其电控占空比控制符合换挡的工作特性需要，对比离合器 K1 和 K2 的实际工作油压，监控离合器油压控制阀 N215 和 N216 也能正常按正比例变化曲线对 K1 和 K2 分别进行适时的特性控制 ⑤综合以上测试，说明离合器 K1 和 K2 相关电磁阀控制的工作状态均未出现异常，尽管在测试期间未出现失速的故障（测试后读取 02-08-64 组 1 区仍显示为离合器切断动力传递数为 63 次，未再增加），但足以说明离合器温度传感器 G509 感应特性变化异常的事实，维修人员分析是 G509 温度感应电气元件工作特性不稳定引起的。因为 G509 的故障特征表现为信号失真，感应温度未超出极限值情况下，发动机控制单元不会存储 G509 信号失真的故障记忆，但是一旦超过保护切断界限，系统就会立即产生中断离合器电磁阀 N215 和 N216 的工作指令，从而切断变速器与发动机的动力传递，此时便会产生失速现象和仪表挡位显示异常闪烁现象，为监控便利的需要，系统对切断次数进行相应的计数和存储 ⑥更换离合器温度传感器 G509 后，反复路试，监控 3 个油温传感器数值基本趋向一致，至此故障彻底排除
案例总结	离合器温度传感器 G509 的电气性能失效属于过载保护的范畴，对离合器过载保护激活时，挡位会以 1Hz 频率交替变化显示；而对于油压过高或某些传感器或执行元件电路故障，挡位则表现为全亮持续显示，此时说明系统进入了应急模式或替代模式激活

11.3　自动变速器无锁止

11.3.1　变矩器中锁止离合器损坏

（1）车辆信息　　　　　• • •

车型：2011 年款丰田雅力士。发动机：1ZR。行驶里程：130000 公里。

（2）故障现象

发动机故障灯亮，车辆加速无力，油耗增加。

（3）故障诊断与排除

检测动力系统控制单元，发现故障码 P2757——变矩器锁止电磁阀 SLU 故障。观察故障出现时的冻结帧数据（表 11-3-1），发现 SLU 进入锁止状态后，涡轮的转速并没有与发动机转速保持一致，说明当时锁止离合器实际上并没有锁止。

表 11-3-1　冻结帧数据

定格数据

P2757 变矩器离合器压力控制电磁线圈控制电路故障或固定 OFF　　　　　　　　　・N/A= 不提供

参数	-3	-2	-1	0	1	单位
Vehicle Speed	72	74	74	74	74	km/h
Engine Speed	2065	2072	2075	2080	2290	r/min
SPD（NT）	1900	1950	1950	1950	1950	r/min
Lock Up	ON	ON	ON	OFF	OFF	
SLU Solenoid Status	ON	ON	ON	OFF	OFF	
A/T Oil Temperature 1	36.2	36.2	36.2	36.2	36.2	℃
Throttle Position	8.26	7.87	7.91	7.90	7.91	(°)

利用故障诊断仪的主动测试功能，当车速稳定在 80km/h 时令锁止离合器锁止。观察发现锁止指令发出后，如果稍微踩下加速踏板，则变速器锁止正常（图 11-3-1）；如果稳住加速踏板匀速行驶，则变矩器多次出现打滑（图 11-3-2）。

由于变速器的工作油压是根据发动机输出转矩控制的，所以试验结果表明锁止离合器打滑出现在某一油压临界点上，这样看来是离合器的摩擦系数有问题。

更换变矩器锁止离合器，故障排除。

（4）案例总结

灵活运用诊断仪的数据流、波形分析故障，能事半功倍。

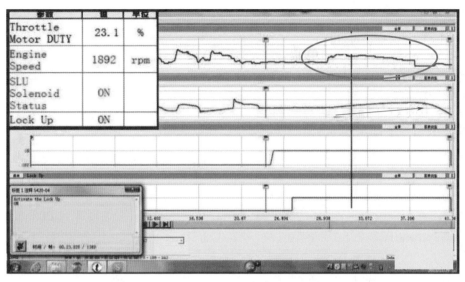

图 11-3-1　加速时变速器锁止正常

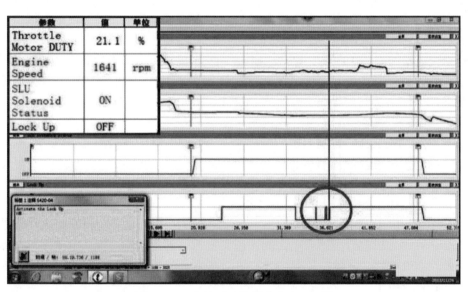

图 11-3-2　匀速时变矩器多次出现打滑

 11.3.2　锁止电磁阀故障

（1）车辆信息

车型：2004 年款大众宝来。变速器：4 挡。行驶里程：180000 公里。

（2）故障现象

车辆最高速度不能超 100km/h，行驶中无升挡和降挡感觉。

（3）故障诊断与排除

使用电脑诊断仪进入自动变速器控制单元查询故障码，储存有一个故障码。宝来轿车自动变速器控制单元 J217 的管理策略是，如果发生可造成自动变速器控制单元无法识别换挡时刻的传感器信号丢失或换挡电磁阀存储故障码时，自动变速器进入应急状态，将变速器固定在 3 挡行驶。

读取测量数据块，将选挡杆移入 D 位，车辆还未行驶，在速度为 0 时就已显示为 3 挡，而此时应显示为 1 挡才为正常。

该车在行驶中固定显示为 3 挡，无升挡和降挡显示，行驶速度升到 19km/h 时，仍为 3 挡，且 TCC 为 3 挡无锁止；行驶速度升到 32km/h 时，仍为 3 挡，TCC 为 3 挡无锁止。

根据自动变速器控制单元的管理策略，分析其他相关显示数据：004-1，显示值都是 0，表示所有电磁阀均为断电状态，只有 2 个起断电作用的电磁阀在起作用，这 2 个起断电作用的电磁阀可保留 3 挡；002-1、2，工作油压调节控制电磁阀通电，电流显示值均为 0，表示供给最大油压，此为 J217 采取应急措施的一部分；005-1，显示自动变速器油温为 108℃（正常为 60～80℃），也可造成不能升入高速挡，但可连续在低速挡范畴内升与降，且 TCC 锁止比例应增大，但此车无 TCC 锁止，更说明是进入了应急状态，非油温高造成的故障。因此，应首先解除应急状态，而后再考虑油温过高的问题。

按照 01M 连接阀板电路图（图 11-3-3）及诊断流程（图 11-3-4），对自动变速器电磁阀电路进行检测，测量结果为外部电路正常（T68-T10 间导通性良好）。拆下自动变速器的储油盘进行内部线路及电磁阀测量，电磁阀线圈电阻值正常，为 60Ω；进行外接电源测试，吸合声音良好。

对连接各电磁阀的排线进行测量，拆下电磁阀，按照电路图将欧姆表红笔分别触 T10 各针脚，黑笔分别触各电磁阀插座相应插孔进行测量。按照电路图对电磁阀排线做导通性检测，发现插接器到 N89 间导线断路。当摇晃密封胶块处的导线时，产生时通时断现象。

更换自动变速器电磁阀排线总成，进行路试验收测试，原故障码已经转为偶发故障码，清除故障码后不再重复出现，读取测量数据块，数据正常。

（4）案例总结

本案例故障现象是自动变速器进入 3 挡应急运行，经检查、分析，确定故障原因是电磁阀 N89 的正极与控制单元之间导线断路。阀体上的 7 个电磁阀与箱体插头采用印制电路（软塑料片上压入铜箔），由于振动、腐蚀、老化、过电流等原因，印制电路的铜箔会出现断裂。

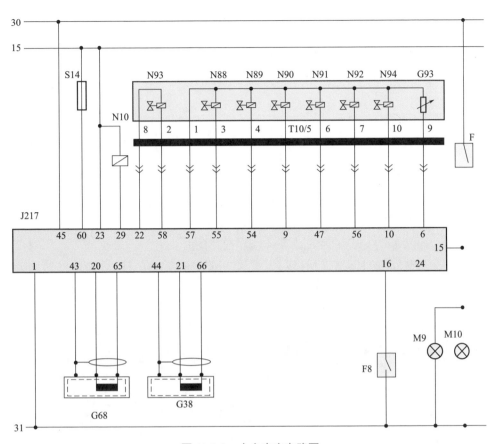

图 11-3-3　大众宝来电路图

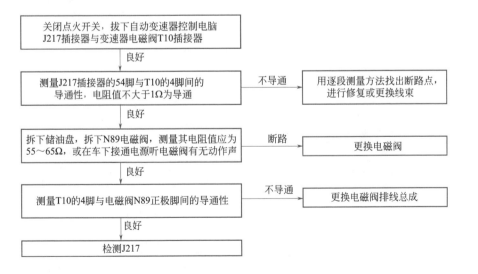

图 11-3-4　诊断流程图

11.3.3 锁止控制阀故障

（1）车辆信息 ....

车型：2009 年款北京现代伊兰特。变速器：F4A42。行驶里程：80000 公里。

（2）故障现象 ....

车辆行驶或爬坡之前起步困难，车辆也无法高速行驶，当从 P 挡换到 R 挡时会有换挡冲击，在行驶过程中感觉不到换挡。

（3）故障诊断与排除 ....

路试，故障车辆所表现出的现象与用户描述的基本一致。根据故障现象的表现程度，初步判断发动机的动力输出是正常的，故障应源自自动变速器的内部。维修人员连接 GDS 故障诊断仪，进入自动变速器控制单元，发现故障存储器中有 1 个故障码 P0765——换挡控制电磁阀 'D'。

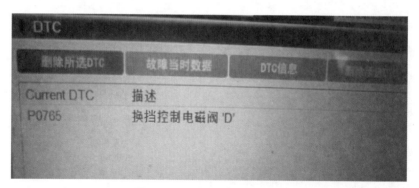

图 11-3-5　现代伊兰特故障码

该车型搭载的 F4A42 型 4 速自动变速器，是通过电磁阀改变离合器、制动器的组合，从而达到挡位的变换。自动变速器主要元件包括：低、倒挡制动器 LR；2 挡制动器 2ND；减速挡离合器 UD；超速挡离合器 OD；倒挡离合器 REV；单向离合器。超速挡离合器 OD 可使 3 挡和 4 挡同时锁死。

动力系统控制单元 / 自动变速器控制单元通过监测来自电磁阀驱动电路的反馈信号，检查低、倒挡控制信号，如果监测到异常信号，例如当预计为低压时，检测到高压信号；预计为高压时，检测到低压信号，此时自动变速器控制单元就会认为超速挡离合器 OD 的控制电磁阀发生故障。

使用 GDS 故障诊断仪清除故障码，但发现故障码无法清除。试车时读取自动变速器的数据流，发现自动变速器处于失效保护模式，自动变速器始终锁在 3 挡，也就是说只可以 3 挡起步、行车，并且不能换入更高的挡位。维修人员读取自动变速器输入轴传感器和输出轴传感器的数据，数据显示相同，由此表明，自动变速器不存在机械问题。

拔下自动变速器的插接器，该插接器共 10 个插脚，1 号、2 号和 8 号插脚为空脚；3 号插脚对应减速挡离合器 UD 电磁阀；4 号插脚对应 2 挡制动器 2ND 电磁阀；5 号插脚对应超速挡离合器 OD 电磁阀；6 号插脚对应低、倒挡制动器 LR 电磁阀；7 号插脚对应锁止离合器（TCC）电磁阀；9 号、10 号插脚对应自动变速器电源。维修人员用万用表检测 9 号、10 号插脚，检测结果为 12V，这种结果表明自动变速器的供电线路是正常的，排除了供电线路存在故障的可能性。

由于该自动变速器 D 挡的超速挡离合器 OD 电磁阀位于自动变速器的油底壳内，必须拆下自动变速器的油底壳才能看到。使用 GDS 故障诊断仪执行 D 挡的超速挡离合器 OD 电磁阀执行器测试功能，在测试过程中并没有听到 D 挡的超速挡离合器 OD 电磁阀有工作的声音，而测试其他几个电磁阀时，都能听到相应电磁阀工作的声音。

这时只能将 D 挡的超速挡离合器 OD 电磁阀拆下，并用万用表测量该电磁阀的阻值，发现其阻值为无穷大，而其他几个电磁阀则都在 3.2Ω 左右，这几个电磁阀的正常阻值应为 2.7 ～ 3.4Ω。至此，可以确认是由于 D 挡的超速挡离合器 OD 电磁阀损坏引起的以上故障现象。

对损坏的 D 挡超速挡离合器 OD 电磁阀进行更换，将自动变速器进行匹配后试车，故障排除。

（4）案例总结

车辆行驶或爬坡之前起步困难，车辆也无法高速行驶，当从 P 挡换到 R 挡时会有换挡冲击，在行驶过程中感觉不到换挡。

11.4　自动变速器异响

11.4.1　油泵故障（表 11-4-1）

表 11-4-1　油泵故障

车辆信息	车型：别克君越
	变速器：自动变速器
	行驶里程：180000 公里
故障现象	变速器噪声大，有"嗡嗡"的响声从左边的半轴处传出来

续表

故障诊断与排除	进一步确认响声的来源，声音在整个变速器侧盖处都可以听到，在左半轴侧盖处比较明显，后来发现在挡位开关轴上位置更明显；同时发现声音不但在行驶中有，在急速 P 位时也有，响声随着发动机转速的增加而增大 根据检测分析判断，在 P 位时声音就可以听出来，可以先不考虑其他挡位工作时的情况，先把故障范围缩小。在 P 位时变速器通过轴带动油泵工作，只要发动机运转，油泵就一直工作，其他部件是没有负载的运转，故障可能出在变速器油泵上 经过拆检后发现是油泵壳体上的滚针轴承发出来的噪声 故障排除：更换变速器油泵，装复后维修技师经过反复试车，响声没有再出现，证明故障已经排除
案例总结	变速器油泵在侧盖的前端内侧，通常响声是在哪个位置产生就在哪个位置明显，而此车却相反，是在后部听到，特别是在挡位开关位置，原因是跟声音的传播介质（途径）有关。前部侧盖没有与油泵阀体总成相连接，而后部有，特别是挡位开关轴的内端，通过换挡阀柱及连杆与油泵阀体连接，由于铁（固体）的传播性能比空气好，所以有上述的现象

 ### 11.4.2　锁止离合器故障

（1）车辆信息

车型：奔驰 E230。发动机：M111。变速器：722.6 型。行驶里程：109000 公里。

（2）故障现象

车辆每天开始使用时一切正常，但行驶几十公里之后就不正常了，底盘部位传来异响声。

（3）故障诊断与排除

进行路试，自动变速器很快锁挡，此时还能听到自动变速器的异响声。检查自动变速器油，没有碎屑和焦煳味。使用诊断仪对自动变速器系统进行自诊断（表 11-4-2）。

表 11-4-2　自诊断的内容

故障码	说　明
055	齿数比错误，目标齿轮工作不良
114	挡位选择间歇不合理
126	CAN 总线的海拔信号间歇异常
132	CAN 总线的发动机控制单元或发动机温度信号间歇异常
147	齿轮传动错误或变速器间歇打滑
151	齿数比错误，目标齿轮间歇工作不良

以上这些故障码与自动变速器齿轮传动或发动机控制单元通信有关。

清除故障码，进行路试，很快故障再现，而且发现此时只要关闭并重新启动发动机，自动变速器又能自动换挡，异响也会明显减小。重新查询故障信息，只有故障码 147。查阅维修资料，得知故障原因如下：自动变速器油位不正常、油底壳滤清器堵塞、自动变速器控制单元编码错误、后轴传动比错误、制动器 B2/B3 活塞损坏、主油压电磁阀 Y3/6yi 损坏、离合器 K3 性能不良、单向离合器 F1/F2 打滑等。相关部件都位于变速器内部，说明故障是机械问题造成的。

举起车辆，将变速器挂入 P 位，使用诊断仪读取数据流，目前挡位是 P 位，没有输出转速，而滑差转速为 6 ～ 11r/min，说明变速器内部的传动部件存在打滑问题。

为了弄清楚这个问题，将变速杆挂入 D 位，进行加速，自动变速器能够升入 4 挡，此时滑差转速没有明显增大。进行制动，踩住制动踏板，滑差转速升至 600r/min，这说明滑差转速指的是液力变矩器的涡轮转速与泵轮转速之间的差值。

拆下自动变速器的油底壳进行检查，油底壳中没有碎屑，油底壳滤清器没有阻塞。拆下液压阀体进行清洗，完成后装复自动变速器。

试车，突然感到车身强烈抖动，底盘传来尖锐的异响声，发动机熄火。重新启动车辆，一旦将变速杆挂入行驶挡位，车身就开始剧烈抖动，直至发动机熄火，估计是液力变矩器完全损坏了。拆下自动变速器总成，剥开液力变矩器，发现里面的锁止离合器片碎裂，造成涡轮卡死。

更换液力变矩器，故障彻底排除。

（4）案例总结

检查变速箱内部的异响，需要抽丝剥茧般的检查，由浅入深一步步排除，虽说工作量比较大，但可以减少返工的概率，提高维修的满意度。

 ## 11.4.3 行星齿轮机构故障（表 11-4-3）

表 11-4-3 行星齿轮机构故障

车辆信息	车型：2006 年款别克 GL8
	发动机：3.0 升
	变速器：4T65-E
	行驶里程：150000 公里
故障现象	车辆在低速行驶时一切正常，但当车速达到 80 公里 / 时后，发动机转速突然上升，而车速上升缓慢，有时汽车出现明显"发闯"现象，并且自动变速器内发出"嚓嚓"声响，车速降到 80 公里 / 时以下异响消失。汽车高速行驶时，发动机油耗明显增加

续表

故障诊断 与排除	首先检查自动变速器的油面高度和油质，正常 用诊断仪读取自动变速器的故障码，无故障码显示，说明自动变速器的电控部分没有问题 用油压表检测自动变速器的管路压力，经检测，换挡手柄在前进挡（D）时，主油路压力为1300kPa，符合要求。换挡手柄在倒挡（R）时，主油路压力为1650kPa，符合要求 对故障车进行路试试验，连接诊断仪检测自动变速器的数据流发现：该车由1挡换为2挡、2挡换为3挡时一切正常，当车速达到80km/h左右时，3挡换为4挡，此时出现前述故障现象。通过路试，初步判断该车故障应该在4挡机械部件上。于是对该车变速器进行拆检 在拆检自动变速器之前，对4T65-E型自动变速器的结构进行分析 4T65-E型自动变速器的行星齿轮采用辛普森Ⅱ型行星轮系，行星齿轮机构只有前后2个行星排，由10个换挡执行元件操纵：3个离合器、4个制动器（3个带式制动器、1个片式制动器）和3个单向离合器，构成具有4个前进挡和1个倒挡的行星齿轮变速器。前行星排星架与后行星排齿圈连成一体，而后行星架与前排齿圈连成一体，动力由前行星架或太阳轮输入，从后排星架输出。10个换挡执行元件是：2挡离合器C1、3挡离合器C2、输入离合器C3、4挡制动器B1、倒挡制动器B2、低挡制动器B3、前进挡制动器B4、3挡单向离合器F1、输入单向离合器F2、低挡单向离合器F3 分析可知：4挡时的工作元件为制动器（片式）B1，输入离合器C1。4挡工作时的动力传递路线为：发动机飞轮→液力变矩器→涡轮轴→主动链轮→主动链→从动链轮→2挡离合器C1→倒挡制动鼓→前行星架/后齿圈（实现前行星架/后齿圈的动力输入）；前太阳轮→4挡制动器B1→变速器壳体（实现前太阳轮固定）；前齿圈/后行星架→主减速器太阳轮轴→主减速器→差速器→半轴→车轮（实现前齿圈/后行星架的动力输出）。通过分析4挡的动力传递路线，再结合故障现象，此车1-3挡正常，这就说明输入离合器C1、C2、C3及制动器B4没有问题。故障很可能是由于制动器B1无法实现前太阳轮固定引起的。而引起前太阳轮不能固定的可能原因有：制动器B1制动摩擦片磨损打滑、4挡离合器毂/轴花键磨损、前太阳轮花键磨损。考虑到变速器内部有"嚓嚓"声响，怀疑4挡离合器毂/轴花键磨损或前太阳轮花键磨损可能性比较大 拆下自动变速器油底壳，取下制动器B1制动摩擦片和压盘，发现制动器B1制动摩擦片和压盘磨损正常。取下4挡离合器毂/轴，发现4挡离合器毂/轴上的花键严重磨损。再拆下前太阳轮，发现前太阳轮上面的花键有很多齿已经磨光了。更换1个4挡离合器毂、轴和前太阳轮，装复自动变速器，试车，故障彻底排除
案例总结	通过排除此例故障，在分析自动变速器故障原因时，结合自动变速器的传动路线和自动变速器执行元件工作表，会达到事半功倍的效果

 ## 11.4.4　导轮单向离合器故障（表11-4-4）

表11-4-4　导轮单向离合器故障

车辆信息	车型：2006年款雪铁龙富康
	发动机：1.6升
	变速器：4速
	行驶里程：190000公里
故障现象	汽车低速加速不良，中速后加速正常

续表

故障诊断与排除	汽车在50km/h以下时加速不良,速度上升非常缓慢,车速到50km/h以后动力恢复正常,加速良好。检查自动变速器油液颜色和气味,正常。最大的可能性是变矩器内支撑导轮的单向离合器打滑,使变矩器低速增加转矩变成低速降低转矩,车速到达50km/h后进入偶合工况,泵轮和涡轮转速基本一样,没有了残余能量,导轮不用再改变液流方向,于是汽车动力性和加速性恢复正常更换变矩器,故障解决
案例总结	熟悉自动速器的工作原理、结构可以快速、准确地找到故障位置

11.5　自动变速器油温传感器损坏

（1）车辆信息

车型：2006年款北京现代伊兰特。变速器：F4A42型4挡。行驶里程：230000公里。

（2）故障现象

车辆在低速行驶时，从P挡换到R挡会产生换挡冲击；而该车在中速或高速行驶时，则不会发生类似的故障现象。

（3）故障诊断与排除

初步判断发动机的动力输出是正常的，故障应源自自动变速器的内部或控制系统。

维修师傅连接GDS故障诊断仪，进入自动变速器控制单元，发现故障存储器中有1个故障码P0713——变速器液体温度传感器'A'线路信号电压高（图11-5-1）。

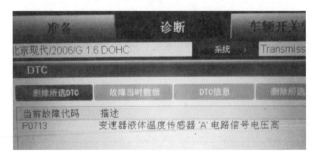

图 11-5-1　现代伊兰特故障码

F4A42型4挡自动变速器的油温传感器位于该自动变速器的阀体内部，该油温传感器采用的是一个电阻值随油温变化而变化的热敏电阻。自动变速器控制单元（TCM）向油温传感器提供5V的参考电压，油温传感器的输出电压在自动变速器油温变化时，也随之变化。自动变速器的油温信号是非常重要的参考数据，

这些数据用于自动变速器控制单元对液力变矩器的控制，也用于其他很多相关的方面。

当自动变速器油温传感器的输出电压高于热敏电阻的电阻生成值一段时间后，自动变速器控制单元就会设置故障码 P0713，并始终认为自动变速器的油温处在 80℃。

使用 GDS 故障诊断仪清除故障码，但发现故障码无法清除。

试车时读取自动变速器的数据流，发现自动变速器的油温始终显示为 80℃，而无论是热车还是冷车，自动变速器油温都显示为 80℃并保持不变。

用 GDS 故障诊断仪查看变速器油温传感器的波形曲线图，发现油温传感器的波形曲线为一条直线。根据路试的结果，判定自动变速器不存在机械方面的问题，故障应源自自动变速器的控制系统。

通过查阅伊兰特轿车的维修手册得知，该自动变速器控制单元插接器的 1 号脚为油温传感器的供电端，2 号脚为油温传感器的搭铁端。拔下自动变速器控制单元的插接器后，使用万用表测量自动变速器控制单元插接器 1 号脚的电压，万用表显示电压在 5V 左右，这符合维修手册中的规定，表明油温传感器的供电线路是正常的。

接下来对搭铁线路进行检查，用万用表测量自动变速器控制单元插接器 2 号脚的电阻，万用表显示电阻约为 0Ω，这也符合维修手册中的规定。至此，彻底排除了自动变速器油温传感器至自动变速器控制单元之间线路存在问题的可能性。

随后着手检查自动变速器油温传感器的相关线路，拔下自动变速器油温传感器的插接器，用万用表测量自动变速器油温传感器插接器 1 号脚和 2 号脚之间的电阻，相当于直接测量油温传感器内部热敏电阻的阻值，油温传感器内部热敏电阻的阻值应当随着自动变速器油温的变化而相应变化。而测量结果显示，无论车辆处于热车还是冷车状态，万用表显示的被测电阻值始终为无穷大，这违背了油温传感器内部热敏电阻的工作规律，也与维修手册中的数据严重不符。

至此，基本可以确定是由于自动变速器油温传感器损坏引起的以上故障现象。

拆下自动变速器的油底壳进行确认，并尝试拔下油温传感器，看是否能够清除故障码。当拔下油温传感器后，用 GDS 故障诊断仪执行清除故障码的操作，发现故障码可以被清除，并且不会再次出现。当重新插上油温传感器后，故障码重新出现，并且不能被清除。判断这是由于油温传感器内部损坏所造成的，由于该油温传感器无法修复，只能对其进行更换。对损坏的自动变速器油温传感器进行更换后，用 GDS 故障诊断仪对自动变速器油温传感器进行匹配后试车，故障排除。

（4）案例总结

识读电路图、熟悉传感器的结构和工作原理，检查电路故障时能起到重要的作用。

11.6 自动变速器控制单元故障

（1）车辆信息

车型：2006年款北京现代伊兰特。变速器：F4A42型4挡。行驶里程：230000公里。

（2）故障现象

发动机转速在3000r/min以上才换挡，换挡冲击大，仪表信息中心显示传动液过热。

（3）故障诊断与排除

用诊断仪读取故障码，有故障码P0218（变速器油温过热）、P0712（变速器油温传感器电路低电压）、P0700（变速器控制模块请求点亮故障指示灯）。油温过热后变速器模块为避免内部离合器片打滑，故而冻结换挡适配值。读取数据流，油温为145℃，电子扇在高速挡常转。

为分离故障，使用1根变速器新线束插上插头，诊断仪显示油温为108℃，而此时的环境温度才十几摄氏度，进一步用热水加热传感器，数值增高（图11-6-1和图11-6-2）。

外接新线束

图11-6-1　外接线束（现代伊兰特）

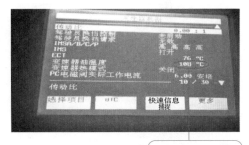

外接新线束油温数据

图11-6-2　现代伊兰特数据流

通过以上验证结果，分析认为：油温传感器是负温度系数电阻，即油温越高电阻越低，只有并联电阻才会造成总电阻小，线路故障大多数是氧化、虚接导致的高电阻；新线束上的油温传感器测量到的温度值在诊断仪上显示应接近于外界温度，而不应是诊断仪显示的108℃，怀疑TCM内部故障——零位漂移；模块到插头这一段线路电阻过大。对线路进行测量，没有发现异常，更换TCM后恢复正常。

（4）案例总结

采用了互换零部件的方法来分离故障，有助于快速锁定故障范围。除了换件外，如果没有线束可以互换，还可以断开变速器插头，用万用表来测油温传感器的实时电阻，与维修手册中进行比较，也可以快速判断是不是变速器内部线束的故障。

11.7　自动变速器插接器接触不良

（1）车辆信息

车型：2013 年款别克昂科雷。发动机：3.6 升。行驶里程：116496 公里。

（2）故障现象

车子停一晚上后无法启动，起动机也无法工作。

（3）故障诊断与排除

接上诊断电脑，对车辆进行全车扫描故障码，故障码如下。

❶ U0100-00——TCM（变速器控制模块）与发动机控制模块（ECM）失去通信。

❷ U0100-00——FPCM（燃油泵控制模块）丢失与 ECM/PCM 的通信。

从以上故障码得知，无法和发动机控制模块之间通信。再单独进发动控制模块系统，无法进入。

发动机控制模块无法通信，查供电以及 CAN 总线（图 11-7-1）。

图 11-7-1　别克昂科雷故障码

通过别克昂科雷 2013 年维修手册电路图，找到发动机控制模块电源部分，如图 11-7-2 所示。

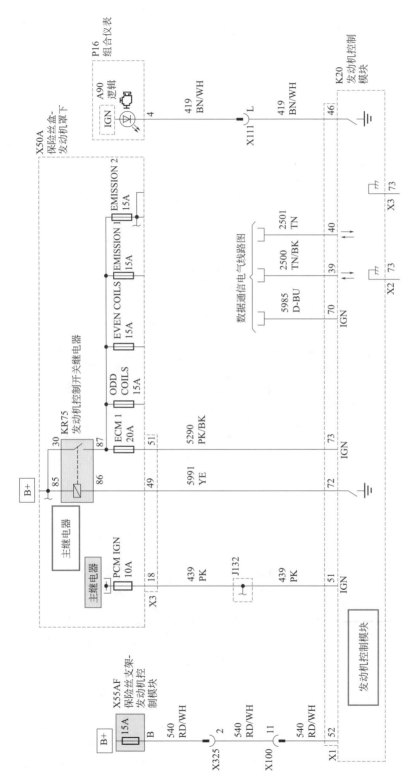

图 11-7-2 别克昂科雷电路图（一）

发动机控制模块 X1 插头 52 号针脚是发动机舱保险盒 15A 保险供电。

发动机控制模块 X1 插头 51 号针脚是发动机舱保险盒 10A 保险 IG1 供电。

发动机控制模块 X1 插头 73 号针脚是发动机舱保险盒主继电器→ 20A 保险供电。

发动机控制模块 X2 插头 73 号针脚是负极。

发动机控制模块 X3 插头 73 号针脚是负极。

发动机控制模块 X1 插头 39 号和 40 号针脚是 CAN 总线。

使用万用表和功率试灯测量发动机控制模块 X1 插头 52 号针脚电压，为 11.09V，且功率试灯能点亮（图 11-7-3）。

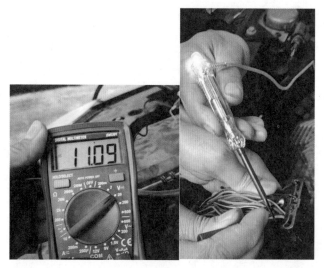

图 11-7-3　测量发动机控制模块 X1 插头 52 号针脚电压

测得电压只有 11.09V，怀疑是电瓶电压不够，测量电瓶电压也只有 11V。

使用万用表测量发动机控制模块 X1 插头 39 号和 40 号针脚 CAN 总线电压，为 1.96V 和 2.33V，这组 CAN 总线电压异常（图 11-7-4）。

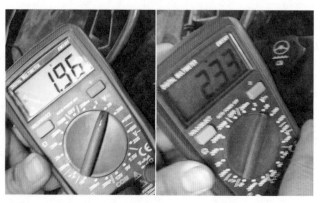

图 11-7-4　测量发动机控制模块 X1 插头 39 号和 40 号针脚 CAN 总线电压（异常）

再找到维修手册电路图（图 11-7-5）和 CAN 总线网络拓扑图，发现是变速箱控制模块串联过来的。

发动机控制模块 X1 插头 39 号针脚到自动变速箱控制模块 X1 插头 2 号针脚。

发动机控制模块 X1 插头 40 号针脚到自动变速箱控制模块 X1 插头 12 号针脚。

自动变速箱控制模块 X1 插头 5 号和 14 号针脚是 CAN 总线进入自动变速箱控制模块内部再串联到自动变速箱控制模块 X1 插头 2 号和 12 号针脚。

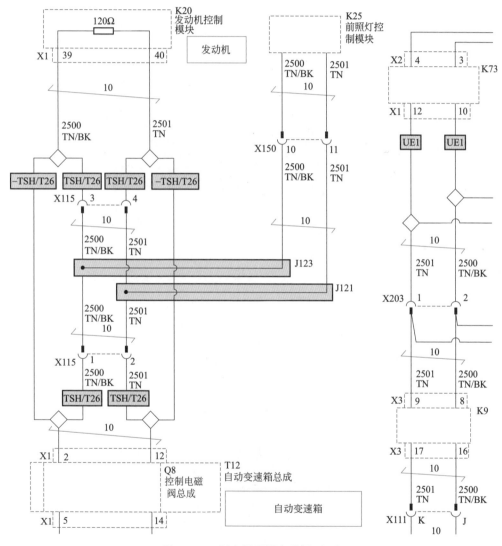

图 11-7-5　别克昂科雷电路图（二）

已知变速箱控制模块可以通信，问题就出现在变数箱模块 X1 插头 2 号和 12 号针脚出去的线路问题或者自动变速箱模块内部虚接。

　　拔下自动变速箱控制模块插头，先找到插头上 2 号和 12 号针脚，再插上自动变速箱控制模块，在插头后面使用万用表测量刚刚找到对应的自动变速箱控制模块 X1 插头 2 号和 12 号针脚电压，为 2.68V 和 2.40V，这里电压正常，可以排除（图 11-7-6）。

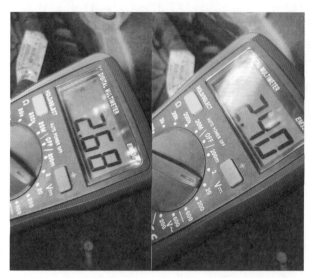

图 11-7-6　测量自动变速箱控制模块 X1 插头 2 号和 12 号针脚电压（正常）

　　怀疑自动变速箱控制模块 X1 插头 2 号针脚到发动机控制模块 X1 插头 39 号针脚之间的线路有问题，为了确定是不是线路的问题，再次到发动机控制模块 X1 插头 39 号和 40 号针脚测量 CAN 总线电压，电压为 2.31V 和 2.77V，电压居然正常了（图 11-7-7）。

图 11-7-7　测量发动机控制模块 X1 插头 39 号和 40 号针脚电压（正常）

现在把发动机控制模块插头全部插回去，全部复位，再用诊断电脑尝试是否能进入发动机系统。扫描全车系统（图 11-7-8），发动机控制模块可以进入系统了，再把点火线圈插回去。

图 11-7-8　扫描全车系统并读取故障码

全部复位后，启动车辆，发现蓄电池电压不足，但是启动马达可以工作了，说明这个故障已经解决了。更换蓄电池后成功启动车辆，把自动变速箱控制模块插头拔下来，处理一下插头针脚，以免后期再次出现该故障，试车，故障解决，交车给客户。

（4）案例总结

导致该车辆无法启动，发动机控制模块失去通信的故障，是由于变速箱控制模块 X1 插头 2 号和 12 号针脚虚接，无法和发动机控制模块之间通信。

第**12**章

手动变速器故障

视频精讲

12.1 手动变速器挡位故障

 12.1.1 手动变速器跳挡（表 12-1-1）

表 12-1-1　手动变速器跳挡

车辆 信息	车型：2008 年款别克凯越
	发动机：1.6 升
	行驶里程：250000 公里
故障 现象	车辆以 40km/h 的速度过减速带时，挡位会跳回空挡
故障 诊断 与排 除	车辆在不启动时，检查各个挡位的挂挡情况，正常 检查挂挡机构的间隙，正常 询问车主，在 200000 公里时，换过离合器，但这个不会影响跳挡 路试，不管在 2 挡还是 3 挡、4 挡都出现跳挡，此时发现换挡杆手把是金属的，原车是橡胶的，怀疑是金属太重，在振动时金属把手带着挡位回到了空挡；把金属把手拆了再试，故障不再出现 将换挡杆换回原车的橡胶把手，故障解决
案例总结	本故障是由于金属的把手比较重，车辆在经过减速带时车内振动较大，换挡杆左右摆动，最终由于重力的关系跳回到空挡

12.1.2 手动变速器挂挡困难

（1）车辆信息 ····

　　车型：众泰大迈 X5。发动机：1.6 升。变速器：5 挡。行驶里程：6000 公里。

（2）故障现象 ····

　　不管车辆在熄火状态，还是行驶状态，都不好挂挡。

（3）故障诊断与排除 ····

　　❶ 只有 1 挡在不着车的时候难挂，测试其他挡位正常，更换换挡手柄，故障不能排除。

　　❷ 测试过程中发现当换挡杆用力向左拉，再推 1 挡就容易挂入。

　　❸ 查看用力向左拉挡杆和正常向左拨挡杆两拉线状态，发现左侧这根选挡拉线伸缩距离不一样，右侧的挂挡拉线变化不大。

　　❹ 取下选挡拉线，将限位卡子取出后，向拉线伸长方向退出约 4 个齿位，固定好装复验证，此时挂 1 挡平顺，各个挡位挂挡正常（图 12-1-1）。

（4）案例总结 ····

　　挡位拉线调整可以解决部分手动挡变速器难挂挡故障，在实际操作过程中要灵活处理，两根拉线都可调整。

图 12-1-1 调整选挡线

 **手动变速器异响**

 12.2.1 齿轮异响

（1）车辆信息 ···

　　车型：大众速腾。发动机：1.4T。变速器：5 挡。行驶里程：56000 公里。

（2）故障现象

车辆行驶过程中换 3 挡时变速箱异响。

（3）故障诊断与排除

车辆装配 MQ250 手动变速箱，试车发现，车辆在怠速运转时或行驶过程中，踩下离合器踏板，挂 3 挡时变速箱都有打齿声音，操作其他挡位都正常。因为只有在挂 3 挡时有打齿声，其他挡位都正常，可以说明离合器操纵机构、离合器分离装置和离合器本身都没有问题。检查车辆换挡操纵机构零部件，正常；调整换挡操纵机构，故障依旧，故障原因可能是在变速箱内部。

分解变速箱，检查选挡拨叉机构，正常。分解输出轴，将 3 挡和 4 挡换挡齿轮、3 挡和 4 挡同步器一起从输出轴压出，发现 3 挡同步环和 3 挡换挡齿轮间隙过小，挨到一起，正常情况下轴向有一定间隙（图 12-2-1）。

故障件"间隙过小"　　　　正常备件"有细小缝隙"

图 12-2-1　检查 3 挡和 4 挡同步器

进一步检查发现 3 挡同步环和 3 挡换挡齿轮都有不正常磨损（图 12-2-2）。

不正常磨损痕迹　　　　接触面磨损不一样，下侧已损坏

图 12-2-2　检查 3 挡同步环和 3 挡换挡齿轮

检查 3 挡同步器滑套：图 12-2-3（a）是 3 挡同步器滑套内尖齿磨损状况，滑套内尖齿已磨秃；图 12-2-3（b）是没有磨损的正常备件滑套内齿（图 12-2-3）。

(a) 滑套内齿尖磨损　　　　　(b) 正常滑套内齿尖状况

图 12-2-3　检查 3 挡同步器滑套

更换 3 挡和 4 挡同步器、3 挡同步环、3 挡换挡齿轮，并用塞尺测量 3 挡换挡齿轮和 3 挡同步环的间隙，是 1.4mm（图 12-2-4）。

图 12-2-4　更换 3 挡和 4 挡同步器、3 挡同步环、3 挡换挡齿轮

安装好变速箱试车，故障排除。

（4）案例总结　　　　　　　　　　　　　　　　　　　　　　　　　　• • •

3 挡同步环磨损导致车辆换三挡时变速箱异响。

检查同步环和换挡齿轮时要注意以下两点。

❶ 检查同步环齿尖角度是否发生改变或磨成凸形、内摩擦面是否有磨损，如果同步环有涂层，涂层也不得磨损。如果发生上述情况，应予以更换。

❷ 将同步环压到换挡齿轮锥面上，检查同步环和换挡齿轮之间是否转动灵活，并用塞尺测量缝隙大小。

 ## 12.2.2　轴承响（表 12-2-1）

表 12-2-1　轴承响

车辆信息	车型：2012 年款北京现代悦动
	发动机：1.6 升
	行驶里程：66000 公里
	变速器：5 挡

续表

故障现象	发动机舱出现"啾啾"声，轻踩离合器或者将脚放在离合器踏板上声音消失
故障诊断与排除	①车辆启动后，变速器与发动机中间位置传出异响 ②维修技师踩下离合器踏板，异响消失；抬起离合器，异响出现 ③初步判断为离合器分离轴承异响 ④拆下变速器，用手转动分离轴承，轴承有"沙沙沙"的声音，不正常；分离轴承存在异常磨损 ⑤更换离合器压盘、摩擦片、分离轴承 ⑥装车复原，试车，故障解决
案例总结	分离轴承的异响比较常见，区分发动机与变速器的异响，就能快速找到故障位置

 **12.3 手动变速器漏油（表 12-3-1）**

表 12-3-1 传动轴油封漏油

车辆信息	车型：2008 年款雪铁龙世嘉	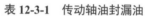 视频精讲
	发动机：1.6 升	
	行驶里程：166000 公里	
	变速器：5 挡	
故障现象	早晨开车离开停车位时，地上有油迹	
故障诊断与排除	检查发动机机油液位，正常，并且没有漏油的地方 检查发动机舱各油液，正常，没有泄漏的迹象 举升车辆，发现下护板上全是油液，拆下护板，变速器下方也全是油液，无法判断漏油的位置 将油迹清洁干净，然后让客户使用一周后再来检查 一周后，客户到店检查，发现变速器左右两侧传动轴油封漏油 更换左右两侧传动轴油封，故障解决	
案例总结	检查漏油的位置需谨慎，有可能是 2 个或多个位置同时漏油	

12.4　离合器故障

 12.4.1　离合器打滑（表 12-4-1）

视频精讲

表 12-4-1　离合器打滑

车辆信息	车型：大众速腾
	发动机：2.0 升
	行驶里程：86000 公里
	变速器：5 挡
故障现象	当转速到达 3000r/min 时 5 挡车速仅能达到 45km/h
故障诊断与排除	离合器打滑的检验方法：手动使车辆处于完全制动状态，踩下离合器踏板，然后在 1 挡发动，再放开离合器踏板，发动机还在正常运行 检查分析：此时如果发动机能够熄火，说明离合器无故障；反之，离合器有打滑，需拆卸、检查离合器 试车确定离合器打滑，同时能闻到离合器打滑的烟味。更换离合器片、压盘后行驶了两天，高速时离合器又出现打滑现象 对造成离合器打滑的原因通常从两个方面分析 ①离合器无自由行程。分离机构顶死分离指，造成离合器分离指没有回位空间，压盘压紧力降低，离合器传递转矩变小，严重时不能传递转矩，造成离合器打滑 ②驾驶员操作问题。行驶中没有完全放开离合器踏板，过多使用半脚合状态，超载运行，爬陡坡，使离合器磨损严重 造成离合器打滑的具体原因有以下几个方面 ①从动盘摩擦片磨损过度或铆钉外露，摩擦片粘油、炭化、烧损、破损 ②离合器压盘弹簧过软或折断，膜片弹簧破损，压盘工作端面磨损超过 0.3mm、变形，安装螺钉松动，分离指端跳超过 1mm ③离合器踏板自由行程过小 ④飞轮工作面磨损大，超过 0.5mm ⑤分离拨叉或分离轴承无游动余量 ⑥离合器总泵回油孔堵塞 ⑦离合器分泵不回位 上述的①、②、④点经检查确认正常 检查离合器踏板自由行程太小，同时将离合器踏板踩到底再松到很高程度才能起步。拆下离合器分泵，轻轻按压离合器分泵的推杆，能按压到底，并能回位。轻踩离合器踏板，分泵推杆能伸出；放松离合器踏板，分泵推杆能回位。这与新车对比相同，大致判定离合液压系统正常 检查分离拨叉：用手晃动分离拨叉，发现拨叉没有游动余量，同时拨叉烫手，不能回位。分离拨叉为什么没有一定的间隙？带着这个疑问，通过仔细检查，发现固定换挡支架的固定螺栓拧入变速器壳体过多，正好挡住分离拨叉，致使分离拨叉不能回位，这是造成离合器打滑的根本原因 通过与新车对比，发现固定支架橡胶内应有一个铁套，所修的车没有铁套，造成螺栓拧入过多 装上相同规格的铁套，故障排除
案例总结	离合器打滑是很常见的故障，可分为正常使用磨损和异常磨损；在维修工作中，要找到真正引起故障的原因，才能对症下药，解决故障

12.4.2　离合器分离不彻底（表12-4-2）

表12-4-2　离合器分离不彻底

车辆信息	车型：雪铁龙爱丽舍三厢
	发动机：1.6升
	变速器：5挡
	行驶里程：126000公里
故障现象	当踩下离合器踏板到底时，离合器处于半接合状态，其从动盘此时没有完全与主动盘分离，换挡困难；在车辆挂低速挡时，离合器踏板尚未完全放松，而汽车就有起步或发动机产生熄火的现象
故障诊断与排除	先将换挡杆拨到空挡位置，让发动机高速运转，再踩下离合器踏板，将变速器挂入倒挡或者1挡时，看是否能平稳接合。发现各齿轮不能平稳接合，表明其工作状态不佳。同时发现变速器存在换挡困难并伴有齿轮撞击声，强行挂入前进挡位后汽车突然前冲，发动机熄火。离合器分离不彻底的根本原因是离合器踏板踩到底时，其压板远离从动盘的移动量过小或离合器从动件变形导致压板与摩擦片有所接触而不能分离 检查离合器踏板行程是否过小，无异常 将离合器从动盘拆下，目视观察从动盘是否有翘曲，铆钉是否有松脱，摩擦衬片是否存在松动情况，无异常 检查离合器压盘，拆下目视检查是否存在受热和受较大外力变形翘曲的情况，没有发现异常现象 检查离合器操纵机构中拉索端头紧固螺栓是否松动或紧固螺栓失效，用工具将拉索端头螺栓加以紧固，并更换一个新的紧固螺栓，而后进行离合器分离和接合的操作试验，结果故障依然存在 检查离合器操纵拉索机构是否存在发卡情况，发现离合器踏板根本踩不到底，于是将离合器操纵拉索拆开，在其钢索外表面涂抹专用牌号的锂基润滑脂，让其能够完全运动自如，最后进行离合器分离和接合的操作，这时发现离合器分离不彻底的故障已经完全消失
案例总结	车辆产生离合器分离不彻底故障的根本原因在于控制离合器工作的拉索机构由于长时间使用后内部润滑不良，造成发卡，这时离合器踏板根本踩不到底

12.4.3　起步发抖（表12-4-3）

表12-4-3　起步发抖

车辆信息	车型：夏利
	变速器：4挡
	行驶里程：190000公里

续表

故障现象	车辆起步发抖，如果离合器与油门配合不好，有时还熄火
故障诊断 与排除	车辆滑行终了再次加挡松离合的瞬间，能听到分离轴承较明显的响声。看来离合器真有问题，需要检修。征得用户的同意后决定拆检离合器总成 　　经拆检发现，分离轴承已失效，需更换新件 　　测量离合器摩擦片的端面跳动量为 0.15mm（在距摩擦片边缘 2.5mm 处测量，极限值为 0.4mm），在正常范围内 　　用深度游标卡尺检查离合器摩擦片的磨损程度，个别铆钉头埋入深度小于 0.2mm，需更换 　　测量压盘端面的平面度（用刀口尺与塞尺测量）为 0.06mm，不超标（0.10mm） 　　检查膜片弹簧（既是压紧弹簧又是分离杠杆）的磨损程度，正常 　　检查并测量飞轮的工作端面，也正常 　　至此，陷入困惑中。按照测量数值，起步时离合器不应发抖这么严重 　　更换了新的离合器摩擦片、分离轴承及离合器拉线，装车后试车，故障未出现 　　将车辆暂时交给用户，让用户跑几天再看看。过了三四天，用户反映，故障彻底排除
案例总结	使用测量零件的方法，判断零件是否有损坏，需要学习掌握更多的理论知识

视频精讲

第**13**章

汽车转向行驶与制动故障

 13.1 转向沉重

13.1.1 转向沉重故障一（表 13-1-1）

表 13-1-1 转向沉重故障一

车辆信息	车型：2010 年款丰田 RAV4
	发动机：2.4 升
	行驶里程：100000 公里
故障现象	车辆转向沉重
故障诊断与排除	接车后，维修技师首先确认故障现象，发现在发动机运行状态下，仪表盘上的 P/S（转向助力）警告灯、安全气囊警告灯、ABS（防抱死制动）警告灯、驻车制动警告灯均点亮。连接丰田故障检测 GTS，发现 GTS 无法与车辆建立通信。根据上述故障现象的特点，维修技师怀疑该车 CAN 通信总线存在短路故障。为了验证判断是否正确，断开蓄电池负极电缆，用万用表测量 DLC3（OBD-"诊断连接器"）的端子 6（CAN H）和端子 14（CAN L）之间的电阻，为 0Ω，而维修手册提示 CAN 通信总线 CAN H 与 CAN L 之间的标准电阻应为 54～69Ω，电阻值小于 54Ω 说明 CAN 总线 CAN H 与 CAN L 之间存在短路

续表

故障诊断与排除	于是决定测量 CAN 通信总线的波形进行验证，连接好蓄电池负极电缆，把双通道示波器正极表棒分别连接 DLC3 诊断连接器的端子 6（CAN H）和端子 14（CAN L）上，负极表棒搭铁。启动发动机，观察示波器显示的 CAN 通信总线故障波形，由此可以确认 CAN 通信总线 CAN H 与 CAN L 之间的确存在短路故障。但要找到具体的短路故障点，还要根据该车 CAN 通信总线系统的组成特点，对主、分支链路进行测量 根据 RAV4 运动型功能车 CAN 通信总线电路，首先断开安装在驾驶室内左前围侧仪表板下方的导线连接器 E75，使 CAN 通信总线主链路上的 ECU 和分支链路断开，分别测量导线连接器 E75 连接器插座（带线束）一侧的端子 1 与 12、端子 2 与 13、端子 3 与 14、端子 4 与 15、端子 5 与 16、端子 6 与 17、端子 7 与 18、端子 8 与 19 之间的电阻，结果发现端子 5 与 16 之间的电阻为 0Ω，而导线连接器 E75 的端子 5 和 16 又通过导线连接器 EK1 的端子 16 和 15 与横摆率传感器的端子 3 和 2 相连接，于是断开安装在驾驶室内左前围侧 A 柱下方的导线连接器 EK1，发现导线连接器 EK1 的端子 16、15 和 8 有进水腐蚀的痕迹，至此故障点找到，是导线连接器 EK1 端子 16 和端子 15 进水受潮，造成 CAN 通信总线 CAN H 与 CAN L 线路之间短路 于是对该车进行模拟淋雨试验，发现车辆天窗的落水管堵塞，水从天窗沿 A 柱流入到导线连接器 EK1 内，从而造成导线连接器 EK1 端子受潮腐蚀 疏通天窗落水管，并对导线连接器 EK1 的端子 16、15 和 8 进行清洁处理，重新连接好导线连接器 EK1 和 E75，再次测量 DLC3 诊断连接器的端子 6（CAN H）和 14（CAN L）之间电阻，为 59Ω，正常；连接 GTS，将点火开关置于 ON 位，清除故障码后启动发动机试车，转向助力恢复正常，仪表板上故障警告灯熄灭
案例总结	当代汽车大多已采用电动助力转向系统代替液压助力转向系统。电动转向 ECU 根据车速传感器、转向角传感器、电动转向电动机上的转矩传感器和车辆横摆率传感器的信号来计算确定电动转向助力的方向及大小，而这些采集到的传感器信号都以报文形式通过 CAN 通信总线来进行实时的数据传输，提供给相关系统共享

13.1.2　转向沉重故障二（表 13-1-2）

表 13-1-2　转向沉重故障二

车辆信息	车型：本田雅阁
	发动机：2.4 升
	行驶里程：120000 公里
故障现象	车辆在上次维修之后，转向发飘，在向左转动转向盘的时候感觉异常沉重费力
故障诊断与排除	根据维修经验，由此推断可能出现此故障的原因是：转向油泵压力异常、球头销装配润滑状况异常 知道具体原因之后，维修人员进行逐个排查，同时确认系统内无空气之后，如果是缺油或皮带打滑，转向助力泵皆不能正常工作，从而没有助力，不过也有可能是油中混有气体，由于气体具有可压缩性而起不到助力作用。在加满油后，更换了调整皮带，又进行检测，但检测结果显示为正常，说明故障不在此 接着检查转向油泵的压力，在压力控制阀和截流阀全开的情况下测量怠速时的静态油压应小于等于 1500kPa，否则，应检查动力转向器与动力转向油泵之间的进油和回油管路是否堵塞、老化或变形。若没问题，则说明转向器转阀有故障，经检查结果也属正常。随后检测动力转向油泵的压力也正常，则在压力控制阀和节流阀全闭的情况下，测量怠速时的油泵卸荷压力，应为 7200～7800kPa。若压力过低，则检查流量控制阀与油泵总成是否正常，结果未发现异常 最后在检查各球头销装配润滑状况时发现，球头销调整得很紧，也看不见润滑迹象，由此判断此为故障点，维修人员按照工艺要求，拆卸装配之后进行润滑，然后试车，发现转向变得灵活，至此故障排除
案例总结	检修故障的思路非常重要，首先要确定产生故障的范围，然后再逐一排查

13.2 无转向助力

13.2.1 无转向助力故障一

表 13-2-1 无转向助力故障一

车辆信息	车型：2012 年款奥迪 A6
	行驶里程：68000 公里
故障现象	车辆转向盘打不动，仪表显示"请勿驾驶车辆：转向存在故障"
故障诊断与排除	用电脑检测 44 动力转向装置，有故障码，内容为电动机机械动力转向电动机电气故障，引导性故障导航直接提示需更换动力转向控制单元 J500
	检查 J500 供电，电压正常，接地正常。拆下试乘试驾车的 J500，装在故障车上，故障排除 J500 不能单独更换，则更换整个方向机
案例总结	善用检测设备，可以更快排除故障

13.2.2 无转向助力故障二

（1）车辆信息

车型：2015 年款宝马 X3。发动机：N20B20A。行驶里程：98000 公里。

（2）故障现象

仪表上侧滑灯和方向盘灯点亮（图 13-2-1），无转向助力。

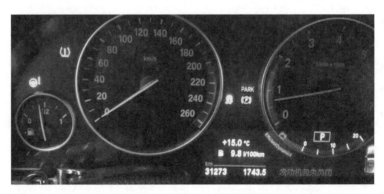

图 13-2-1 宝马 X3 仪表故障灯

（3）故障诊断与排除

使用故障诊断仪读取故障码（图 13-2-2）。

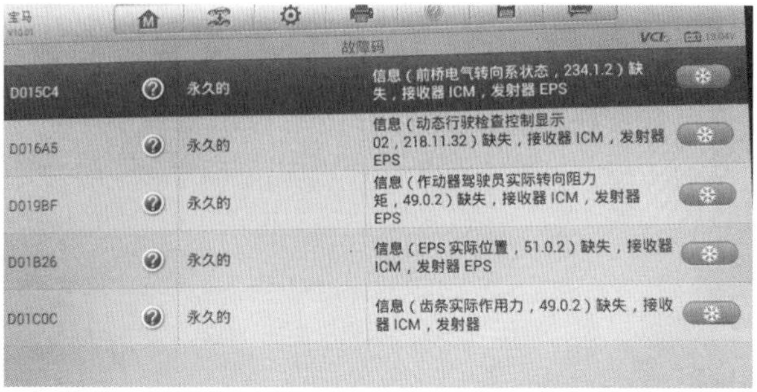

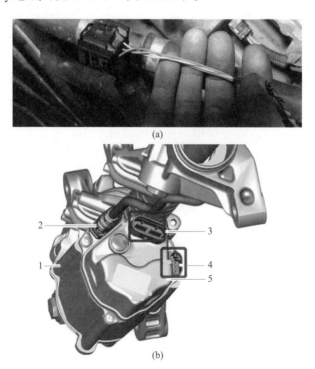

图 13-2-2 宝马 X3 故障码

打开点火开关，使用功率试灯串在 3 号电源插头的 2 根粗线上，功率试灯可以点亮，说明 EPS 的常电源和搭铁正常。

拔掉 4 号车载网络插头，看到这个插头只有 3 根线，绿 / 红线为 15 号电源，其他两根为 FlexRay 总线（图 13-2-3 ～图 13-2-5）。

(a)

(b)

图 13-2-3 EPS 插接器

1—带伺服电机的 EPS 装置；2—转向阻力矩传感器的 6 芯插头连接（使用 2 个线脚 PIN）；3—2 芯
电源插头连接；4—6 芯车载网络插头连接；5—EPS 控制单元

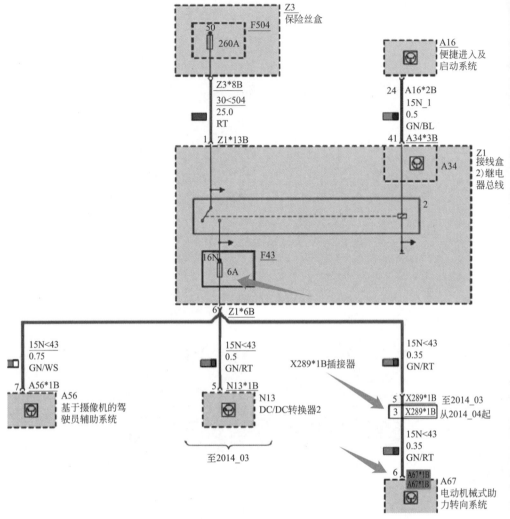

图 13-2-4　宝马 X3 电路图

　　使用万用表对地测量这 3 根线，都没有电压。15 号电源由副驾驶侧的接线盒上的 F43 保险丝供电，使用功率试灯测量 F43 保险丝两端都有电。怀疑线路中间的 X289*1B 插接器故障（图 13-2-6）。

　　找到该插头，检查，未发现损坏，插接器处也没有电，顺着线往上找，看到了一些老鼠粪便，在刹车分泵下面看到一根线露在外面，剥开线束后发现有 5 根线被老鼠咬断。

　　恢复好被咬断的线束，故障排除。

（4）案例总结

　　善于借助维修资料，能快速检查可疑的部位，提高工作效率。

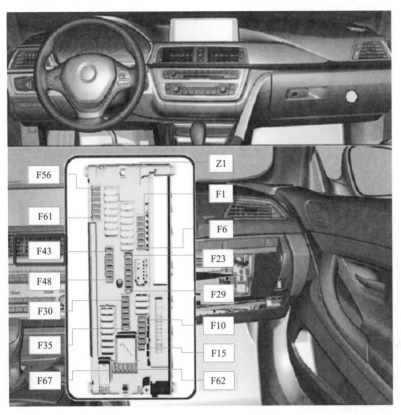

图 13-2-5　宝马 X3 保险丝

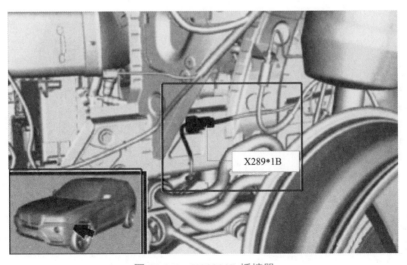

图 13-2-6　X289*1B 插接器

转向行驶系统异响

 13.3.1 转向泵及系统异响（表13-3-1）

表13-3-1 转向泵及系统异响

车辆信息	车型：2016 年款斯巴鲁新傲虎
	发动机：2.5 升
	行驶里程：24000 公里
故障现象	车辆打方向有"咕噜、咕噜"的异响
故障诊断与排除	在进行检查之前，技师先根据车辆的部件构成和维修经验，整理了思路，能引起打方向异响所涉及问题大致如下 ①减振器、平面轴承、弹簧及底座等 ②下托臂球头 ③平衡杆连杆 ④转向柱内部 ⑤元宝梁等相关的底盘件互相干涉所产生的共振 ⑥方向机 视频精讲 首先拆下方向机的左右横拉杆球头，同时发动车辆并左右打方向盘，"咕噜咕噜"的异响声没有任何改变，依然存在。这样的操作可以基本排除减振器、平面轴承、弹簧及底座发生异响的嫌疑 拆下平衡杆连杆以及下托臂球头，同样左右打方向盘，"咕噜咕噜"的声音依然没有改变，进一步排除了嫌疑部件 再对元宝梁等其他的底盘相关部件进行检查，相关的紧固螺栓重新松开后按规定扭矩复位，排除干涉振动的问题 实查到现在为止，基本可以确定异响范围，就剩下方向机了，无非是需要通过正确的方法取得实证而已 简单的操作就是先固定转向盘，然后拆下十字万向节，脱开与转向盘的连接，以转动车轮的方式逆查方向机。果然，车轮旋转带动方向机的运动部位有"咕噜、咕噜"的响声发出，此时确认无疑声音就是来方向机 随后更换方向机总成，打方向异响消失，故障排除
案例总结	检查车辆异响看似简单，但要准确判断还真不容易，相信许多维修技师都有体会。事实上许多异响会通过车身的金属结构传递，给判断声音部位造成极大的迷惑，甚至会误导维修技师的听觉 所以，首先要确立异响大致发生的部位，尽量缩小故障部位，再分析故障发生的可能原因以及相关的部件，然后依次进行排查

13.3.2 底盘异响（表 13-3-2）

表 13-3-2 底盘异响

车辆信息	车型：2014 年款大众迈腾
	发动机：2.0 升
	行驶里程：68000 公里
故障现象	车辆在平路行驶时左前轮附近发出"咔塔、咔塔"异响，时有时无
故障诊断与排除	正常路面试车，开始正常，没有异响。行驶了 2km 异响出现，在驾驶室内感觉声音是从左前轮、左前传动轴、变速器、差速器这几个部件附近传出的 　　举升车辆，检查两前轮轮胎，无异物，底盘无碰撞痕迹。检查副车架、控制臂等螺栓力矩，无松动。对比检查左右前轮间隙、左右传动轴间隙，均正常。左侧传动轴内侧防尘套有泄漏的迹象 　　变速器挂 N 挡，用手转动左前轮，反复多次转动后，在转动的过程中发现左侧传动轴会发出异响。进一步确定异响声是由传动轴与变速器连接侧的内球笼发出的，传动轴与车轮连接的外球笼无异响。检查转动右前轮，正常 　　拆下左侧传动轴，转动和摇动内、外球笼；外侧球笼正常；内侧球笼内部有响声，感觉就像内部没有润滑脂，防尘套有损坏，润滑脂有泄漏。拆开传动轴内球笼上盖，发现内球笼内部没有润滑脂，由于干磨产生了异响 　　更换左前传动轴总成，故障解决
案例总结	本案例是典型的底盘异响问题，经检查确定发出异响的具体部位是传动轴内侧球笼，检查球笼的防尘套密封，有泄漏。再进一步拆检，发现内球笼内部没有润滑脂，由于干磨产生异响

 13.3.3 轮毂轴承异响（表 13-3-3）

表 13-3-3 轮毂轴承异响

车辆信息	车型：2009 年款大众新宝来
	行驶里程：100000 公里
故障现象	车辆向右打转向盘倒车时发出"嘎嘣"异响，车外监听声音发自车前部左侧，早上出车时发生频繁
故障诊断与排除	根据故障现象，分析为左侧轮轴输出力矩时，车轮轴承间隙受力发出异响。汽车原地静止或直线行驶，车轮轴承受力比较简单。向右转向接近最大转向角，转向主销旋转，车轮轴承不仅受到原有的力，还要受到转向分力，如轴承外座圈与轴承壳存有间隙公差带，从而发出异响 　　更换左前轮轴承和轴承壳，故障排除
案例总结	经常出现的异响相对来说比较容易确定故障位置，可以通过看和听去确定位置

13.3.4 轮胎噪声（表 13-3-4）

表 13-3-4　轮胎噪声

车辆信息	车型：2010 年款雪铁龙世嘉
	发动机：1.6 升
	行驶里程：90000 公里
故障现象	车速为 80 ～ 100km/h 时有"嗡嗡嗡"的噪声
故障诊断与排除	①接车后试车，产生噪声的位置在两前轮，初步判断为前轮毂轴承或轮胎 ②检查轮胎胎压，无异常 ③举升车辆，检查底盘骨架，无异响 ④检查轮胎，轮胎的胎面磨损不均匀、凹凸不平，这是能产生噪声的位置 ⑤检查前轮毂轴承，无松动；旋转时，无异响 ⑥更换两前轮轮胎，试车，故障解决
案例总结	轮胎的噪声与轴承的异响很相似，所以在检查时要特别注意

13.3.5 传动轴不平衡

（1）车辆信息

车型：2005 年款奥迪 A6。行驶里程：168000 公里。

（2）故障现象

车速为 60 ～ 80km/h 和 120 ～ 140km/h 时有敲击声及振动。

（3）故障诊断与排除

❶ 接车后试车，首先排除了发动机和变速器异响。

❷ 回店后，对轮胎和底盘进行检查，均正常。

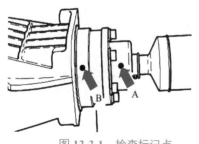

图 13-3-1　检查标记点

❸ 查阅相关的维修资料，重点检查传动轴：检查一下匹配点是否正确（图 13-3-1 中的 A、B 标记）或标记是否对齐，标记对齐，没有异常（图 13-3-1）。

❹ 检查都没发现问题，但维修技师的重点怀疑对象还是传动轴。采用换件法，将试驾车的传动轴调换到故障车上，试车，故障没有出现。更换传动轴，故障解决。

（4）案例总结

　　维修时，可借助更多的维修资料缩小故障范围。店里缺少检查传动轴的专用设备，我们只知道是传动轴的故障，在外观没有损伤的情况下，传动轴很大可能是出现了变形。

 13.3.6　悬架下摆臂故障（表 13-3-5）

视频精讲

表 13-3-5　悬架下摆臂故障

车辆信息	车型：2014 款大众捷达
	行驶里程：70000 公里
故障现象	车辆在颠簸路面行驶时前轮有"嘎吱"异响
故障诊断与排除	①接车后，路试，确认异响位置在左前 ②产生异响的原因有：连接杆球头缺油、平衡杆橡胶套老化、下摆臂橡胶老化、下摆臂橡球头缺油、前悬架有干涉等 ③举升车辆，检查连接杆球头无松动；检查防尘套无损坏、无泄漏；检查平衡杆橡胶无移位、平衡杆无干涉；检查下摆臂橡胶有损坏、有松动；检查下摆臂橡球头无松动；检查防尘套无损坏、无泄漏；检查前悬架无干涉 ④更换下摆臂总成，试车，故障解决
案例总结	下摆臂作为悬架里主要的连接部件，在工作中承受的力较大，连接处的球头里大部分都有橡胶件，时间长了连接处旷量过大，造成异响和损坏

 13.3.7　悬架下摆臂球头损坏

表 13-3-6　悬架下摆臂球头损坏

车辆信息	车型：2008 年款雪铁龙世嘉
	发动机：1.6 升
	行驶里程：150000 公里
故障现象	行驶时踩刹车踏板，前方有异响；调头时，右前方有异响
故障诊断与排除	①接车后，试车，确定故障的位置在右前方 ②产生异响的原因有：连接杆球头缺油以及平衡杆、下摆臂、下摆臂球头、减振器、前悬架有干涉 ③举升车辆，检查连接杆球头无松动；检查防尘套无损坏、无泄漏；检查平衡杆橡胶无移位、平衡杆无干涉；检查下摆臂橡胶无损坏、无松动；检查下摆臂球头有松动；检查防尘套无损坏、无泄漏；检查前悬架无干涉；检查右前减振器无漏油，按压无异响 ④更换下摆臂球头，试车，故障解决
案例总结	下摆臂球头与转向节连接，使用时间长了连接处旷量过大，造成异响和损坏

13.3.8　减振器故障

（1）车辆信息　　　　　　　　　　　　　　　　　　　　　　　···

　　车型：2008年款雪铁龙凯旋。发动机：2.0升。行驶里程：180000公里。

（2）故障现象　　　　　　　　　　　　　　　　　　　　　　　···

　　不平路面时，车辆前方有"咯咯咯"的异响。

（3）故障诊断与排除　　　　　　　　　　　　　　　　　　　　···

　　❶接车后，试车，车辆的异响出现在左前方。

　　❷举升车辆，检查底盘悬架，无异常。

　　❸检查左前减振器，无漏油；防尘套、缓冲胶无损坏；与周围无干涉。

　　❹将车辆放在平地上，按压车头左侧，有"咯咯"的声音，初步判断左侧减振器出现故障，需拆检进一步确认。

　　❺拆下减振器并分解，减振器上座、平面轴承、限位胶、螺旋弹簧正常，用手摆动减振器，连接间隙比较大，这是不正常的；正常情况下，不存在间隙（图13-3-2）。

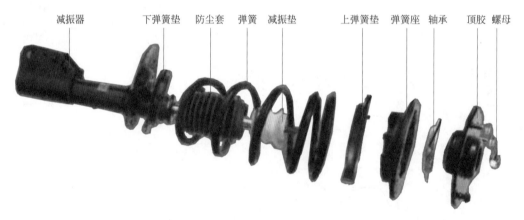

图13-3-2　减振器总成分解

　　更换减振器总成，试车，故障解决。

（4）案例总结　　　　　　　　　　　　　　　　　　　　　　　···

　　减振器总成异响，只有在内部零件松动，内部零件卡滞或损坏的情况下才会产生。若经动态路试怀疑减振器本体存在异响，则进行静态验证，若经静态验证减振器本体确实存在故障，则直接更换减振器本体处理。

13.3.9 连接杆损坏（表 13-3-7）

表 13-3-7 连接杆损坏

车辆信息	车型：2013 年款奥迪 A6L
	发动机：2.5 升
	行驶里程：80000 公里
故障现象	车辆行驶在颠簸路面时，车辆前部发出"咯吱、咯吱"的异响
故障诊断与排除	车速在 30～35 公里／时，异响尤为明显，初步判断异响来自右前悬架 举升车辆后检查底盘、右前控制臂、十字支撑件、稳定杆、连接杆、导向臂、减振器上的紧固螺栓，没有发现有松动的现象 根据维修经验估计是连接杆问题引起的，于是拆下连接杆后试车，在颠簸路面上行驶仍发出"咯吱、咯吱"的异响 更换连接杆后试车，异响消失，故障解决
案例总结	在没有损坏的情况下零件出现问题，这类情况不多见，全凭维修技师的经验以及对车辆的熟悉以解决问题

 **13.4 汽车跑偏**

 13.4.1 汽车跑偏故障一（表 13-4-1）

表 13-4-1 转向跑偏故障一

车辆信息	车型：2012 年款大众迈腾
	发动机：2.5 升
	行驶里程：44000 公里
故障现象	车辆出现方向跑偏现象，且一会儿向左偏，一会儿向右偏
故障诊断与排除	检查发动机，无故障码，动力性良好，底盘无磕碰现象。检查轮胎型号，4 条轮胎均为同一型号。检查胎压，同轴胎压基本一致。检查转向器间隙，正常；横拉杆球头连接无松旷迹象。检查副车架和转向节胶套，均无磨损、旷动。再次检查轮胎，发现左后轮胎存在异常磨损现象，轮胎的左、右磨损面位置不一致 给 4 个轮按照标准进行定位，定位过程中发现后轮前束值和外倾角均有较大偏差。定位结束后，检查"附加检测值"，检测值反映车身良好，无变形。试车中，转向盘手感正常，左、右打转向轻松自如，故障排除
案例总结	车辆之前虽换过前轮的整套悬架系统、转向器及经过多次定位，但由于技术人员不能准确判断故障原因，不能正确掌握技术标准，不能正确标定定位设备，操作也不规范，滥用换件修理方法，导致虽经多次维修仍不能正确排除故障

 13.4.2　汽车跑偏故障二（表 13-4-2）

视频精讲

表 13-4-2　行驶跑偏故障二

车辆信息	车型：丰田帕杰罗 V63000 吉普车
	行驶里程：88000 公里
故障现象	汽车行驶中跑偏
故障诊断与排除	帕杰罗 V63000 吉普车的前悬架采用的是独立式，转向节与车轮通过上下摆臂及车架相连，其上摆臂轴与车架之间装有"U"形调整垫片，通过增减垫片可以调整车轮外倾角以及微量的后倾角。进入设备定位系统之后，屏幕上显示的结果却使人很失望，由测量的结果来看，并没有较为明显的失准参数 　　导致汽车行驶跑偏的定位情况如下 　　①同向前束过小（反向前束过大） 　　②同向后倾角过小（反向后倾角过大） 　　③同向外倾角过大（反向外倾角过小） 　　将定位参数复位。一般来说，在进行定位参数复位的时候，要求要么左前束值比右面小；要么左后倾角比右面小（注意：定位值在规定范围之内），主要是为了消除路拱对车辆行驶的影响。定位参数复位之后对该车进行了第二次路试，该车的故障依旧存在，那原因肯定就在其他部位了 　　对悬架系统的各连接部分做了全面的检查。结果是各连接部位的胶套、球节等情况良好，无异常磨损与松旷现象，也就是说排除了动负荷作用下车桥错位而使推进线偏移，最终导致跑偏的可能性。转动车轮，检查车轮轮毂、制动器有没有"扒死"，结果是车轮转动灵活，都没有问题 　　仔细想一想，最终怀疑到了"轮胎"身上。轮胎自身的缺陷如动负荷下胎冠形变的均匀度；胎冠在宽度方向上的锥度等都会导致汽车的行驶跑偏，尤其是对于"帕杰罗 V63000"这种采用大宽径比的车型。也碰巧，此时有同型车在做保养，便顺手将它的两个前轮取来同位安装到了故障车上。随后进行路试，跑偏故障排除
案例总结	在维修过程中存在这样的误区：只要是发动机上的故障就要用解码器、示波器；底盘上的故障就要用四轮定位仪。或许可以先从简单的部位入手，切不可被仪器"牵着鼻子走"

 13.4.3　汽车跑偏故障三（表 13-4-3）

表 13-4-3　制动跑偏故障三

车辆信息	车型：丰田陆地巡洋舰
	行驶里程：98000 公里
故障现象	ABS 故障灯点亮并且制动严重向左跑偏

故障诊断 与排除	①读取故障码 跨接发动机室检查插头 TC 与 E1 端子，拔下 WA、WB 短路销，读取 ABS 系统故障码为 31，内容为右前车速传感器故障 ②进一步检查 用举升机升起车辆，发现右前车速传感器线束被剪断 ③维修线束 修复线路后，ABS 警告灯亮、灭正常。但路试制动，向左严重跑偏，解除 ABS 控制，制动正常 ④进行 ABS 传感器信号检查 关闭点火开关，用跨接线跨接检查插头的 TS 和 E1 端子，启动发动机，检查 ABS 警告灯快速闪烁，在平直路面以 45km/h 以上速度直线行驶 10s，停止车辆，短接检查插头的 TC 与 E1 端子，通过 ABS 警告灯闪烁，读取故障码为 31 和 71，71 的内容为右前车速传感器信号过低 ⑤拆检车速传感器排除故障 拆下右前车速传感器，发现传感器上吸满铁屑，擦拭干净后装回，同时把左前车速传感器拆下，清洁后装回。路试，中、低速正常。车速高于 100km/h 时，踩制动踏板，车辆向左跑偏。清洁后面两个车速传感器铁屑后，高速制动正常，故障排除
案例总结	由于 ABS 转速传感器工作环境恶劣，因此要定期保养。避免因传感器保养不良造成传感器信号不良，ECU 无法识速度信号，造成制动跑偏

13.5 轮胎异常磨损（表 13-5-1）

视频精讲

表 13-5-1　轮胎异常磨损

车辆信息	车型：2007 年款长安之星
	行驶里程：138000 公里
故障现象	使用 20000 公里的轮胎，前轮轮胎内侧磨损
故障诊断 与排除	检查轮胎胎压，正常，为 2.5bar 举升车辆，检查底盘悬架、球头及各个橡胶件，正常 检查车辆的车架，也未出现重大事故 对车辆进行四轮定位检查测：数据测量出来后前轮前束正常，左前轮外倾角为 +0.45°，右前轮外倾角为 +0.21°，左右差为 0.24°，属正常范围 但根据每款车的底盘不一样，该车磨损轮胎可能是由于汽车在行驶过程中由于载人、载重发生底盘角度变化，轮胎外倾角变负，从而导致该车磨轮胎内侧。所以根据这种情况，重新调整，由于该车的外倾角标准范围是 0.20°～1.20°，所以在调整外倾角时，将角度调整为靠近标准值较大的数据，这时才能保证车辆在载人行驶数据变化后仍然在标准范围内，将外倾角调好后前束也随之改变了，再调前束，用方向盘固定架顶转方向盘，将数据调到规定范围内，左轮前束和右轮前束代表着两边方向机拉杆的长度，所以两边前束一定要调到一样数值，两边的方向拉杆才一样长，方向盘才是正的 调整工作结束后，更换轮胎，将车辆交给客户使用一周，回访客户，故障解决
案例总结	常规的数据正常，并不能说明车辆的状况是正常的，这需要我们熟练地使用仪器和设备，并对车辆的使用状况有一定的了解

（1）车辆信息

车型：2015 年款路虎发现 4。

（2）故障现象

客户反映着车时底盘升降正常，行驶中无法调节车身高度。

（3）故障诊断与排除

用解码器对车辆进行故障读取。读取到故障码 C1A13-64——流道通风时压力不下降（图 13-6-1）。对车辆进行初步检查。

❶ 检查气泵保险丝和继电器。

❷ 检查气泵分配阀管路有没有漏气。

❸ 检查底盘高度是否一致。

❹ 检查气泵进气管和排气管有没有堵塞。

视频精讲

图 13-6-1　路虎发现 4 故障码

对以上进行检查后没有发现问题，重新着车，气泵工作，读取数据流，流道压力缓慢地从 300kPa 上升到 800kPa 后停止工作，直接对气泵进行动作测试，压力可以达到正常压力 1400kPa，怀疑气泵损坏。

从配件商拿回新的气泵装车，清除故障码，气泵工作停止以后对车身进行调节，车身高度可以正常调节，仪表也不显示悬架故障，用解码器读取，没有故障码。流道压力在气泵停止后达到 1400kPa，反复调节车身高度，一切正常，故障排除。

（4）案例总结

面对带有底盘升降的车辆，如果车身高度失效，可根据从繁到简的检查流程入手。

 **13.7 制动故障**

 13.7.1 制动失效（表 13-7-1）

表 13-7-1 制动失效

车辆信息	车型：2008 年款宝马 X5
	发动机：N52
	行驶里程：100000 公里
故障现象	车辆在高速公路上行驶中，驾驶员踩制动踏板，突然加速踏板变得很硬，踩不下去，制动效果几乎没有。车辆依靠减速停下来后拖回维修店进行检查
故障诊断与排除	检查制动液位，在正常范围之内；制动片厚度也没有达到磨损的极限。启动车辆，踩下制动踏板，与用户反映的故障现象一致 凭经验判断，这是没有真空助力。在车辆怠速的状态下拔下真空助力泵的连接管，连接车辆真空泵的一端没有一点吸力，真空泵没有产生真空，负压失效。查阅车辆在本公司的维修保养记录，发现车辆行驶到 80000km 的时候，出现发动机故障灯报警、加速感觉无力现象，维修报告中建议用户更换两个废气催化剂转换器，当时是根据 ISID 读取的故障内容分析得出的检测计划和内窥镜观察结果做出判断。但用户由于费用原因没有采纳建议，继续行驶，结果行驶了 20000km，最终还是引起了其他问题 拆卸真空泵前堵盖，发现真空泵链轮的固定螺栓已经断裂，难怪车辆没有真空助力 废气催化剂转换器堵塞怎么会引起真空泵如此严重的损坏呢？首先通过内窥镜观察一下催化剂转换器的堵塞情况，催化剂转换器由一个蜂窝状结构（陶瓷或金属）管道所构成，管道的管壁内衬的薄层有铂、铑、钯稀有金属。催化剂转换器的转换孔几乎被完全堵塞了，废气催化剂转换器单个小孔由于燃油内锰含量高而堵塞，在排气背压的压迫下，废气催化剂转换器单元可能脱落或者坏。当废气催化剂转换器单元堵塞和脱落，甚至造成损坏时，其支座衬垫中的纤维会散漏出来，在排气背压的作用下随着循环进入燃烧室，并进入进气歧管，最终通过废气阀进入曲轴箱中和润滑系统中。这些纤维会随着机油润滑油道进入真空泵的旋转部件中造成卡滞。真空泵的链轮是由发动机曲轴带动的，真空泵内部卡住后，无法正常旋转，所以链轮的固定螺栓会被拉断 既然废气催化剂转换器中脱落的纤维可以随着机油的润滑油道进入真空泵中，那会不会随着润滑油道进入发动机的其他旋转部件中去呢？很有可能。像这辆车的情况就必须解体发动机，对凸轮轴、曲轴的连杆轴颈、主轴、大瓦、小瓦进行检查。最后拆卸发动机检查，发现曲轴的连杆小瓦有两道严重拉伤，需要更换
案例总结	三元催化器堵塞或者其内部损坏，起初造成发动机运行故障，DME 会存储有关三元催化器效率或者与转换相关的故障码，驾驶员也会在急加油中感觉提速有些缓慢的现象，而一旦确定了三元催化器堵塞，除更换废气催化剂转换器之外，还需要按以下几个步骤操作，避免引起大的故障隐患：更换发动机机油，但无须更换机油滤清器；让发动机怠速运行 20min，且转速不超过3000r/min，或者进行 20min 的试车，转速不超过 3000r/min；再次更换发动机机油及机油滤清器，再对 CBS 执行机油复位。只有这样才可以避免发动机其他部件的损坏。当然，如果已经发现真空泵引起了噪声，制动没有真空助力，说明真空泵完全咬合，可能已经造成发动机的损坏，那就需要进一步解体检查了

13.7.2　制动抖动（表 13-7-2）

表 13-7-2　制动抖动

车辆信息	车型：2008 年款广州本田飞度
	发动机：1.3 升
	行驶里程：90000 公里
故障现象	紧急制动时，车身发抖
故障诊断与排除	①首先检查制动液，制动液位低于规定的位置，添加制动液到指定的位置 ②拆下 4 个轮胎检查制动片，厚度均在 5.5mm 以上，大于维修极限 1.6mm，为正常状态；发现前面 2 个制动盘有凹凸不平的槽，说明制动盘表面不平整导致制动发抖 ③检查前制动盘厚度为 20.2mm，大于维修极限，于是建议车主进行光碟处理 ④重新光碟后，使用砂纸将前制动片接触面打磨平整，重新安装制动盘和制动片 ⑤对车辆进行试车检查，制动比较平稳，但抖动依然存在 ⑥经过仔细检查发现右前减振器有油迹现象，于是更换右前减振器后进行试车，故障症状消失，故障彻底排除
案例总结	由于制动盘不平整，在踩制动踏板的过程中振动较大，导致车身不稳定，更换减振器后故障排除

13.7.3　制动不灵（表 13-7-3）

视频精讲

表 13-7-3　制动不灵

车辆信息	车型：2010 年款本田锋范
	行驶里程：87000 公里
故障现象	正常行驶过程中，制动时感觉制动效果差，制动距离长，制动比较吃力，发动机故障指示灯点亮
故障诊断与排除	①检查制动液，正常 ②检查制动盘及制动片，无异常 ③检查四轮制动分泵，无异常；排空气检查，无空气排出 ④实物确认制动总泵推杆密封圈，发现有破损的情况，导致真空助力泵密封不良，外部空气通过这个密封圈进入真空助力泵，再通过进气歧管进入气缸参与燃烧，导致发动机燃烧室空气过多，发动机故障灯点亮，HDS 检测故障码为 P0171（燃油混合气过稀） ⑤更换制动总泵，故障解决
案例总结	检验交车 ①车辆怠速运转状态，操作制动踏板可正常动作，没有制动踏板发软或发硬的现象 ②在平直的道路上，车辆分别以 20km/h、30km/h、40km/h、50km/h、60km/h、70km/h、80km/h 车速行驶，分别对车辆进行制动，制动效果良好，制动踏板无发软或发硬现象 ③将车辆在室外停放一晚，在与步骤②相同的路况下试车，再次以 20km/h、30km/h、40km/h、50km/h、60km/h、70km/h、80km/h 车速行驶，分别对车辆进行制动，制动效果良好，制动踏板无发软或发硬现象

13.7.4　制动拖滞（表 13-7-4）

视频精讲

表 13-7-4　制动拖滞

车辆信息	车型：2012 年款雪佛兰科鲁兹
	发动机：1.6 升
	行驶里程：88000 公里
故障现象	进店保养，车主反馈车辆油耗高，动力下降
故障诊断与排除	①检查发动机舱的油液，正常 ②使用电脑诊断仪检测，无故障码输出，正常 ③检查发动机进气滤清器，正常 ④检查节气门处积炭，正常；在上次保养时已经对燃油系统进行了保养 ⑤举升车辆，检查车辆底盘悬架，正常 ⑥检查到刹车片时，左前内侧刹车片比右前内侧刹车片磨损多，刹车盘有比较深的槽，此时引起了维修技工的关注，要费很大的力气才能转动轮胎；拆卸左前轮胎，拆卸左前卡钳，检查回位销，发现回位销因橡胶套损坏而出现卡滞，导致卡钳不回位 ⑦更换回位销套件、刹车片、刹车盘，故障解决
案例总结	导致制动拖滞的故障常见原因有：制动踏板没有自由行程、制动踏板回位弹簧折断或丢失、制动总泵故障、制动分泵锈蚀或卡滞、制动蹄支撑销锈蚀、刹车片与刹车盘间隙调整过小、刹车片回位弹簧折断或丢失、刹车油太脏导致黏度过大使回油困难、轮毂轴承松旷或损坏等，对于有 ABS 系统的车型来说，ABS 泵故障也会导致制动拖滞现象

13.7.5　制动无力（表 13-7-5）

表 13-7-5　制动无力

车辆信息	车型：2013 年款吉利帝豪
	发动机：1.5 升
	行驶里程：6000 公里
故障现象	车辆在紧急制动时，感觉制动疲软，且动力不足
故障诊断与排除	检查发现前后制动片厚度都还可以，制动系统并无漏油现象，管路也无明显的老化现象 但经检测，制动油含水量过大，先更换制动油，再进一步处理 更换制动油后，制动效果并无明显改善，仍然是制动疲软，60km/h 时一脚制动到底，车轮不会抱死，ABS 不介入工作，表明制动效果仍然非常差 影响制动效果的因素如下 ①真空助力泵及制动真空单向阀 ②制动总泵 ③制动油（已经排除） ④ABS 泵机械故障

续表

故障诊断 与排除	⑤制动软管老化膨胀或者制动硬管变形 ⑥制动分泵不能按制动片厚度保持位置回缩太多 ⑦制动系统泄漏（已经排除） ⑧制动片或者制动盘太硬（相互之间摩擦系数太小） ⑨其他问题（如制动分泵定位销不灵活、制动分泵固定角度等） 根据从简到繁的原则，首先查发动机 ECU 里面的数据流，怠速无其他用电器负荷，进气压力为 33kPa 左右，开大灯约为 35kPa，再开空调为 51kPa 左右，均正常，熄火后可以正常踩下两脚制动，比较轻松，暂时排除①；分别用人力钳钳住任一制动分泵的油管，踩下制动踏板感觉有改善，但不明显（这需要相当的经验），暂时排除⑤和⑥；观察制动时刻制动总泵制动液油面，在踩下制动踏板时稍上升。这个现象，是不是正常，未知。做这么多检查后，余下了②制动总泵、④ ABS 泵机械故障、⑧制动片或者制动盘太硬（相互之间摩擦系数太小）及⑨其他问题（如制动分泵定位销不灵活、制动分泵固定角度等）四个大方向 拆下四个轮的制动分泵，检查分泵支架与固定分泵的销，活动正常无阻，安装位置正确无偏差。检查制动盘与制动片，目测制动片整体比较硬（制动片磨到有少许亮光），前盘靠近轴芯与制动片接触的地方稍有点蓝色，证实制动盘与制动片之间的摩擦系数较小，但是制动片没有在制动盘上磨出明显的深痕。到此，基本排除了⑨的原因 若 ABS 泵有机械故障（油道内部有堵塞或者类似情况），则某个轮子的制动效果与对轮相比会有明显的区别，这可以表现在两个方面：制动效果弱的轮的制动片在经过长时间的磨损后，与同轴对轮相比，肯定明显厚（车主自述该车自购车后行驶 6 万多公里未更换制动片，而制动效果一直感觉不好），而对比观察前、后轮的制动片，左右对比，没有明显的区别；制动弱的轮的制动效果差，行驶一段距离后该轮毂的温度用手背就可以感觉出区别。以不同车速，试车约 10km，并尽可能多地踩下制动踏板，而后停车，马上用手背检查对比左前轮与右前轮的轮毂表面温度及左后轮与右后轮的轮毂表面温度，结果发现没有明显的区别，基本可以排除原因④。虽然已经证实了制动片与制动盘之间的摩擦系数相对小，但是制动总泵在此故障作用可能更大。熄火，用大力钳钳某个轮的制动软管，用力踩下制动踏板三四下，直到踩不下去，用一定力度保持住，然后启动发动机，发现启动发动机后制动踏板下沉许多，此时松开大力钳，结果发现制动踏板再次下沉的距离相当短，证实制动总泵有问题。于是制定维修方案：更换制动总泵，如果还达不到刹死（ABS 工作）的效果，再更换前后制动片 更换制动总泵、正确排空后，试车，在 60km/h 的时候一脚踩下制动踏板到底并保持，明显感觉到 ABS 泵介入工作的声音与动作 更换制动总泵后解决制动软的故障；更换火花塞、清洗匹配节气门后解决加速无力故障
案例总结	任何故障诊断都应该遵循从简到繁，从易到难的维修步骤去诊断。本案例先从不用拆装任何部件的查看数据流、制动系统外观检查开始，而后才做需要拆检东西的步骤。诊断到一定程度，需要进行逻辑判断，本案例用逻辑判断排除 ABS 泵机械故障

13.8 真空助力器故障

（1）车辆信息

车型：2016 年款大众朗逸。发动机：1.4 升。行驶里程：82000 公里。

（2）故障现象

车辆行驶的时候亮 EPC 故障灯，刹车灯常亮。

（3）故障诊断与排除

检查这辆车的故障码为 P057200——制动信号开关对地短路！偶发性！且刹车灯常亮。要想了解刹车灯常亮的原因，先要从它的原理入手。简单地说，2016 年款的朗逸，控制流程是从刹车总泵总成（包括霍尔式传感器）、连接导线到 J623、J519，再到制动灯，控制相对简单。首先看电路图（图 13-8-1）。

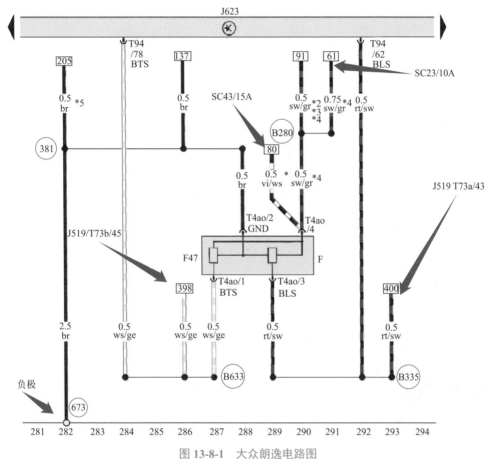

图 13-8-1 大众朗逸电路图

通过电路图可知，2 号脚为负极，4 号脚为电源，信号有两组，1 号脚分别到发动机电脑板与 J519，3 号脚分别到 J519、J623。说简单点刹车开关就是一个霍尔开关，分别输出两组信号，而这个开关装在总泵上面，当驾驶员在踩刹车踏板的时候，刹车开关 1 号脚为低电平，3 号脚为高电平；没踩刹车踏板的时候 1 号脚为高电平，3 号脚为位低电平，这两组信号分别到 J623、J519，收到信号之后控制刹车灯点亮。

刹车灯常亮，检查了电源、负极，都正常；于是观察数据流，发现在没有踩刹车踏板的时候读数据流，显示刹车踏板已踩下，这个数据流不正常，怀疑问题点在刹车开关与刹车总泵上面（图 13-8-2）。

地址	ID	测量值	值	单位	目标值
0009	1.1	端子S（ZAS）	接通		
0009	2.1	车辆电气系统电压（基准）	13.7	V	
0009	30.3	制动信号灯开关	已按下		
0009	34.3	状态，制动灯启动	正常		
0009	60.1	系统蓄电池电压	13.8	V	5 <= x <= 17.75
0009	94.3	制动灯的全部短路计数器	0		
0009	96.3	制动灯的临时短路计数器	0		

没踩刹车踏板的数据流

图 13-8-2 大众朗逸数据流

这个时候用一个磁铁去测试刹车开关的良好性！把刹车开关拆出来，插头接上，直接用磁铁贴住传感器，人为模拟踩刹车，经过测试。当贴住传感器的时候，刹车灯熄灭，离开的时候，刹车灯点亮！曾换了刹车开关，过几天又这样。了解到这个刹车开关与刹车总泵是总成的，要更换，必须换总成！当磁铁贴近刹车开关的时候，测试 1 号脚信号电压为 10.52 伏，高电位！3 号脚为 0.8 伏，低电位！这个时候刹车灯不亮，离开的时候就亮，而且装上去踩与不踩刹车踏板，1 号脚都为低电压，3 号脚电压一直是高电位，说明总泵有问题，需要更换总成。

更换刹车开关与刹车总泵后，故障解决。

（4）案例总结

大众车的控制策略大同小异，同时需要我们不断去学习，去总结。通过这辆车的检修可知，只有懂得原理，才不会走弯路。现在的车，电子智能化广泛普及，维修人员需要跟上更新的技术。

13.9 ABS 总泵故障

（1）车辆信息

车型：2011 年款大众速腾。行驶里程：80000 公里。

（2）故障现象

车辆在行驶时 ABS 灯、防侧滑灯和制动灯一直在闪烁（图 13-9-1）。

（3）故障诊断与排除

接车以后对车主描述的故障现象进行检修验证。打开钥匙，发现制动灯一直在闪，接着启动车辆，这个时候仪表上 ABS 灯、防侧滑灯还有制动灯同时闪烁。

接着连接解码器扫描全车故障码，在制动电子装置读取到故障码，故障码内容为 ABS 操作不可信信号（图 13-9-2）。

图 13-9-1　仪表报警点亮

图 13-9-2　大众速腾故障码

根据故障码和故障灯现象，打开 ELSA，输入车型信息，找到维修手册，在通过指示灯显示故障中找到相关故障灯问题解决方案（图 13-9-3）。

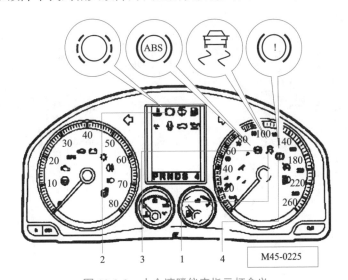

图 13-9-3　大众速腾仪表指示灯含义

1—驱动防滑控制指示灯（K86）；2—制动摩擦片指示灯（K32）；3—ABS 指示灯
（K47）；4—制动系统指示灯（K118）

如果 ABS 指示灯 K47 在打开点火开关且检测过程结束后仍不熄灭，故障原因可能如下：

❶ 供电电压低于 10V；

❷ ABS 有故障。

如果 ABS 指示灯 K47 和制动系统指示灯 K118 一起亮起，说明 ABS 系统有故障，必须考虑到制动特性已经改变。

看过维修手册以后，这个故障的检查方法有测量 ABS 泵的供电和搭铁，CAN 总线的通信（图 13-9-4）。

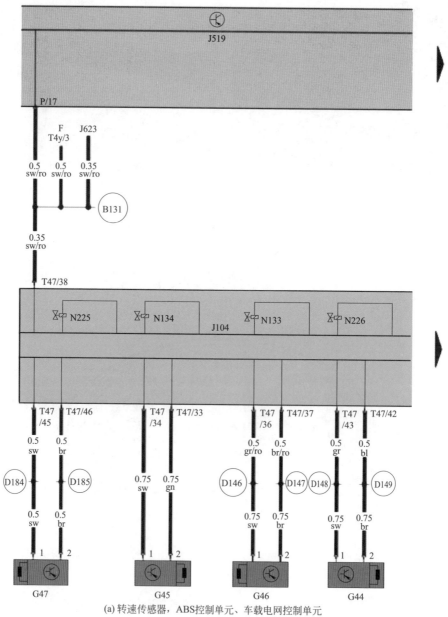

(a) 转速传感器，ABS控制单元、车载电网控制单元

F—制动灯开关；G44—右后转速传感器；G45—右前转速传感器；G46—左后转速传感器；G47—左前转速传感器；J104—ABS控制单元；J519—车载电网控制单元；J623—发动机控制单元；N133—右后ABS进油阀；N134—左后ABS进油阀；N225—动态行驶调节装置控制阀1；N226—动态行驶调节装置控制阀2；T4y—4芯插头连接；T47—47芯插头连接；(B131)—车内线束中的连接（54）；(D146)—发动机舱线束中的连接（左后转速传感器＋）；(D147)—发动机舱线束中的连接（左后转速传感器－）；(D148)—发动机舱线束中的连接（右后转速传感器＋）；(D149)—发动机舱线束中的连接（右后转速传感器－）；(D184)—发动机舱线束中的连接（左前转速传感器＋）；(D185)—发动机舱线束中的连接（左前转速传感器－）

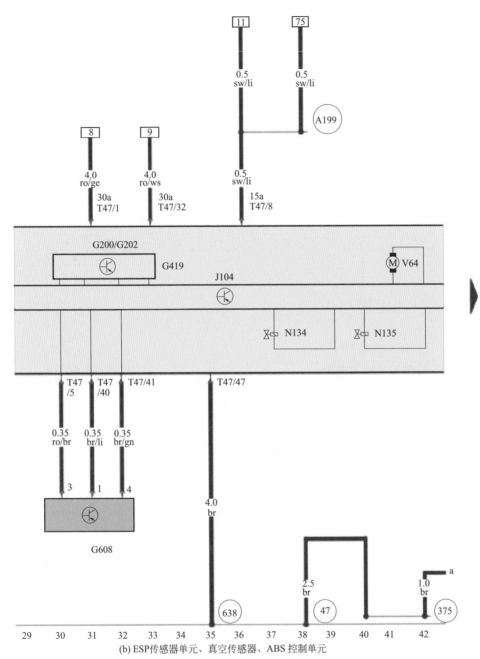

(b) ESP传感器单元、真空传感器、ABS 控制单元

G200—横向加速传感器；G202—偏转率传感器；G419—ESP 传感器单元；G608—真空传感器；J104—ABS
控制单元；J519—车载电网控制单元；N135—右后部 ABS 排气阀；N136—左后部 ABS 排气阀；T47—47 芯
插头连接；V64—ABS 液压泵；(47)—右前脚部空间中的接地点；(375)—主线束中的接地连接 10；(638)—右
侧 A 柱上的接地点；(A199)—仪表板线束中的正极连接 4（15a）

图 13-9-4

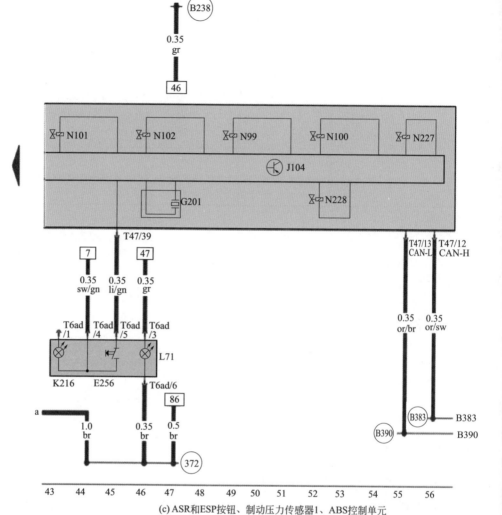

(c) ASR和ESP按钮、制动压力传感器1、ABS控制单元

E256—ASR 和 ESP 按钮；G201—制动压力传感器 1；J104—ABS 控制单元；J519—车载电网控制单元；K216—ESP 和 ASR 指示灯 2；L71—牵引力控制开关照明灯泡；N99—右前 ABS 进气阀；N100—右前 ABS 排气阀；N101—左前 ABS 进气阀；N102—左前 ABS 排气阀；N227—动态行驶调节装置高压控制阀 1；N228—动态行驶调节装置高压控制阀 2；T6ad—6 芯插头连接；T47—47 芯插头连接；⑨372—主线束中的接地连接 7；Ⓑ236—车内线束中的正极连接 2(58b)；Ⓑ383—主线束中的连接 1（驱动系统 CAN 总线 High）；Ⓑ390—主线束中的连接 1（驱动系统 CAN 总线 Low）

图 13-9-4　大众速腾电路图

通过查找线路图得知，ABS 供电是：

❶ 1 号脚；

❷ 8 号脚；

❸ 32 号脚。

搭铁是 47 号脚。

12 号和 13 号是 CAN 总线。

用万用表测量供电 12V，用试灯插在搭铁 47 号脚去测量供电 1-8-32，试灯能点亮，供电搭铁没问题。用万用表测量 12 号和 13 号 CAN 总线的电压，一根为 2.65V，一根为 2.32V，两根相加约等于 5V 总线电压，正常。关闭钥匙，万用表打到 200 欧姆挡位测量 CAN 总线的阻值，阻值为 68 欧姆，CAN 总线没问题。读取四个轮速传感器的数据流，轮速同步，证明传感器和线路是好的，没有问题，故障码也没有报轮速传感器的故障，排除传感器和线路问题。39 号脚到 E256 的线路正常。

经过测量现在 ABS 供电正常，搭铁正常，通信正常，轮速传感器和线路正常，故障点锁定在 ABS 泵内部有问题。

更换新的 ABS 泵，对 ABS 进行编程，学习转向角度，路试 ABS 生效，故障解决。

（4）案例总结

出现 ABS 故障首先用解码器读取故障码，根据故障码定义去维修，例如出现 C3007——左后轮速传感器回路信号不连续或无信号，应该先读轮速数据流，检查轮速传感器和线路，还有信号盘。

13.10　车轮转速传感器故障

（1）车辆信息

车型：2007 年款别克君越。行驶里程：166000 公里。

（2）故障现象

车辆 ABS 故障灯亮，曾三次维修过此故障，仍未能排除。

（3）故障诊断与排除

维修人员用故障诊断仪检测，发现有历史性故障码 C0035——左前轮速传感器电路故障；C0036——左前轮速传感器电路范围效能异常。

车辆静止时，转动转向盘，发现左前轮速传感器的数据有变化。将车举升，晃动左前轮速传感器插接器，轮速传感器的数据出现变化。断开插接器，发现插脚有松旷迹象。修理后将插接器装复，再次晃动插接器，故障依旧。

此时维修人员怀疑车身线束存在故障，于是将连接车身的插接器断开后，用万用表测量其输出电压。打开点火开关，电压显示为 1.68V，此电压为 ABS 控制单元输出的偏置电压。此时晃动插接器附近的线束，万用表上显示的电压出现了变化，最低时达到 0.02V，显然是存在虚接现象。将这段线束展开后发现此线束已经被维修过，其中有 2 根电线已被更换。将这 2 根电线拆下，发现电线线芯有几处折断的地方。将原车电线与替换的电线对比，发现它们的差别很大，原车电线的线芯粗而柔软，而替换电线的线芯细而硬，这样的电线在频繁的机械振动下很容易折断，可靠性不高（图 13-10-1）。

原车导线

非原车导线

图 13-10-1　分析线束

用 2 根与原车一样的导线对线束进行了彻底修理，故障排除。

（4）案例总结

本案例的故障是由于对电路不熟悉的操作导致的。

视频精讲

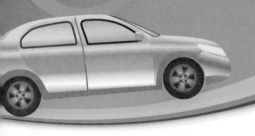

第14章

汽车空调故障

14.1 空调不制冷

14.1.1 压缩机故障

（1）车辆信息

车型：2013 年款标致 408。行驶里程：87000 公里。

（2）故障现象

空调不制冷，吹的自然风。

（3）故障诊断与排除

使用空调压力表测量空调系统的压力，正常；制冷剂也足够。

使用电脑诊断仪读取故障码为 P0532——空调压力传感器信号故障，下止动位（图 14-1-1）。

故障码报的是传感器异常，先检查传感器的好坏，测量的结果：压力传感器的电压为 1.46V，是正常的（图 14-1-2）。

检查压缩机的电源电压，功率试灯点亮但随后就熄灭（图 14-1-3）。

图 14-1-1　标致 408 故障码

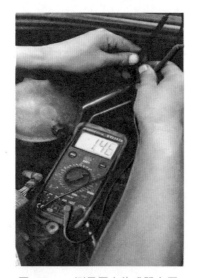

图 14-1-2　测量压力传感器电压

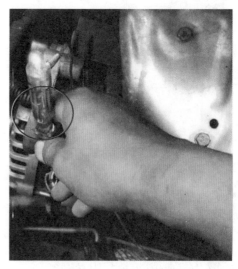

图 14-1-3　检查压缩机电源电压

产生以上现象的几种可能：

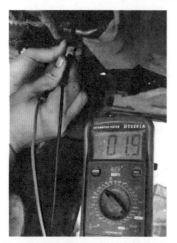

❶ 压缩机继电器有供电但是会立马跳机，干扰或控制问题；

❷ 压力过高导致跳机，控制问题；

❸ 通过压缩机离合器的电流过小或过大，断电保护，保护措施。

然后就从这 3 方面去分析。根据从简到繁的检修原则，第一是干扰问题，我们保留，先不检测。第二是压力过高导致跳机，也可以排除，因为压力表没变化，而且正常压力下，刚开压缩机是不会出现压力过高情况的。第三是压缩机离合器的电流太大或太小，这个是有可能的，先进行检测（图 14-1-4）。

图 14-1-4　检查压缩机离合器线圈

线圈的阻值为 1.9Ω，正常的压缩机离合器线圈阻值应该为 3.1 ～ 3.9Ω。更换压缩机，故障解决。

（4）案例总结

在诊断和解决问题时，不能只靠故障码入手，故障码是一个辅助信息，而不是诊断问题的根本。应该结合车辆的全部情况和故障以及故障现象去综合判断，才能准确并快速地找到故障点。

 ## 14.1.2　蒸发器温度传感器故障

（1）车辆信息

车型：2004 年款丰田花冠。行驶里程：187000 公里。

（2）故障现象

车辆空调工作不良（反复吸合），当打开空调的时候不凉，发动机前方有间歇性的异响。

（3）故障诊断与排除

检查发现空调压缩机电磁离合器经 5 ～ 6s 吸合即断开，等 30 ～ 40s 再次吸合，如此反复。

检查无故障码，出风口温度为 17℃。

出现压缩机吸合不上的原因主要有：压力不正常，压缩机、电磁离合器、空调放大器、线路故障等。

检查压力，正常；检查电磁离合器吸合，正常；检查线路，正常；替换空调放大器，还是依旧。检测蒸发器温度传感器供电电压，为 3.45V，与正常车辆比较，数值一样，利用自制可变电阻替代蒸发器温度传感器，按照维修手册上的环境温度与阻值的变化进行来回变换，在 5.8kΩ（0℃时电阻）时压缩机停止工作，在 3.4kΩ（16℃时电阻）时压缩机工作，压缩机正常。但是在进行蒸发器温度传感器模拟工作环境检查时，放入 20℃水中测量阻值为 2.3kΩ，放入冰块，当温度在 10℃时电阻值为 5.83kΩ（标准值为 4.1kΩ），与维修资料相差很大。当蒸发器环境温度为 10℃时，蒸发器温度传感器输出 2.2V（0℃时电压）电压，空调电脑得知的信号是 0℃时的温度信号，所以压缩机反复停机 - 工作（图 14-1-5）。

更换蒸发器温度传感器，空调工作，故障排除。

（4）案例总结

工作中遇到电气故障时，使用电路图与维修手册相结合并加以分析，这样可以少走弯路。

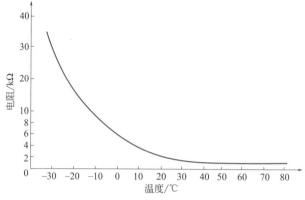

图 14-1-5　蒸发器温度传感器阻值变换坐标

14.1.3　水温高

（1）车辆信息　　　　　　　　　　　　　　　　　　　　　· · ·

车型：2008 年款进口现代新胜达。行驶里程：169000 公里。

（2）故障现象　　　　　　　　　　　　　　　　　　　　　· · ·

空调间歇性不制冷。

（3）故障诊断与排除　　　　　　　　　　　　　　　　　　· · ·

车主反映在洗车的一段时间空调制冷效果良好，但是行驶一段时间后空调间隙性不制冷。接上空调压力表，发现低压为 3bar，高压为 20bar，明显的压力双高、散热不良，在泼了一桶冷水下去后，高压为 13bar，低压为 3bar，转速稳在 2000r/min 时高压为 14bar，低压为 2bar，因此判断是空调冷凝器散热不良（图 14-1-6）。

视频精讲

图 14-1-6　测量空调系统压力

为了更准确地确定故障点，继续试车10分钟后空调跳机，很长时间不吸合，吹出的是自然风。本以为给冷凝器浇水空调效果佳，应该是冷凝器的问题，但是空调跳机过后达到蒸发器规定压缩机吸合温度，压缩机不吸合工作，高压压力在没跳机之前压力一时处于14bar，压力不升高（图14-1-7）。

图14-1-7　继续观察空调压力

读取数据流时，室内、室外温度传感器均在正常值内，空调压力也在正常值之内，可以满足空调压缩机做功的条件，空调依然不工作。读取空调系统故障码，无故障码。在读取发动机水温时，发动机水温为117℃，但是水温表刻度却显示在中线位置（图14-1-8）。在检测时发现发动机缺少冷却液，在加注冷却液之后，重新着车开空调，经连续试车后故障解决。

图14-1-8　水温表刻度在中线位置

（4）案例总结

空调工作的条件不仅仅是室内、室外、冷媒压力、压缩机过热保护开关等在规定的范围值，若有影响发动机动力的故障，比如水温过高，空调就不工作。

14.1.4 冷却风扇不工作

视频精讲

（1）车辆信息

车型：2014 年款标致 3008。发动机：1.6 升。行驶里程：98000 公里。

（2）故障现象

空调开不了，风扇没有低速。

（3）故障诊断与排除

使用电脑诊断仪检查，发动机报故障码为 P0494，故障码含义为风扇总成状态信号不一致（图 14-1-9）。

图 14-1-9　标致 3008 故障码

首先查找电路图（图 14-1-10），找到风扇控制模块，分析风扇控制模块的工作原理。风扇内部有两组线圈，分别是高速控制、低速控制，由电脑板控制。高速控制为风扇控制模块 4 插头的 1 号脚，低速控制为 2 号脚，其中 3 号脚为 BSI 的控制电源，4 号脚为检测反馈线到电脑板。

通过反馈，打开钥匙 3 号脚就有电，这个时候可以通过动作测试，当执行高速运转时，风扇高速运转；而执行低速运转时，可以听到继电器吸合的声音，2 插座的 1 号脚没有电源输出，问题就出在风扇控制模块，很可能是控制低压继电器的触点损坏（图 14-1-11）。

更换风扇控制模块（图 14-1-12），故障解决。

（4）案例总结

熟悉工作原理，识读电路图，能提高检修故障的效率。

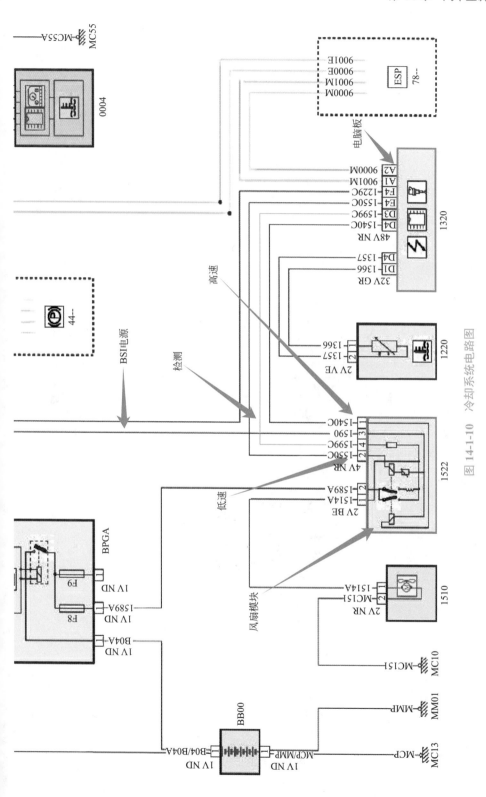

图 14-1-10 冷却系统电路图

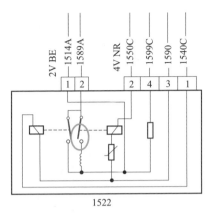

图 14-1-11　风扇控制模块电路图

图 14-1-12　风扇控制模块

 14.1.5　制冷剂漏完

视频精讲

（1）车辆信息

车型：大众迈腾。行驶里程：58000 公里。

（2）故障现象

车辆开启空调运行半分钟左右，空调压缩机限压阀打开，制冷剂泄漏。

（3）故障诊断与排除

连接 VAS 5052A，检测车辆空调系统故障码为 B10ABF0——制冷剂压力未达到下限（图 14-1-13）。

检查空调系统管路及空调压缩机，发现限压阀打开，制冷剂泄漏（图 14-1-14）。

图 14-1-13　大众迈腾故障码

针对限压阀打开，初步判断为空调系统压力过高导致，其原因主要有以下几点：

❶ 空调系统压力传感器故障导致空调系统压力信号异常；

❷ 压缩机本身机械故障导致空调系统压力无法调节；

❸ 空调系统管路堵塞导致系统压力过高；

❹ 冷凝器散热问题导致空调系统温度过高从而系统压力过高。

根据从易向难的原则，首先检查空调压力传感器及线路问题。拆下高压传感器，检查线路，正常。检查高压传感器接口，拆下接口单向阀，发现内部不通，初步判断为高压管路问题（图 14-1-15）。

图 14-1-14　限压阀打开，制冷剂泄漏

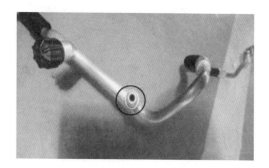

图 14-1-15　高压管路

由于空调高压管路高压传感器接口处不通，空调高压传感器接收不到信号，压力信号为零，高压传感器无法给空调控制单元提供正确的压力信号，导致空调压缩机大负荷工作，同时空调控制单元无法正常控制风扇工作，管内的压力、温度过高，压缩机限压阀打开泄压。

更换高压管、压缩机，故障排除。

（4）案例总结

本案例空调压缩机限压阀的打开，应首先考虑压力控制问题，即高压传感器方面的检测，避免走弯路。

 14.1.6　空调压力传感器故障

（1）车辆信息

车型：2012 年款奥迪 A4。行驶里程：36487 公里。

（2）故障现象

空调压缩机不工作，不制冷。

（3）故障诊断与排除

使用电脑诊断仪读取故障码（图 14-1-16）。

❶00457——车载电源控制单元异常。

❷00256——制冷剂压力 / 温度度传感器不可信信号。

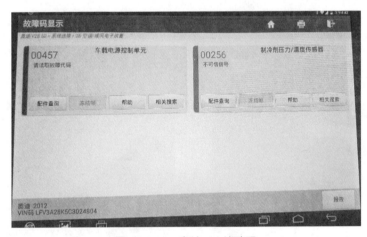

图 14-1-16　奥迪 A4 故障码

根据故障码含义和故障现象分析如下：

❶制冷剂泄漏；

❷压力传感器损坏及线路问题；

❸空调控制单元及线路问题。

检查制冷剂压力，正常；开空调时冷却风扇和空调泵都不工作。维修技师把故障点锁定在空调压力传感器（图 14-1-17）。

图 14-1-17　测量空调压力

测量空调压力传感器的电源线、搭铁线和信号线，插头不拔下来进行测量，第一根 12.30V 为传感器的电源，第二根 0.45V 为传感器信号，第三根为 0V 为传感器接地（图 14-1-18）。

图 14-1-18　测量空调压力传感器线路电压

奥迪车型的空调压力传感器不同于其他车系，它是一个 PWM（脉冲宽度调制）型的空调压力传感器，根据空调压力的大小变化而输出一个数字信号，波形为方波。

使用万用表用 DUTY 占空比挡位去测量空调压力传感器的占空比信号，占空比为 1.8%（图 14-1-19）。

空调系统管路中有制冷剂，空调压力传感器的电源和接地都正常，输出信号占空比为 1.8% 是不正常的，一般空调压力正常情况下占空比数值应该在 25% 左右。

更换空调压力传感器，试车故障解决。

图 14-1-19　占空比信号

（4）案例总结

　　因为空调压力传感器损坏导致的空调压缩机不制冷，排除故障中要结合诊断工具的使用才能更好地判断问题。

 ## 14.1.7　空调控制单元 J301 损坏

（1）车辆信息

　　车型：2011 年款大众速腾。行驶里程：128685 公里。

（2）故障现象

　　打开空调有风出来但不制冷。

（3）故障诊断与排除

　　打开空调有风出来但没有冷风，确实如客户所说空调不制冷。同时外部冷凝风扇不运转，压缩机为变排量的。故障分析：

❶ 制冷剂泄漏；

❷ 压缩机故障及线路问题；

❸ 压力传感器故障及线路问题；

❹ 室外温度传感器及线路故障；

❺ 空调控制单元本身故障。

　　接上空调压力表，低压和高压均为 8bar，证明有制冷剂，同时用诊断仪进入 08 空调/暖风电子装置读取是否有故障码存在，读取结果为空调压缩机激活对地短路（图 14-1-20）。

图 14-1-20　大众速腾故障码

　　启动发动机，打开空调，读取数据流，空调压缩机关闭要求为车外温度过低，同时压缩机电流、压缩机转速、压缩机负荷都无显示，制冷压力为 8.2bar（图 14-1-21）。

　　室外温度过低是会影响开启空调的，因为这是一个防护措施，比如冬天开启空调是不可以实现的，本来温度就很低，再开启空调没有任何意义，同时也会浪费一部分动能，这是空调开启的前提条件之一。根据数据流分析，是不是室外温度传感器造成的空调开启的条件没达到呢？在前保险杠中格栅部位未发现有室外温度传感器，一般室外温度传感器就装在冷凝器旁，距离不是太远的，莫非是室外温度传感器没有装？此时发现保险杠有做过油漆和拆动的痕迹，为了验证这一想法，拆下保险杠，在水箱框架旁找到了室外温传感器，室外温度传感器被安装在插头上并没有，同时启动车辆读取数据流，还是显示压缩机关闭要求为车外温度过低，同时压缩机电流、压缩机转速、压缩机负荷都无显示，制冷压力为 8.2bar。

拔下室外温度传感器准备测量时，散热风扇和空调压缩机工作了，空调压力表指针会往下走，低压在 2.5bar 左右，高压在 10bar 左右（图 14-1-22）。

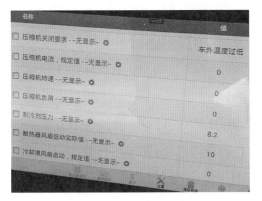

图 14-1-21　空调数据流（一）

图 14-1-22　室外温度传感器

再读取压缩机关闭要求显示，压缩机启用不存在关闭条件，压缩机电流为 0.82A，压缩机转速为 1000r/min，压缩机负荷为 4.2N·m，制冷压力为 9.2bar（图 14-1-23）。

虽然空调工作了，但这是不正常的现象。因为拔下室外温度传感器应该还是显示压缩机关闭条件为车外温度过低，但诊断仪没有显示，并且可以开启空调。然后又把室外温度传感器插上去，空调又不工作了，再反复测试，都是拔掉室外温度传感器空调才可以工作，拔掉室外温度传感器，还是显示压缩机关闭条件为车外温度过低。

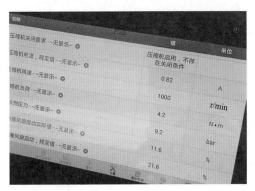

图 14-1-23　空调数据流（二）

用导线短接室外温度传感器插头，目的是看数据流有什么状态，结果显示压缩机关闭要求为压缩机启用，不存在关闭条件，空调可以运转。然后进入车内看空调制冷效果如何，用手感觉空调有冷风出来，但温度不是很低，将油门加到 2000r/min，低压到 4bar，高压到 10bar，当天天气温度在 20℃左右，很明显低压和高压都不正常，低压应该为 1.5bar 左右，高压应该为 8.5～10bar。

和客户沟通，更换空调泵和室外温度传感器，更换之后压缩机竟然不工作了，读取数据流，压缩机关闭要求显示：压缩机开启功能受限条件，和之前显示的数据流不一样了，同时压缩机电流、压缩机转速、压缩机负荷都无显示，制冷压力还是为 8.2bar。这时候想起了之前读取的空调压缩机激活对地短路故障码，再次读取故障码果然是这个故障码。

启动车辆，使用万用表测量空调泵上的电磁阀插头，插头为两线的，不拔插头测量两条线电压均为 0V，用占空比挡位测量没有占空比数值显示。

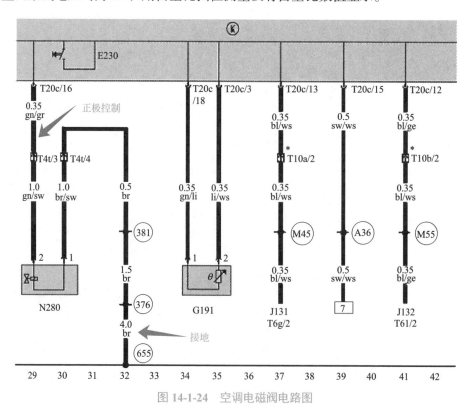

图 14-1-24　空调电磁阀电路图

查阅电路图（图 14-1-24），得知 N280 电磁阀为空调泵开启电磁阀，褐黑色为接地，绿黑色为占空比控制。插头不拔测量 N280 电磁阀两条线对正极测量试灯能点亮，说明 N280 电磁阀线圈不存在断路，负极线路是好的，不存在虚接。拔下插头测量 N280 电磁阀上的电阻为 11.2 欧姆，正常；测量插头上的占空比控制线到空调控制单元 J301 线是通的，正常。清除故障码发现清除不了，说明故障确实存在。测量结果都是正常的，于是就更换了一个空调控制单元 J301，装车设置编码，开启空调，空调可以正常工作，试车，空调系统一切正常，故障解决。

（4）案例总结

因为空调控制器内部故障的原因导空调不能正常开启，从而也影响了室外温度传感器显示虚假的数据流。数据流显示，拔下室外温度传感器是可以开启空调的，但拔下传感器后空调是不能工作的。因为笔者的疏忽，没有对故障码进行排查，明知道室外温度传感器拔下是不可以开启空调的，但太过于依赖数据流从忽略了其他因素。真正原因就是空调控制器单元 J301 内部损坏导致一系列的异常。

 ## 14.1.8　空调面板损坏

（1）车辆信息

车型：2012 年款大众高尔夫 6。行驶里程：140000 公里。

（2）故障现象

空调不制冷，空调压缩机不工作。

（3）故障诊断与排除

使用电脑诊断仪读取故障码为 B10A911——空调压缩机激活 - 对地短路（图 14-1-25）。

图 14-1-25　大众高尔夫 6 故障码

空调控制单元 J301 根据所需温度、外部与内部温度、蒸发器温度以及制冷剂压力的变化，对电磁阀 N280 的占空比进行控制，控制压缩机内部斜盘倾斜位置改变，从而决定了排量以及产生的制冷量输出。在制冷功能被关闭后，多楔带仍驱动压缩机连续运转，制冷剂流量被相应降低至 2%。电磁阀 N280 安装在压缩机后部，并用一个弹簧锁止垫圈固定。它是压缩机内低压、高压与曲轴箱压力之间的接口，并且是免离合操作的先决条件，通过控制这几种压力对斜盘进行调节。脉冲宽度调制电压信号驱动该调节阀中的一个挺杆，电压作用的持续时间决定了调整量。

出现压缩机激活 - 对地短路的故障码的可能原因有：

❶空调压缩机可变排量电磁阀 N280 损坏；

❷空调面板至可变排量电磁阀 N280 之间的控制线路故障；

❸空调面板损坏。

拔下电磁阀 N280 插头，将功率为 3W 的试灯串进插头中，开启空调，AC 键点亮，试灯不亮。

将试灯夹夹在电瓶正极，笔尖测量 N280 插头 1 号脚，功率试灯点亮，说明 1 号搭铁线没有问题，2 号线没有占空比控制（图 14-1-26）。

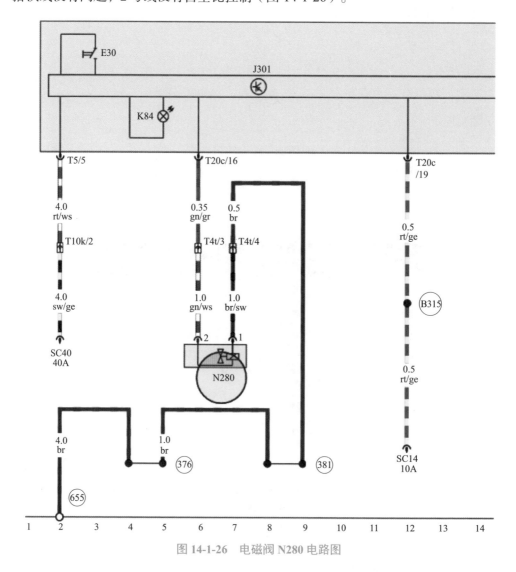

图 14-1-26　电磁阀 N280 电路图

拆下空调面板，用万用表测量 T20C 插头的 16 号脚，打开 AC 开关，可以量到 11.38V 的电压（图 14-1-27）。

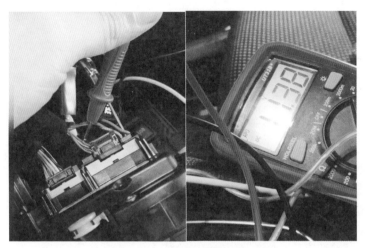

图 14-1-27　测量空调面板电压

　　使用功率试灯测量却无法点亮功率试灯，可以判断控制面板内部损坏（图 14-1-28）。

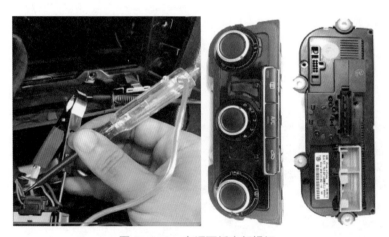

图 14-1-28　空调面板内部损坏

　　空调面板内部的可变排量电磁阀驱动芯片 VN5E160S 容易损坏，导致可变排量电磁阀无法调节，空调不制冷。

　　更换空调面板内部的可变排量电磁阀驱动芯片 VN5E160S，故障解决（图 14-1-29）。

（4）案例总结

本案例中空调面板损坏，常规的维修方案是更换面板总成，维修技师凭借出色的电工技术，更换芯片就解决了问题。可见，熟练使用各种电工维修工具，不但能给客户省钱，还能提升自己的价值。

视频精讲

14.1.9 继电器故障

（1）车辆信息

车型：2011 年款大众朗逸。行驶里程：65871 公里。

（2）故障现象

空调无法使用。

（3）故障诊断与排除

空调不工作，空调压力正常。压缩机继电器工作，测量空调压缩机电磁离合器插头，有搭铁，没有电源，直接飞线压缩机会工作。检查保险发现仪表板左侧保险盒 SC30 号电磁离合器保险烧了，插上保险立马就爆，开不开钥匙保险都爆（图 14-1-30 和图 14-1-31）。

通过电路查看，将空调继电器 J32 拔下，测量继电器插座 30 号脚与 SC30 保险之间的线路有没有对地短路，线路没问题。85-86 脚控制没问题，87a 搭铁也没问题，测量结果为线路正常，没有问题。

插上保险短接继电器插座 30-87，正常，没有爆保险；插上继电器立马就爆。把 87a 剪断测试，插继电器保险不爆，看到继电器控制图立马就发现问题了。

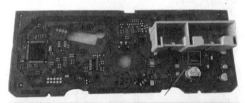

图 14-1-29　损坏的芯片　　　　　　图 14-1-30　保险位置

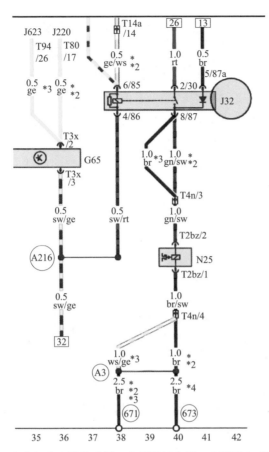

图 14-1-31　大众朗逸高压传感器、空调器继电器、空调器电磁离合器电路图

G65—高压传感器；J32—空调器继电器；J220—Motronic 控制单元；J623—发动机控制单元；N25—空调器电磁离合器；SC38—保险丝架 C 上的保险丝 38；SC44—保险丝架 C 上的保险丝 44；T2bz—2 芯插头连接；T3x—3 芯插头连接；T4n—4 芯插头连接；T14a—14 芯插头连接；T80—80 芯插头连接；T94—94 芯插头连接；⑬—发动机舱内右侧接地点；⑩⑩—接地连接 2，在仪表导线束中；⑥⑦①—接地点 1，左前纵梁上；⑥⑦③—接地点 3，左前纵梁上；Ⓐ③—正极连接（58），在仪表板导线束中；Ⓐ99—连接 1（87），在仪表板导线束中；Ⓐ216—正极连接 2（87a），在仪表板导线束中；Ⓑ346—连接 1（75），在主导线束中；*—仅用于带 1.6 升发动机的汽车；*2—仅适用于带 2.0 升发动机的汽车；*3—仅用于带 1.4 升发动机的汽车；*4—截至 2010 年 8 月

　　首先看一下这个黑色继电器，这就是一个普通的五脚继电器，85-86 控制 30-87 吸合，30-87a 是常闭触点，问题就出在这个常闭触点 30-87a。通过看上面的电路图可以发现继电器 87-87a 才是常闭触点。黑色继电器是 30 和 87a 常闭，而 87a 是接地，30 是常电，它们两个常闭，肯定保险插一个爆一个，这也是剪断 87a 线路保险不爆的原因。灰色是原装继电器，更换原装继电器后故障解决（图 14-1-32）。

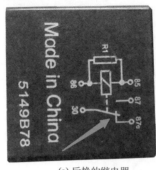

(a) 后换的继电器　　　　　　　(b) 原车继电器

图 14-1-32　继电器

（4）案例总结

　　通过本案例发现继电器也并不是全部通用的，关键还是要根据线路的布置与设置而定。

断断续续有冷气流出

14.2.1　压缩机电磁离合器打滑（表 14-2-1）

表 14-2-1　压缩机电磁离合器打滑

车辆信息	车型：五十铃
	发动机：2.8 升
	行驶里程：190000 公里
故障现象	在开空调时，压缩机电磁离合器一直吸不上，打滑
故障诊断与排除	停车后检查压缩机，传动带松紧度正常 　　然后启动发动机，打开空调，此时急速为 900r/min 左右，使用万用表测量压缩机电磁线圈，电压为 12V，电流在 3.3～3.5A 之间，正常 　　初步判断电磁线圈无故障，故障是电磁离合器。引起离合器打滑的原因是电磁线圈吸力不够，离合器压板与传动带轮之间间隙调整不对，压板与离合器传动带轮之间的间隙应为 0.4～0.8mm，而用专用塞尺测量其间隙明显偏大 　　停机后，用工具很快将压缩机压板拆下（此时不需要排空制冷剂）。拆下压板后，发现其后部 3 个垫片，其中 1 个厚度过厚，用千分尺一量，厚度在 0.8mm 以上，而另外两个厚度为 0.1mm 和 0.3mm，很明显此垫片为以后装配的，因间隙不对导致电磁线圈对压板产生吸力不够，压缩机打滑。重新更换垫片，按要求装好 　　换垫片后打开空调，故障排除
案例总结	压缩机离合器间隙的调整，并不是所有车型都适用，在维修前需对故障车型进行了解，查阅相关资料

14.2.2 冰堵或脏堵（表14-2-2）

表 14-2-2 冰堵或脏堵

车辆信息	车型：夏利	
	行驶里程：150000 公里	
故障现象	启动发动机，开启空调，运行一段时间后膨胀阀进口的小滤网附近有一团白霜	
故障诊断与排除	初步判断是制冷系统中的膨胀阀堵塞。因为正常情况下膨胀阀进口的小滤网处是不会结霜的；结霜，正说明该处有堵塞（即堵塞起了节流作用） 　　为了确诊膨胀阀进口的小滤网处是否堵塞（容易与"冰塞"相混淆），采用以下检查方法：在膨胀阀处听察，结果听到断断续续的气流声；用小扳手轻击膨胀阀小滤网处，结果见气流声明显改变，同时膨胀阀处所结的白霜层逐步融化，但过不久现象又再度出现，这说明膨胀阀小滤网处确实堵塞 　　将系统全部拆下，进行分段清洗。用工业汽油（或四氯化碳）清洗滤网件，用干燥空气（或氮气）将残留的清洗剂吹干，并进行烘干处理；换装一个新的储液干燥过滤器，并严格按操作规范装复。经这样处理后，故障被排除	
案例总结	空调系统的堵塞，不光只会出现在膨胀阀处，冷凝器、干燥器等都会出现堵塞，检修时要区分不同零件堵塞有何不同现象	

 ## 14.2.3 压缩机电磁阀损坏

（1）车辆信息

车型：2015 年款现代朗动。行驶里程：36018 公里。

（2）故障现象

开空调有时不制冷，有时候好几天都不制冷。

（3）故障诊断与排除

打开空调，发现电子风扇会运转，但空调泵不工作。

故障分析：

❶ 压力传感器损坏；

❷ 压力传感器的电源搭铁信号线路出了问题；

❸ 空调泵损坏；

❹ 空调控制器损坏；

❺ 发动机电脑板损坏；

❻ 空调到发动机之间的 AC 开启请求信号线短路断路。

读取空调系统数据流（图 14-2-1）。

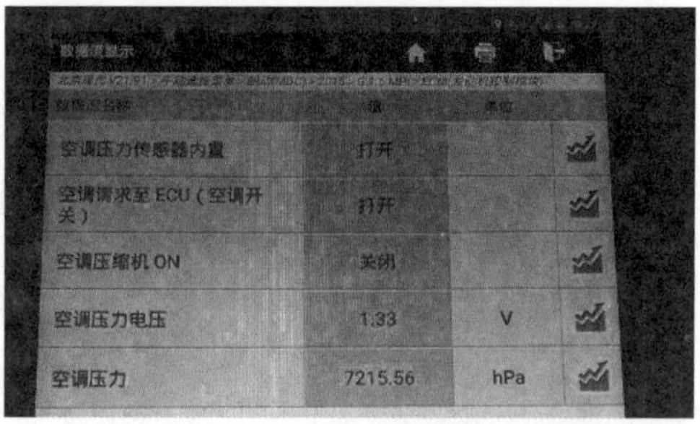

图 14-2-1　现代朗动空调数据流

空调的请求开关显示开的状态，说明发动机电脑板能接收到开启空调的请求信号，于是之前故障分析的第④～⑥条排除了。空调压缩机 ON，显示未关闭，也就是说空调没有工作。空调压力信号电压为 1.33V，这是压力传感器类型的，不属于压力开关型的，这个电压是根据空调管路中的冷媒压力变化而变化的，空调压力越高其信号电压就越大，空调压力显示为 7215.56hPa，换算成 kPa 单位为 7216kPa，其压力值是可以开启空调的，在正常压力范围之内，说明空调管路中是有压力的。已知发动机电脑控制单元能接收到空调的请求开启信号，根据数据流分析空调开启请求信号和压力信号电压都是正常的，那为什么不执行压缩机工作呢？为了验证空调压力传感器是正常的，制作一个"小工具"，即找两个 1kΩ 电阻串联在一起，两个串联的电阻中间接压力传感器信号，两头分别接电源和接地，其目的就是代替传感器看空调会不会工作（图 14-2-2）。

拔下空调压力传感器，插上制作的小工具，结果开启空调，空调压力表指针会下降一点，随即压力表指针就不动了。读数据流，除了压力电压和压力值有变化外，压缩机还是显示为关的状态，绕了一大圈莫非是压缩机坏了？开启空调测量压缩机电磁阀上面的两条线，一条是接地，一条是占空比控制的，测量值为 96.7%（图 14-2-3）。

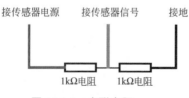

图 14-2-2　串联电阻

图 14-2-3　占空比

发现有占空比控制，说明发动机已经执行开启压缩机控制，就是压缩机没有运转（压力表指针不动），说明压缩机电磁阀损坏，为了保险起见，更换压缩机总成（带电磁阀），试车故障解决。

（4）案例总结

由于压缩机（带电磁阀）损坏造成的空调歇性不制冷，但由于维修技师太过于执着看动态数据流而忽略了一个重点，发动机控制单元其实已经接收到了空调的请求开启信号，其故障是由压缩机电磁阀损坏导致的，所以开启空调时发动机控制单元会检测压缩机电磁阀的输出电流，电流过大或者过小都会关闭压缩机电磁阀的控制输出，从而防止发动机控制模块内部受到损害，这也是为什么发动机控制模块可以收到空调开启的请求信号但不执行压缩机工作。

14.3　只在高速时有冷气

14.3.1　压缩机皮带打滑（表 14-3-1）

表 14-3-1　压缩机皮带打滑

车辆信息	车型：2003 年款雪铁龙爱丽舍
	行驶里程：170000 公里
故障现象	空调压缩机有时不工作
故障诊断与排除	启动发动机，打开空调，压缩机工作；急速运行 5 分钟后，压缩机离合器断开；车内的 AC 开关还是显示开启状态；踩下油门加速，压缩机又开始工作，初步判断压缩机皮带过松导致 检查皮带，没有老化、没有裂纹 用手指以 50N 的力按压皮带，皮带的挠度大于 10mm，表明皮带在皮带轮上太松 调整压缩机到皮带的松紧度 试车，故障排除
案例总结	急速时，由于皮带打滑，压缩机驱动力不够；当加速时，转速升高，皮带虽然在打滑，但是仍然有足够的驱动力带动压缩机

 14.3.2　压缩机工作不良（表14-3-2）

表14-3-2　压缩机工作不良

车辆信息	车型：2003年款雪铁龙爱丽舍
	行驶里程：190000公里
故障现象	怠速时，制冷效果差；高速时，制冷好点
故障诊断与排除	检查压缩机皮带，无老化、无松动，正常 检查怠速时空调系统压力，低压为0.8bar，高压为12bar；正常范围为低压在1.0～2.5bar之间，高压在15～18bar之间；检测车辆的空调系统，压力略低 将发动机转速加到2000r/min，测得的空调系统压力依然偏低，低压为0.9bar，高压为13bar 根据检测空调系统的结果，初步判断为压缩机工作不良，需要更换压缩机总成 更换压缩机总成，试车，故障解决
案例总结	熟练使用测量工具，运用数据检修，可少走弯路

 14.4　冷风量不足，蒸发器及低压管大量结霜

 14.4.1　蒸发器或风道阻塞（表14-4-1）

表14-4-1　蒸发器或风道阻塞

车辆信息	车型：2008年款雪铁龙世嘉
	行驶里程：90000公里
故障现象	车辆行驶一段时间后，制冷不好
故障诊断与排除	车辆在使用30分钟后，制冷效果变差，而且风量也变小。此时，调整鼓风机风量的大小，能正常调整，将风量调到3挡，制冷效果有所回升；再将风量调到4挡，听到送风不畅的声音，但是2分钟后，制冷效果恢复了正常，送风量也恢复正常 初步判断是由于蒸发器表面太脏，在蒸发器出水后导致送风量减少，待风量调大，将表面的水吹干后，送风量又恢复正常 清洗蒸发器表面，试车，故障排除
案例总结	本案例的情况容易错误地理解为蒸发器温度传感器故障，在检修时要注意观察细节

14.4.2 鼓风机控制面板损坏

（1）车辆信息 · · ·

车型：众泰 Z300。发动机：1.5 升。行驶里程：121457 公里。

（2）故障现象 · · ·

鼓风机只有高速挡，其他挡位不正常，更换鼓风机电阻之后故障依旧。

（3）故障诊断与排除 · · ·

系统无任何故障码，查找电路图（图 14-4-1），可以看出鼓风机高速挡由高速继电器控制，其他挡位由调速模块控制。

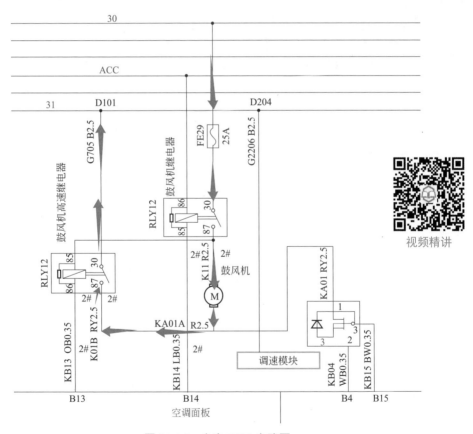

图 14-4-1 众泰 Z300 电路图

❶ 故障原因分析：

a. 鼓风机调速模块损坏；

b. 控制面板损坏；

c. 线路故障。

❷ 检查控制面板 / 调速模块线路。

如果汽车出现鼓风机只有高速挡这种情况，首先读取系统有没有相关的故障码，此车无故障码。查找电路图对调速模块进行检查，调速模块为四线，有一组为电源线（2 根），一根控制线接控制面板，还有一根接反馈信号，试灯检查电源，正常（图 14-4-2）。

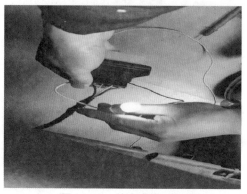

图 14-4-2　检查电源（正常）

❸ 故障点。

控制面板损坏，更换后故障解决。

（4）案例总结

检查控制面板过来的控制线，电路图上为 3 号脚。用万用表电压挡测 3 号脚的电压，同时变换旋转控制面板风量大小，万用表上电压没有变化，说明控制面板没有控制调速模块。调速模块也可以看作一个场效应管，即在控制端给一个电压，不需要经过电流，只通过电压控制，使场效应管频率加快就可以控制鼓风机的转速。直接在控制端施加一个电压，鼓风机正常工作，于是可排除调速模块损坏，那么就只有可能是线路或者控制面板损坏。检查调速模块到控制面板线路，正常，故障点就只有控制面板损坏，造成控制调速模块失去控制。

 ### 14.4.3　鼓风机线路故障一

（1）车辆信息

车型：众泰大迈 X5。行驶里程：74000 公里。

（2）故障现象

空调鼓风机不工作。

（3）故障诊断与排除

用万用表测量鼓风机电源电压为 7.47V，异常，正常电压为 12.3V；用万用表测量鼓风机电阻，正常；测量鼓风机保险，正常；测量鼓风机继电器，正常；测量保险丝盒上鼓风机继电器的 30 号脚，电压为 12V，说明保险丝盒到之前的线路无异常，问题出现在继电器 87 号脚到鼓风机中间的线路上（图 14-4-3）。

从电路图看，鼓风机线路中只有一个保险和继电器。保险与继电器在室外继电器盒上，继电器 87 线（K11）是从机舱线束到仪表线束，再到鼓风机。怀疑此线在机舱与仪表对接时有虚接现象（图 14-4-4）。

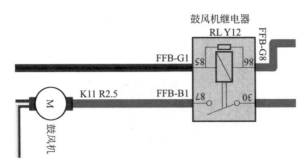

图 14-4-3　鼓风机继电器电路图

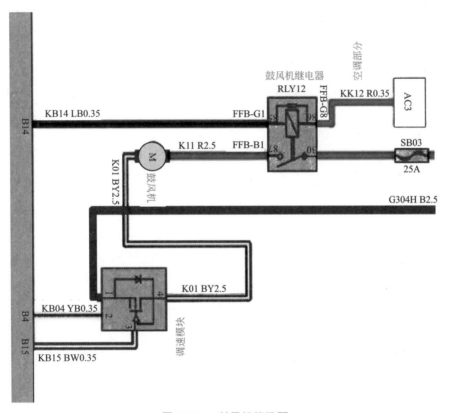

图 14-4-4　鼓风机线路图

从仪表线束图上找到 IP19 插头 4 号线为鼓风机 K11 线（图 14-4-5）。

拆除仪表台上盖，检查仪表线束 IP19 插头 4 号线 K11 端子，发现插头有虚接，针脚烧蚀。

因烧蚀情况不严重，重新固定处理，故障排除。

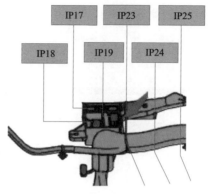

图 14-4-5　IP19 插头

（4）案例总结　••••

识读电路图，周全的检修方案，是检修电路首先要做的。

 14.4.4　鼓风机线路故障二

（1）车辆信息　••••

车型：2016 年款众泰 E300。行驶里程：26000 公里。

（2）故障现象　••••

空调鼓风机没风。

（3）故障诊断与排除　••••

检查了保险，鼓风机继电器 30 号脚有 14V 电压，86 号脚有 14V 电压，把 30 号脚和 87 号脚用一根导线短接，鼓风机仍然不转。开鼓风机开关，鼓风机继电器不吸合。把鼓风机拆下来用电瓶直接搭电，能转。

鼓风机不转的原因有：

❶ 保险丝烧了或插头虚接；

❷ 鼓风机继电器损坏，或者没有电源与控制；

❸ 鼓风机控制模块供电没有。

打开点火开关，鼓风机继电器的 86 号、30 号脚有电源，而短接 30 号、87 号脚鼓风机仍不能工作，同时短接电路图（图 14-4-6）中 1 和 2 的时候鼓风机转了，有问题。根据电路图，分析空调控制模块有问题，而空调控制模块有单独的保险丝，首要检查保险，但保险是好的，再检查空调控制模块的 1 号脚有没有电源，结果没有，说明线路断路，经过检查确实是线断了（图 14-4-7）。

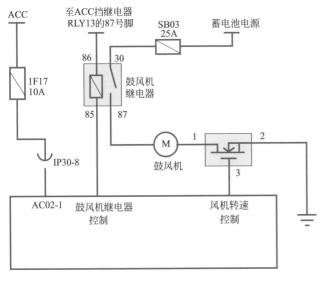

图 14-4-6 众泰 E300 电路图

图 14-4-7 故障位置

（4）案例总结

善用电路图检查线路故障，在资料不齐全的情况下，不建议对车辆进行维修。

 **压缩机不能正常自动停转**

 14.5.1 蒸发箱温度传感器故障（表 14-5-1）

表 14-5-1 蒸发箱温度传感器故障

车辆信息	车型：日产天籁
	行驶里程：63000 公里
故障现象	压缩机运转时间很短，没有达到规定温度压缩机就停止工作，除霜效果很差
故障诊断与排除	检查空调制冷剂没有泄漏，空调系统压力正常 检查空调压力开关也在正常范围之间工作 检查蒸发箱温度传感器阻值有偏差，阻值偏高；蒸发箱温度传感器为一个负温度系数的热敏电阻 更换蒸发箱温度传感器，试车，故障排除
案例总结	此故障的根本原因是蒸发箱温度传感器电阻值偏差造成压缩机工作不正常

汽车故障诊断手册

14.5.2　高压压力开关损坏（表 14-5-2）

表 14-5-2　高压压力开关损坏

车辆信息	车型：2008 年款本田飞度	
	行驶里程：53000 公里	
故障现象	车辆空调制冷系统不能启动	
故障诊断与排除	首先确认故障现象，将点火开关转至 ON（Ⅱ）位置；然后检查鼓风机，所有的转速位置都能正常工作。但是两个风扇和空调压缩机都不工作，说明空调控制单元可能存在故障	
	将点火开关转至 LOCK（0）位置，断开空调控制单元 36 针插接器，将点火开关转至 ON（Ⅱ）位置。测量空调控制单元 36 针插接器 26 号端子和车身搭铁之间电压，没有电压，说明该线路存在断路或空调压力开关故障	
	将点火开关转至 LOCK（0）位置，断开空调压力开关 2 针插接器，将点火开关转至 ON（Ⅱ）位置，测量空调压力开关 2 针插接器 1 号端子（红色）和车身搭铁之间的电压为 12V，说明 MICU 供电正常	
	使用万用表检查空调压力开关 1 号和 2 号端子之间没有导通，说明该压力开关存在故障	
	更换空调压力开关后，启动空调系统，压缩机正常工作，故障排除	
案例总结	压力开关的损坏，常见故障现象就是空调压缩机不工作	

14.6　空调制冷效果差

14.6.1　视液镜中有混浊气泡（表 14-6-1）

视频精讲

表 14-6-1　冷冻油过多

车辆信息	车型：2003 年款雪铁龙富康
	行驶里程：153000 公里
故障现象	车辆空调制冷效果差
故障诊断与排除	车辆在一个月之前因压缩机故障，更换了压缩机
	检查压缩机，正常工作
	检查空调系统压力，正常
	从干燥罐上方视液镜中观察到空调系统正常运转时有较浑浊的气泡
	初步判断为冷冻油添加过多，导致制冷效果差
	对空调系统的制冷剂重新抽空、加注，冷冻油重新排出，再添加试车，空调制冷效果恢复正常，故障排除
案例总结	冷冻油在空调系统中，一般是以液态形式存在的，并且冷冻油与制冷剂有一定的互溶性，同时冷冻油的热传导性比制冷剂差，因此当制冷剂中溶入冷冻油后，会在冷凝部分妨碍制冷剂与冷凝器管道间的热交换，形成明显的温度梯度，并且制冷剂中溶入的冷冻油越多，其热交换能力就越差，造成冷凝散热恶化

视频精讲

14.6.2　制冷剂充填过量（表 14-6-2）

表 14-6-2　制冷剂充填过量

车辆信息	车型：本田雅阁
	行驶里程：180000 公里
故障现象	打开空调时，压缩机电磁离合器时吸时不吸，怠速忽高忽低（850～1100r/min），风扇旋转正常，制冷不良
故障诊断与排除	检测压缩机电磁离合器线路，电压正常，确定不是电路故障 测量空调系统压力，结果高、低压端压力都不正常，随着怠速的变化，压力忽高忽低，且在储液罐观察镜中看不到气泡。经询问驾驶员，在充制冷剂前无此现象，于是怀疑可能是制冷剂过多。逐步吸出一部分制冷剂后，发动机转速变化时在观察镜中能看到少量气泡，加速至 1700r/min 左右时气泡消失，故障排除
案例总结	当空调系统的制冷剂注入量过多时，会降低制冷剂在系统中的流动性，引起压缩机工作失常，制冷不良，发动机怠速不稳

 14.6.3　冷凝器冷却不良（表 14-6-3）

视频精讲

表 14-6-3　冷凝器冷却不良

车辆信息	车型：别克威朗
	行驶里程：80000 公里
故障现象	汽车怠速时空调制冷效果很差，正常行驶中制冷效果比怠速时候明显改善
故障诊断与排除	连接压力表检查高、低压侧管路内的压力，发现低压侧和高压侧的压力都高，造成压力高的原因可能是制冷剂过多或散热不好 ①该车冷凝器为新更换的，可排除 ②检查发现电子小风扇在高速运转，而且是向后抽风，这表明小风扇运转正常 ③检查大风扇时发现风扇运转时往后抽的风很小，说明大风扇存在问题 更换大风扇，检查空调系统的压力，低压为 2.1bar，高压为 13.5bar，空调工作正常
案例总结	冷凝器过脏，也是空调不凉的一个原因。冷凝器在水箱的前方，两者紧挨着，它是用于给制冷剂散热的。它时常会被一些棉絮等污物堵塞，导致散热不良，进而导致制冷效果下降。洗车的时候用水枪冲洗一下即可解决

14.7 空调冷风变热风

（1）车辆信息

车型：2010年款奥迪A8L。发动机：2.8升。行驶里程：89000公里。

（2）故障现象

刚打开空调时，有冷风，但很快就不凉了，吹出的风变热。

（3）故障诊断与排除

根据该车的故障现象，对该车空调系统及相关部件进行了以下步骤的检查。

❶使用诊断电脑读取全车故障码，没有发现故障码。

❷观察压缩机工作情况，正常。

❸检查散热风扇运转情况，正常。

❹用诊断电脑读取水温数据流，一切正常。

❺连接诊断电脑读取发动机负荷以及与空调系统相关的数据流，没发现问题。

通过以上综合分析，制定由简到繁的检测原则。

首先连接上空调压力表，启动车辆，打开空调，测量空调系统压力（图14-7-1）。

视频精讲

图14-7-1　测量空调系统压力

怠速时低压压力为2.4kg/cm²（1kg/cm²=0.098MPa，下同），高压压力为14.8kg/cm²，加油门时高压不动，低压正常下降。根据空调系统的原理以及维修经验分析，空调系统可能存在以下问题：节流阀堵塞、系统内有空气、冷冻油加注量过多、散热不好等。

接下来用最直观的，大多数修理工同行都会用到的方法检测空调系统究竟哪里出问题：直接用手触摸空调系统的高压管路和低压管路（温馨提示：用手触摸高压管路时小心温度，注意别被烫伤）。发现低压管路一切正常，高压管路干燥器到蒸发箱的一段管路非常凉，根据我们对空调系统的原理了解以及实际维修经验，正常高压管路是热的，低压管路是凉的。接下来拆卸下此段非正常管路，发现节流阀过滤网被粉末状物质堵塞（图 14-7-2）。

视频精讲

图 14-7-2　节流阀过滤网堵塞

这些粉末状物质就是干燥器内的干燥剂。故障点找到了，是干燥器损坏，里面的干燥剂脱落堵塞了节流阀的过滤网。更换干燥器，清洗节流阀、空调系统管路，打压检漏，充注制冷剂，故障排除。

（4）案例总结　　　　　　　　　　　　　　　　　　　　　　　　　　　　· · ·

因为干燥器损坏，导致节流阀堵塞，所以造成空调不制冷。

汽车电脑及通信故障

15.1 发动机电脑故障

15.1.1 发动机电脑故障一

（1）车辆信息

车型：2015 年款奇瑞瑞虎 5。发动机：2.0 升。行驶里程：95281 公里。

（2）故障现象

无法启动车辆，换了曲轴位置传感器，换了凸轮轴位置传感器，故障依旧，无法启动。

（3）故障诊断与排除

连接诊断电脑读取故障码（图 15-1-1）。

❶ ABS（制动控制系统），U0073——控制模块总线关闭；U1000——CAN 总线被动错误。

❷ BCM（车身控制系统），U010087——与发动机控制模块失去通信。

❸ IMMO（防盗控制系统），U010000——与发动机控制模块（ECM）认证架通信丢失。

图 15-1-1　奇瑞瑞虎 5 发动机故障码

车身控制系统和防盗控制系统都报与发动机控制模块失去通信，则代表发动机电脑并没有工作或者 CAN 总线损坏。

先用万用表检测喷油器有没有供电，试灯和万用表都显示没有电，说明主继电器没有工作（图 15-1-2）。

图 15-1-2　测量供电电压

找到维修手册电路图进行分析（图 15-1-3）。

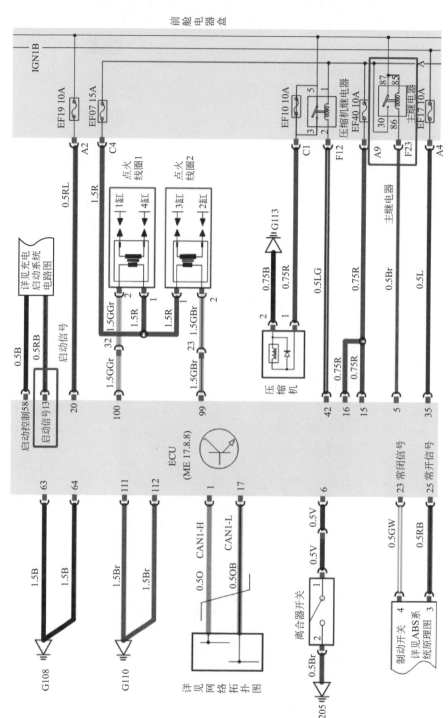

图 15-1-3 奇瑞瑞虎 5 电路图（一）

发动机控制模块（ECU）20 号针脚是蓄电池常电源，经过发动机舱保险盒的 EF19 号 10A 保险供电（图 15-1-4）。

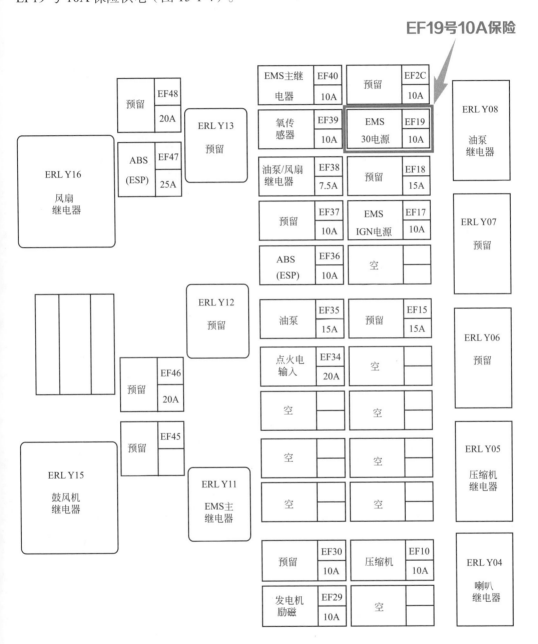

EF19号10A保险

预留	EF48 20A	ERL Y13 预留	EMS主继电器	EF40 10A	预留	EF2C 10A	ERL Y08 油泵继电器

图 15-1-4　发动机舱保险盒 EF19 号 10A 保险

发动机控制模块（ECU）35 号针脚由点火开关 IGN1 经过发动机舱保险盒的 EF17 号 10A 保险供电（图 15-1-5）。

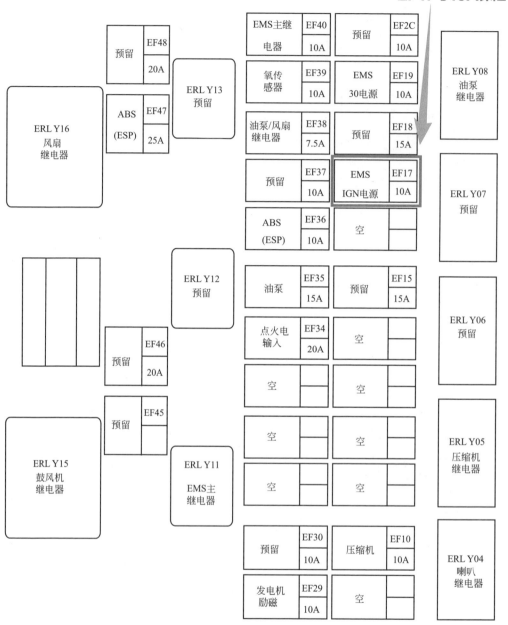

EF17号10A保险

图 15-1-5　发动机舱保险盒 EF17 号 10A 保险

主继电器 87 号和 85 号针脚是蓄电池常供电，主继电器 86 号针脚是发动机控制模块（ECU）5 号针脚负极控制，主继电器 30 号针脚是给发动机控制模块（ECU）15 号和 16 号针脚供电（图 15-1-6）。

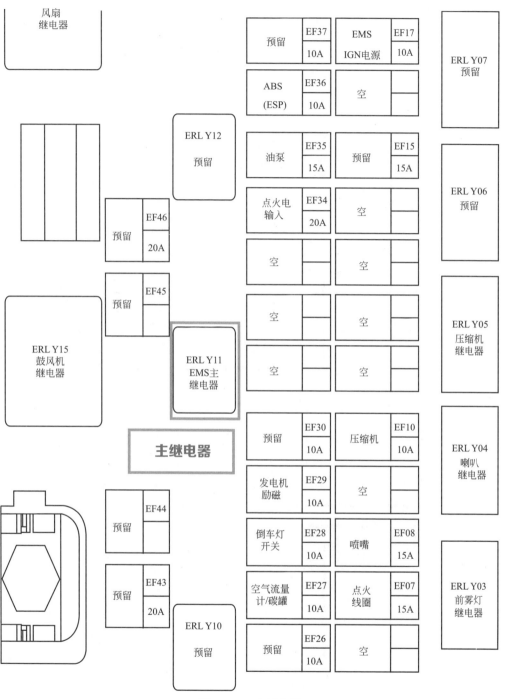

图 15-1-6　主继电器

发动机控制模块（ECU）13 号针脚是点火开关启动信号（图 15-1-7）。

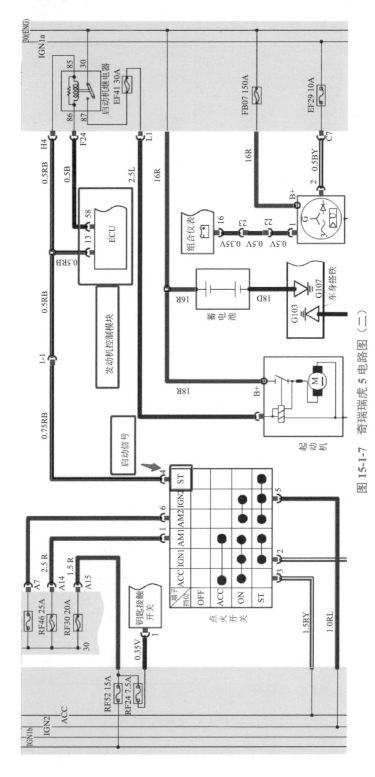

图 15-1-7 奇瑞瑞虎 5 电路图（二）

发动机控制模块（ECU）63 号和 64 号针脚是负极，搭铁点 G108。111 号和 112 号针脚是负极，搭铁点 G110（图 15-1-8）。

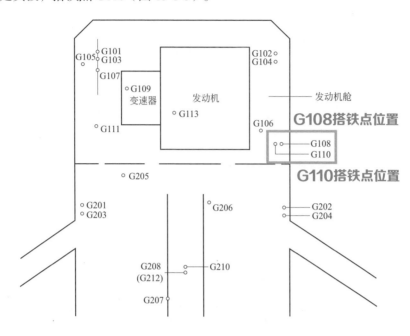

图 15-1-8　搭铁点

发动机控制模块（ECU）1 号针脚是 CAN-H，17 号针脚是 CAN-L（图 15-1-9）。导致发动机电脑无法通信的原因有：

① 发动机控制模块（ECU）20 号针脚没电或者 EF19 号保险损坏；

② 发动机控制模块（ECU）35 号针脚没电或者 EF17 号保险损坏；

③ 主继电器 87 号和 85 号针脚供电缺失或者线路损坏；

④ 主继电器 30 号到发动机控制模块（ECU）15 号和 16 号针脚接触不良或者线路损坏；

⑤ 主继电器 86 号到发动机控制模块（ECU）5 号针脚接触不良或者线路损坏；

⑥ 主继电器损坏；

⑦ 发动机控制模块（ECU）63 号和 64 号到搭铁点 G108 线路损坏或者搭铁点接触不良；

⑧ 发动机控制模块（ECU）111 号和 112 号到搭铁点 G110 线路损坏或者搭铁点接触不良；

⑨ 发动机控制模块（ECU）1 号针脚 CAN-H、17 号针脚 CAN-L 线路损坏；

⑩ 发动机控制模块（ECU）损坏。

现在对以上有可能的损坏——排除。

汽车故障诊断手册

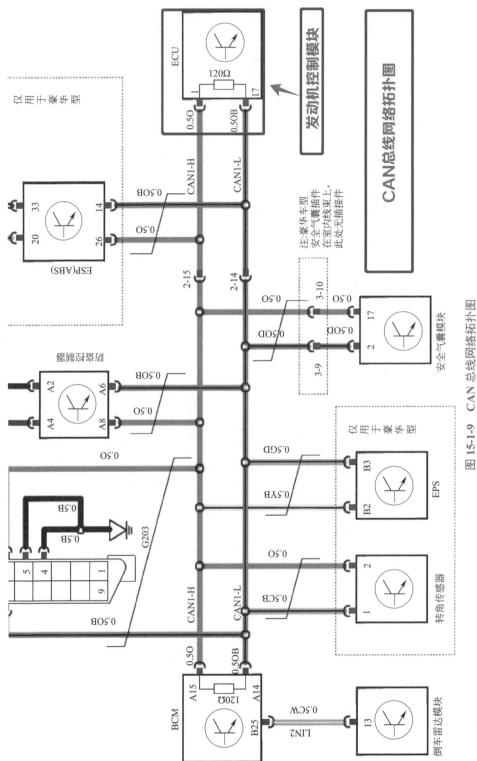

图 15-1-9　CAN 总线网络拓扑图

280

拔下发动机控制模块（ECU）测 20 号针脚，用万用表和试灯测试均有电，可以排除（图 15-1-10）。

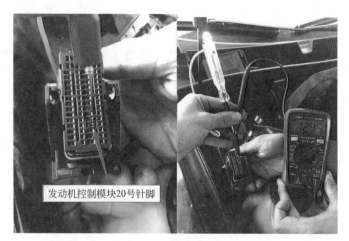

图 15-1-10　测量发动机控制模块 20 号针脚电压

再测发动机控制模块（ECU）35 号针脚，用万用表和试灯测试均有电，可以排除（图 15-1-11）。

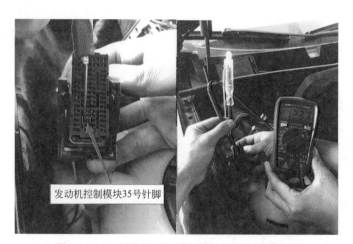

图 15-1-11　测量发动机控制模块 35 号针脚电压

插上发动机控制模块（ECU）插头，打开点火开关测量 15 号和 16 号针脚，用万用表和试灯测试均没有电，供电缺失。说明发动机控制模块（ECU）没有控制主继电器工作（图 15-1-12）。

用万用表测量发动机控制模块（ECU）5 号针脚到主继电器 86 号的线阻为 0.3Ω，正常，可以排除（图 15-1-13）。

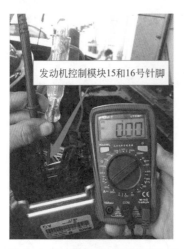

图 15-1-12　测量发机控制模块 15
和 16 号针脚电压

图 15-1-13　测量发动机控制模块 5 号针脚到
主继电 86 号的线阻

　　拔下主继电器测 87 号和 85 号常供电，用万用表和试灯测试均有电，可以排除
（图 15-1-14）。

　　用万用表测量发动机控制模块（ECU）112 号和 63 号针脚到搭铁点 G108/G110
的线阻为 0.3Ω，正常，可以排除（图 15-1-15）。

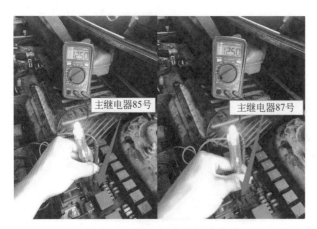

图 15-1-14　测量主继电器供电电压

图 15-1-15　测量发动机控制模块 112
号和 63 号针脚到搭铁点电阻

　　用万用表测量发动机控制模块（ECU）1 号针脚 CAN-H 电压为 2.56V，17 号针
脚 CAN-L 电压为 2.41V，电压正常，可以排除（图 15-1-16）。

　　现在基本都排除完了，就剩发动机控制模块（ECU）了。

　　拆开发动机控制模块（ECU）发现里面进了水，已经被腐蚀了（图 15-1-17）。

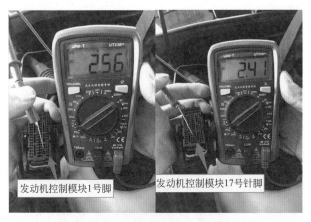

图 15-1-16　测量发动机控制模块 1 号针脚 CAN-H 电压

图 15-1-17　发动机控制模块内部进水

把发动机控制模块（ECU）内部电路板处理干净，经过检查发现刚好是发动机控制模块（ECU）5 号针脚控制主继电器 86 号，里面针脚断了（图 15-1-18）。

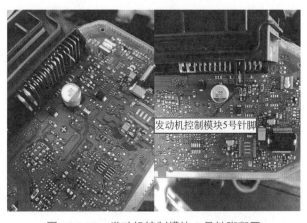

图 15-1-18　发动机控制模块 5 号针脚断开

更换发动机控制模块（ECU）5 号针脚，修复即可（图 15-1-19）。

修复5号针脚

图 15-1-19　修复断开的针脚

（4）案例总结

奇瑞瑞虎 5 这款车型的发动机控制模块（ECU），是在发动机舱右侧集雨板下面，由于时间久了，雨水慢慢渗透到发动机控制模块（ECU）里面去，久而久之，电路板里面开始慢慢氧化，才导致现在一系列的故障，无法启动。

 ## 15.1.2　发动机电脑故障二

（1）车辆信息

车型：2012 年款别克君越。发动机：2.0 升。行驶里程：94000 公里。

（2）故障现象

行驶过程中偶发熄火，熄火后机盖下保险丝盒内部主继电器乱跳，节气门翻板也一直"叭叭"乱跳响。

（3）故障诊断与排除

根据节气门翻板乱跳这个故障现象可以分析出，发动机电脑一直在频繁地重启。由此判断为发动机电脑供电范围的故障，而且属于供电虚接导致的发动机电脑供电电压不够，勉强够发动机电脑开机。但是发动机电脑开机以后，节气门会进行自检，节气门翻板动作时又拉低了发动机电脑的供电电压导致发动机电脑关机，关机以后节气门停止供电，电脑的供电电压又恢复到足够电脑开机的电压，如此循环，导致节气门翻板乱跳。而且主继电器乱跳也印证了这一点。

查找发动机电脑供电部分电路图（图 15-1-20）。

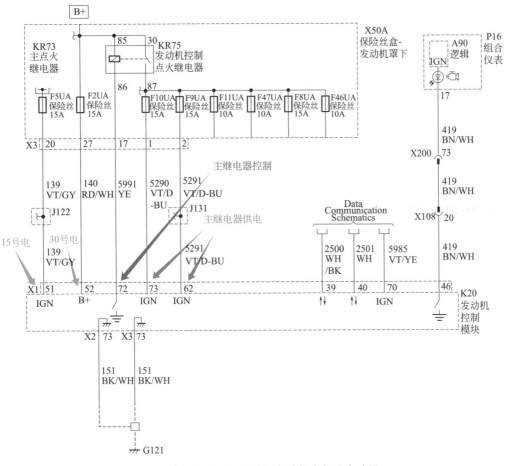

图 15-1-20　别克君越发动机电脑供电部分电路图

由于故障出现时，主继电器触点一直乱跳，所以可以推断出可能的故障点有：

❶ 主继电器本身损坏；

❷ 主继电器的线圈正极或者线圈控制故障。

使用功率试灯串在主继电器的 85 号和 86 号脚之间，试灯频繁闪烁。对电瓶负极测 85 号脚，试灯常亮；对电瓶正极测 86 号脚，试灯闪烁，说明故障范围在主继电器的线圈控制部分。

用试灯对正极测量发动机电脑 X1 插头的 72 号脚，试灯也闪烁，排除了主继电器的控制线束本身的故障点。

剩下的可能原因有：

❶ 发动机电脑的 30 号脚正极故障；

❷ 发动机电脑的 15 号脚正极故障；

❸ 发动机电脑的搭铁故障；

❹发动机电脑本身故障。

使用功率试灯配合万用表一起测量发动机电脑的 30 号脚、15 号脚供电以及所有搭铁线，结果均正常，排除外围线路故障，判断故障点为发动机电脑本身损坏。

更换发动机电脑板并编程，试车 20 公里，故障没有再出现，故障解决。

（4）案例总结

本案例中，维修技师根据故障现象快速锁定故障范围，这与平时积累的经验有关，所以在日常工作中多看、多学、多问，积累经验，增加个人阅历。

15.2 发动机控制单元故障

（1）车辆信息

车型：2012 年款荣威 350。发动机：1.5 升。行驶里程：98000 公里。

（2）故障现象

车辆加速无力，无论空挡加油或者路试发动机的转速都不会超过 2600r/min，且发动机故障灯点亮。

（3）故障诊断与排除

该车无法加速到 2600r/min 以上是因为曲轴信号故障，且发动机控制单元还存有故障码 P0321——齿缺修正次数过多（图 15-2-1）。

图 15-2-1　荣威 350 故障码

先解读一下这个故障码，要想明白这个故障的含义还是得先知道什么叫缺齿。发动机的曲轴信号是由安装在曲轴上的信号盘和曲轴位置传感器来配合完成检测曲轴信号的。一般车辆的信号盘会设置 60 个齿，其中有 2 个缺齿，缺齿是用来判断 1/4 缸上止点的。每次发动机电脑检测到了缺齿信号就能知道曲轴快要转到 1/4 缸上止点，再通过凸轮轴位置传感器来判断到底是 1 缸还是 4 缸上止点（图 15-2-2）。

那么什么叫缺齿修正呢？因为曲轴信号盘或者曲轴信号的制造公差，所以曲轴信号和凸轮轴之间的信号相对位置可能会有误差。那么为了解决这个问题，发动机电脑会实时学习修正这个误差，且更换了信号盘或者传感器后可能还要做齿讯学习，以学习信号误差。

那么这辆车为什么会报这个故障码呢？根据前面讲的原理，我们知道发动机电脑如果检测到了缺齿位置不对就会修正，且修正得过多就开始报故障码，缺齿位置不对可能是信号盘变形，或者信号齿在安装时由于安装不当翘坏了。

还有，曲轴传感器一般有两种：一种是磁电式；一种是霍尔式。下面简单阐述下两种传感器的原理。

（1）磁电式

磁电传感器是一种无源传感器，它就是在一个永磁铁上绕上很多漆包线，然后引出两个电极。信号盘转动的时候，就会导致传感器的磁通量发生变化。那么传感器的线圈就会产出感应电动势，这个电动势的电压是随着信号盘的转动而增大的，且信号波形是一个标准的正弦波（图 15-2-3）。

图 15-2-2　曲轴信号盘

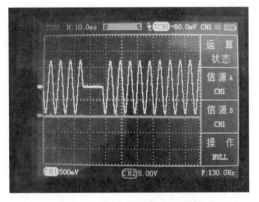

图 15-2-3　磁电式曲轴传感器波形

（2）霍尔式

霍尔式曲轴位置传感器是有源传感器，需要给传感器供电。传感器有三根线：

❶ 第一根是电源线，为 5V 供电或者 12V 供电；

❷ 第二根是负极线，由发动机电脑板提供；

❸ 第三根是信号线，是来自发动机电脑板的 5V 供电。

传感器工作原理是，传感器内部有一个三极管，三极管的集电极接着信号线（5V），发射极接地。当齿尖靠近传感器的时候，三极管导通，此时信号电压被拉低到 0V。当齿深靠近传感器的时候，三极管不导通信号，电压依旧是 5V。所以信号盘不断地转动就会出现 5V、0V、5V、0V 不断变化的电压（图 15-2-4）。

视频精讲

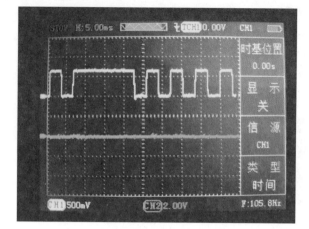

图 15-2-4　霍尔式曲轴位置传感器波形

　　根据以上原理分析，我们知道了故障码产生的机理。所以对于这种故障，分析可能会有以下几个故障点：

❶ 信号盘缺齿变形导致缺齿不合理；

❷ 传感器损坏导致缺齿不合理；

❸ 线路虚接，导致信号电压低于极限值 4.8V，电脑认为缺齿过多；

❹ 电脑板内部故障导致信号线电压不够；

❺ 传感器间隙过小导致三极管始终轻微导通，使信号电压不够 4.8V。

接着看一下测得的故障车波形（图 15-2-5）。

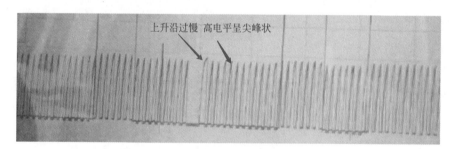

图 15-2-5　故障车曲轴位置传感器波形

　　通过波形以及故障现象，发现该车的曲轴信号与标准的霍尔信号有很大区别：

❶ 信号上升沿变慢，不能快速恢复高电平；

❷ 信号的高电平因为电压上升慢已经出现尖峰；

❸ 随着发动机的转速升高，高电平电压在下降。

通过波形分析，怀疑该车：

❶ 传感器故障（内部三极管关断不彻底）；

❷传感器到电脑线路虚接导致电流跟不上，频率大了电压上升慢；

❸传感器与信号盘间隙小了；

❹电脑板内部虚接，或者电源 IC 损坏，导致信号线电流跟不上。

信号盘已检查，无变形现象；线路检测正常，没有虚接；传感器已更换，波形都一样。

所以，最后把目光放在了电脑板上面，为了验证这个故障，用以下方案检测。

因为故障点处信号线电流不够，那么使用 1kΩ 电阻把传感器的 5V 电源短接到信号线上，这样信号线电压在三极管没有导通的时候等于电源电压，如果三极管导通也会把信号电压拉低为 0V。三极管再次截止的时候，因为有电源电压的助力，所以信号电压就可以快速恢复到高电平，理论上这样就可以排除故障了。

根据图纸连接电路（图 15-2-6）。

经过一番折腾，找电阻，焊电阻接线，40 分钟后全都搞定了。尝试着车，着车成功！踩下加速踏板，转速升到 4200r/min！

更换发动机电脑，试车，故障排除。

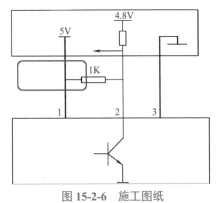

图 15-2-6　施工图纸

（4）案例总结

通过本案例可以看出，越是疑难故障越是考验基本功，所以维修技师一定要重视汽车各个系统各个传感器、执行器的基础原理学习。

15.3　CAN 对地短路

（1）车辆信息

车型：2015 年款宝骏 560。行驶里程：56210 公里。

（2）故障现象

车主停车买点东西回来车子打不着了，仪表可以点亮，打车第一下车可以着，但是 1 秒后就熄火。

（3）故障诊断与排除

打开钥匙状态下对 OBD 插头进行测量：4-5 为搭铁，测量值为 0V；16 号线为电源，测量值为 12V；6 号线对地测量电压为 0V；14 号线对地测量电压为 0.37V；CAN 电压过低（图 15-3-1）。

关闭电源等待一段时间后测量 6-14 针脚的电阻为 58.9 欧姆，CAN 线电阻正常（图 15-3-2）。

图 15-3-1　测量电压　　　　　　　　　图 15-3-2　测量 6-14 针脚的电阻

电阻正常，电压低，判断是不是 CAN 线短路到地拉低的电压值，所以在钥匙关闭、电源断开的情况下分别测量 6-14 针脚对地阻值。其中 6 号针脚对地 20.2 欧姆，14 号针脚对地 79.2 欧姆，正常值为无穷大。判断为 CAN-H 短路到地，拉低了通信电压（图 15-3-3）。

视频精讲

图 15-3-3　测量 6-14 针脚对地电阻

总线瘫痪的原因在于 CAN 线对地短路低，无法建立起正常通信电压，可能的故障点有模块内部对地短路，或者线路对地短路。现在将故障点转换成一个方便观察的现象，下一步操作就是通过断开模块看 6 号针脚对地电阻是否恢复无穷大即可。那么此车的 CAN 线上所搭载的模块有哪些呢？查看其网络拓扑图（图 15-3-4）。

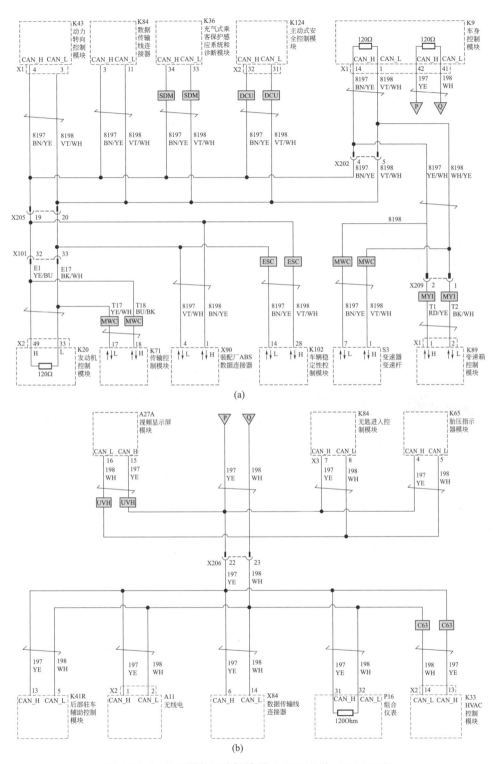

图 15-3-4　数据通信网络拓扑图（CAN 总线 -LV3/LV4）

图 15-3-5　测量 6 号和
14 号针脚电阻

该车有两路 CAN 线，车身电脑起到网关的作用，OBD 接口的 6-14 号针脚在车身电脑与仪表这路 CAN 当中。根据拓扑图给的信息可知，这路 CAN 线上有：车身电脑，无钥匙进入模块，胎压显示模块，后驻车辅助模块，HVAC 控制模块，无线电，多媒体模块，仪表。分别断开模块并观察 6 号针脚对地电阻。

在断开仪表和车身电脑后测得 6 号针脚电阻为 34.6 欧姆，14 号针脚电阻为无穷大，还是有地方断路（图 15-3-5）。

在最后断开多媒体模块后，6 号针脚对地电阻消失。插回其他模块。6 号、14 号针脚电压恢复到 2.6 ～ 2.4V，故障消失。

更换多媒体模块，故障排除。

（4）案例总结

本案例是由于多媒体模块故障导致，维修技师逐个模块排除，最终找到故障位置。

15.4 CAN 对正极短路

（1）车辆信息

车型：2016 年款大众波罗。发动机：1.6 升。行驶里程：48000 公里。

（2）故障现象

无法启动。

（3）故障诊断与排除

解码器只能进到电子中央电器系统和网关系统，网关报传动系数据总线损坏。

根据电路图画出驱动 CAN 拓扑图（图 15-4-1）。

拔掉网关 J533 的 T73b 插头，测量 18 号与 19 号脚之间的电阻为 61 欧姆，说明终端电阻正常。

对地测量 18 号与 19 号脚的电压，分别为 11.89V 和 12.25V，而且可以点亮功率试灯，说明 CAN 总线有对正极短路的地方。

接下来挨个拔掉驱动 CAN 总线上的模块，如果拔掉某个模块以后，驱动 CAN 总线的电压恢复正常，说明就是这个模块内部短路。但是把这辆车所有的模块都拔掉以后，总线上的电压仍然是 12V 左右，说明是总线本身对正极短路。检查线路发现该车改装的导航，改装人员错把 ACC 与 CAN 线接短路了。

恢复好改装的线路，CAN 总线电压恢复正常，所有模块恢复通信，车辆启动正常，故障解决。

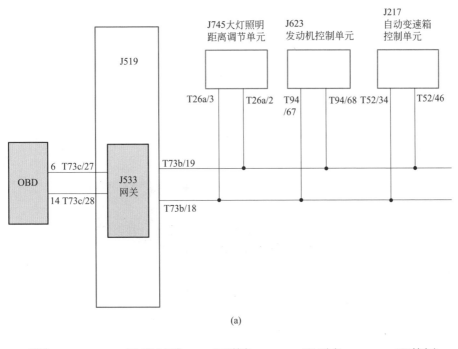

(a)

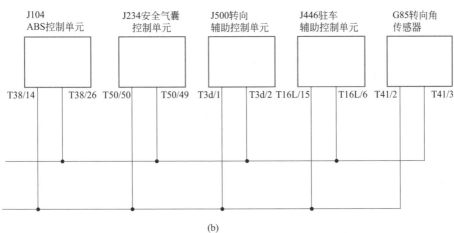

(b)

图 15-4-1　大众波罗驱动 CAN 拓扑图

（4）案例总结

本案例的故障是由人为造成的，由于改装技师对线路不熟悉导致接错线，这是一个很低级的失误。日常的维修作业中，在接线前必须先找电路图确认，才能避免造成更大的损失。

15.5 多媒体打不开

（1）车辆信息

车型：2014 年款奥迪 A6L。发动机：2.5 升。行驶里程：68000 公里。

（2）故障现象

启动车辆发现 MINI 系统功能打不开，显示屏不工作。

（3）故障诊断与排除

使用 431 读故障码为 U104900——光纤数据总线 - 断路（图 15-5-1）。

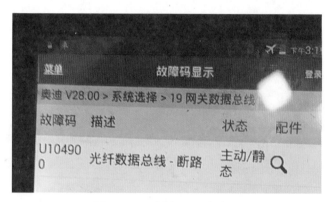

图 15-5-1　奥迪 A6L 故障码

首先简单了解 MOST 总线，它是一种用于多媒体数据传输的网络系统，而传输的介质为光纤，具有导线少、重量轻、传输速度快（最快可达 22.5Mbit/s）等特点。MOST 总线可将音响设备、电视、全球定位系统以及电话等设备相互连接起来，实现集中控制，模块与模块之间的信息传递是有秩序的，也就是出厂时就设置好的，顺序不能出错，其模块之间的结构为环形。

通过资料，找到 MOST 的结构图（图 15-5-2），可知道它们之间的关系。首先检查音响，找到音响功放模块，在后备厢左侧护板，拔了光纤插头，打开钥匙的时候测，发现没有光源，明显输入有问题，正常情况下有一根光纤是会发红光的（图 15-5-3 和图 15-5-4）。

检查 J533，同样的方法测试，发现也没有光源，即可说明 J533、J525 都没有收到 MOST 上的信息。

同时留意了一下网关，发现打开钥匙的时候，会发出光，而它的光源直接就是到 J794 的，这时把刚才拔的插头全部插回去。

检查 J794 从网关出来的光源有没有到，拔掉光纤插头发现有光源。

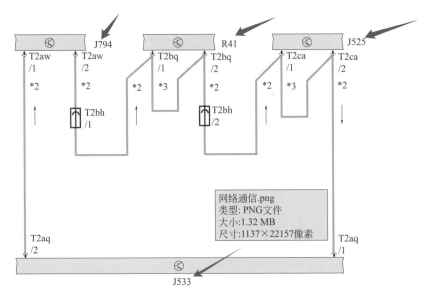

图 15-5-2　奥迪 A6L 电路图

J525—数字式声音处理系统控制单元；J533—数据总线诊断接口；J794—电子通信信息设备 1 控制单元；R41—CD 转换盒；T2aq—2 芯插头连接；T2aw—2 芯插头连接；T2bh—2 芯插头连接，左侧仪表板下方的继电器；T2bq—2 芯插头连接；T2ca—2 芯插头连接；*—截至 2014 年 9 月；*2—光纤（LWL）；*3—依汽车装备而定

图 15-5-3　检查信号（没有光源，不正常）

图 15-5-4　正常时有光源

　　于是就缩小了故障范围，为了验证 R41 有没有收到光源，检查仪表里的一组光纤，检查是否相通，拔了 J794 和仪表的光纤，随后用手机照 J794 的光纤插头，可以看到仪表光纤有一根有光源，正常。

　　这时把 J794 光纤插头插回去，打开钥匙，发现仪表光纤没有光源，把 J794 的光纤插头短接，这个时候仪表有了光源，表明 J794 没有传出信号，随后确定供电，都没问题，即可说明是其损坏导致系统瘫痪（图 15-5-5）。

　　这辆车的 MOST 总线的拓扑图，根据汽车配置的不同，控制单元数量也不同，由网关、J794、仪表、J525 组成，在没有专检的情况下只能根据土办法检查，所以了解原理很重要。修好之后装好着车测试，MINI 可以正常使用，问题解决。

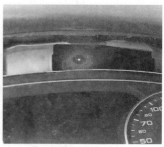

图 15-5-5　检查仪表光纤

（4）案例总结

现在很多高端车娱乐系统的总线都是用光纤通信的，光纤是一个闭环的网络拓扑，其中任何一个模块坏了都会导致整个系统不工作。而一般的专用系统中有光纤环形测试功能，可以直接测试到哪一个模块断路。如果没有专用电脑也可以用一个光纤短接头去替代原车模块逐个短接，除了主机以外其他模块如果坏了导致整个系统无法开机，那么使用光纤短接头短接就可以使系统恢复正常工作。

15.6 主驾驶座椅调节模块异常

图 15-6-1　保时捷卡宴故障码

（1）车辆信息

车型：2014 年款保时捷卡宴。行驶里程：58674 公里。

（2）故障现象

主驾驶座椅调节模块没反应。

（3）故障诊断与排除

根据故障码分析，多个模块与主驾驶座椅控制单元失去通信，这个时候就要找共性，故障码指向主驾驶座椅控制单元。

首先检查电源，经检测模块没电源（图 15-6-1）。

根据电路图检查保险丝，25 安的保险丝换位了，导致主驾驶座椅控制单元供电没有。

将 25 安的保险丝重新安装，故障排除。

（4）案例总结

分析有可能之前维修过保险盒，安装保险丝的时候忘记了最初的位置，从而导致故障的发生。

15.7 空调通信线路故障

（1）车辆信息

车型：2006 年款别克君威。发动机：2.4 升。行驶里程：139845 公里。

（2）故障现象

客户反映维修空调不制冷，前几天下暴雨车子过水后仪表中控台面板黑屏，过了一会儿就好了，怀疑哪里进水了。

（3）故障诊断与排除

接上诊断电脑，读取发动机控制模块故障码，如图 15-7-1 所示。

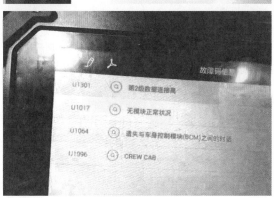

图 15-7-1 别克君威故障码

❶ U1153——与温度控制面板通信中断。

❷ U1301——第 2 级数据连接高。

❸ U1017——无模块正常状况。

❹ U1064——遗失与车身控制模块（BCM）之间的对话。

看到了这几个故障码，有了思路方向，知道哪里出现了问题，先找到维修手册电路图（图 15-7-2）。

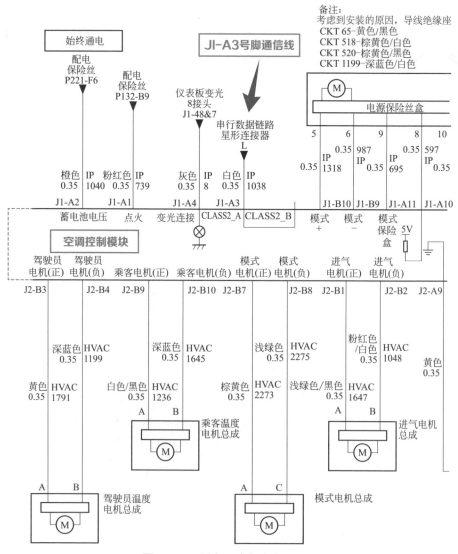

图 15-7-2　别克君威电路图（一）

空调控制模块 J1-A3 号脚（白色线）从数据连接器 L 端子进入，数据连接器 A 端子出去到 OBD 诊断接口 2 号脚（紫色线），同时 OBD 诊断接口 2 号脚（紫色线）与发动机控制模块、音频视频接口开关模块、收音机、防抱死控制模块、充气式保护装置、组合仪表、CD 显示器、抬头显示器、空调控制模块、车身控制模块通信（图 15-7-3）。

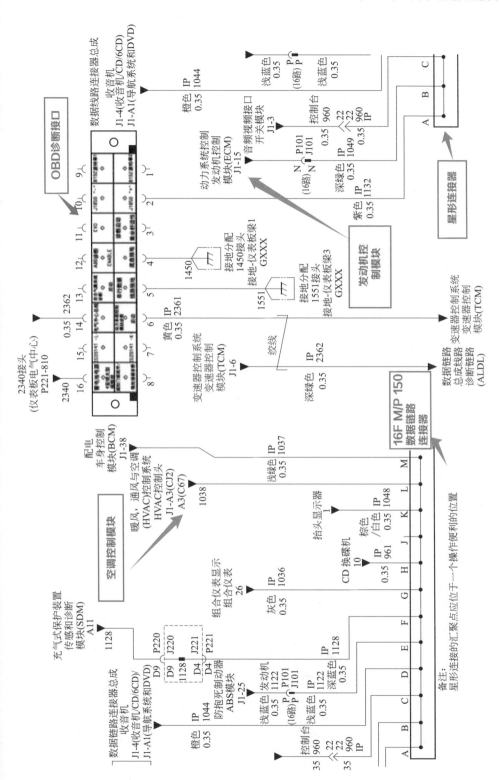

图 15-7-3　别克君威电路图（二）

导致与空调控制模块失去通信的故障：

❶ 数据链连接器 L 端子（白色线）与空调控制模块 J1-A3 号脚插头虚接或断路；

❷ 空调控制模块损坏；

❸ 故障码报的是与空调控制模块失去通信，如果是 OBD 诊断接口 2 号脚（紫色线）断路，会与发动机控制模块都会失去通信。

用万用表电阻挡测量 OBD 诊断接口 2 号脚（紫色线）到空调控制模块 J1-A3 号脚（白色线），两边线路不通，跨接线是短接好的。

判断问题可能出在串行数据连接器，在驾驶室左下方（图 15-7-4）。

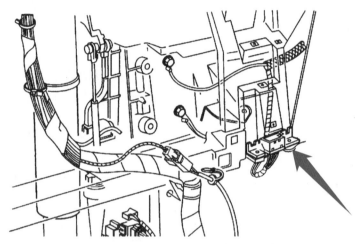

图 15-7-4 安装位置（仪表板安装架下方）

在驾驶室左下方找到了串行数据连接器，发现串行数据连接器 L 端子（白色线）针脚已经退出来了，问题就在这了（图 15-7-5）。

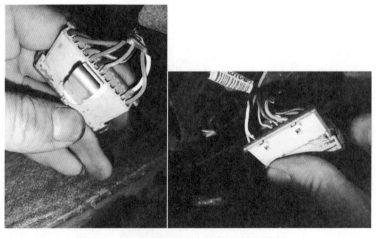

图 15-7-5 故障位置（在串行数据连接器）

修复好数据连接器 L 端子（白色线）退出来的针脚，试车，空调控制模块可以进去了，空调也可以工作了。

（4）案例总结

这个故障不一定就是下雨天过水后造成的空调压缩机不工作，应该先了解空调压缩机启动的前提条件，如果空调压缩机启动的前提条件没有达到，发动机电脑（ECU）是不会控制压缩机继电器工作的。

本案例故障原因就是，空调控制模块已经和发动机电脑模块失去通信，发动机电脑（ECU）并不知道空调是否开启，也监测不到蒸发箱的温度，发动机电脑（ECU）就不会去控制压缩机继电器工作。

视频精讲

视频精讲

视频精讲

视频精讲

汽车防盗故障

第**16**章

16.1 检测不到钥匙

（1）车辆信息

车型：2009 年款雪佛兰科鲁兹。发动机：1.8 升。行驶里程：125987 公里。

（2）故障现象

有遥控功能，启动车辆无反应，启动的时候仪表显示未发现遥控钥匙（图 16-1-1）。

图 16-1-1　故障车辆仪表显示

（3）故障诊断与排除

使用电脑诊断仪读取故障码（图 16-1-2）。

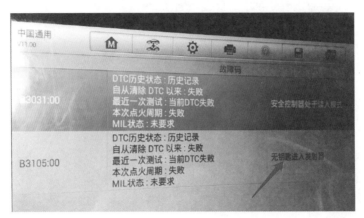

图 16-1-2　雪佛兰科鲁兹故障码

首先通过故障码分析故障点，导致此故障的可能原因有钥匙本身故障，或者低频天线故障，因为类似这种智能钥匙，在汽车左前门、仪表台中部、右前门、后备厢，都会有低频天线，主要作用就是检测智能钥匙是否在车内，如果检测到在车内，可以启动车辆！咨询车主，说之前配过钥匙，当时怀疑钥匙可能有问题，因为这辆车的钥匙是智能的，内部带钥匙芯片，于是重新更换一把原厂钥匙，匹配之后故障解决。

（4）案例总结

在解决故障的时候，作为维修技师，必须了解故障的前前后后。通过这个案例，进一步了解到智能钥匙的重要性，很多故障都是由配件的质量问题引起的。

16.2　防盗数据丢失

（1）车辆信息

车型：2015 年款江淮瑞风 S3。行驶里程：55287 公里。

（2）故障现象

无法着车。

（3）故障诊断与排除

江淮瑞风 S3 打不着车，故障码为 P1612——Challenge 请求失败（图 16-2-1）。

图 16-2-1 江淮瑞风 S3 故障码

故障码的定义是，当钥匙置于 ON 位置且发动机没有启动时，防盗器会发送两次信息给发动机控制单元，当发动机控制单元第一次接收不到来自防盗器的信号时，会出现此故障。

可能原因有两点：

❶ 防盗器至发动机控制单元之间的电路开路；

❷ 防盗器控制器或者发动机控制单元针脚弯曲或者腐蚀。

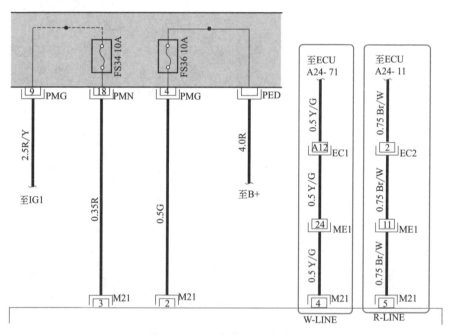

图 16-2-2 江淮瑞风 S3 电路图

测量防盗盒到发动机电脑之间的线路，没有短路和断路，针脚也都正常，没有问题。

进入防盗系统匹配所有系统，显示防盗系统锁止。进入防盗系统选择防盗盒复位，重新进行防盗匹配，防盗盒匹配成功，直接启动着车。

（4）案例总结　　　　　　　　　　　　　　　　　　　　　　　• • • •

意外的断电或者短路都可能造成防盗数据的丢失，在维修作业中要注意避免发生这类情况。

防盗匹配错误

（1）车辆信息

车型：2012 年款海马骑士。发动机：2.0 升。行驶里程：98000 公里。

（2）故障现象

车辆打不着车，更换过一个防盗盒。

（3）故障诊断与排除

使用电脑诊断仪读取故障码，如图 16-3-1 所示。

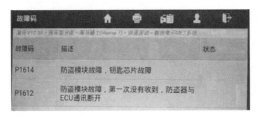

图 16-3-1　海马骑士故障码

这辆车装配的是上海交通实业公司生产的防盗盒，更换防盗盒后需要进行匹配，同步发动机电脑之后再匹配钥匙。经询问车主只匹配了防盗盒。

重新匹配发动机电脑跟钥匙后，故障解决。

（4）案例总结

本故障是由于对防盗匹配的操作流程不熟悉造成的，所以维修技师应加强对各个系统知识的学习和积累。

防盗控制器故障

（1）车辆信息

车型：2010 年款一汽奔腾 B50。发动机：1.6 升。行驶里程：245689 公里。

（2）故障现象

车辆间歇性熄火，有时候熄火后再启动车辆，就打着了，有时候放在停车场就突然打不着了，现在是彻底打不着了。

（3）故障诊断与排除

> > >

故障车辆起动机能转，但是打不着车，且防盗灯点亮（图 16-4-1）。

用诊断仪读取故障码，发动机的系统进不去，同时防盗系统有故障码 B060——鉴定失败：没有使用权，故障码含义就是防盗未认证通过（图 16-4-2）。

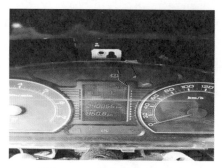

图 16-4-1　故障车防盗灯点亮

图 16-4-2　一汽奔腾 B50 故障码

进不去发动机系统的原因分析：

❶ 发动机控制单元损坏；

❷ 发动机控制单元的供电电源搭铁有问题；

❸ OBD 诊断接口到发动机控制单元之间的诊断线短路或者断路。

防盗故障码的原因分析：

❶ 钥匙芯片问题；

❷ 防盗控制盒本身问题或者防盗数据丢失；

❸ 发动机控制单元没有工作；

❹ 发动机控制单元没有工作的原因是没有电源和搭铁，从而导致与防盗控制盒之间没有防盗数据验证。

很显然发动机系统进不去，防盗灯点亮，不能着车。这些故障都是因为发动机电脑没有工作导致的，所以需要检查发动机电脑的供电以及通信线路。

根据发动机控制单元工作策略：当发动机控制单元接收到 ACC 电源和主继电器闭合后输入进来的电源才能使发动机控制单元开机也就是使其工作，会给各个传感器供电（图 16-4-3）。

根据电路图测量发动机控制单元 4 号脚有 ACC 控制 12V 电源；测量主继电器的 1 号脚也有 ACC 控制过来的 12V 电源；测量发动机控制单元 9 号脚也有 12V 电源；测量发动机控制单元 27 号脚，也就是主继电器闭合后输入过来的电源，没有 12V 电源；短接主继电器 3 号和 4 号脚，有输出 12V 电源过来；发动机控制单元 27 号脚也有 12V 电源，说明 3 号脚从主继电器 30A 保险丝过来的是有电源的，那么问题出现在主继电器的负极上没有负极回路，要么是主继电器损坏。为此单独给主继电器提供一根负极线，主继电器是可以闭合的，说明主继电器没有损坏，问题出现在负极线上搭铁点 7 号脚，如图 16-4-4 所示。

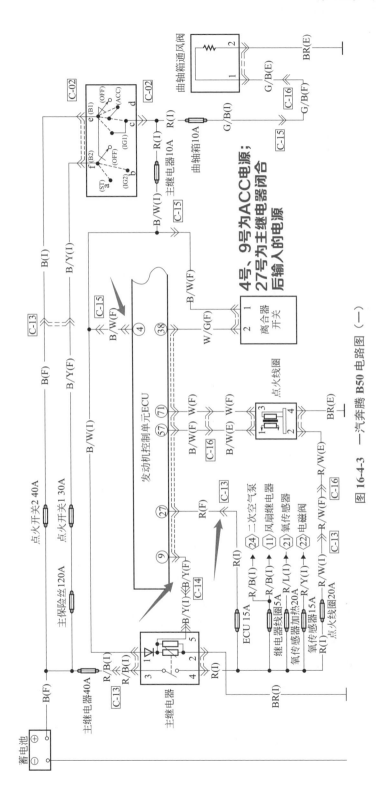

图 16-4-3　一汽奔腾 B50 电路图 （一）

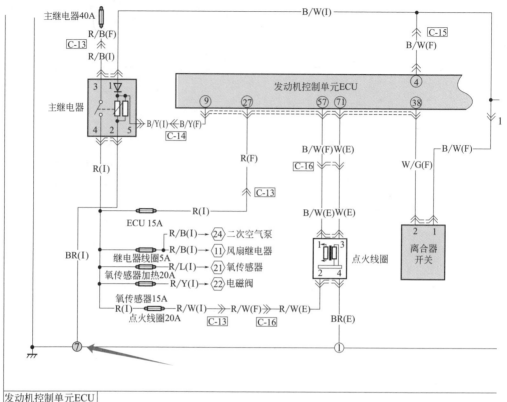

图 16-4-4　一汽奔腾 B50 电路图（二）

　　查找 7 号搭铁点，发现固定螺栓松动了，处理搭铁点，打开钥匙时主继电器能正常闭合了，发动机控制单元 27 号脚有 12V 电源。测量进气压力传感器、水温传感器以及凸轮轴位置传感器都有供电电源，说明发动机控制单元已经工作了。但还是不能启动车辆，仪表依然显示防盗灯闪烁，读取发动机系统是否有故障码储存，显示无故障；读取防盗系统是否储存故障码，发现还是和之前读取的故障码一样的，B060——鉴定失败：没有使用权。发动机电脑板已经工作了，且发动机没有故障码储存，那么问题应该出现在防盗控制器本身，但能进入防盗控制器读取故障码说明防盗控制本身的供电电源以及搭铁是好的，问题就是防盗控制器本身了。为了验证防盗控制器是损坏的，测量了防盗控制器的电源搭铁均为正常，查阅电路图（图 16-4-5）。

　　测量防盗控制器 A1 号脚，主继电器保险丝过来的电源有 12V 供电；测量防盗控制器 A5 号脚，从点火开关过来的也有 12V 电源；测量防盗控制器 A4 号脚为接地线，接地良好，那就是防盗控制器本身问题了，重新给防盗控制器刷写数据，匹配钥匙成功过后，启动车辆，一切正常，路试 10 公里，故障解决。

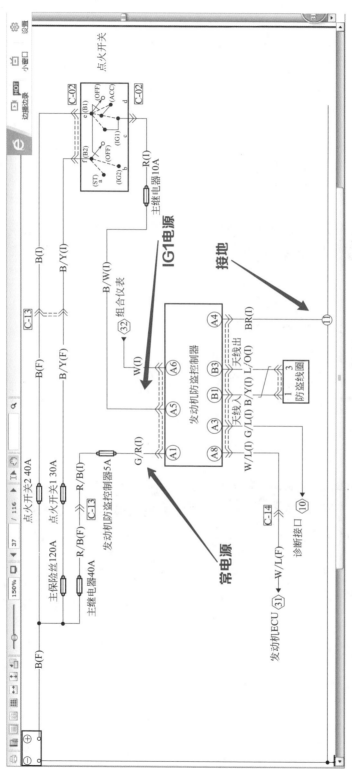

图 16-4-5　一汽奔腾 B50 电路图（三）

（4）案例总结

大家在看到这辆车的发动机供电逻辑的时候，应该发现一个不一样的地方。一般车都是发动机控制单元有常正极和常负极，然后接收到了一个 ACC 供电再去控制主继电器闭合。主继电器闭合过后，会给发动电脑供电。同时还会给喷油嘴点火线圈等供电。而这辆车却不是，它的主继电器闭合时由 ACC 直接控制，控制主继电器闭合的同时再去给发动机电脑供电。

再有，奔腾 B50 使用的发动机防盗系统是集成防盗系统，这种系统常会出现数据丢失的情况。数据丢失，就需要使用编程器给模块重新刷写一套好的数据，再匹配防盗系统。希望今后大家在遇到类似故障的时候可以借鉴。

 防盗系统线路故障

（1）车辆信息

车型：2009 年款雪铁龙世嘉。发动机：1.6 升。行驶里程：185689 公里。

（2）故障现象

起动机可以带动发动机转，诊断仪读取故障码，有许多故障码，而且雨刮一开钥匙就开启，不受开关控制。

（3）故障诊断与排除

使用电脑诊断仪读取故障码，如图 16-5-1 所示。

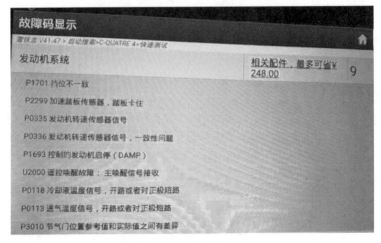

图 16-5-1　雪铁龙世嘉故障码

汽车不能启动的原因有很多，如：

❶电池电压不足；

❷电脑板或 BSI 损坏；

❸点火线圈或者喷油嘴电路有问题；

❹汽车防盗系统异常。

车辆之前配过钥匙，车主反馈就是下雨天之后就打不着车，起动机能正常带动发动机，首先排除电池、起动机的故障，随即从故障码入手。故障码有好多个，其中发现有转速传感器信号故障码，假如说转速传感器有问题，有的车会无法启动，有的车会启动延迟，为了进一步确认，检查转速传感器的电源。

两根线电压都是 2.5 伏，表明供电正常，且属于磁电式曲轴位置传感器，进一步测量阻值，为 680 欧姆左右，在合理范围内。用交流电压挡测启动的时候，传感器的信号电压为 1.5 ～ 2V。检查发现有喷油信号，没点火信号，即可表明电脑板收到转速信号了（图 16-5-2）。

使用电脑诊断仪进入发动机系统读取数据流，发现在启动的时候，读不到发动机转速，仪表上面的转速表也没跳动，正常情况是会有变化的。有喷油信号，没控制点火，有可能是电脑板或者电路存在异常，还有一种可能就是电脑没控制喷油。

首先确定点火线圈供电负极没问题，使用试灯去检测，在打开钥匙的时候，夹负极测两根信号线可以点亮试灯，表明控制信号线与初级线圈没问题。将功率试灯拔掉，夹子夹正极，用试灯测信号线，启动发现 LED 试灯不闪，则说明电脑板损坏，无法控制防盗系统。

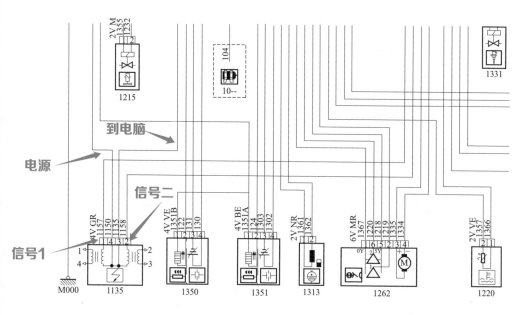

图 16-5-2 雪铁龙世嘉电路图（一）

检查防盗是否正常，这时才发现真正的问题，防盗被锁止了（图 16-5-3）。

防盗系统锁止的原因大概有这几个：

❶ 钥匙不合法；

❷ 防盗系统故障；

❸ 电脑板收到的防盗验证码不对。

图 16-5-3　显示器报故障

首先了解世嘉采用的是 ACD2 防盗装置，ADC2 防盗核心思路为锁闭发动机 ECU，发动机电脑板由钥匙（应答器、俗称防盗芯片）、转换模块组件、BSI 组成防盗终端，防盗系统的各种密码都存储在其中。钥匙应答器工作是需要供电的，而电源则来自于钥匙开关上的一组线圈，当点火钥匙打开时线圈通电，由于磁场的变化，钥匙应答器可以得到一个微弱的感应电动势，电流很小，却足以让应答器芯片工作。

根据防盗原理，首先检测钥匙芯片是不是好的，或者检查试读线圈（自行制做）有没有信号发出。如图 16-5-4 所示。

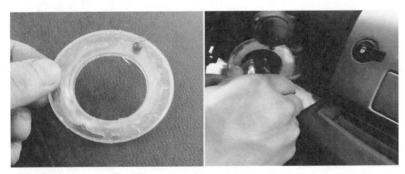

图 16-5-4　自制的检测工具

结果发现钥匙芯片是好的，而做好的试读线圈检测不到信号，正常车辆在打开钥匙的时候，LED 试灯会亮，则表明有信号输出，而故障车没有信号输出。有可能是试读线圈损坏，或者 CVOO 供电异常。首先检查试读线圈是否断路，测其阻值为 2.3 欧姆，没问题；再检查 CVOO 的供电，正常；检查负极，却没负极；根据线路找搭铁，发现其搭铁线断了（图 16-5-5 和图 16-5-6）。

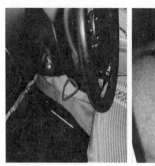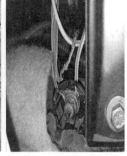

图 16-5-5　搭铁线断开

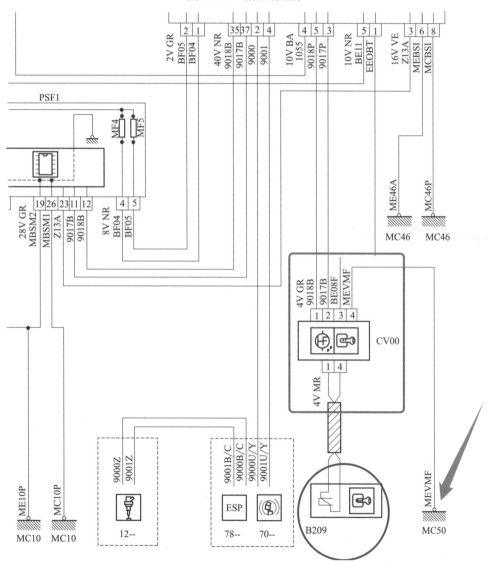

图 16-5-6　雪铁龙世嘉电路图（二）

修复断开的线束，故障排除。

（4）案例总结

虽然本次故障最终解决了，但是走了不少弯路。其根本原因在于没有仔细分析发动机所报出的故障码，所以才导致这个故障诊断过程一波三折。其实最早在发动机的故障码中就有一条 P0193 故障码，这条故障码的含义实际就是没有接收到防盗验证信息。

其实这也是很多修理工的弱点，认为汽车防盗系统就是电子钥匙，实际上汽车防盗系统是汽车上的一套电子装置。如果防盗系统出现故障，发动机就不能启动且会储存关于防盗的故障码，所以只要按照常规电路检查方法去检查就可以了，前提是需要对这套电子装置有一定的了解。根据多年的维修经验，大部分防盗系统故障都出现在以下几个地方：

❶ 防盗芯片丢失（客户私自拆开了钥匙，遗失了芯片）；

❷ 电子防盗模块（IMMO）系统电源故障；

❸ 电子防盗模块的通信类故障。

所以只要认真检查上述问题，一般都可以发现故障所在位置，而对于匹配的问题则不用担心，因为正常情况下防盗系统都是不需要匹配的，除非丢失了数据或者更换了新的电子设备。

16.6 无钥匙进入系统故障

（1）车辆信息

车型：2014 年款福特翼搏。行驶里程：125384 公里。

（2）故障现象

遥控器功能失效，遥控闭锁和解锁都不能使用，以及无钥匙进入一键启动也不能使用，必须应急打开钥匙才能启动车辆。

（3）故障诊断与排除

使用电脑诊断仪读取故障码，如图 16-6-1 所示。

根据故障码所示，BCM 和仪表 IPC 都报与车辆防盗控制器失去通信，查阅了维修手册和电路图得知无钥匙系统原理如下：

❶ 当按下启动开关时被动钥匙靠近室内探测天线；

❷ 探测天线向被动钥匙发送一个钥匙 ID 识别信息（低频信号）；

❸ 被动钥匙接收到探测天线发出的钥匙 ID 识别请求信号同时会发送一个 ID 信息高频信号给 RFR 遥控接收器（高频信号接收器）；

❹ RFR 收到钥匙 ID 信息会通过 K 线给 KVM；

❺ KVM 识别钥匙信息通过 CAN 网络向 PCM 发送一个请求信号 KVM 和 PCM 进行对比车辆钥匙信息认证，验证通过才能打开钥匙 / 启动车辆。

无钥匙进入系统，当被动钥匙靠近室外探测天线时同时按下门把手按钮，探测天线会向被动钥匙发送一个钥匙 ID 识别信息，被动钥匙回复一个高频钥匙 ID 信息给 RFR 遥控接收器（高频天线接收器），RFR 通过 K 线向 KVM 发送一个钥匙信息，KVM 通过中速 CAN 向 BCM 发送一个钥匙 ID 信息对比过后，由 BCM 向各个车门发送执行开锁和闭锁的命令。

根据维修手册所示，IPC 是网关和仪表集成在一起的，就去检查了 KVM 无钥匙进入模块的电源和搭铁，发现 KVM 无钥匙进入控制模块 5 个插头有 3 个插头进水所致的氧化（图 16-6-2），处理线束和插头之后，装车还是不行，故障依旧。

图 16-6-1　福特翼博故障码（一）

图 16-6-2　控制模块进水

但用诊断仪读取故障码发现 BCM 和 IPC 都没有报与防盗控制模块失去通信，只剩下其他故障，如图 16-6-3 所示。

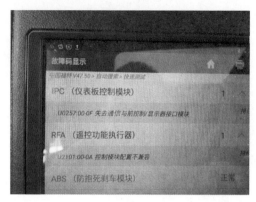

图 16-6-3　福特翼博故障码（二）

根据故障码含义检查了 RFR，也就是被动钥匙高频信号接收器（图 16-6-4）。

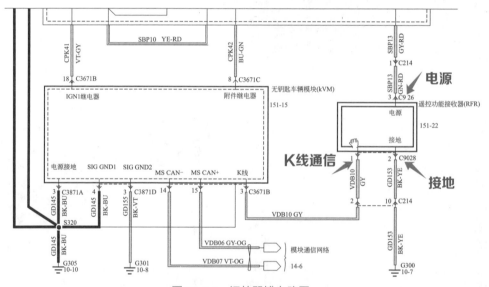

图 16-6-4　福特翼博电路图

　　检查了 RFR 被动钥匙的高频接收器，发现搭铁不知道什么原因造成的插头氧化，经检查没发现有漏水的迹象。对电源和 K 线也进行了检查，都没有发现问题。再次检查了室内探测天线和 KVM 无钥匙进入控制模块的高速 CAN 及中速 CAN 电阻、电压与波形，RFR 到 KVM 之间的 K 线都是正常的，就更换了一个 KVM，匹配 KVM 试车，故障解决。

（4）案例总结

　　维修无钥匙进入系统的车辆，首先要熟悉无钥匙进入的控制原理和维修思路，才能更好地排查故障。

16.7 防盗电脑与发动机电脑认证失败

（1）车辆信息

车型：2006 年款奇瑞 A5。发动机：1.6 升。行驶里程：160000 公里。

（2）故障现象

车主就停了一会儿车，然后就不能启动了，起动机可以工作，但是没有喷油和点火信号。

（3）故障诊断与排除

进入发动机电脑读取故障码为 P1610——SecretKey 与 SecurityCode 编程错误（备注：Key 就是钥匙的意思，防盗与 ECU 编程错误）。

读取故障码发现主要的故障在于 P1610（图 16-7-1）。

再进入防盗电脑读取数据流，发现防盗器验证（错误）（图 16-7-2），备注：防盗电脑与发动机电脑认证失败。故障已经很明显，不能启动的问题就是因为防盗故障引起的。

图 16-7-1 奇瑞 A5 故障码

图 16-7-2 奇瑞 A5 数据流

上海实业公司生产的防盗系统工作原理：每次点火开关由"OFF"挡打到"ON"挡后，首先是防盗控制单元给防盗识读线圈通电，防盗芯片通过防盗识读线圈和防盗控制单元进行密码验证。

当防盗密码验证通过后，防盗控制单元和发动机电脑进行密码验证，只有当以上两级验证都通过后，发动机电脑才控制起动机继电器工作，来启动车辆（图 16-7-3）。

先来分析一下每个针脚的定义：

❶ A1 是 30 号电源蓄电池供电；

❷ A2 是负极；

❸ A3 是到仪表故障指示灯；

❹ A4 是 15 号电源点火开关供电；

❺ A5 是 R 通信线；

❻ A7 是 K 诊断线；

❼ A8 是 W 通信线；

❽ B1、B2、B3 是识读线圈。

上海实业公司生产的防盗系统原理图如图 16-7-3 所示。

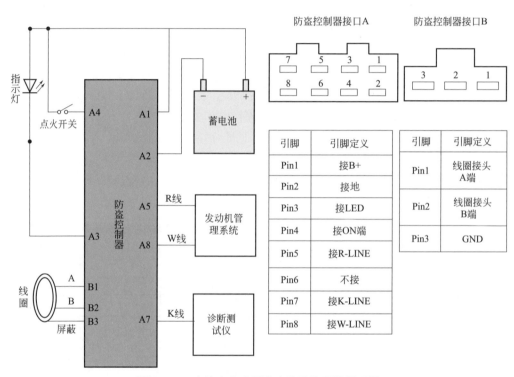

图 16-7-3　上海实业公司生产的防盗系统原理图

通信功能如下。

A5-R 通信线解释：以完成防盗系统和发动机电脑的加密认证。

A7-K 通信线解释：实现与故障诊断仪和防盗系统之间的通信。

A8-W 通信线解释：发动机电脑对防盗系统发送请求信号。

非 CAN 通信的车辆，诊断仪通过防盗控制单元的 W 通信线和发动机电脑进行通信（图 16-7-4）。

导致防盗控制单元与发动机电脑认证失败的原因有：

❶ 防盗控制单元 R 通信线 A5 号针脚到发动机电脑 11 号针脚线断路或者虚接；

❷ 防盗控制单元 W 通信线 A8 号针脚到发动机电脑 71 号针脚线断路或者虚接；

❸ 发动机电脑损坏。

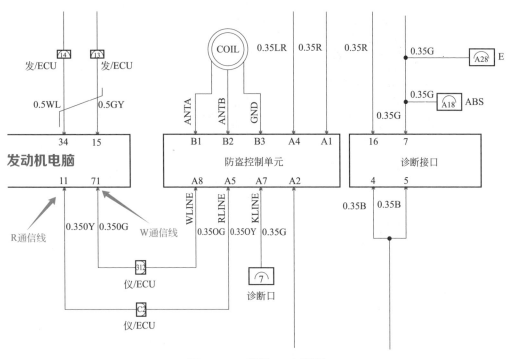

图 16-7-4　奇瑞 A5 电路图

使用万用表 200Ω 挡位测量防盗控制单元 A5 号针脚到发动机电脑 11 号针脚，线阻为 0.4Ω，可以排除（图 16-7-5）。

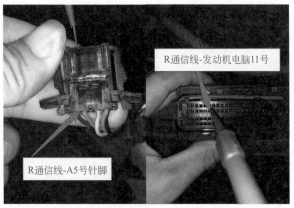

图 16-7-5　测量防盗控制单元 A5 号针脚到发动机电脑 11 号针脚电阻

万用表 200Ω 挡位测量防盗控制单元 A8 号针脚到发动机电脑 71 号针脚，线阻为 0.3Ω，可以排除（图 16-7-6）。

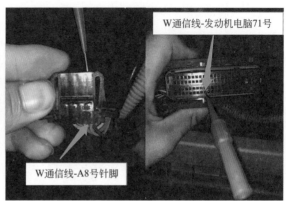

图 16-7-6　测量防盗控制单元 A8 号针脚到发动机电脑 71 号针脚电阻

图 16-7-7　更换发动机电脑

在这辆车上发动机电脑通信是诊断仪先通信防盗控制单元，再通过防盗控制单元的 W 通信线诊断发动机电脑。

可以确定发动机电脑损坏，更换发动机电脑（图 16-7-7）。

更换新的发动机电脑，需要匹配发动机电脑。

第一步：匹配发动机电脑时先把发动机电脑（ECU）复位，再输入防盗安全密码，开始复位（备注：不管新的旧的都复位一下，以免匹配不通过）（图 16-7-8）。

输入防盗密码（图 16-7-9）。

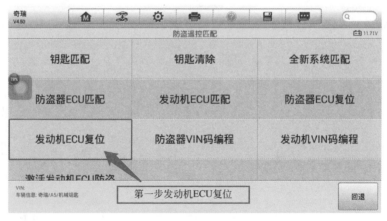

图 16-7-8　选择发动机 ECU 复位

图 16-7-9　输入防盗密码

发动机 ECU 复位成功（图 16-7-10）。

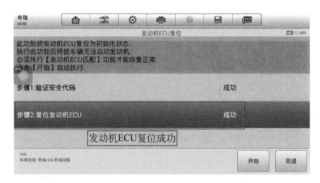

图 16-7-10　发动机 ECU 复位成功

第二步：将原车的车架号写入新的发动机电脑中（图 16-7-11）。

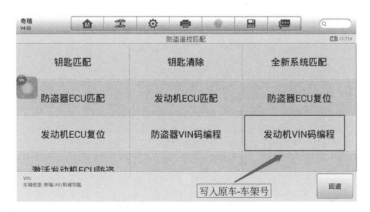

图 16-7-11　写入原车架号

点击"确定"（图16-7-12）。

图16-7-12　点击"确定"

再次确定输入的车架号是否正确（图16-7-13）。

图16-7-13　再次确定输入的车架号是否正确

车架号写入成功（图16-7-14）。

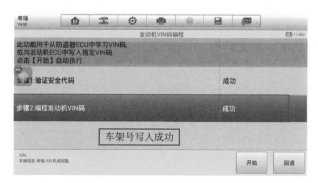

图16-7-14　车架号写入成功

第三步：匹配发动机电脑（图16-7-15）。

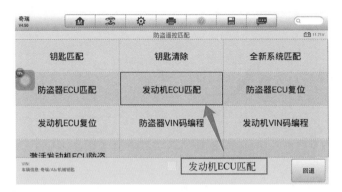

图 16-7-15　选择发动机匹配

验证防盗安全密码（图 16-7-16）。

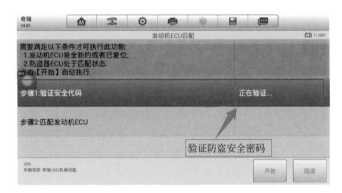

图 16-7-16　验证防盗安全密码

发动机电脑匹配成功（图 16-7-17）。

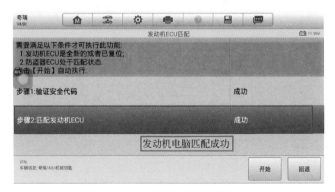

图 16-7-17　发动机电脑匹配成功

发动机电脑匹配完之后，还需要匹配钥匙才能启动着车（图 16-7-18）。

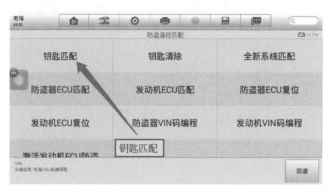

图 16-7-18　选择钥匙匹配

防盗安全密码验证（图 16-7-19）。

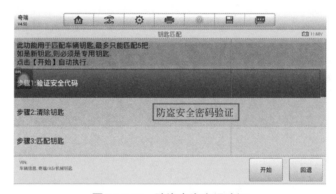

图 16-7-19　防盗安全密码验证

匹配成功（图 16-7-20）。

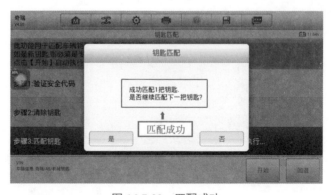

图 16-7-20　匹配成功

再到防盗控制单元读取数据流，显示防盗器验证"对"，说明防盗控制单元与发动机电脑认证成功（图 16-7-21）。

图 16-7-21 防盗控制单元数据流

防盗和发动机控制单元匹配好后，车辆可以正常启动，故障排除。

（4）案例总结

由于前面的维修人员对防盗系统工作原理的知识储备不足，导致检查出问题却不敢解决。

第17章

汽车灯光故障

视频精讲

17.1 汽车大灯常亮

（1）车辆信息

车型：2009年款大众迈腾。发动机：1.8升。行驶里程：129883公里。

（2）故障现象

大灯常亮。

（3）故障诊断与排除

一辆事故车，更换了大灯总成、大灯电源控制模块与氙气灯控制模块，更换以后大灯常亮，只有灯光开关拧到小灯挡位或者关掉钥匙大灯才能熄灭。于是又更换了一个灯光开关，故障依旧。

对于车身电路的故障，由于车身电路的控制方式的多样化，所以第一步一定要先查找电路图来确定该车大灯的控制方式，只有了解了控制方式才能分析故障（图17-1-1）。

从图17-1-1中可以看出，氙气大灯及其控制单元是由J519车载电源控制单元直接控制的，那么就可以通过在J519内读取数据流的方式来判断故障点是在信号的接收部分还是在电路的执行部分（图17-1-2）。

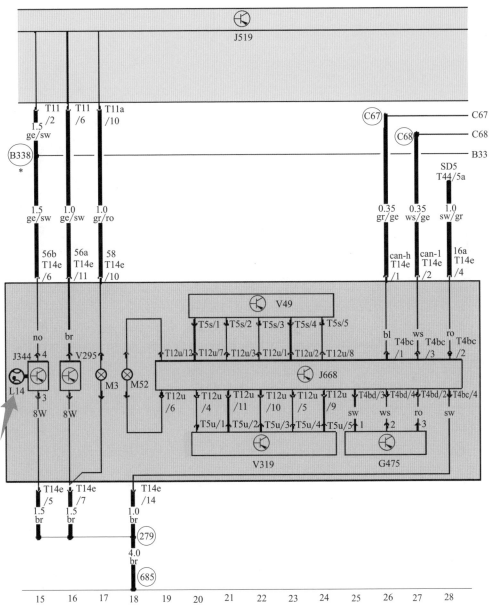

图 17-1-1　大众迈腾电路图（一）

G475—右侧转动模块位置传感器；J344—右侧气体放电灯泡控制单元；J519—车载电源控制单元；J668—右
大灯电源模块；L14—右侧气体放电灯泡；M3—右侧停车灯灯泡；M52—右侧静态随动转向灯；SD5—保险丝
架 D 上的保险丝 5；T4bc—4 芯插头连接，在大灯中；T4bd—4 芯插头连接，在大灯中；T5s—5 芯插头连接，
在大灯中；T5u—5 芯插头连接，在大灯中；T11—11 芯黑色插头连接；T11a—11 芯棕色插头连接；T12u—12
芯插头连接，在大灯中；T14e—14 芯插头连接；T44—44 芯插头连接，在仪表板右侧；V49—右侧大灯照明
距离调节装置伺服电机；V295—右侧近光灯挡板；V319—右侧动态随动转向灯伺服电机

从数据流可以看到，虽然现在大灯开关在关闭挡位（图 17-1-3），但是 J519 显

示的开关数据流却是大灯打开的，所以立刻就可以判断出该车故障出在信号的采集部分，只需要去检查灯光开关到 J519 这部分就可以了。

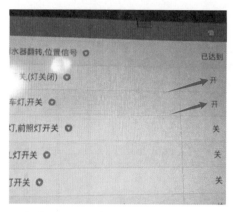

图 17-1-2　大众迈腾数据流

图 17-1-3　大众迈腾大灯开关

接着找到灯光开关到 J519 的电路图（图 17-1-4）。

分析电路图可以知道：灯光开关的 8 号脚为通过 SC13 保险送过来的正极，当灯光开关关闭时，8 号脚与 9 号脚在开关内部接通，9 号脚将正极电压送到 J519，J519 接收到这个正极电压后判断灯光开关位于关闭挡位。

❶ 当开关拧到一挡 AUTO 挡位时，8 号脚与 2 号脚在开关内部相通，2 号脚将正极送给 J519，J519 判断当前位于自动挡位，采用光线传感器的信号来控制灯光。

❷ 当开关拧到 2 挡小灯挡位时，8 号脚与 3 号脚在内部接通，J519 接收到灯光开关 3 号脚给的正极信号，控制小灯开启。

❸ 当开关拧到 3 挡大灯挡位时，8 号脚与 1 号脚内部接通，J519 接收到灯光开关 1 号脚给的正极信号，控制大灯开启。

❹ 该车灯光开关位于关闭挡位，但是 J519 却接收到了大灯开启的信号，猜测很有可能是开关内部 1 号脚与 9 号脚连在一起了，J519 接收到了两个挡位送来的正极信号，而且对于 J519 来说，灯光开启的信号优先级大于灯光关闭的信号优先级，所以控制灯光开启。

拔下灯光开关插头，测量开关的 1 号脚与 9 号脚是否相通，得到的结果是通的，故障点找到。

更换灯光开关，故障排除。

（4）案例总结

现在市场上配件质量参差不齐，所以维修工一定不要认为换了新的配件就一定能排除这个问题点，应运用掌握的技术来科学准确地判断故障点，避免因配件质量问题浪费我们太多的时间。

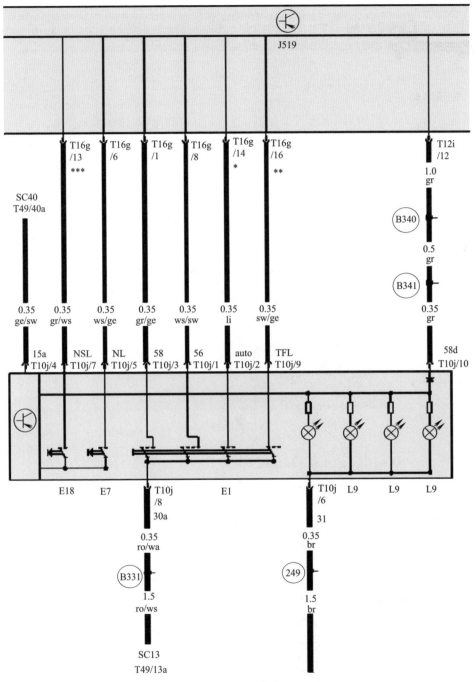

图 17-1-4　大众迈腾电路图（二）

E1—车灯开关；E7—前雾灯开关；E18—后雾灯开关；J519—车载电源控制单元；L9—车灯开关照明灯灯泡；
SC13—保险丝架 C 上的保险丝 13；SC40—保险丝架 C 上的保险丝 40；T10j—10 芯黑色插头连接；
T12i—12 芯黑色插头连接；T16g—16 芯黑色插头连接；T49—49 芯插头连接，在仪表板左侧

17.2 不能开启远光

（1）车辆信息

车型：2013 年款福特翼虎。发动机：2.0 升。行驶里程：104268 公里。

（2）故障现象

夜间行驶中不能开启远光。

（3）故障诊断与排除

接到该车后进行故障验证，该车为自动大灯，开启近光再打开远光，确实存在远光不能开启的故障现象（图 17-2-1）。

图 17-2-1 仪表显示远光不能开启

接着测试远光灯泡上插头有无电源过去（为 H7 灯泡，近光和远光是独立的），发现远光插头上无电源，两根线均为搭铁，这就不正常了，怀疑有短路的地方（图 17-2-2）。

查阅电路图得知：开启大灯开关通过 LIN 线给 BCM 车身控制模块一个近光或者远光的开启请求信号，BCM 接收该信号从而控制大灯点亮（图 17-2-3 和图 17-2-4）。

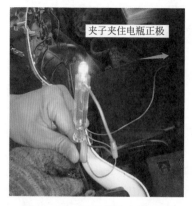

图 17-2-2 两根线均为搭铁

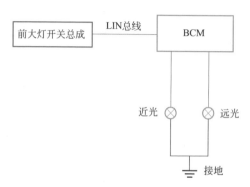

图 17-2-3 电路图简图

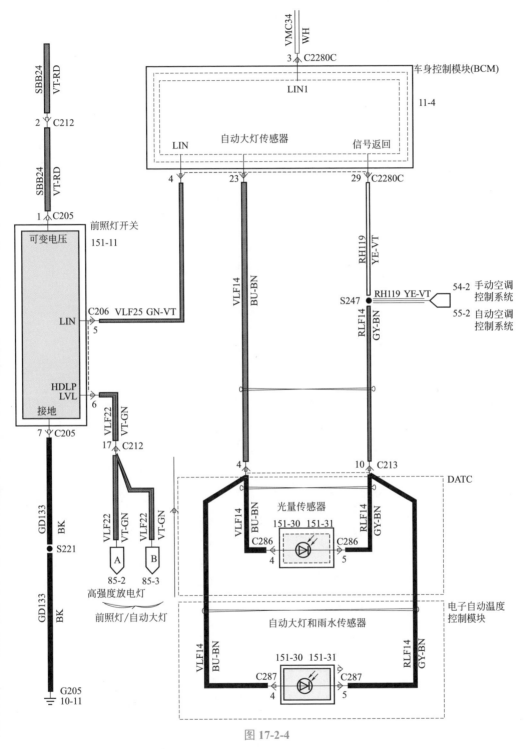

图 17-2-4

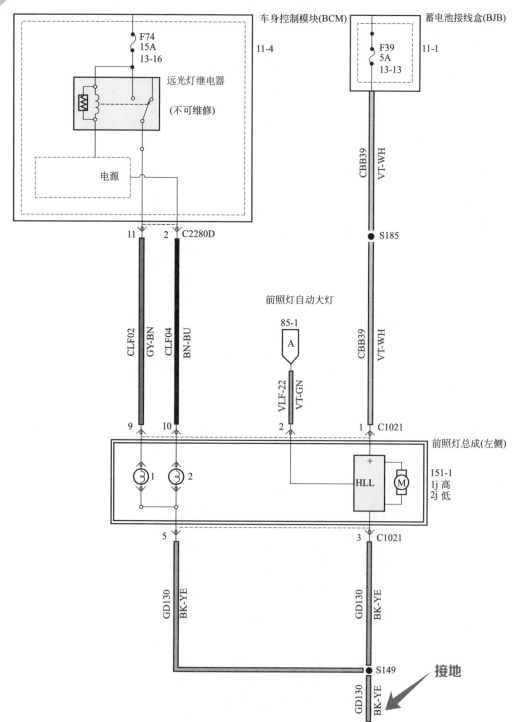

图 17-2-4　福特翼虎电路图

那么已经知道远光灯的电源是由车身控制模块（BCM）供给的，BCM 内部有一个继电器从而控制大灯的开启和关闭。再次打开大灯开关发现仪表显示屏能显示开启大灯的画面，说明 BCM 内部控制没有问题，同时开启大灯的时候又能听到在副驾驶部位有继电器工作的声音（图 17-2-5）。

用诊断仪进入主动测试功能控制大灯的开启和关闭，远光灯还是不能点亮，仪表能显示开启大灯的画面，同时也能听到副驾驶部位有几声继电器闭合的声音，但远光灯还是不能点亮，说明 BCM 控制模块内部继电器有可能损坏，为了验证 BCM 内部继电器的损坏，顺着开启大灯继电器闭合的声音找到 BCM 车身控制模块并拆下来，打开 BCM 发现内部有个继电器已经有烧坏的现象（图 17-2-6）。

图 17-2-5 仪表显示开启大灯

图 17-2-6 BCM 车身控制模块内部继电器有烧坏现象

更换一个同型号的继电器，开启大灯，大灯能点亮了，故障解决。

（4）案例总结

通过分析电路图，此故障是 BCM 车身控制模块内部的大灯继电器损坏造成的大灯不能正常开启。

17.3 行车灯 / 停车灯工作异常

（1）车辆信息

车型：2014 年款宝马 525Li。发动机：2.0 升。行驶里程：106841 公里。

（2）故障现象

客户进店后报修左前的小灯不亮（在这指的是白天行车灯 / 停车灯），车辆铭牌如图 17-3-1 所示。

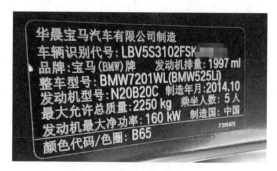

图 17-3-1　车辆铭牌

（3）故障诊断与排除

维修历史：进店之前此车出过事故，左前部位发生过碰撞，已经在别的修理厂修复过了。

故障确认：打开大灯，其他灯光都可以点亮，确实存在左前白天行车灯 / 停车灯不亮的故障，但是右前大灯是好的，所有灯光都可以点亮。

首先用专检测仪检测故障码是否存在，检测结果为 800F88——左侧白天行车灯 / 停车灯输出端短路（图 17-3-2）。

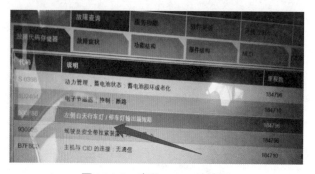

图 17-3-2　宝马 525Li 故障码

故障所属系统原理分析如下：读取的故障码是所属系统车身的脚部空间模块，简称 FRM（类似于其他车型的 BCM），作用就是控制车内的灯光、门锁、中控锁、玻璃升降及通信系统等。

如果所在控制系统出现了问题就会报出相应系统的故障码，其报了出灯光故障。如果灯光系统出现了线路短路或者断路的现象，灯泡的阻值不正确，以及灯光电流过大或者过小，或者灯总成的型号不匹配，就会报出灯光系统的一系列故障码。

根据故障码的含义和客户描述的维修历史，分析如下：

❶ 左前大灯需要做编程设码；

❷ 左前大灯总成本身问题；

❸ 脚步空间模块内部损坏；

❹ 脚部空间到左前大灯之间的线路短路或断路；

❺ 左前大灯需做编程设码；

❻ 脚部空间模块内部程序数据存在乱码。

左前大灯如果更换，需要编程设码，怀疑更换左前大灯时没有编程设码，然后尝试编程设码，但编程设码做不过去，后来发现此车大灯总成并没有大灯控制模块，属于低配车型的，高配车型才有大灯控制模块。此时未解决故障，故障依旧。那么问题肯定还是出现在大灯本身或者出现在线路等，拆下左前大灯，并查阅电路图（图 17-3-3）。

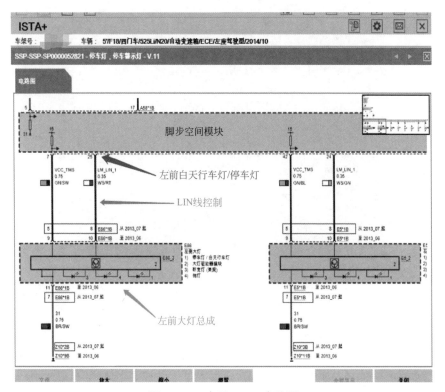

图 17-3-3　宝马 525Li 电路图

左前白天行车灯 / 停车灯是由 LIN 线控制的，先测量 LIN 总线，休眠电压为 11.39V（图 17-3-4）。

开启白天行车灯 / 停车灯，测量工作电压为 8.20V（图 17-3-5）。

图 17-3-4　休眠电压

图 17-3-5　测量工作电压

为了确定 LIN 线信号是不是好的，用示波器进行测量（图 17-3-6）。

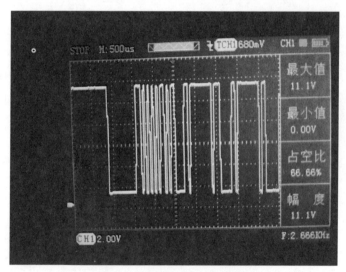

图 17-3-6　测量 LIN 线波形

测量结果表明 LIN 线波形也是好的，但是开启白天行车灯 / 停车灯不能点亮（图 17-3-7），由此说明就是左前大灯总成本身的问题，内部损坏了。

为了验证左前大灯内部损坏，又把右前大灯拆下来装到左前侧，开启白天行车灯 / 停车灯，右前大灯可以正常点亮（图 17-3-8）。

图 17-3-7　灯未点亮

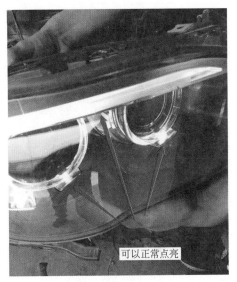

图 17-3-8　灯正常点亮

说明左前大灯确实损坏了，更坏左前大灯，故障解决。

（4）案例总结

由于左前大灯内部损坏造成的白天行车灯 / 停车灯不能正常点亮。其灯光是由 LIN 总线控制的，LIN 总线会发送一个数字信号给大灯，从而控制白天行车灯 / 停车灯点亮。维修故障时要知道系统的构成和原理方能更好、更快速地锁定故障。

17.4　大灯和雾灯都不亮

（1）车辆信息

车型：2016 年款长城哈弗 H6。发动机：2.0 升。行驶里程：520165 公里。

（2）故障现象

一辆哈弗 H6，大灯、转向灯、雾灯、中控锁均不能用，但是动作测试可以亮，打算换 BCM，但是不敢肯定是不是它的问题，就没换。

（3）故障诊断与排除

类似模块控制的用电器，这个时候可以通过读取故障码（图 17-4-1），通过故障码分析问题，还有可以读取开关的数据流，判断开关或者 BCM 有没有执行相关动作！

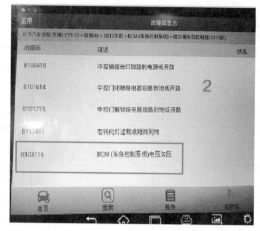

图 17-4-1　长城哈弗 H6 故障码

发现有问题，判断故障点有：

❶ BCM 供电不全；

❷ BCM 内部故障。

看到这个故障码，直接检查 BCM 的供电，最后发现保险丝烧了一个，更换后故障解决。

（4）案例总结

这个故障现象看起来很难解决，但通过故障码分析，里面有一个故障码，BCM 控制模块欠压，那么很有可能是少供电或者插头虚接导致的故障，通过检查，再次认证之前的看法。

17.5　室内灯不亮

（1）车辆信息

车型：长城哈弗 CC6450UM00。行驶里程：54846 公里。

（2）故障现象

客户反映，室内顶灯、左右后视镜照地灯、驾驶舱照脚灯、四门门灯、四门踏板灯等不亮。

（3）故障诊断与排除

首先对室内灯光进行检查确认，用遥控器开闭锁时，后视镜可以折叠开启，照地灯不会点亮，打开车门时门灯、顶灯、迎宾踏板灯不能正常点亮。

检查室内保险，发现其 F25 室内灯 10A 保险丝熔断，更换新保险丝后直接熔断。判断为保险丝后端对地短路，导致通过的电流过大。

根据电路图查看其负载，该保险为节电继电器 30 端子供电，由 BCM 控制吸合。故障原因如下。

❶ 室内保险盒内部导致。

❷ 保险后端所负载的用电器皆有可能导致。

用 5W 试灯代替保险丝，保险上端为 12V，由于下端对地短路后，试灯点亮。把短路故障更直观明显地表现出来，方便继续排查。

断开 BCM 插头后，节电继电器失去控制线，试灯熄灭，可排除保险盒内部短路，查看继电器所有负载元器件（图 17-5-1）。

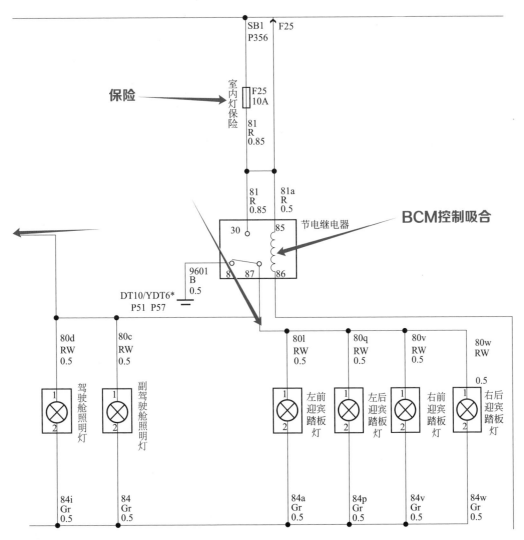

图 17-5-1

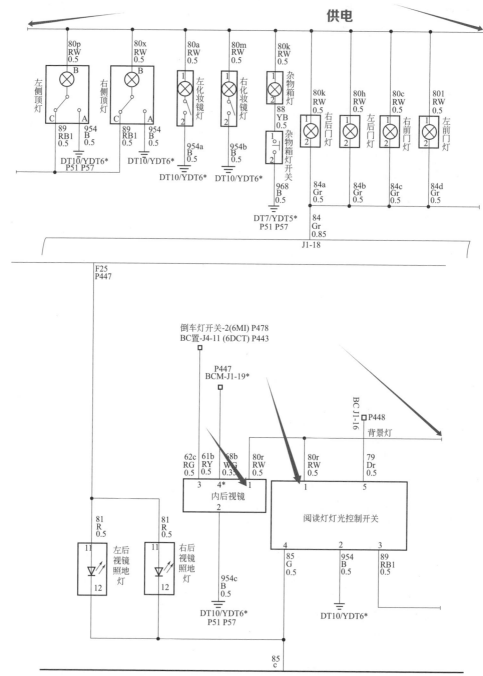

图 17-5-1　长城哈弗 CC6450UM00 电路图（一）

此线路搭载的负载有：四门迎宾踏板灯，主副驾驶照脚灯，四门门灯，左化妆镜灯，右化妆镜灯，阅读灯，内后视镜。将它们依次断开，试灯依旧点亮。

再次观察电路图（图 17-5-2），发现保险丝后端还有其他负载。

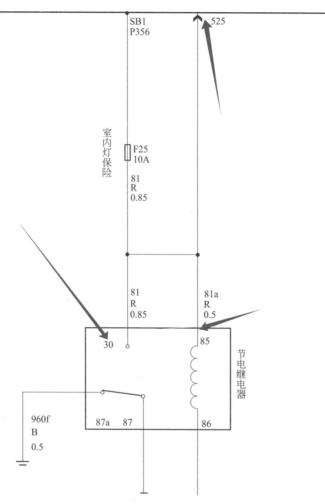

图 17-5-2　长城哈弗 CC6450UM00 电路图（二）

F25 除了给节电 30 号线供电外还给 85 号线供电，除此之外电路图又显示向上供电。拔掉节电继电器后试灯依旧点亮。问题在向上的电路中，而断开 BCM 后故障消失，说明是与 BCM 有关的元件，继续查看 BCM 相关电路图（图 17-5-3）。发现 F25 还给后视镜的照地灯供电，而照地灯和阅读灯均受 BCM 控制，且为同一根控制线。在断开左前后视镜插头后，试灯不再点亮。测量后视镜 11-12 针脚阻值为 0.2Ω，判断为内部短路。恢复其他插接件，室内灯正常点亮，故障排除。

（4）案例总结

本案例通过排除用电器，从而确定线路的故障。

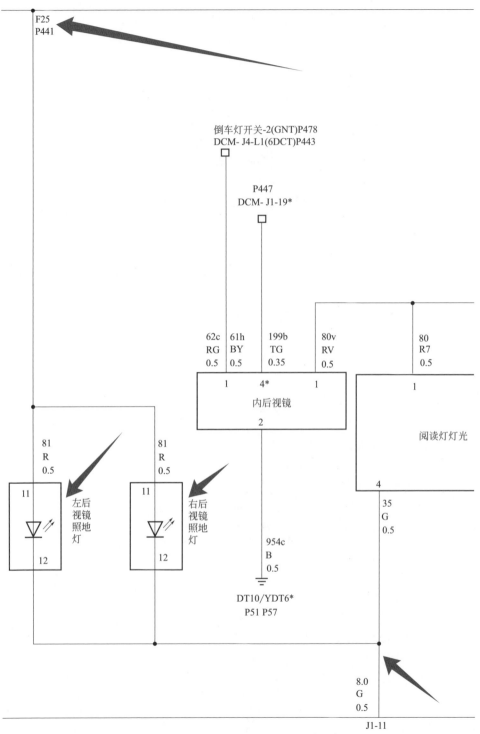

图 17-5-3　长城哈弗 CC6450UM00 电路图（三）

17.6 小灯和倒车灯不亮

（1）车辆信息

车型：2001 年款北汽 BJ40。行驶里程：38358 公里。

（2）故障现象

车辆右边转向灯不能亮 / 右边示宽灯不亮 / 倒车影像失效。

（3）故障诊断与排除

右边转向灯不亮；倒车灯不亮；小灯不亮；倒车影像不能使用。修了一天查到用一根导线直接给小灯供电，小灯能亮，转向灯也能用。

使用电脑诊断仪读取故障码（图 17-6-1）。

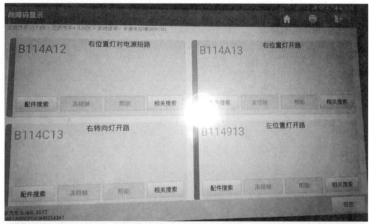

图 17-6-1

图 17-6-1　北汽 BJ40 故障码

　　首先，BCM 中储存了关于灯光控制的故障码，这种故障码产生的机理就是 BCM 内部在接收了灯光开启的信号后，去执行灯光的开启。但是却没有检测到灯光正确打开的信息，所以储存了这个故障码，且故障码与故障现象吻合。根据故障码和实际故障现象，判断这么多灯泡不可能同时损坏，而且导线开路的可能性也几乎没有，因为是前后部同时坏的。如果是公共搭铁的问题，那也不应该是前后一起搭铁，所以最有可能的是电源故障。

　　接着，所有的控制单元都储存了通信类故障码，也就是说车身 CAN 总线上面有很多模块都无法通信。按照以往的经验，全车这么多模块同时损坏的可能性几乎没有，除非这辆车泡过水。一般就是一个模块损坏导致了总线短路，或者总线本身短路，还有就是所有模块的供电出故障了。

　　于是，找到了电路图，首先看到的是示宽灯的电路图（图 17-6-2）。

　　通过电路图，可以看出小灯是由 U103 车身电脑控制的，U103 接收 K27 组合开关信号去控制小灯，BCM 的电源来源于 FB 保险盒中的 EF28 25A、EF27 25A 两个保险。

　　再看下一个电路图（图 17-6-3）。

　　通过电路图可以看出转向灯是由 U103 车身电脑控制的，U103 接收 K27 组合开关信号去控制转向灯，BCM 的电源来源于 FB 保险盒中的 EF28 25A、EF27 25A 两个保险。

　　看到这里，基本已经找到了故障点：EF28 25A、EF27 25A。

　　这两个保险是为这些用电器供电的，一般在北汽这种车型的图纸中右边的用电器就是由图中右边的保险供电，右边的保险即 EF27。再次查看图纸，找到保险的位置（图 17-6-4 和图 17-6-5）。

　　实际测量这个保险是没有问题的，大家可以看到图中的保险盒是被改过保险的，这也说明保险盒以前是因为电流过大烧坏过的。接着又找到 BCM，根据电路图找到 BCM 这边的供电，如图 17-6-6 和图 17-6-7 所示。

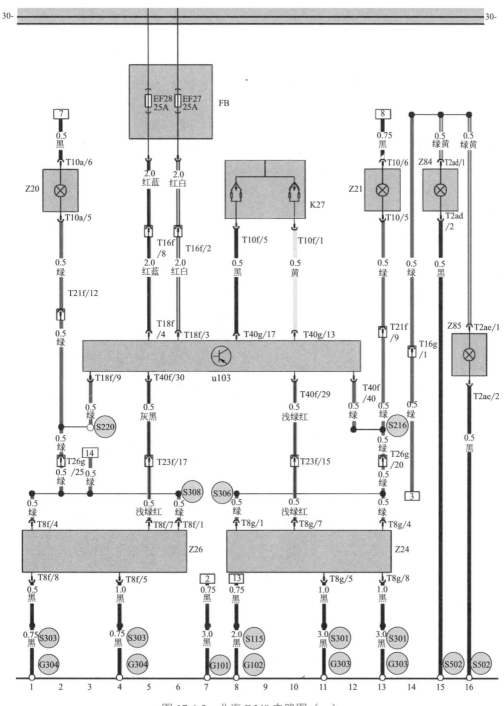

图 17-6-2　北汽 BJ40 电路图（一）

FB—前舱电器盒；EF27/EF28—前舱电器盒保险丝；K27—灯光控制开关；Z20—左前组合灯；Z21—右前组合灯；
Z24—左后组合灯；Z26—右后组合灯；Z84—左牌照灯；Z85—右牌照灯；U103—车身控制器

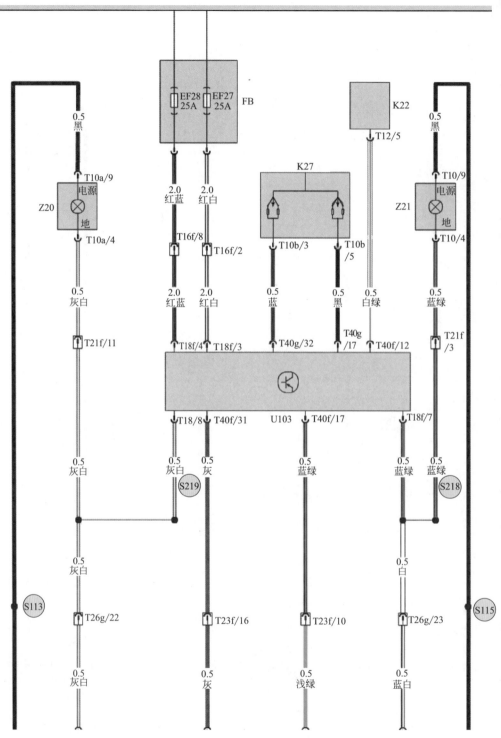

图 17-6-3　北汽 BJ40 电路图（二）

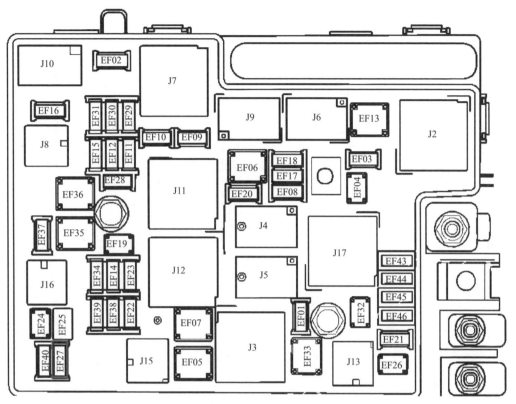

图 17-6-4 图中标识保险位置

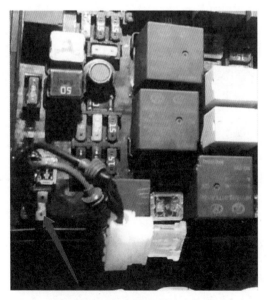

图 17-6-5 用电器和保险实物图

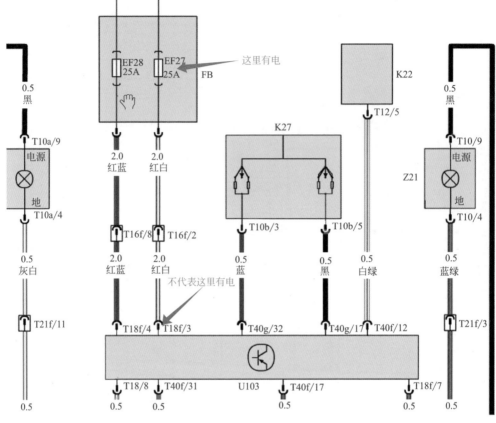

图 17-6-6　北汽 BJ40 电路图（三）

图 17-6-7　测量线路

更换保险盒，试车，故障排除。

（4）案例总结

小故障为何这么难修？还是没有认真去分析电路图，没有弄明白系统的控制逻辑，没有静下心来去好好分析整车同时出现的故障码与故障的共性。这是很多修理工的共同缺点，仅以此故障案例来提醒大家今后在遇到电气故障的时候，一定要先弄清楚全车到底有多少故障与故障码，它们之间有什么关系。然后对照电路图去分析电气系统控制逻辑，再大胆地去分析故障点，最后去车身验证。

17.7 后部左右转向灯不亮

（1）车辆信息

车型：2016 年款雪铁龙爱丽舍。发动机：1.6 升。行驶里程：48689 公里。

（2）故障现象

左右转向灯前面亮，后面不亮；打开危险警告灯也是前面亮，后面不亮（图 17-7-1）。

（3）故障诊断与排除

询问车主得知，该车在别处修理厂修过，维修技师怀疑车身电脑损坏，故开到我部进行维修。维修第一步，先观察故障现象，确定故障现象为前转向灯亮，侧转向灯亮，仅仅后部转向灯都不亮。第二步，询问车主有无进水事故等因素，车主反映没有。第三步，关掉点火开关，拆下后尾灯，拔下插接件，取一个试灯，搭铁夹子夹在车身大架接地，探头测量插接件，打开钥匙开转向灯时，发现所测量的插接件处有转向灯信号输出，判断转向灯内部短路导致车身电脑激活电流过大而断电保护。拆卸后尾灯总成，发现该车主改装了内部灯泡（图 17-7-2）。

图 17-7-1 前部转向灯

图 17-7-2 改装的灯泡

拆卸转向灯泡，测量阻值，阻值为 0.3 欧姆，接近普通导线阻值，相当于短路，更换后部左右两侧转向灯泡，故障解决（图 17-7-3）。

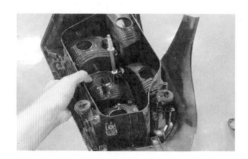

图 17-7-3　更换后部左右两侧转向灯泡

（4）案例总结

　　该车的电流保护功能大致为，在车身电脑的内部转向灯驱动器的输出端采用了一个康铜丝采样电阻，一端接在康铜丝的输出端分两路，一路进入车身电脑 CPU，一路直接到转向灯泡。当康铜丝输出端电流大过时（如线路对地短路、灯泡功率过大等），CPU 检测到电流超过它的设定值，就会断开驱动器的控制，实现电流过大断电保护功能，从而保护相关部件及线路，防止电流过大发热产生自燃，也保护了驾驶员和乘客的安全。

　　现在很多车型都有这个功能，其中包括雪铁龙车系、标志车系、福特车系、奔驰车系、宝马车系、奥迪车系、大众车系等。最好的检测方法是，在测量时关掉钥匙 30 秒至 1 分钟，使用品质好的 5W 试灯接地测量转向灯的输出线，如果有输出则检查尾灯内部是否短路（或灯泡功率过大）导致电流过大，激活电流过大保护功能。

 注 / 意

　　有些车型需要连接诊断仪清除故障码后才能取消激活电流过大保护，还有一部分车型需要拆卸蓄电池 30 秒至 1 分钟才能取消激活断电保护，如果上述步骤做完均无输出，则需要检查线路或者电脑。

第18章

汽车仪表信号故障

视频精讲

18.1 组合仪表线路故障

（1）车辆信息

车型：2009 年款别克凯越。发动机：1.6 升。行驶里程：120000 公里。

（2）故障现象

组合仪表的水温表、转速表、燃油油位表都不动。

（3）故障诊断与排除

这时就要分析组合仪表的工作原理，仪表是通过各个传感器所传来的信号，转换成驾驶员可以识别的图像，如水温显示刻度表，有的是电子屏显示；2009 年款别克凯越组合仪表的转速表、水温表、燃油压力表为刻度型。

查找电路图，对比 2008 年款与 2010 年款凯越的仪表电路图一致，一定要注意细节，如图 18-1-1 所示。

这时很清楚地看到组合仪表的供电，负极，有一根为长电（A18），还有两根分别是点火开关给的电源（B15、A19），负极为（B1、A10）。分析到这里，思路就清晰了，为了确认测到的电源正确，找到针脚定义图（图 18-1-2）。

经过检测发现组合仪表的电源线没有电压，就是 A 插头的 18 号针脚，根据维修手册描述为常电，之前已经对保险丝排查了，确定保险丝没问题。

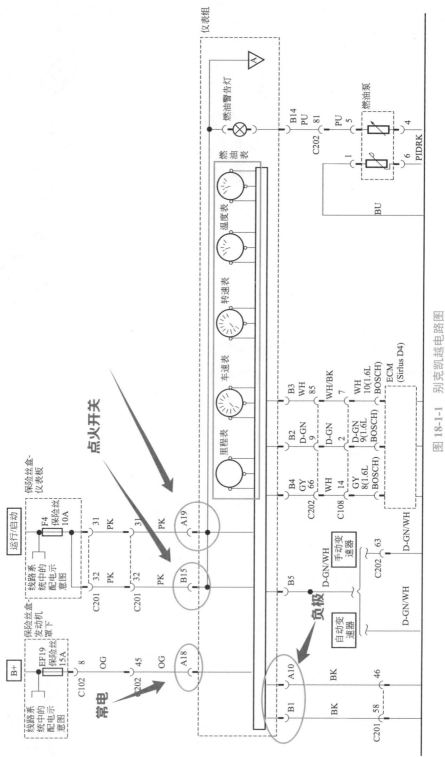

图 18-1-1 别克凯越电路图

引脚	导线颜色	电路号	类别
A8-9	—	—	未用
A10	BK(黑色)	—	搭铁
A11	BK/WH(黑色/白色)	—	驾驶员侧安全带警告信号
A12	WH(白色)	—	车门未关警告信号
A13	L-GN(浅绿色)	—	ABS警告灯信号
A14	WH(白色)	—	牵引力控制系统警告信号
A15-16	—	—	未用
A17	L-BU(浅蓝色)	—	左转信号开关信号
A18	OG(橙色)	—	仪表组蓄电池主电压
A19	PK(粉红色)	—	仪表组点火电压
A20-21	—	—	未用

(a) 仪表组A

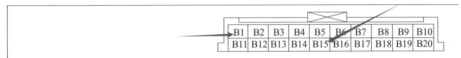

引脚	导线颜色	电路号	类别
B1	BK(黑色)	—	搭铁
B2	D-GN(深绿色)	—	温度表信号
B3	WH(白色)	—	燃油液面信号
B4	GY(灰色)	—	转速表信号
B5	D-GN/WH(深绿色/白色)	—	车速传感器信号
B6	BN/WH(棕色/白色)	—	故障指示灯信号
B7	BN(棕色)	—	气囊警告灯信号
B8	BN/BK (棕色/黑色)	—	机油压力警告信号
B9	L- GN (浅绿色)	—	远光指示灯信号
B10	WH(白色)	—	巡航指示灯信号
B11	D-BU (深蓝色)	—	右转向信号开关
B12-13	—	—	未用
B14	PU(紫色)	—	燃油警告灯信号
B15	PK(粉红色)	—	仪表组点火电压

(b) 仪表组B

图 18-1-2　别克凯越针脚定义图

检查电源线的通断，发现仪表电源线的电阻为无穷大，正常电阻应在 0.5 欧姆以下；检查发现在仪表线束下方的线路断路，刚好是仪表的主电源。

修复断开的线路，重新固定线束，试车故障排除。

（4）案例总结

通过这个案例，是解决了问题，但是告诫大家请务必明确所做的每一步都是有目的的，就如判断电源以及负极，在没有确定每根线的定义之前请不要忽略。

18.2 仪表针脚脱焊

（1）车辆信息

车型：2010 年款经典福克斯。行驶里程：88000 公里。

（2）故障现象

间歇性无法着车，并且在无法着车的情况下，打开钥匙时仪表内所有故障指示灯乱闪烁，仪表的蜂鸣器响起，发动机故障灯和防盗指示灯同时点亮。

（3）故障诊断与排除

在接到该车后询问车主，该车从未出过任何事故，无泡水，在本店无维修记录。半个月前放在车库内，第二天就启动不着车。打开钥匙等十分钟左右能着车，出现了很多次，有时过一会就好。着车以后防盗指示灯不停闪烁。接上诊断仪读取该车各个模块的故障码。

发动机控制单元的故障码如图 18-2-1 所示。

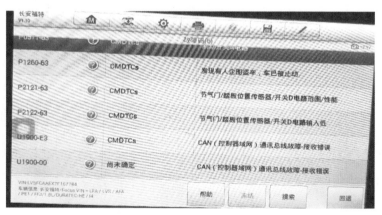

图 18-2-1　发动机控制单元的故障码

仪表控制单元的故障码如图 18-2-2 所示。

图 18-2-2 仪表控制单元的故障码

ESP 控制单元的故障码如图 18-2-3 所示。

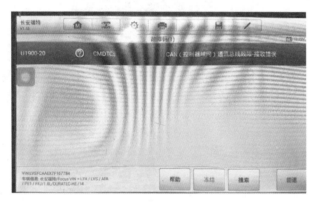

图 18-2-3 ESP 控制单元的故障码

通过诊断仪读取到的发动机、仪表、ESP 控制单元的故障码都指向通信故障，并且发动机的防盗系统数据流显示的钥匙是通过验证的。随后检查了总 CAN 通信线路和各个模块的 CAN 通信线路，电压、波形匀无发现异常。便把该车的仪表控制单元拆下，分解检查（图 18-2-4）。

图 18-2-4 分解仪表

经检查发现仪表背后的插接件的针脚脱焊，如图 18-2-5 所示。

这一排针角的焊锡已经脱开

图 18-2-5　仪表电路板脱焊

对脱焊的针脚重新焊接后装车，清除故障码试车，故障排除。

（4）案例总结

接车后，验证了故障现象，便知道该车仪表后部针角脱焊是通病，但为了确认故障，还是先检查外围电路。确定外围电路没问题后，便把仪表控制单元拆下分解检查，重新加焊锡后，故障解决。此故障点脱焊的位置，刚好包括 CAN 总线和防盗与接地。该车的电路图如图 18-2-6 所示。

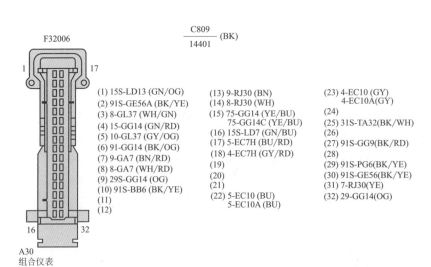

F32006

$\dfrac{C809}{14401}$ (BK)

(1) 15S-LD13 (GN/OG)
(2) 91S-GE56A (BK/YE)
(3) 8-GL37 (WH/GN)
(4) 15-GG14 (GN/RD)
(5) 10-GL37 (GY/OG)
(6) 91-GG14 (BK/OG)
(7) 9-GA7 (BN/RD)
(8) 8-GA7 (WH/RD)
(9) 29S-GG14 (OG)
(10) 91S-BB6 (BK/YE)
(11)
(12)

(13) 9-RJ30 (BN)
(14) 8-RJ30 (WH)
(15) 75-GG14 (YE/BU)
　　 75-GG14C (YE/BU)
(16) 15S-LD7 (GN/BU)
(17) 5-EC7H (BU/RD)
(18) 4-EC7H (GY/RD)
(19)
(20)
(21)
(22) 5-EC10 (BU)
　　 5-EC10A (BU)

(23) 4-EC10 (GY)
　　 4-EC10A(GY)
(24)
(25) 31S-TA32(BK/WH)
(26)
(27) 91S-GG9(BK/RD)
(28)
(29) 91S-PG6(BK/YE)
(30) 91S-GE56(BK/YE)
(31) 7-RJ30(YE)
(32) 29-GG14(OG)

A30
组合仪表

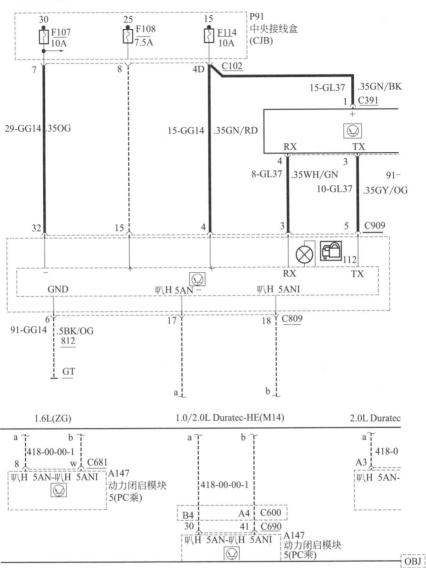

图 18-2-6　经典福克斯电路图

18.3　仪表 T/C 故障灯点亮

（1）车辆信息

车型：2006 年款别克君越。发动机：2.4 升。行驶里程：170000 公里。

（2）故障现象

仪表 T/C 故障灯点亮，仪表显示屏显示"请检修稳定控制系统"，并且只要里程表公里数超过 1000 公里，就从 0 公里开始计数，小公里数一清零，大公里数就清零（图 18-3-1）。

图 18-3-1　仪表报故障码

（3）故障诊断与排除

接车后司机只是反映该车亮 T/C 灯，并且仪表显示"请检修稳定控制系统"，其他无维修历史。先接上诊断仪，读取该车的故障码，读取到发动机的故障码如图 18-3-2 所示。

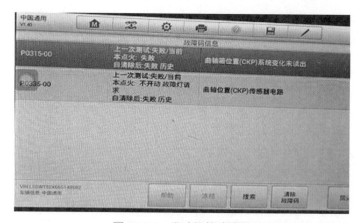

图 18-3-2　发动机的故障码

然后便对曲轴位置传感器进行测量，此车的曲轴位置传感器为三线霍尔式传感器，一根接地，一根为 5V 电源，一根为 2.5V 信号。传感器的数据都在正常范围内，于是用示波器对曲轴位置传感器和排气凸轮轴位置传感器进行波形测试，曲轴和排气凸轮轴波形如图 18-3-3 所示。

曲轴和进气凸轮轴波形如图 18-3-4 所示。

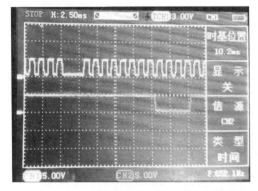

图 18-3-3　测量曲轴和排气凸轮轴波形

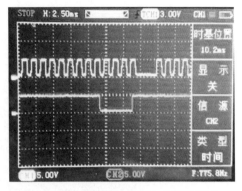

图 18-3-4　测量曲轴和进气凸轮轴波形

　　然而从波形和电压中可知该车的正时及信号电压都在正常范围内，便使用诊断仪对该车进行了曲轴位置偏差学习（图 18-3-5）。

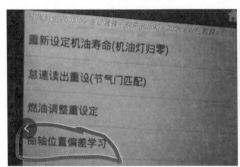

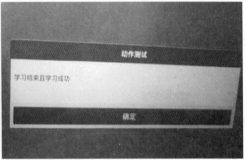

图 18-3-5　进行曲轴位置偏差学习

　　学习完后该故障码可以清除，不再出现。

　　但是仪表内 T/C 故障灯依然点亮，路试读取 ABS 四个轮胎转速一致，没发现稳定系统有异常数据，再次读取故障码时，只有仪表显示第二级数据连接故障（图 18-3-6）。

图 18-3-6　读取故障码

查看相关的资料后，便对此条数据总线进行了测量，电压为 9V 左右，然后对总线的结点到仪表端的端子进行波形捕捉，测量波形如图 18-3-7 所示。

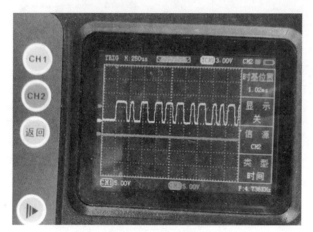

图 18-3-7　测量波形

波形正常，即可对外围线路进行故障排除。再次仔细读取该车的牵引数据值时，发现数据的牵引力控制系统警告灯是关闭的，而仪表却依然点亮引力控制系统警告灯。

因此判断为仪表问题，更换仪表。

更换仪表后对仪表的里程数据进行改写，多次试车后故障解决。

（4）案例总结

此类车型仪表有个通病就是数据在 7 万～9 万公里和 17 万～19 万公里这两个阶段数据会错乱，只需要对仪表进行数据改写，把仪表里程数跳过这两个阶段的范围即可。而这辆车曲轴箱位置（CKP）系统的变化未读出是因为其偏差读入功能用来计算由曲轴和曲轴位置传感器的微小公差偏差引起的基准期偏差。计算得到的偏差可使发动机控制模块（ECM）精确地补偿基准期偏差，从而使发动机控制模块能在更宽的发动机转速和负荷范围内检测缺火事件。完成读入程序后，发动机控制模块存储曲轴位置系统偏差值。如果实际曲轴位置偏差不在发动机控制模块中保存的曲轴位置系统偏差补偿值范围内，便会设置该故障码。对外围的线路电压、波形捕捉都在正常范围内，使用诊断仪让发动机 ECU 对曲轴位置学习一下便可解决。而第二级数据连接故障码是因为连接到 Class 2 串行数据电路上的模块，在车辆正常工作过程中，会监视串行数据通信情况。操作信息和指令在模块之间相互交换。当一个模块接到一条关键的工作参数信息时，该模块会记录信息发送模块的识别号，以判断其是否处于正常状态下。关键的工作参数是指，若未收到该参数时，模块必须使用默认值来替代该参数。如果在串行数据通信刚开始的大约前 5 秒钟时间内，某个模块不能将识别信号与至少一个关键参数进行关联，则设置 DTC U1000 或者

U1255。当多个关键参数与识别信号不关联时，该故障码仅报告一次。出现此类故障时依然要对外围线路进行排查，发现外围线路均在正常范围内，便判断仪表损坏。为了验证仪表损坏，再次读取牵引数据时发现数据的牵引力控制系统警告灯是关闭的，而仪表却点亮牵引力控制系统警告灯，于是确认是仪表的问题，更换仪表，故障排除。

以后在维修故障时不能只从片面的信息判断故障产生的部件，要从多方面采集故障的数据，对故障进行分析和验证，保证一次性修复率。如果从单方面去判断问题，有可能会南辕北辙，浪费更多的时间。

18.4 仪表灯不亮

（1）车辆信息

车型：2007年款大众帕萨特。发动机：1.8升。行驶里程：160000公里。

（2）故障现象

打开钥匙，仪表灯不亮，并且打启动，马达会转，发动不着车。

（3）故障诊断与排除

接车第一步连接诊断仪，读取车辆控制单元故障总线拓扑图（图18-4-1）。

读取故障码，发现15号安全气囊和01号发动机控制单元有故障，然后读取发动机控制单元故障码为P1650——驱动系统数据总线仪表板数据丢失。

再次读取安全气囊控制单元故障码，如图18-4-2所示。

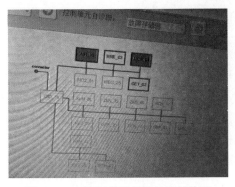

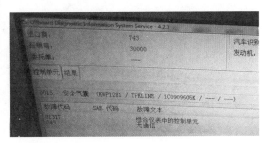

图 18-4-1　控制单元故障总线拓扑图　　　图 18-4-2　读取故障码

读取变速箱控制单元故障码，未发现故障码。

而发动机和安全气囊控制单元故障码都指向与仪表控制单元失去通信。然后尝试进入仪表控制单元读取故障码，发现仪表控制单元进不去，读取不了故障码

（图 18-4-3 ）。

图 18-4-3　仪表控制单元进不去

　　然后尝试进入防盗控制单元，依然进入不了，读取不了故障码。查询维修手册，对仪表控制单元的电源接地进行检查，该车的电源和接地都正常。便对 OBD 的 6 号脚和 14 号脚进行了电压测量，6 号脚和 14 号脚对地电压匀为 0V。

　　但是关掉钥匙之后终端电阻却有 60 欧姆，对地电阻为无穷大。提取仪表 CAN 总线波形时，波形正常，判断仪表已经损坏。拆下仪表进行观察，未发现仪表有烧坏的痕迹，对仪表通电，发现仪表的电源芯片有电源输入，却没有输出，便对电源驱动芯片进行了替换，替换后仪表还是不点亮，但对电源驱动芯片的引脚进行跨接，仪表点亮工作。再次更换新的电源驱动芯片，仪表仍然不工作。便顺着电源驱动的控制端挨个往里查，查到一个三极管，对三极管进行了测量，得知该三极管已经损换，更换一致的三极管，仪表工作正常（图 18-4-4）。

图 18-4-4　损坏的三极管

　　连接诊断仪，依然进不去仪表控制单元内部读取故障码，而且防盗控制灯常点亮，便对仪表内部通信芯片进行了替换，由于该车的网关控制单元都集成在仪表控制单元内，便对仪表内部所有通信芯片进行了替换。更换后，通电测试，此时仪表通信，匹配一下防盗。装车试车，故障解决（图 18-4-5）。

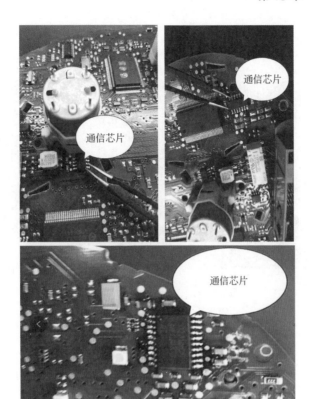

图 18-4-5　替换防盗芯片

（4）案例总结 ....

接到该车后，根据该车的故障现象，能打马达，但是不能启动，于是怀疑仪表不工作，读取故障码，均与仪表失去通信。便对仪表外围电源接地进行检查，正常；对仪表终端电阻进行测量，也正常；提取仪表通信波形，也正常。多方面的数据显示，仪表已损坏，便对仪表进行分解，分解后通电测量电源电路，电源驱动芯片有输入却没有输出，对其进行了替换，当时没想到却不是电源损坏，而是电源驱动的控制三极管损坏，更换后仪表工作，但是却不能通信。由于网关与仪表集成在一起，更换一套通信芯片后，需要对钥匙与仪表进行匹配，匹配好，启动车辆，多次试车后故障解决。

 **18.5 仪表背景灯无法调节**

（1）车辆信息 ...

车型：2016 年款大众帕萨特。行驶里程：38000 公里。

（2）故障现象

仪表背景灯无法调节，打开小灯开关仪表背景灯不变化（图18-5-1）。

图 18-5-1　仪表背景灯无法调节

（3）故障诊断与排除

验证故障与车主所描述一样，无法调节，读取故障码，内容为开关和仪表照明调节器低于下极限值，清除再读还是可以读到的，于是找到该车仪表照明调节器电路图（图18-5-2）。

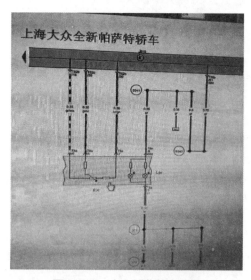

图 18-5-2　大众帕萨特电路图

根据电路图分析该调节器是一个可变电阻，三根线，然后把调节器的装饰板拆掉，开关单独取下来插好插头，用万用表测量三根线，6号端子为传感器供电10.64V，7号端子为传感器的搭铁0V，5号端子为传感器的信号（图18-5-3～图18-5-5）。

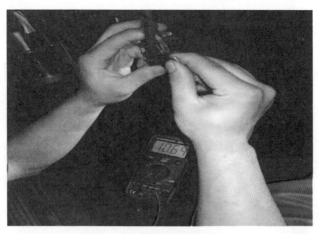

图 18-5-3　测量传感器供电电压

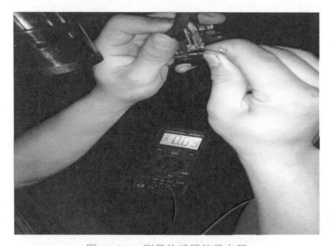

图 18-5-4　测量传感器信号电压

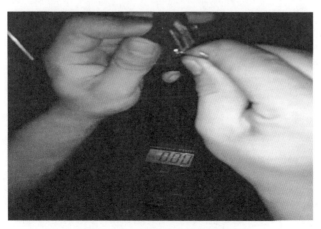

图 18-5-5　测量传感器搭铁电压

无论怎样调节开关，测量 5 号线的信号电压都不变化，判定开关损坏。将开关分解，见图 18-5-6。

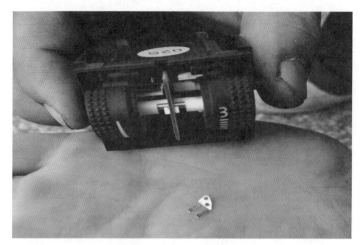

图 18-5-6　分解开关

更换调节开关，故障解决。

（4）案例总结

由于调节器本身的质量问题导致本次故障，根据故障码含义再结合电路图进行分析，快速地找到故障。

18.6　危险警告灯异常

（1）车辆信息

车型：2007 年款荣威 750。发动机：SQR484F。行驶里程：98154 公里。

（2）故障现象

熄火后危险警告灯工作，需手动关闭，用遥控上锁和解锁，正常。

（3）故障诊断与排除

接到车，首先验证故障现象。启动正常，仪表有显示灯泡损坏的提示，熄火后，危险警告灯开始工作。读取故障码，故障码与故障现象没有关系，如空调阳光传感器、刹车灯损坏等。根据本车的控制逻辑：由 BCM 接收各个开关状态和车辆状态来判断是否需要点亮危险警告灯，如果需要则通过 CAN 总线让灯光控制模块来执行，因此分析导致故障产生的原因有：

❶ 车辆门锁状态异常；

❷ 防盗系统接收到错误的信息；

❸ 灯光模块内部短路；

❹ 车身控制模块内部损坏；

❺ 电脑检测到碰撞信号。

首先从车身控制模块读取数据，发现异常数据：

❶ 驾驶员门锁无效；

❷ 驾驶员车门解锁无效。

随后进行动作测试，打开、关闭每个车门，包括机盖锁、油箱盖锁、后备厢锁，都有相关的反应。唯独发现乘客侧车门状态一直处于关闭状态，同时发现锁门的时候乘客侧门锁电机无反应，于是检查是否有开锁闭锁信号（图 18-6-1）。

名称		值
☐ 驾驶员门锁 ⏷		无效
☐ 驾驶员车门解锁 ⏷		无效
☐ 驾驶员车门状态 ⏷		关闭
☐ 乘客车门状态 ⏷		关闭
☐ 后右侧车门状态 ⏷		关闭
☐ 后左侧车门状态 ⏷		关闭

图 18-6-1　荣威 750 数据流（一）

拆下乘客侧车门饰板，找到锁块电机的控制线，进行常规检测，用试灯串上去，试灯没有点亮，但是试灯一端夹车身负极，一端依次接到两个针脚里，发现用遥控器上锁的时候，试灯可以点亮，说明从车身控制模块到右前门的线路有问题。于是找到右前门 A 柱，插头拔了，发现针脚有接触不良的现象，处理之后，测 BCM 控制端的上锁信号与解锁信号线，如图 18-6-2 所示。

于是订了一个 BCM，更换之后故障现象仍旧存在。在检查右前门 A 柱时，发现地毯下方有水。当时怀疑某个插头进水了，把座椅拆除，检查线路，发现在右侧 B 柱下方有一个类似碰撞传感器的插头泡水了，但是读取安全气囊系统显示无故障码，正常情况下都会报故障码。查找电路图和维修手册，都显示没有碰撞传感器，问题不在这里。再想想危险警告灯工作的条件，肯定是检测到系统不正常才会启动。

于是再次读取灯光控制系统，故障码如图 18-6-3 所示。

在读取数据流时发现撞击后危险闪烁灯处在打开状态，其含义表示车辆在受到撞击后，就会打开危险警告灯，但是这辆车安全气囊系统并没有故障码，假如收到碰撞信号，安全气囊就会弹开。当时思路就卡住了，这个状态是谁反馈的？同时发现打开点火开关，这个状态是关闭的，危险警告灯不亮，只要关掉点火开关，状态马上打开。分析撞击后危险警告灯闪烁，这是一个规律，而这个状态是根据惯性开关检测的（图18-6-4）。

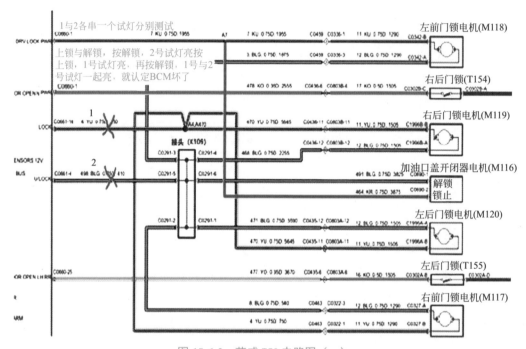

图 18-6-2　荣威 750 电路图（一）

图 18-6-3　荣威 750 故障码

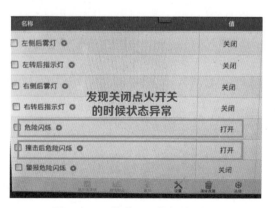

图 18-6-4　荣威 750 数据流（二）

查找电路图（图 18-6-5），车身控制模块有一根线到惯性开关。

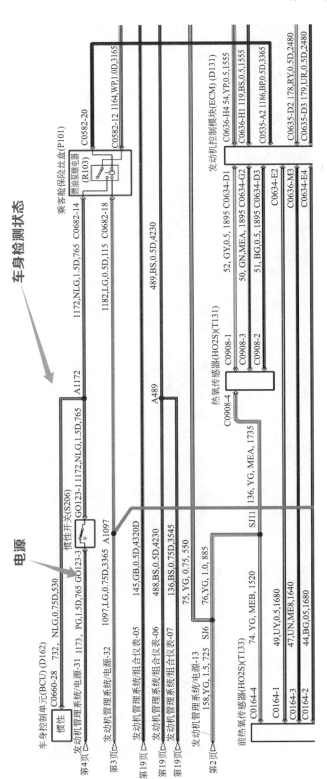

图 18-6-5　荣威 750 电路图（二）

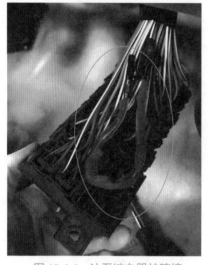

图18-6-6　油泵继电器被跨接

该车有一个碰撞开关，在车辆发生碰撞的时候它会断开，从而防止发生碰撞事故后，车辆没有熄火，油泵继续工作，导致燃油溢出发生火灾。同时碰撞开关还有一根线送到BCM，如果BCM检测到这根线没有电，则认为现在车辆发生碰撞，打开危险警告灯。

为了验证这个故障，在着车情况下把惯性开关拔了，车辆还没熄火，明显不正常。需要关闭点火开关才能熄火，说明有地方改线了。为了验证，在惯性开关拔了的情况下用试灯测惯性开关的插头，插头两端均能点亮试灯。于是找到乘客侧保险丝盒的油泵继电器，发现背面被跨接了一根线（图18-6-6），导致油泵电源由点火开关控制。这样在关闭点火开关后BCM就收不到一个12V电压，就会认为车辆发生碰撞，所以会点亮危险警告灯。

（4）案例总结

现在车辆很多电气都是集成式控制，例如这次维修的案例中的危险警报灯，它就是由车身控制单元（BCM）集成控制的。像这种控制方式，除了要了解电路结构外，还应掌握该用电器的控制逻辑，知道在什么条件下会触发这个用电器工作是非常有必要的，否则即便是理清了电路走向也很难把故障排除，因为还有可能是触发信号不正确导致的。这次维修的案例中是因为维修技师不知道这辆车的油泵控制逻辑，在车辆发生碰撞后切断了燃油泵继电器的供电，在没有彻底找到故障原因时就擅自加了一根电源线，从而衍生出一个新的故障。所以现在汽车维修除了要了解汽车电路的结构，更应该弄明白一个系统的控制逻辑，只有这样才能轻松快速地判断故障。

 **18.7　高位制动灯不亮**

（1）车辆信息

车型：2013年款奥迪A6L。发动机：2.0升。行驶里程：131524公里。

（2）故障现象

客户在外地出差时电子手刹出现故障，故障出现后，音响打不开，同时高位制动灯不亮，仪表报高位制动电气故障。车辆铭牌如图18-7-1所示。

（3）故障诊断与排除

接到该车上，车验证故障现象，音响确实打不开，且打开显示屏没有画面（图18-7-2），同时会自动回位。

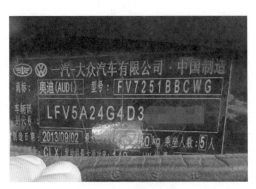

图 18-7-1 车辆铭牌

图 18-7-2 显示屏没有画面

踩下刹车踏板，高位制动灯确实不亮，两边的低位制动灯是可以点亮的（图18-7-3）。

验证电子手刹故障，手刹无故障。

接下来检修高位制动灯不亮的问题。

高位刹车灯不亮的原因有如下：

❶ 高位制动灯损坏；

❷ 高位制动灯无电源和接地；

❸ 从 J393 舒适便捷系统控制模块到高位制动灯之间的线路虚接或断路；

❹ J393 舒适便捷系统控制模块异常。

分析排查：奥迪车系灯光控制原理是当某一个或多个灯光发生不能点

图 18-7-3 两侧制动灯点亮但高位制动灯不亮

亮时，灯光控制模块会检测到该灯泡负载电流大小从而判断该灯泡是否正常，如果正常，点亮该灯泡，如果不正常就关闭该灯泡的输出电流，从而实现保护。同时会向仪表控制单元发送灯光故障信号，仪表接收到后，在仪表显示屏上报出故障位置。高位制动灯由 J393 控制点亮，当踩下刹车踏板时高位制动灯不亮，两边的低位制动灯点亮，说明制动开关没有问题。查阅电路图（图18-7-4 和 图18-7-5）得知，当踩下刹车踏板时制动开关 F 给 J393 舒适便捷系统控制模块一个信号，由 J393 舒适便捷系统控制模块控制高位制动灯点亮。

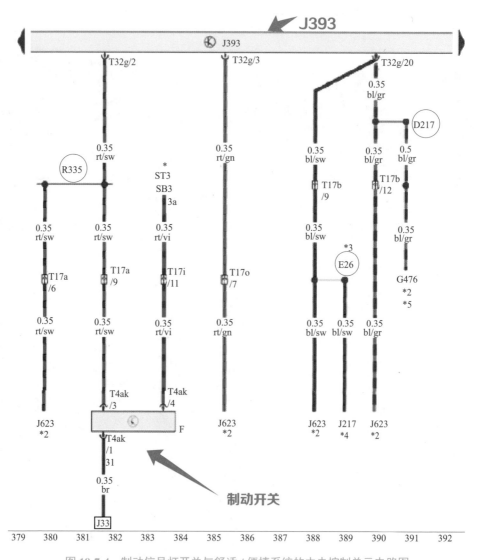

图 18-7-4　制动信号灯开关与舒适 / 便捷系统的中央控制单元电路图

F—制动信号灯开关；G476—离合器位置传感器；J217—自动变速箱控制单元；J393—舒适 / 便捷系统的中央控制单元；J623—发动机控制单元；ST3—保险丝架 3；SB3—保险丝架 B 上的保险丝 3；T4ak—4 芯插头连接；T17a—17 芯插头连接，排水槽电控箱左侧接线站；T17b—17 芯插头连接，排水槽电控箱左侧接线站；T17i—17 芯插头连接，接线站内，左侧 A 柱；T17o—17 芯插头连接，连接站内，A 柱右侧；T32g—32 芯插头连接；B335—连接 1（54），在主导线束中；D217—连接（挡位 P 和 N），在主导线束中；E26—连接（挡位 P 和 N），在 Motronic 导线束中；*—见保险丝布置所适用的电路图；*2—见发动机所适用的电路图；*3—仅适用于带自动变速箱的汽车；*4—见自动变速箱所适用的电路图；*5—仅适用于带手动变速箱的汽车

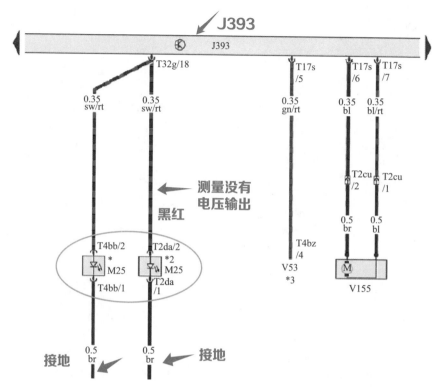

图 18-7-5　舒适 / 便捷系统的中央控制单元、高位制动信号灯灯泡与油箱盖锁止装置马达

J393—舒适 / 便捷系统的中央控制单元；M25—高位制动信号灯灯泡；T2cu—2 芯插头连接；T2da—2 芯插头连接；T4bb—4 芯插头连接；T4bz—4 芯插头连接；T17s—17 芯插头连接；T32g—32 芯插头连接；V53—后盖中中央门锁马达；V155—油箱盖锁止装置马达；690—接地点，在车顶框后中间部位上；*—仅适用于带隔热玻璃的汽车；*2—仅适用于带隔热玻璃的汽车；*3—见便捷系统所适用的电路图

　　测量高位制动灯有搭铁，无输出电压。找到 J393 便捷舒适系统控制模块上的高位制动灯的电源线（颜色为黑红色），踩刹车测量还是无电压输入。测量从 J393 便捷舒适系统控制模块到高位制动灯之间的线路是通的，正常对地测量有电阻。既然线路是通的，就不应该对地有电阻，怀疑有短路的地方。用剪刀把高位制动电源线（黑红色）剪断，人为拉一根线到高位制动灯图 18-7-6，看是否工作。因人为拉一根线到高位制动灯总成上，没有插头连接器，就把高位制动灯拆下来，拆下来后，从高位制动灯拉一根线到高位制动灯电源线（黑红色），踩下刹车高位制动灯点亮了（图 18-7-7）。既然能点亮，说明控制模块和高位制动灯没有问题，问题就出在 J393 舒适便捷系统控制模块的输出到高位制动灯之间的线有短路的地方。

　　由于排查是否有短路的地方需要拆车内饰板，还要对客户进行一次性维修报价，就没有进行下一步排查。同时又进行了对音响打不开的故现象排查，用 ODIS 诊断设备读取故障码为 U104900——光纤数据总线断路（图 18-7-8）。

图 18-7-6　私接的线路

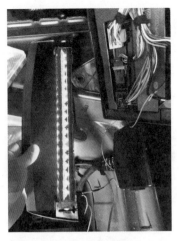

图 18-7-7　高位制动灯正常

控制单元	结果	
0019　数据总线诊断接口（UDS / ISOTP / 4G0907468AC / 0037 / H19 / ）		
故障代码	SAE 代码	故障文本
0010E [267]	U104900	光纤数据总线，断路

图 18-7-8　奥迪 A6L 故障码

根据故障码的含义，查阅维修手册得知，对于奥迪 A6L（C7）不带后座娱乐系统的 MOST 网络系统，主要 MOST 控制单元包括信息电子控制单元 1（J794）、DVD 换碟机（R161）、TV 调谐器（R78）、收音机（R）、数字式音响控制单元（J525）以及数据总线诊断接口（J533）等，是一个环形的网络拓扑图（图 18-7-9）。

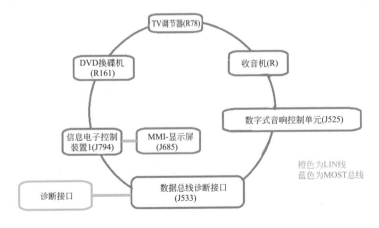

图 18-7-9　环形的网络拓扑图

用 ODIS 诊断仪进入引导性功能进行环形诊断，诊断结果为 J525 数字式音响控制模块 MOST 总线不通信。找到 J525 数字式音响控制模块，发现上面有水迹，莫非是进水了？先用自制小工具——"光纤短接神器"短接 J525MOST 总线，神奇的一幕出现了，音响竟然打开了（图 18-7-10）！

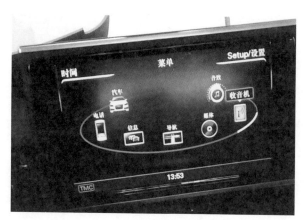

图 18-7-10　显示器工作

　　说明了问题就出现在 J525 数字式音响控制模块上，导致 J525 数字式音响控制模块不能正常工作的原因有：
　　❶ J525 数字式音响控制模块损坏；
　　❷ J525 数字式音响控制模块的无电源搭铁；
　　❸ J525 数字式音响控制模块的电源线和搭铁线虚接短路。
　　拆解 J525 并未发现里面有进水和腐蚀氧化的现象。
　　电路图如图 18-7-11 所示。
　　测量 J525 的电源搭铁，搭铁正常。该电源线竟然没有 12 伏电源，变成了搭铁，一头夹电瓶正极，一头去测 J525 的电源线，试灯会点亮，这是不正常的现象（图 18-7-12）。
　　查阅电路图，得知 J525 数字式音响控制模块上的电源是有后备厢右侧保险丝盒的电源线，保险丝盒内应该有 30A 的保险丝，但是检查发现盒内没有 30A 的保险丝，而且上面有烧蚀的痕迹，试灯测量 30A 保险丝盒的输入端有 12V 电源，输出端是 0V，对电瓶正极测量有 12V 电源，说明输出线存在断路现象（图 18-7-13 和图 18-7-14）。
　　排查到此突然想到，莫非高位制动灯的电源线短路和这个现象是同一故障点？高位制动灯的电源线是从后部车顶绕到后排座椅的右侧，然后再到后备厢右侧的 J393 舒适便捷系统控制模块的，J525 数字式音响控制模块的电源线是从后备厢右侧保险丝盒上绕过后排座椅到后备厢左侧后拉过来的电源线，两个共同点都是后排座椅的右侧。验证是需要拆检的，拆检是否有短路的地方需要对客户进行报价方可维修，和客户沟通后客户同意维修，于是拆卸后排座椅，一番周折后，终于找到问题所在（图 18-7-15）。

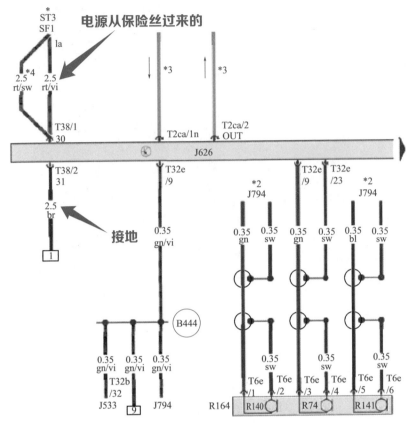

图 18-7-11　数字式声音处理系统控制单元与前部车顶模块中的话筒单元电路图

J525—数字式声音处理系统控制单元；J533—数据总线诊断接口；J794—电子通信信息设备 1 控制单元；R74—内部话筒；R140—左前话筒；R141—右前话筒；R164—前部车顶模块中的话筒单元；SF1—保险丝架 F 上的保险丝 1；ST3—保险丝架 3；T2ca—2 芯插头连接；T6e—6 芯插头连接；T32b—32 芯插头连接；T32e—32 芯插头连接；T38—38 芯插头连接；B444—连接 1（诊断），在主导线束中；*—见保险丝布置所适用的电路图；*2—见 MMI（信息电子系统）所适用的电路图；*3—光纤（LWL）；*4—自 2011 年 6 月起

图 18-7-12　线路存在短路现象

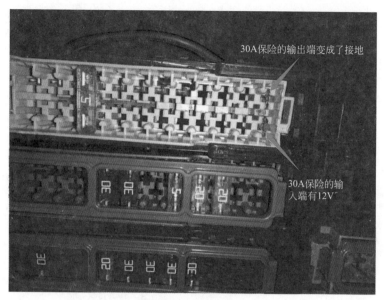

图 18-7-13　保险丝盒

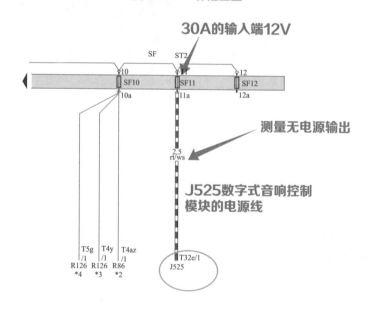

图 18-7-14　保险丝座 F 与保险丝架 2 电路图

J525—数字式声音处理系统控制单元；R86—移动电话功率放大器；R126—电话固定支架；SF—保险丝座 F，后备厢内右侧的继电器和保险丝座上；ST2—保险丝架 2，红色；SF10—保险丝架 F 上的保险丝 10；SF11—保险丝架 F 上的保险丝 11；SF12—保险丝架 F 上的保险丝 12；T4az—4 芯插头连接；T4y—4 芯插头连接；T5g—5 芯插头连接；T32e—32 芯插头连接；*—仅用于带有 Bang & Olufsen 音响系统的车辆；*2—不适用于美洲市场；*3—仅适用于带移动电话适配装置的车辆；*4—仅适用于带蓝牙的车辆发现后排座椅右侧有一排线束有严重磨破短路的地方，正好是高位制动灯的输出线和 J525 音响控制模块的电源线，故障点是后排座椅的固定支架（图 18-7-16），它是固定在车身上的，从而磨破高位制动灯的输出线和 J525 控制模块的电源线。修复线束，清除故障码，试车，故障排除。

图 18-7-15 线束有损坏

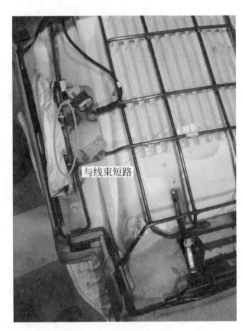

与线束短路

图 18-7-16 故障位置

（4）案例总结

高位制动灯的电源线和 J525 控制模块的电源线是在同一个线束里面，被后排座椅的固定支架磨破，从而造成高位制动灯不亮，音响打不开的故障现象。

18.8 仪表不显示机油液位

（1）车辆信息

车型：2012 年款宝马 X5。发动机：3.0 升。行驶里程：80000 公里。

（2）故障现象

机油液位在显示屏上不显示（图 18-8-1）。

（3）故障诊断与排除

❶ 连接诊断仪读取故障码。

❷故障码内容为机油状态传感器：缺少。

分析造成此故障的原因可能有：

a. 机油状态传感器损坏；

b. 机油状态传感器电源故障；

c.BSD 总线故障。

图 18-8-1 机油液位不显示

❸ 测量机油状态传感器的电源是否正常。打开点火开关，拔掉机油状态传感器插头，插头上一共有 3 根线，分别是电源正极、电源负极、BSD 总线。测量电源电压为 4.40V（图 18-8-2），这个电压明显是有问题的，正常电源电压应该为蓄电池电压。再测量一下 BSD 总线电压，在 8V 左右跳动（图 18-8-3），这是正常的BSD 总线电压。

图 18-8-2 测量电源电压

图 18-8-3 测量 BSD 总线电压

❹ 那么故障原因可以初步判定为传感器电源故障，而电源故障首先要怀疑的肯定是保险丝，在副驾驶杂物箱下面的保险丝盒上找到保险丝，果然保险丝已经断了（图 18-8-4）。

图 18-8-4　损坏的保险丝

❺ 故障排除：更换新的保险丝，启动车辆，等待发动机暖机以后，机油液位可以正常显示，故障解决（图 18-8-5）。

图 18-8-5　机油液位可以正常显示

（4）案例总结

了解车辆的结构，识读电路图，对排除故障有很大的帮助。

18.9 仪表 EPC 灯点亮

（1）车辆信息

车型：2016 年款大众凌渡。发动机：1.4 升。行驶里程：62163 公里。

（2）故障现象

一辆事故车修好以后，仪表上 EPC 灯点亮，可以正常启动。

（3）故障诊断与排除

发动机系统报故障码为 P3053，故障码含义为起动机启动，端子 50 返回信息 -

对地短路 / 断路（图 18-9-1）。

图 18-9-1　大众凌渡故障码

故障码解析如下。

现在很多车型的起动机电路都使用两个继电器串联的方式来控制起动机的运转，比如这辆大众凌渡，如图 18-9-2 所示，当发动机控制单元 J623 接收到启动请求后，同时激活启动继电器 J906 和 J907，然后继电器接通起动机的励磁线圈的供电，起动机开始工作带动发动机转动。当转速超过规定值时，发动机控制单元 J623 识别出发动机已经成功启动，于是切断继电器的供电，启动过程结束。

两个启动继电器采用串联的方式连接，出于安全方面的原因，两个继电器将相继被切断，这样发动机控制单元 J623 就可以在一个继电器的触点熔接粘连时，通过另一个继电器切断起动机的供电。为了保证两个继电器的工作触点磨损程度相同，它们将被轮流切断，以交替的顺序执行切断动作。

从图 18-9-2 中可以看到继电器除了输出到起动机，还有一根输出经过一个 5A 的保险至发动机控制单元 J623，这根线就是启动反馈信号线。

这个反馈信号有两种功能：一种负责监测机械故障（起动机损坏或阻止其转动）；另一种负责监测继电器触点粘连。当发动机达到规定转速时，J623 切断对起动继电器的控制，如果此时这根 50 号端子反馈信号仍然存在电压，说明继电器发生了粘连故障。

如果一个继电器良好，另一个继电器发生了粘连，则系统无法检测到，因为两个继电器是串联的，且相继断开。只有在下一个启动循环中，继电器的粘连才会通过 50 号端子反馈信号线被诊断出来（图 18-9-2）。

故障诊断：此车报的故障码为反馈线对地短路 / 断路。分析导致此故障的原因有：

❶ SB22 保险丝熔断；

❷ 反馈线对地短路或者断路；

❸ 发动机电脑故障。

其中概率最大的是 SB22 保险熔断，因此检查这个保险，得到的结果是这个保险位是空的，没有插这个保险。

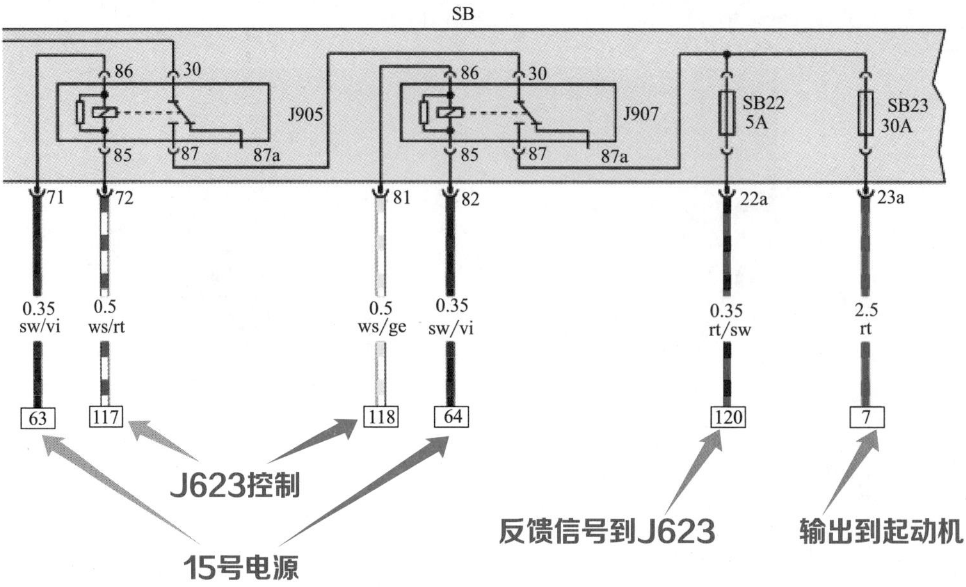

SB

J905

J907

SB22
5A

SB23
30A

86 30   86 30

85 87 87a   85 87 87a

71 72   81 82   22a   23a

0.35
sw/vi

0.5
ws/rt

0.5
ws/ge

0.35
sw/vi

0.35
rt/sw

2.5
rt

63   117   118   64   120   7

J623控制

15号电源

反馈信号到J623

输出到起动机

图 18-9-2　大众凌渡电路图

故障解决：插上保险丝后，故障码可以清除，EPC 灯熄灭，故障解决。

（4）案例总结

熟悉工作原理，是快速解决故障的最佳途径。

第19章

汽车中控门锁故障

视频精讲

19.1 车辆无法上锁

（1）车辆信息

车型：2016 年运动款长城哈弗 H6。行驶里程：56000 公里。

（2）故障现象

客户报修，车辆无法上锁，仪表上显示主驾驶门锁未关闭。

（3）故障诊断与排除

故障原因：

❶ 左前门锁故障；

❷ 门锁至 BCM 之间线路故障；

❸ BCM 故障。

首先对车辆进行检查，当主驾驶门完全关闭后仪表上仍显示打开状态，钥匙无法锁车，机械钥匙可以上锁，且其余三门闭锁器同时上锁，此时钥匙可以正常解锁，确认故障存在。

对左前门锁线路的电路图进行查看（图 19-1-1）。

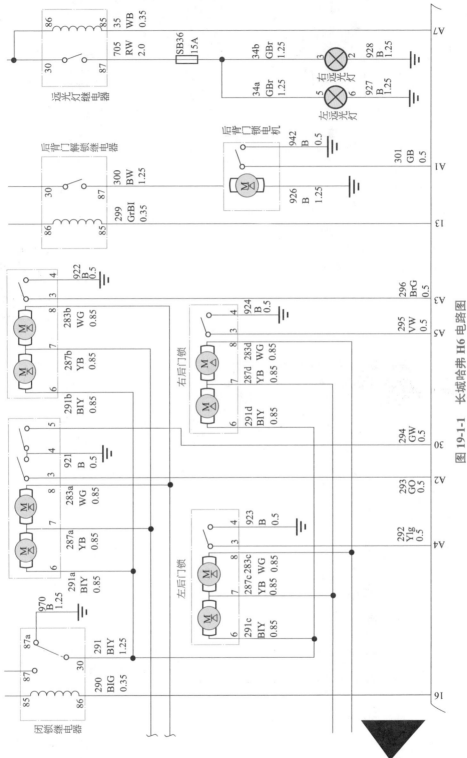

图 19-1-1 长城哈弗 H6 电路图

其中 4 为搭铁。3、5 通过开关状态与 4 闭合为 BCM 提供左前门锁状态。用 LED 测试 3、5 均点亮。将门锁完全关闭，5 停止点亮，3 状态不变，此时用 5W 试灯接地测 3 号线，仪表显示左前门关闭试灯不亮。用电阻挡测量在完全闭锁状态下左前门锁块 3、4 状态为无穷大，判断为左前门锁内部损坏。更换左前门锁后状态正常，仪表能够显示左前门关闭，钥匙可以正常开闭锁。

等到装好左前门内饰板，对玻璃升降、内外拉手进行恢复后例行检查时发现钥匙上锁失败。仪表上显示左前门状态为打开，故障再次出现。随即对车上的左前门锁进行检查，电阻挡测 3、4 针脚，阻值无穷大。

此时拔掉插头，对 3 号线用 5W 功率试灯对地测量，试灯点亮。3 号线为 BCM 检查左前门锁状态的信号线，不可能带动 5W 功率试灯，判断为其对电源线路短路导致锁块内部烧坏触点导致。下面对线路进行检查，断开 BCM 插接件试灯仍然点亮，说明短路点不在 BCM 内部。

在晃动左前门内线束过程中试灯熄灭。短路点在左前门线束内。拆解左前门线束中发现故障位置（图 19-1-2）。

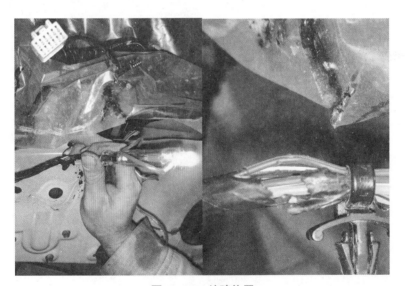

图 19-1-2　故障位置

有两根线被磨损破皮：一根为左前门锁状态线；另一根为防盗蜂鸣器的电源线。将线路处理后，重新走线，更换新锁块后故障排除（图 19-1-3）。

（4）案例总结

此车在半年前更换过左前门，本来是在左前门支撑板外走的线束被钣金工走到了里面，导致玻璃升降器的钢丝和线卡附近的线束产生了摩擦，出现该故障。

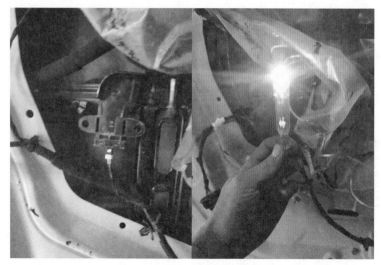

图 19-1-3　出现故障的线路

19.2 中控锁控制逻辑错误

（1）车辆信息

车型：2013 年款大众 POLO。行驶里程：87539 公里。

（2）故障现象

一辆事故车修好以后，仪表上 EPC 灯点亮，可以正常启动。

（3）故障诊断与排除

控制原理分析如下。

中央门锁组成有：

❶ 左前驾驶员中央闭锁单元（F220）；

❷ 右前副驾驶中央闭锁单元（F221）；

❸ 左后门中央闭锁单元（F222）；

❹ 右后门中央闭锁单元（F223）；

❺ 后备厢闭锁单元（F256）；

❻ 车载电网控制单元（J519）；

❼ 驾驶员侧车内上锁按钮（E308）；

❽ 后备厢盖解锁按钮（E234）；

❾ 油箱盖锁止电机（V155）。

上锁 / 开锁按钮分析电路图如图 19-2-1 所示。

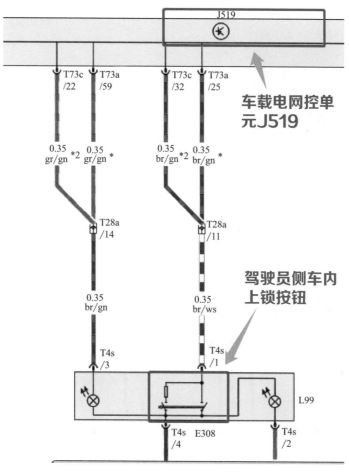

图 19-2-1　上锁 / 开锁按钮分析电路图

E308 是驾驶员侧车内上锁 / 开锁按钮，T4s/4 号针脚是负极，T4s/3 号针脚是上锁按钮的背光灯正极，T4s/2 号针脚是开锁按钮的背光灯正极，T4s/1 号针脚是上锁 / 开锁的信号线，J519 是车载电网控制单元，T73a/25 号针脚有一个输出电压。

从图 19-2-1 中可以看到开关内部有两个触点：一个经过电阻；另一个没有经过电阻，信号线和负极接通，拉低电压来实现上锁 / 开锁功能。

当按下上锁按钮时 T4s/4 号针脚从开关内部不经过电阻到 T4s/1 号针脚，给车载电网控制单元 J519 传输一个上锁的信号。

当按下开锁按钮时 T4s/4 号针脚从开关内部经过电阻到 T4s/1 号针脚，给车载电网控制单元传输一个开锁的信号。

为什么上锁 / 开锁只用一根信号线呢？因为开关内部装一个电阻，当按下上锁按钮时，不经过开关内部电阻，车载电网控制单元 J519 采集当前拉低的电压是否为上锁信号；当按下开锁按钮时，经过开关内部电阻，车载电网控制单元 J519 采集当前的拉低电压是否为开锁信号（图 19-2-2）。

驾驶员侧车内上锁按钮，车载电网控制单元，车内联锁开关照明灯泡

E308 — 驾驶员侧车内上锁按钮

J519 — 车载电网控制单元

L99 — 车内联锁开关照明灯泡

T4s — 4 芯插头连接

T28a — 28 芯插头连接

T73a — 73 芯插头连接

T73c — 73 芯插头连接

(267) — 接地连接2，在驾驶员侧车门电缆导线束中

(R81) — 连接1(58d)，在驾驶员侧车门电缆导线束中

* — 仅用于带车载电网控制单元BCM的汽车

*2 — 仅用于带车载电网控制单元BFM的汽车

图 19-2-2　电路图编号解析

驾驶员侧中央闭锁单元分析如下（图 19-2-3）。

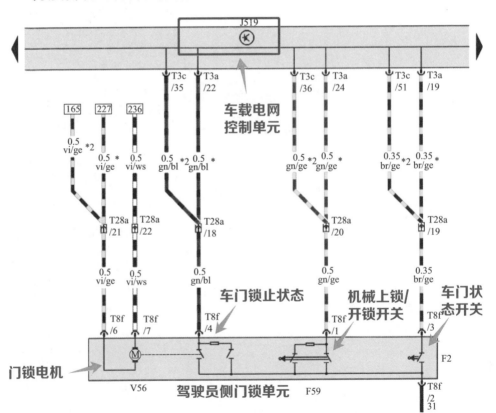

图 19-2-3　大众 POLO 电路图（一）

　　F2 是驾驶员侧车门状态开关，T8f/2 号针脚是公用负极，T8f/3 号针脚是车载电网控制单元 J519 输出信号电压。当打开车门的时候，F2 车门状态开关处于闭合状态，和负极接通，拉低电压，车载电网控制单元 J519 采集当前拉低的电压，输出车门打开状态信号。

　　当关闭车门的时候，F2 车门状态开关处于没有闭合状态，和负极断开，车载电网控制单元 J519 采集到当前的电压，输出车门关闭状态信号。

　　F59 机械钥匙上锁 / 开锁开关：T8f/1 号针脚是车载电网控制单元输出信号电压，同样 T8f/2 号针脚为负极。开关内有两个触点：一个触点经过电阻；另一个触点没有经过电阻。

　　用机械钥匙从车门外面开锁，逆时针拧，T8f/1 号针脚经过开关内部电阻触点接通负极，信号电压就会被拉低，车载电网控制单元 J519 采集被拉低的信号电压（图 19-2-4）。

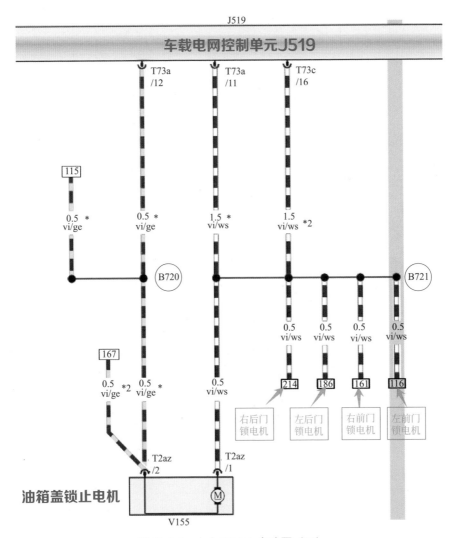

图 19-2-4　大众 POLO 电路图（二）

车载电网控制单元 J519 接收到开锁信号时，车载电网控制单元 J519 通过 T73c/16 号针脚到（B721）节点输出电压控制（油箱盖锁止电机 T2az/1 号，T2az/2 号负极；右后门锁电机 T8d/2 号，T8d/1 号负极；左后门锁电机 T8b/6 号，T8b/5 号负极；右前门锁电机 T8g/2 号，T8g/1 号负极；驾驶员门锁电机 T8f/7 号，T8f/6 号负极），逆时针旋转打开闭锁器（图 19-2-5）。

用机械钥匙从车门外面锁车，顺时针拧，T8f/1 号没有经过开关内部电阻触点接通负极，信号电压就会被拉低，车载电网控制单元 J519 采集被拉低的信号电压。

车载电网控制单元 J519 接收到锁车信号时，其通过 T73a/12 号到（B720）节点电压控制（油箱盖锁止电机 T2az/2 号，T2az/1 号负极；右后门锁电机 T8d/1 号，T8d/2 号负极；左后门锁电机 T8b/5 号，T8b/6 号负极；右前门锁电机 T8g/1 号，T8g/2 号负极；驾驶员门锁电机 T8f/6 号，T8f/7 号负极），顺时针旋转上锁闭锁器。

车门锁止状态开关：T8f/4 号是车载电网控制单元 J519 输出信号电压，T8f/2 号是负极。驾驶员侧车门闭锁单元内部有两个触点：一个经过电阻；另一个没有经过电阻。

关上车门，按下驾驶员侧车内锁止按钮，驾驶员侧车门闭锁单元 T8f/2 号负极闭合经过电阻到 T8f/4 号，信号电压就会被拉低，车载电网控制单元采集被拉低的电压，检测是否已上锁。

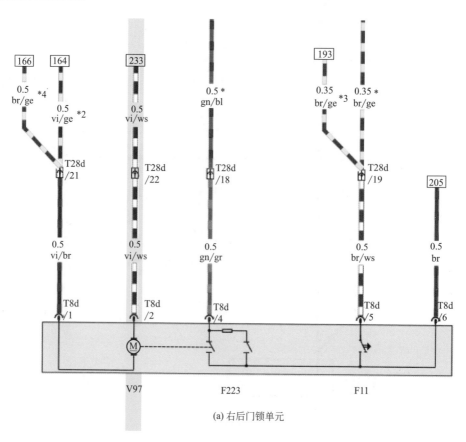

(a) 右后门锁单元

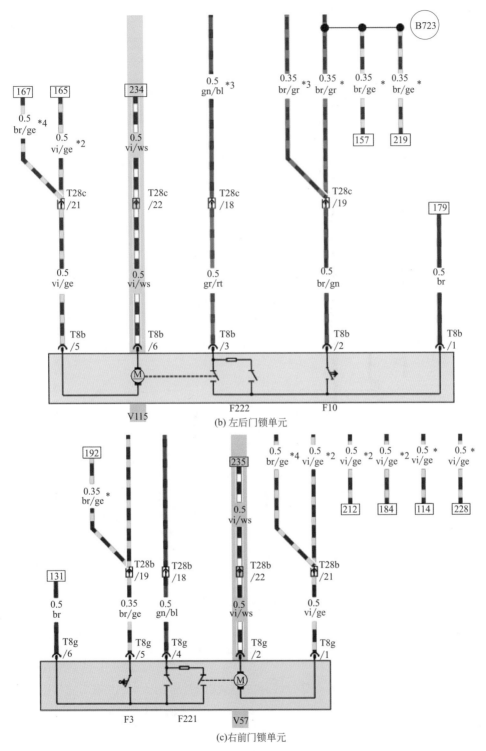

图 19-2-5　大众 POLO 电路图（三）

按下驾驶员侧车内开锁按钮，驾驶员侧车门闭锁单元 T8f/2 号负极闭合，不经过电阻到 T8f/4 号，信号电压就会被拉低，这时候车载电网控制单元采集到不同的电压，检测是否开锁。

后备厢盖解锁按钮分析（图 19-2-6）。

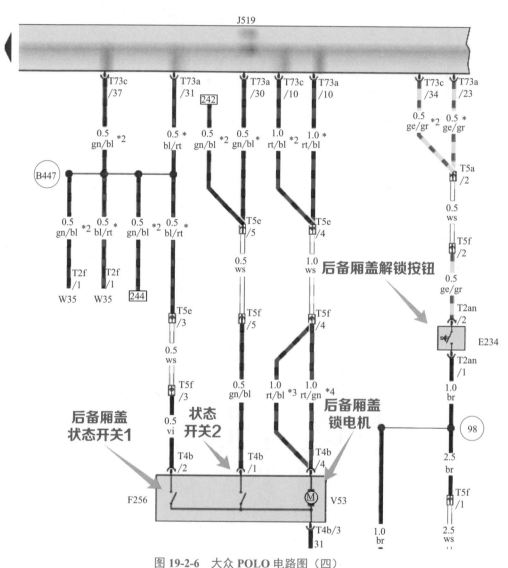

图 19-2-6　大众 POLO 电路图（四）

E234 后备厢盖解锁按钮 T2an/2 号针脚由车载电网控制单元 J519 输出信号电压。所有车门解锁，按下 E234 后备厢盖解锁按钮和 T2an/1 号负极闭合，车载电网控制单元 J519 采集被拉低的电压。

车载电网控制单元 J519 接收到解锁信号，车载电网控制单元 J519 通过 T73c/10

号针脚输出电压到后备厢盖闭锁单元 T4b/4 号，T4b/3 号负极，V53 电机顺时针转，打开后备厢盖。

后备厢状态开关 1 T4b/2 号针脚和后备厢状态开关 2 T4b/1 号针脚是车载电网控制单元 J519 输出信号电压，关闭后备厢盖，后备厢状态开关 1、后备厢状态开关 2 和负极闭合拉低电压，车载电网控制单元 J519 采集被拉低的电压，检测后备厢盖是否关好。

所有车门锁止，车载电网控制单元 J519 就不会对 E234 后备厢盖解锁按钮 T2an/2 号输出信号电压。

（4）案例总结

通过理解中控锁的原理，在维修中运用所学的知识去排除故障，减少走弯路，提高工作效率。

19.3 搭铁线路断路

（1）车辆信息

车型：2012 年款大众迈腾（图 19-3-1）。发动机：2.0 升。行驶里程：120764 公里。

（2）故障现象

车辆停放一个星期之后，左后车窗和中控都无法使用。

（3）故障诊断与排除

使用电脑诊断仪读取故障码（图 19-3-2）。

图 19-3-1 车型信息

图 19-3-2 大众迈腾故障码

故障原因：

❶ 左后车门控制单元供电 / 搭铁故障；

❷ 左后车门控制单元 LIN 总线断路；

❸ 左后车门控制单元损坏。

首先单个车门无通信需要检查供电搭铁，试灯加万用表测量的时候发现供电正常，搭铁没有。查找电路图，找到左后车门控制单元搭铁的位置，发现搭铁线已经被咬断（图 19-3-3），修复线路故障解决。

图 19-3-3　故障位置

（4）案例总结

通过解码器读取的故障码可以分析为单个模块不通信，检查单个模块不通信首先必须要检查供电 / 搭铁，通过试灯加万用表测量供电正常，无搭铁，那么就需要查找搭铁点和打铁线路，检查搭铁线路被咬断，修复线路试车正常。

19.4　遥控无法开启后备厢

（1）车辆信息

车型：2012 年款沃尔沃 S80L（图 19-4-1）。行驶里程：335342 公里。

（2）故障现象

该车是加装了倒车影像之后出现的问题，故障为用遥控无法开启后备厢，按后备厢微动开关没听到电机工作的声音，另外按车内后备厢开关也不行。

（3）故障诊断与排除

首先要了解后备厢开启的控制原理，后备厢锁块里面装有一个直流电机。直流电机的一端始终接负极，另一端受车身电脑控制。当车身电脑接收到了后备厢开启请求信号时就会接通电机的正极线从而使电机动作，带动后备箱锁块开启后备箱。

图 19-4-1　车型信息

知道了控制原理后，分析该故障可能会是哪里出问题：

❶ 电机本身故障；

❷ 后备厢控制线路故障；

❸ 车身控制模块故障。

刚接到车，通过验证，正如修理厂所说，按遥控、室内开关、后备厢开关均无法开启后备厢，把之前改的线恢复，按后备厢开关的时候，可以听到 CEM 中央电气控制模块有继电器工作的声音，按后备厢微动开关，也能听到继电器工作的声音（图 19-4-2）。

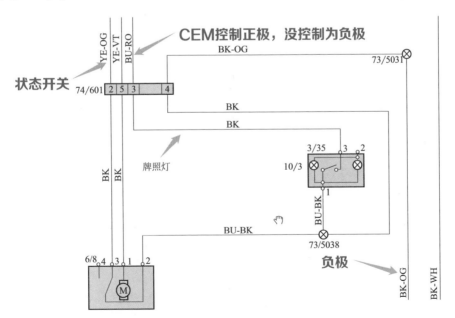

图 19-4-2　沃尔沃 S80L 电路图（一）

接着拆开后备厢内饰板，找到锁块插头，根据电路图的端子定义找到电机的控制线并拔下。使用试灯替代电机串入插头内，开启后备厢，发现试灯不亮。接着测试电机的负极是否正常，采用的方法是使用试灯一端接正极、一端接电机负极测试。但在后备厢上面没有正极线，于是打开小灯想借用小灯的正极来测试电机负极线是否正常。结果发现一个奇怪的故障现象，就是打开小灯的时候，后备厢电机会轻微动一下，要很仔细才能听到，而且发现牌照灯微亮。

小灯与后备厢怎么会有关系呢？再次检查电路图，仔细分析了一下该车的控制逻辑。

首先车身控制模块接收来自手动后备厢开关的信号，遥控开启信号以及后备厢上面的开关信号，然后给电机接入一根正极线让电机动作，没有问题。

电机共有4根线：1号脚为车身电脑控制的正极；2号脚是电机的负极线；3号脚为门锁状态信号直接到车身电脑；4号脚为空脚。过电路图发现2号脚通与牌照照明灯的负极公用，然后在31/65处接地。牌照灯上面共有3个脚：1号脚是负极；3号脚是后备厢开启信号送入车身电脑；2号脚小灯控制正极线。

接着，测试电机插头的2号脚是否正常。结果为不正常，于是人为给2号脚一根负极线，测试一切正常（图19-4-3）。

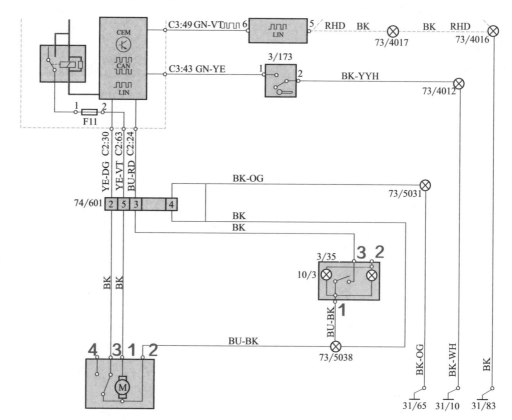

图19-4-3　沃尔沃 S80L 电路图（二）

接着检测线束发现负极线磨破了，但还剩下几根铜丝连着，处理好线束，问题解决。

（4）案例总结

相信很多读者会有同样的问题：为什么打开小灯后备厢电机会轻微动作？对于这个问题看一下图 19-4-4。

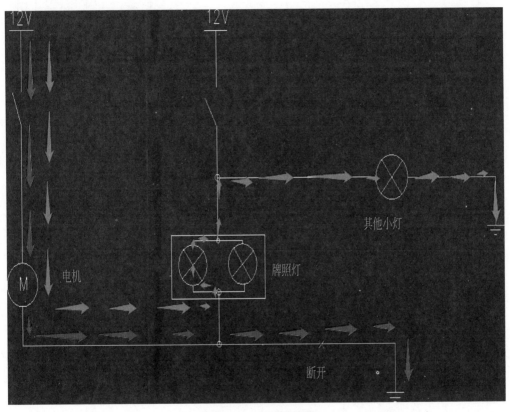

图 19-4-4　电路图简图

如图 19-4-4 所示，正常的后备厢电机动作电流是红色箭头指向，但是搭铁线断开，所以电机的电流回路会沿着牌照灯与其他小灯串联形成回路。这样的话，按照串联分压的原则，电机上实际有近一半的电压也就是 6V，所以电机才会轻微动作，小灯也会亮一下。

那有的人就要问了，为什么要开启小灯才会这样呢？按照简图不是应该与小灯开关没有关系吗？这里就要看原车电路（图 19-4-5）。

原车电路是每一组小灯由 BCM 独立控制，所以如果 BCM 不控制小灯点亮，那么牌照灯的正极就不会与其他正极连在一起，所以才会有以上一幕故障现象。

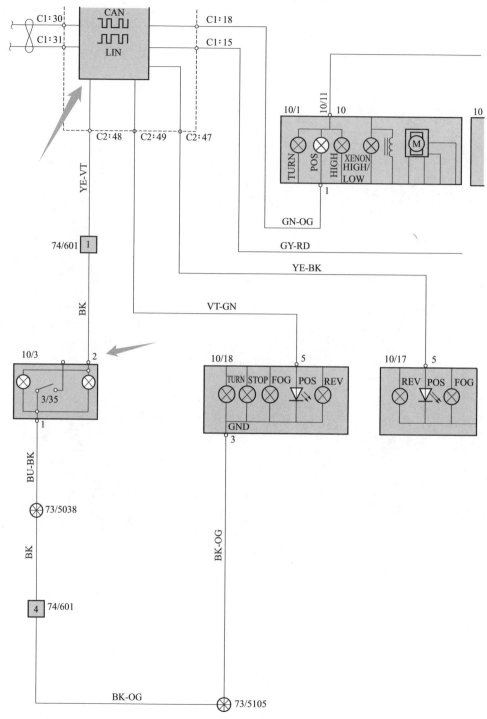

图 19-4-5　沃尔沃 S80L 电路图（三）

19.5　后备厢开关故障

（1）车辆信息

车型：2013 年款大众速腾。行驶里程：133869 公里。

（2）故障现象

车主报修驾驶室后备厢按钮打不开后备厢，用遥控能打开后备厢。接车后试车，的确打不开，用遥控可以打开（图 19-5-1）。

图 19-5-1　车型信息

（3）故障诊断与排除

找到维修手册，根据电路图可以看到，驾驶室后备厢按钮开关的 T4/2 号针脚是按钮开关的背景灯，T4/1 号针脚是搭铁负极，驾驶员侧车门控制单元 T32/30 号针脚通过后备厢按钮开关 T4/4 号针脚输入负触发控制后备厢打开（图 19-5-2）。

驾驶员侧后备厢打不开的原因有：

❶ 驾驶员侧控制单元 J386 损坏；

❷ 驾驶员侧控制单元 J386 的 T32/30 号脚到驾驶员侧后备厢开关按钮的 T4/4 号脚线断路或虚接；

❸ T4/1 号脚负极断路或虚接；

❹ 驾驶员侧后备厢按钮开关损坏。

首先用万用表测量 T4/4 号脚电压，为 4.31V（图 19-5-3）。

测量 T4/1 号脚电压，为 12.10V，供电和负极都正常（图 19-5-4）。

短接 T4/1 号脚和 T4/4 号脚后备厢可以打开，用万用表测按钮开关的 1 号和 4 号脚，按开关万用表显示无穷大，故障就是开关坏了（图 19-5-5）。

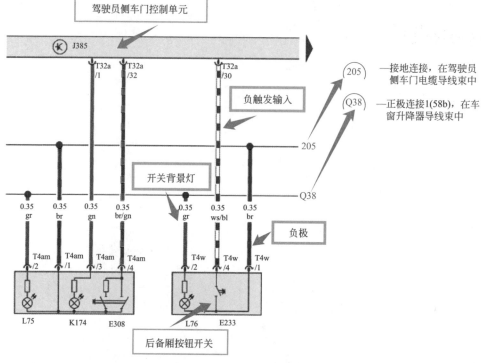

图 19-5-2　大众速腾电路图

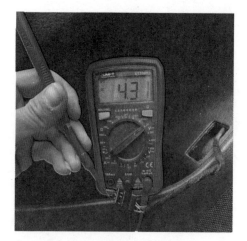

图 19-5-3　测量 T4/4 号脚电压

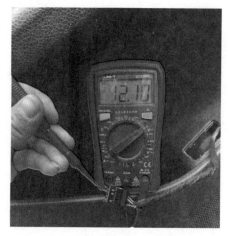

图 19-5-4　测量 T4/1 号脚电压

更换后备厢开关，故障解决。

（4）案例总结

　　本案例的故障由后备厢开关故障引起，通过排除线路故障，最后到确定开关故障。

图 19-5-5　短接 T4/1 号脚和 T4/4 号脚

 **19.6　智能钥匙故障**

（1）车辆信息

车型：大众凌渡。发动机：1.4 升。行驶里程：74000 公里。

（2）故障现象

低速行驶时会熄火，熄火后有时无法立即启动，需要等待一段时间才能启动。

（3）故障诊断与排除

客户反映故障现象都出现在颠簸路面，在良好路面行驶并没有任何故障现象，因此推断，该故障原因应该是线路某一个部位松旷或者接触不良所导致，可以怀疑的部位包括主保险、搭铁线等。

客户反映车辆熄火后，仪表上所有显示灯均熄灭。这样可以验证出分析结论的正确性。只是该主保险既控制仪表的主供电，也控制发动机等控制单元的供电。

根据客户反映的故障现象一下子熄火，只可能是电子方面的原因，和发动机供油、燃油泵等没丝毫关联，因此还是要围绕分析的结论来检验。

根据上述 3 点分析，接下来就需要针对性去检查了。当然最直接的方法是围绕仪表供电或搭铁来分析。

查阅仪表电路图，发现该车仪表上线路非常简单，除两根 CAN 高低线之外，燃油存量传感器有 3 根线，除防盗识读线圈 2 根线之外，剩下的就是供电的 30 号火线，该火线走向为蓄电池→ SA4 主保险→ SC 17 分保险→仪表 18a/1 脚，负极回路线就

来自左侧 A 柱接地点连接仪表 18a/10 脚。

接下来就从仪表的供电和搭铁入手，经检查发现仪表搭铁线路良好，丝毫不存在松旷等情况；检查 SC 17 保险丝，未见异常（该保险丝异常的话，会导致仪表显示不正常，但不会引起发动机熄火）。接着继续检查 SA4 保险丝，也没发现异常。为了保险起见，进一步将蓄电池出来的主保险及发动机、车身搭铁线一一拆下来清理，都没发现问题。

在进行检查时发现车辆改装了无钥匙启动系统，由于该系统也为本站所加装，只有让维修技师检查该系统是否存在问题。当维修技师拆下该系统后，很快就发现了问题。

可以看出，智能钥匙控制单元的保险丝插脚非常松旷，当车辆启动时，维修人员只需要轻轻晃动该保险丝座，车辆也会出现熄火的情况，熄火后无法马上启动，要稍等一下方可启动。完全吻合客户所描述的故障现象。

让精品部再次为客户更换一套智能钥匙控制系统之后，经反复试车，故障排除。

（4）案例总结

本案例的检查思路很明确，但万万没想到是加装的电子产品出了问题，这也是一个人为造成的故障。

19.7 转向柱锁控制单元硬件损坏

（1）车辆信息

车型：2016 年款大众凌渡。发动机：2.0 升。行驶里程：60000 公里。

（2）故障现象

车辆报 P3053 故障码——端子 50 返回信息对地短路 / 断路。

（3）故障诊断与排除

❶ 端子 50 返回信息定义。先用一辆不带一键启动的 2016 年款大众凌渡的电路图（图 19-7-1）解释端子 50 返回信息的功能。

现在很多车型的起动机电路都使用了两个继电器串联的方式来控制起动机的运转。比如这辆大众凌渡，当发动机控制单元 J623 接收到启动请求后，同时激活启动继电器 J906 和 J907，然后继电器接通起动机的励磁线圈的供电，起动机开始工作，带动发动机转动。当转速超过规定值时，发动机控制单元 J623 识别出发动机已经成功启动，于是切断继电器的供电，启动过程结束。

两个启动继电器采用串联的方式连接，出于安全方面的原因，两个继电器将相继被切断，这样发动机控制单元 J623 就可以在一个继电器的触点熔接粘连时，通过

另一个继电器切断起动机的供电。为了保证两个继电器的工作触点磨损程度相同，它们将被轮流切断，以交替的顺序执行切断动作。

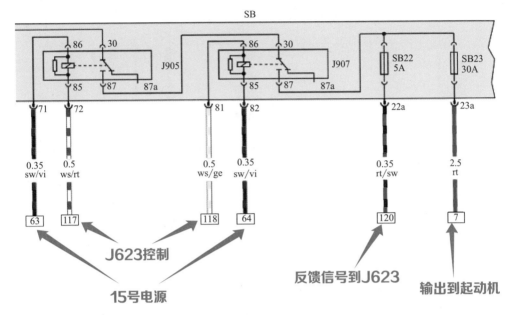

图 19-7-1　大众凌渡电路图（一）

从图 19-7-1 中可以看到继电器除了输出到起动机外，还有一根输出经过一个 5A 的保险至发动机控制单元 J623，这根线就是启动反馈信号线。

这个反馈信号有两种功能：一种负责监测机械故障（起动机损坏或阻止其转动）；另一种负责监测继电器触点粘连，当发动机达到规定转速时，J623 切断对启动继电器的控制，如果此时这根 50 号端子反馈信号仍然存在电压，说明继电器发生了粘连故障。

如果一个继电器良好，另一个继电器发生了粘连，则系统无法检测到，因为两个继电器是串联的，且相继断开。只有在下一个启动循环中，继电器的粘连才会通过 50 号端子反馈信号线被诊断出来。

❷ 故障码生成机理。对于不带一键启动的车辆来说，当发动机电脑通过 CAN 线接收到了启动请求信息，此时发动机电脑就应该通过启动继电器控制起动机工作，并且接收到启动继电器反馈回来的信号，如果没有接收到这个反馈信号，就会设置 P3053 故障码。

对于带有一键启动的车辆来说，这个故障码是由 J764 电子转向柱锁控制单元来设置的。当挡位于 P 挡时，踩下制动踏板，按下一键启动按钮，J764 接收到了启动请求，并且系统内防盗验证通过，转向柱成功解锁以后，J764 会向 J519 车载电网控制单元提供 50 端子信号。然后由 J519 控制启动继电器吸合，启动继电器的反馈信号返回 J764。如果 J764 收到了启动请求却没有接收到启动继电器的反馈信号，则会设置 P3053 故障码。电路图如图 19-7-2 所示。

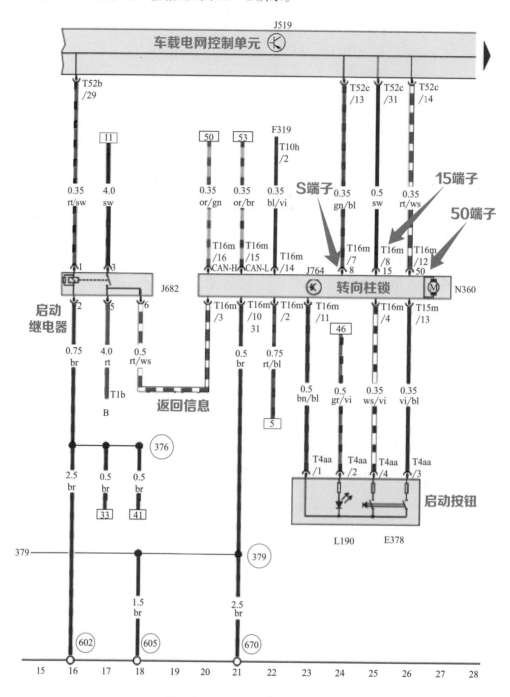

图 19-7-2　大众凌渡电路图（二）

B—启动电机；E378—启动装置按钮；F319—选挡杆位 P 锁止开关；J519—车载电网控制单元；J682—供电继电器，总线端子 50；J764—电子转向柱锁止装置控制单元；L190—点火启动按钮照明装置灯泡；N360—转向柱联锁作动器

❸ 大众车型通病。带智能钥匙（一键启动）的车辆，一般都是电瓶亏电。接电瓶时或者更换电瓶后，出现 P3053 故障码，车辆能启动，但是仪表上黄灯一直闪。这是由于电压低，在启动时容易造成 J764 电子转向柱锁控制单元内部硬件损坏导致的（图 19-7-2 和表 19-7-1）。

表 19-7-1　J764 电子转向柱锁（ELV）针脚定义

针脚号码	定义	工作电压性质	故障测试：短路或断路		数据块
			故障现象	故障码	
T16s/3	50# 继电器信号	J682 接通，12V J682 断开，0V	无	P3053—— 50 端子返回信号对地短路 / 断路	端子 50 倒拖电缆返回信号 ON/OFF
T16s/4	点火开关信号	按下点火开关，0V；不按，10.75V；启动后电瓶电压	若有一根故障，可接通 KL.15；若无法启动，必须两根线同时接通才能启动；若启动后一根出现故障，可熄火	无	开关触点 1（T16s/13）：未启动 / 启动
T16s/13	点火开关信号			无	开关触点 2（T16s/4）：未启动 / 启动
T16s/7	接线柱 S 端端子信号	端子信号输出，12V；端子信号截止，0V	无法启动，可接通 KL.15	P3053—— 50 端子返回信号对地短路 / 断路	端子 S 线路状态转向柱锁规定值：开 / 关 端子 S 线路状态转向柱锁实际值：开 / 关 端子 S 线路状态电子中央电气装置实际值：开 / 关
T16s/8	接线柱 15# 端子信号		无法启动，仪表无反应，若此时点火开关，再闭锁，则方向盘无法锁止	无	端子 15 线路状态转向柱锁规定值：开 / 关 端子 15 线路状态转向柱锁实际值：开 / 关 端子 15 线路状态电子中央电气装置实际值：开 / 关端
T16s/12	接线柱 50# 端子信号		无法启动，可接通 KL.15	无	端子 50 线路状态转向柱锁规定值：开 / 关 端子 50 线路状态转向柱锁实际值：开 / 关 端子 50 线路状态电子中央电气装置实际值：开 / 关
T16s/14	P 挡锁止开关信号	P 挡电瓶电压；其余挡位 0V	不挂 P 挡也能锁车	无	停车选挡杆位置： P 挡显示已接合和已锁止； 其他挡位显示未结合和未锁止

解决方法：更换或者维修 J764 转向柱锁控制单元。

（4）案例总结

    并不是所有出现 P3053 故障码的故障都是由 J764 损坏导致的，应该先通过读取数据流与线路测量相结合的方法排除外围电路故障以后，才能确定是否为 J764 损坏。表 19-7-1 有助于理解 J764 的各针脚定义以及 P3053 故障码的生成因素。

视频精讲

第20章

汽车电动门窗故障

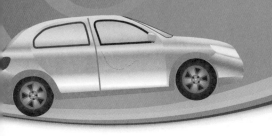

20.1 锁车后玻璃不能自动上升

（1）车辆信息

车型：2017 年款吉利博越。行驶里程：20000 公里。

（2）故障现象

打开钥匙，四门车窗正常可以控制，车辆遥控可以正常上锁，但是遥控升窗失效。

（3）故障诊断与排除

第一时间确认故障，打开钥匙，主驾驶控制四门状态正常，一键升窗功能正常。遥控锁车，长按闭锁，玻璃无动作现象。用电脑读取车身系统故障码（图 20-1-1）。

图 20-1-1 吉利博越故障码

故障码存在且无法清除，故障码内容为车身电脑与四门窗模块通信故障。为了进一步确认，查看数据流，发现没有发现四门窗升降开关的相关数据流。动作测试中有门窗升降的功能，进行动作测试（图20-1-2）。

图 20-1-2　动作测试请求

动作测试失败，下一步就要对相关资料进行查阅（图20-1-3）。

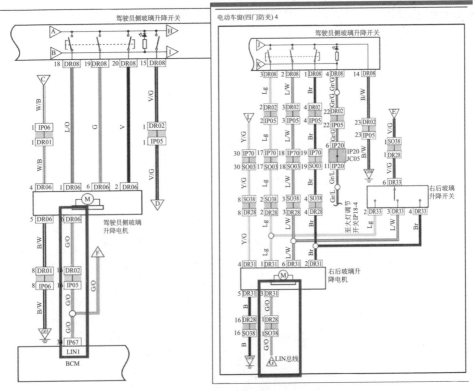

图 20-1-3　动作测试电路图

资料显示，车身电脑通过 LIN 线与四门玻璃升降电机进行通信，对其线路进行测量。在开钥匙情况下，测量主驾驶电机 4 号线电压只有 1.38V（图 20-1-4）。

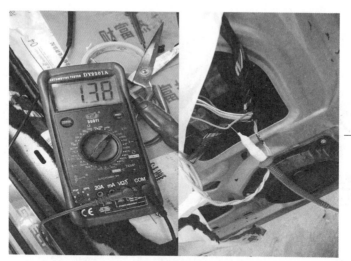

图 20-1-4　测量主驾驶电机 4 号线电压

正常的英通信电压，打开钥匙的情况电压为 9 ～ 11V，这辆车通信电压被拉低到了 1.38V，根本无法建立起来通信。造成这个故障的原因有两点：

❶ 模块损坏导致电压拉低；

❷ 线路短路导致电压拉低。

验证第一种可能，分别断开四门电机，电压没有变化，断开车身电脑后，电压变为 0.66V。此时线路无任何模块通信，不应该有电压存在。

那么只有第二种情况，线路中有短路现象。仔细排查各个插接件，在左右地毯上有潮湿痕迹。在断开右 A 柱下方右前门的插接件后，发现电压消失，重新插好车身控制器和电机插头后，电压变为 9V（图 20-1-5）。

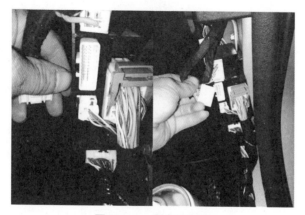

图 20-1-5　车身控制器

清除左右地毯上有潮湿的地方，恢复四门状态，车身控制器内当前故障码消失。手动上升玻璃到底保持 5 秒左右，重新学习。试车，故障消失。

（4）案例总结

本案例中的故障是由于进水造成的短路，维修技师经过一番排查最终找到故障位置。

20.2 主驾驶不能控制其他三个门玻璃升降器

（1）车辆信息

车型：2017 年款吉利博越。行驶里程：35000 公里。

（2）故障现象

客户报修主驾驶不能控制其他 3 个门玻璃升降器，但其他 3 个门可以单独控制。

（3）故障诊断与排除

接到该车验证故障现象，确实主驾驶玻璃升降器开关控制模块不能控制其他 3 个门的玻璃动作。主驾驶不能控制其他 3 门的原因有：

❶ 主驾驶玻璃升降控制模块无电源搭铁；

❷ 主驾驶玻璃升降控制模块到其他 3 个门的控制线短路或断路，线路虚接；

❸ 主驾驶玻璃升降控制模块内部损坏。

查阅电路图测量主驾驶玻璃升降控制模块的两个保险丝（125A 和 30A），正常；测量主驾驶玻璃控制模块电源线有 12 伏电源，正常，搭铁正常；按下主驾驶玻璃升降开关控制左前门玻璃动作，可以上升和下降；控制其他 3 个门玻璃升降动作，还是不能控制（图 20-2-1）。

测量副驾驶玻璃升降开关模块的电源搭铁，正常。按下开关可以动作，说明副驾驶玻璃升降开关、电机和线路是正常的（图 20-2-2）。

既然副驾驶玻璃升降开关控制模块线路和电机是正常的，那么主驾驶不能控制副驾驶玻璃动作，问题就出现在控制线上。查阅电路图得知，从主驾驶过来的控制线是同时可以控制其他 3 个门的，测量从主驾驶玻璃升降开关控制模块到副驾驶玻璃升降开关之间的信号线，线路是通的。对电源和对地的异常现象，更换主驾驶玻璃升降开关控制模块，试车，故障排除。

（4）案例总结

由于主驾驶的开关控制模块损坏造成不能控制其他 3 门玻璃升降动作，其他 3 门的控制线都是由主驾驶玻璃升降开关控制模块供给的。

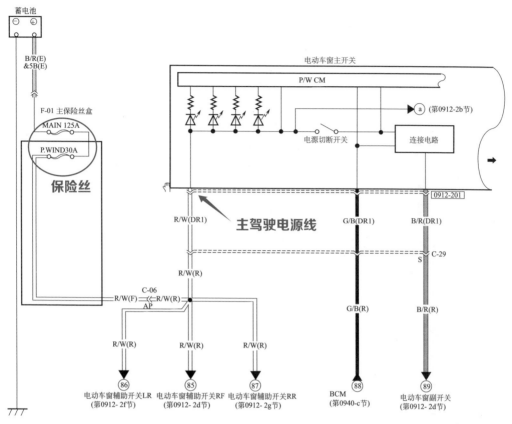

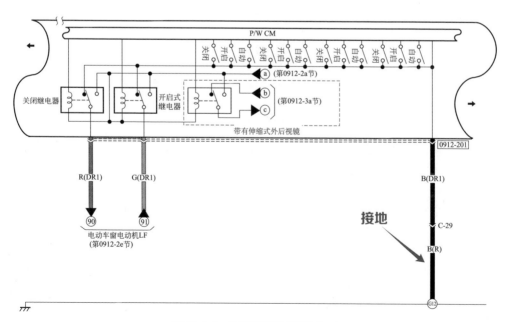

图 20-2-1 吉利博越电路图（一）

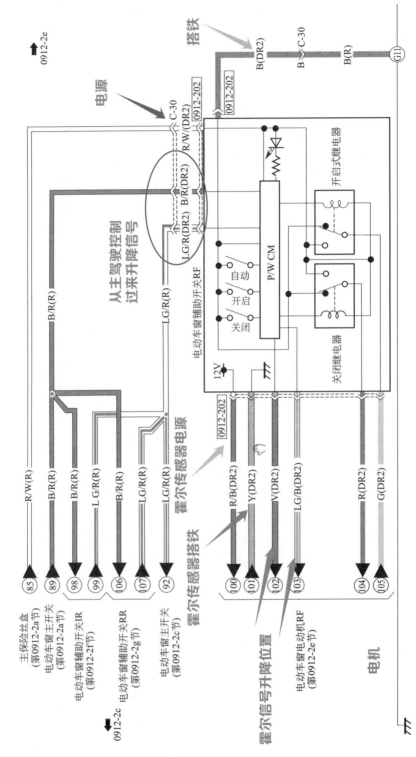

图 20-2-2　吉利博越电路图（二）

20.3 副驾驶车窗不动作

（1）车辆信息

车型：2008 年款中华骏捷。发动机：1.8 升。行驶里程：160000 公里。

（2）故障现象

该车主驾车窗开关与副驾车窗开关都不能控制副驾玻璃动作，检查电机插头发现，只有上升有电，下降没电。

（3）故障诊断与排除

由电路图（图 20-3-1）可知，这辆车是主驾开关与副驾开关共用一组线到电动摇窗控制单元的 10 号 11 号脚，这两根线是分别控制上升与下降的。

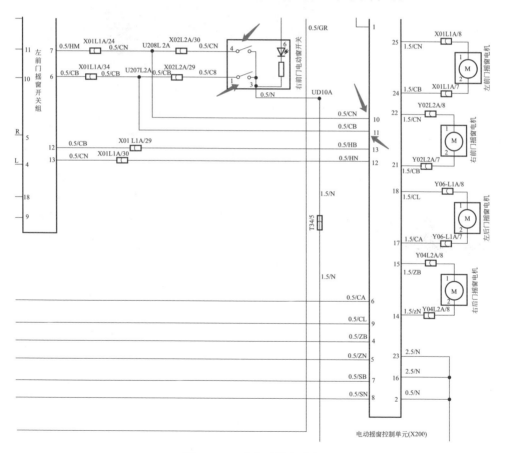

图 20-3-1 中华骏捷电路图

那么，可以分析出有以下可能会导致这个故障现象的产生：

❶ 控制下降的线断路或虚接；

❷ 电动摇窗控制单元损坏；

❸ 主驾与副驾开关同时损坏。

副驾开关连接插接器，按动开关上升或下降时可测得电压，由电压可知开关没问题！找到模块的时候，发现模块进水导致腐蚀（图20-3-2）。

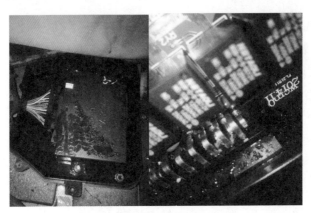

图 20-3-2　模块进水导致腐蚀

检查为车窗控制单元内控制下降的继电器损坏，更换该继电器，故障彻底解决。

（4）案例总结

造成本案例中的故障，有可能是因为车辆在日常使用中不注意导致的进水，在维修保养时，应该对车主普及这样知识。

20.4　主驾驶玻璃升降器失常

（1）车辆信息

车型：2016年款北汽威旺S50。发动机：1.5升。行驶里程：38680公里。

（2）故障现象

主驾驶玻璃升降器开关无法控制其他门动作，对驾驶侧偶尔能控制，其他3个门能自己控制升降。

（3）故障诊断与排除

左前门玻璃升降开关控制不了其他3个门的玻璃升降。在维修之前先要弄清楚左前门控制其他几个门的逻辑方法，然后分析故障可能的地方。

通过对原车电路图的分析了解到，这辆车的控制逻辑是通过 LIN 总线通信。根据电路图分析，不难看出这辆车的玻璃升降器的网络拓扑图是主驾开关与玻璃升降电机（模块）构成一个局域网络，左前门开关若想控制其他门电机动作就会使用 LIN 总线传输开关信号，其他门收到信号后会执行（图 20-4-1）。

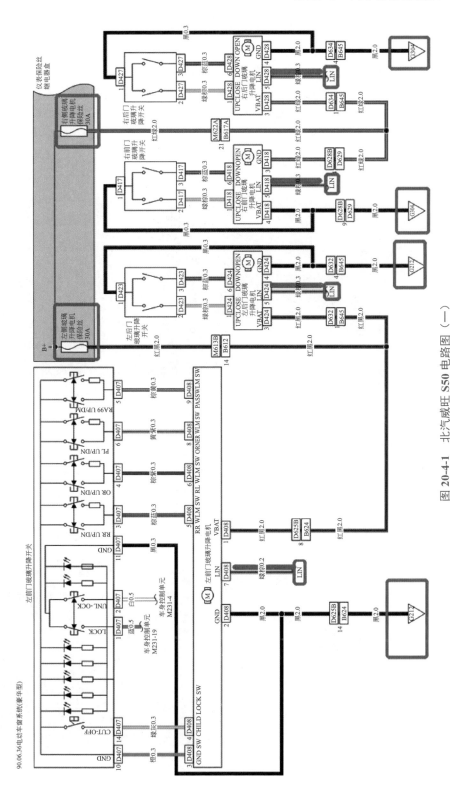

图 20-4-1　北汽威旺 S50 电路图（一）

根据故障表现，那么问题所在的原因可能有：

❶ 左前门玻璃升降器开关损坏；

❷ 左前门玻璃升降开关电路故障；

❸ 车身控制模块损坏。

通过电路图，发现驾驶员侧玻璃升降器是带模块的，它与其他模块通过 LIN 总线通信。这个时候就要检查电机的供电是否正常。有了电路图，检查就方便了，直接用万用表测插头 1 号脚与 2 号脚之间的电压，为蓄电池电压。再用功率试灯验证，确定电源没问题，据反馈试灯能点亮，正常（图 20-4-2）。

图 20-4-2　测量插头 1 号脚与 2 号脚之间的电压

进行下一步，按左前门开关，玻璃升降器工作，但是按动其他三个门，没反应，而其他三个门单独可以控制。通过检查，主驾驶开关是通过 LIN 总线进行数据传输的，打开钥匙测试，没电压。正常情况下，打开钥匙后 LIN 总线会有 9 伏左右的电压，关掉钥匙休眠后有 12 伏电压，现在电压为 0V 即可说明是 LIN 总线对地短路了。那么问题就在 LIN 总线或者有关联的模块出问题，导致通信电压不正常，无法传递信息。接下来就要看电路图，了解哪些模块与 LIN 总线相关联（图 20-4-3）。

图 20-4-3　测量 LIN 总线电压

通过电路图（图 20-4-4），可知，左前门、右前门 LIN 总线上面的模块有车身控制模块、左前门控制模块、右前门控制模块等，同时发现 LIN 总线也到 OBD 的 15 号脚，可以看得出每辆车的 OBD 针脚定义不一样，正常情况下 OBD 不会有 LIN 总线，但这辆车就设计有。这时就直接检测 OBD 15 号，这个时候发现有 9.60 伏的电压（图 20-4-5），对于故障点有目目了。

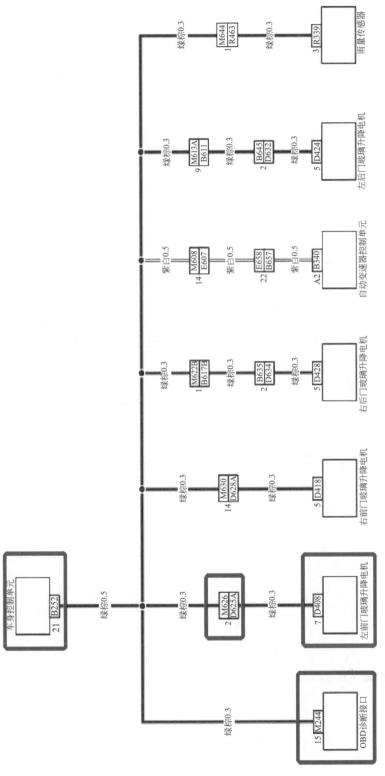

图 20-4-4　北汽威旺 S50 电路图（二）

图 20-4-5　测量 OBD 的 LIN 总线 15 号脚电压

再往上查，结果发现车身控制模块进水了，处理好 BCM 插头再去检查左前门开关的 LIN 总线电压，发现还是没有。再次查看电路图发现左前门开关到 BCM 的线路中还有一个插头，位置在左前门铰链处。接着找到这个插头，结果与 BCM 一样进水了。处理好后，再次检测左前门模块的 LIN 总线电压，在合理范围内，试车故障排除（图 20-4-6）。

图 20-4-6　BCM 插接器有水迹

持续对该车辆进行跟踪，故障未再现。

（4）案例总结

在没有正确了解车辆电器的结构与电路控制逻辑前就准备盲目换件，显然这样做是解决不了故障的。现在汽车模块越来越多，总线的应用也越来越多，如果不能掌握总线的传输方式，那么在很多时候一个简单问题也会被复杂化。

20.5　右后门玻璃升降器失效

（1）车辆信息

车型：长城哈弗 CC6450UM00。行驶里程：69843 公里。

（2）故障现象

右后门玻璃不管从主驾总开关还是从后门开关，均无法升降，其他三个门可以正常升降。

（3）故障诊断与排除

故障原因分析：

❶ 玻璃升降供电搭铁线路故障；

❷ 玻璃升降器内部损坏；

❸ 右后门玻璃升降模块故障；

❹ LIN 线故障导致的无法升降。

首先对车辆进行测试，主驾驶门窗开关和右后门门窗开关均无发控制右后门玻璃升降，操纵开关上升下降，右后门内无电机工作声音。打开保险盒检查门窗保险，F14 30A 保险丝正常，且为左后门和右后门公用保险。

拆卸右后门玻璃升降开关，对照电路图测量右后门开关插接件电压。在不拔下插件的前提下，5 号针脚为保险后供电线路，它与接地点之间为 12V 电压；12 号针脚为 LIN 线，电压有 11V；8 号针脚为搭铁线路，它与接地点之间为 0V；4 号和 3 号针脚为电机工作线路，拔下插接后测量其阻值为 1 欧姆，升降电机电阻正常。

供电线路和搭铁正常，LIN 线电压正常，电机有正常阻值，怀疑可能是开关损坏，或者电机确实有问题。

根据电路图，断开右后门窗开关，将 4 号针脚用一根导线连接 8 号针脚给电机一端接地，用 5 号针脚连接 3 号针脚给电机正极，电机工作。调换针脚，电机同样工作，电机正常。怀疑是门窗升降开关有问题，将右后门玻璃升降开关与左后门升降开关进行对调，发现能够正常升降的左后门开关用到右后门上仍然无法正常控制右后门玻璃升降，门窗升降开关无异常。

影响玻璃无法正常升降的原因都一一验证完毕，重新梳理玻璃升降器的控制原理——LIN 线通信。对 LIN 所在 12 号针脚测量，电压为 11V，断开插接件后，电压变为 2.45V。正常情况下应为 10 ～ 11V，电压异常。12 号针脚 LIN 线的定义为 307c，颜色代号为 L。根据插接件图，在 B 柱上与车身线束相连接线号变为 307a，颜色代号为 L。再拔下插接件测量电压，仍为 2.45V，此线路与左后门门窗开关 LIN 线均为 307a，两个模块公用一根线。拔下车身线束与仪表线束的插接件，找到 307a 针脚，测量其对右后门插接件线路的电阻值，发现其为 26.7 兆欧，右后门 LIN 总线线路在车身线路中存在异常。检查线路，发现在驾驶座椅下存有大量的积水，通往右后门的 LIN 线存在被水氧化后出现断路现象。处理后，玻璃升降器可正常工作。

（4）案例总结

此车故障为 LIN 总线断路导致门模块无法正常与 BCM 通信，造成的玻璃无法升降。在门窗开关模块里有 LIN 总线的收发器，在模块电源搭铁正常情况下是有 10～11V 的电压输出的，这也就是在插上插头后 LIN 总线仍然可以测到工作电压，而拔下插头后电压消失的原因。通过这点可以判定模块内 LIN 收发器是正常工作的。同样需要注意的一点是，想要判定 LIN 总线的故障是不是断路，需要同时断开故障点线路之后的模块才可以去测量电压。

座椅下积水原因是左前 A 柱下天窗排水管堵塞，未定期进行清理，天窗接水槽污垢导致。处理后，晾干地毯，找到故障点后同时找到引起故障的原因，才能彻底解决故障，防止后续问题再次发生。

20.6 左前门窗玻璃不能工作

图 20-6-1　仪表显示

（1）车辆信息

车型：2015 年款名爵 6。行驶里程：171357 公里。仪表显示如图 20-6-1 所示。

（2）故障现象

左前门窗玻璃不能工作。

（3）故障诊断与排除

客户报修左前门玻璃升降无法使用，其他 3 个门可以正常工作，已经在别的修理厂更换了左前门玻璃升降开关、左前门升降电机和 BCM 车身控制模块。接到该车后上车进行验证故障现象，确实如客户描述的，左前门玻璃升降不能正常工作，其他 3 个门可以正常工作。

故障分析：

❶ 左前门玻璃升降电机损坏；

❷ 左前门玻璃升降开关损坏；

❸ 车身控制单元损坏；

❹ 车窗系统线路存在断路、短路、虚接现象。

使用诊断仪读取故障码，无故障码。用诊断仪动作测试，让左前门窗上升和下降，但不能实现动作。这就奇怪了，客户已经更换过了左前门玻璃升降开关、左前门升降电机和车身控制模块，均无法解决故障。查阅电路图（图 20-6-2），拆下左前门内饰板，测量左前门窗电机（电机带模块的）。

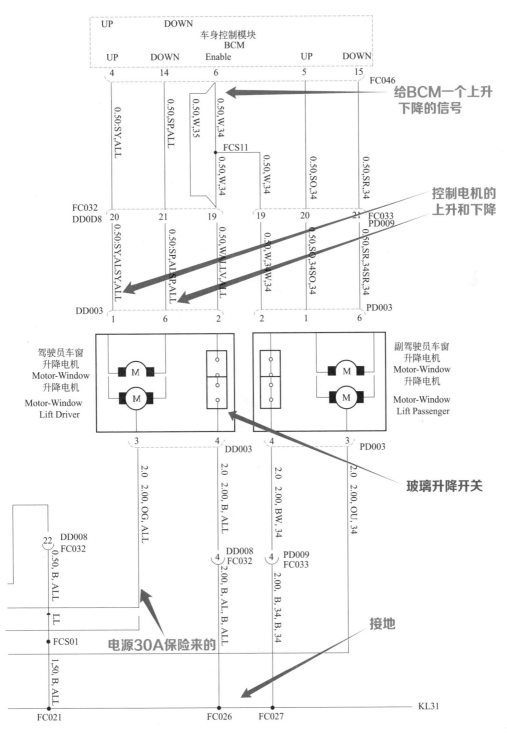

图 20-6-2　名爵 6 电路图（一）

电机上有 5 条线，2 条稍微粗一些，为直径 2.0mm 的线，1 条为电源线，另 1 条为接地；其余 3 条是从左前门到 BCM 车身控制单元的线，1 条线为左前门窗开关给 BCM 控制模块的上升和下降信号，剩下 2 条线分别控制电机的上升和下降。分别测量左前门玻璃电机的电源和接地线，正常（未拔下插头测量的）；测量开关到 BCM 控制模块之间的线，正常，不存在断路和短路现象；测量电机的 2 条控制线到 BCM 控制单元也是正常的。既然线路试好的，那么问题就出现在左前门窗的电机、开关和 BCM 控制模块三者之一了。由于客户已经更换过了左前门窗的电机、左前门玻璃门窗开关和 BCM 控制模块，这时候陷入困境。重新思考，分析左前门玻璃升降开关给 BCM 控制单元上升和下降的信号，再有 BCM 控制单元控制电机上升和下降，但开关的线到 BCM 控制模块的线是好的，而且右前门玻璃控制开关是和左前门玻璃控制开关共用一条线，右前门玻璃门窗是好的，可以实现上升和下降，说明线路是好的，那么 BCM 控制单元也应该没有问题（图 20-6-3）。

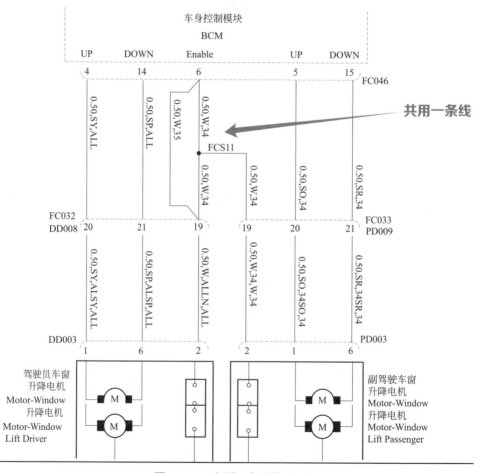

图 20-6-3　名爵 6 电路图（二）

那么问题可能出现在 BCM 控制单元到左前门窗电机之间的线或者是左前门窗电机本身的问题，再次测一下左前门的电源线和搭铁线，还是没有问题，但拔下插头测量发现没有正极 12V 电源，试灯不会点亮（图 20-6-4）。

插上插头有 12V 电源，试灯可以点亮，这就很奇怪了。难道是插头的问题？拔下插头，检查到插头的插针断掉了（图 20-6-5）。

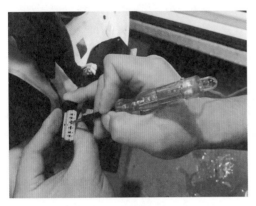

图 20-6-4　试灯没有点亮

图 20-6-5　插接器针脚退出

这时候恍然大悟，因之前测量的时候插头没有拔下来测量，是从插头的背面用刺针进行的测量，从而造成的误判断，拔下来测量的话，是没有电源的，插针断裂了，用电烙铁进行修复插头，修复好后装车按下开关，左前门玻璃升降可以正常工作，故障解决。

（4）案例总结

由于左前门玻璃升降电机插针断裂而造成的左前门窗不能正常的工作。笔者在检修时未进行拔插头测量左前门窗电机的电源线，而是从插头的背面测量从而进入了误区。

20.7　四门车窗无法升降

（1）车辆信息

车型：2009 年款大众宝来。行驶里程：137642 公里。

（2）故障现象

驾驶员侧车窗无法升降，也控制不了右前门、左后门、右后门的车窗升降。在别的修理厂换了驾驶员侧车门控制单元和车载电网控制单元 J519，故障依旧。

进行试车，打开点火开关，按驾驶员侧车窗升降开关（驾驶员侧、右前门、左

后门、右后门）都无法升降。

（3）故障诊断与排除

先接上诊断电脑读取故障码（图20-7-1），故障码为01331——驾驶员侧车门控制单元（J386）无信号/通信。

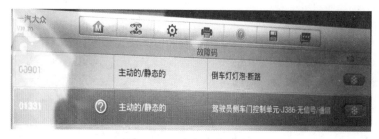

图20-7-1　大众宝来故障码

先找到维修手册，分析电路图控制逻辑（图20-7-2）。

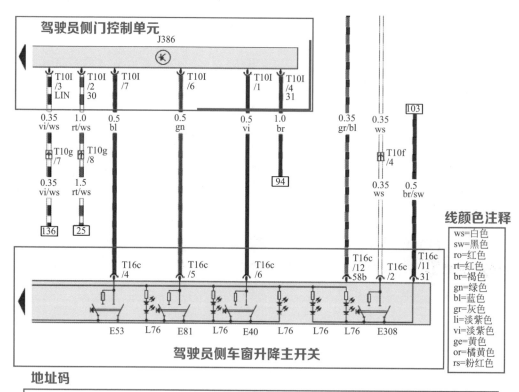

编号2/7

前左车窗升降器,驾驶员车门中的后左车窗升降器开关，驾驶员车门中的前右车窗升降器
开关，驾驶员侧车内上锁按钮，驾驶员侧车门控制单元，车载电网控制单元

E40 － 前左车窗升降器

E53 － 驾驶员车门中的后左车窗升降器开关

E81 － 驾驶员车门中的前右车窗升降器开关

E308 － 驾驶员侧车内上锁按钮

J386 － 驾驶员侧车门控制单元 📷

J519 － 车载电网控制单元 📷

L76 － 按钮照明灯泡

T10f － 10芯插头连接

T10g － 10芯插头连接

T10I － 10芯插头连接

T16c － 16芯插头连接

T73 － 73芯插头连接

Ⓡ65 － 正极连接(58)，在驾驶员侧车门电缆导线束中

驾驶员侧车门控制单元J386

电路图注释

图 20-7-2　大众宝来电路图（一）

　　驾驶员侧车门控制单元（J386）的T10I/3号针脚LIN到地址码136，再连接左后门控制单元（J388）的T6j/5号针脚LIN，车载电网控制单元（J519）的T73a/17号针脚，B528-LIN总线节点（图20-7-3）。

　　驾驶员侧车门控制单元（J386）的T10I/2号针脚到地址码25，由SC30-20A保险供电（图20-7-4、图20-7-5、表20-7-1）。

　　驾驶员侧车门控制单元（J386）的T10I/4号针脚到地址码94，经过205节点到地址码92接地点44左A柱下部的接地点（图20-7-6和图20-7-7）。

　　导致驾驶员侧车门控制单元无法通信的有：

❶ 驾驶员侧车门控制单元（J386）的T10I/2号针脚供电缺失或线路断路；

❷ 仪表左侧保险架上的SC30-20A保险损坏；

❸ 驾驶员侧车门控制单元（J386）的T10I/3号针脚LIN线断路；

❹ 车载电网控制单元损坏；

❺ 驾驶员侧车门控制单元（J386）的T10I/4号针脚负极断路或44搭铁点虚接；

❻ 驾驶员侧车门控制单元（J386）损坏。

　　使用万用表测量驾驶员侧车门控制单元（J386）的T10I/2号针脚，万用表显示供电正常，为12.44V，可以排除（图20-7-8）。

　　万用表测量驾驶员侧车门控制单元（J386）的T10I/3号针脚LIN总线，万用表显示8.95V，工作电压正常。然后关闭车门，关闭点火开关，再测LIN总线休眠电压为11.71V，正常，可以排除（图20-7-9）。

左后车门控制单元、车载电网控制单元、副驾驶员车门中央门锁电机

E52 — 左后车门内的车窗升降器开关
F221 — 副驾驶员侧中央门锁闭锁单元
J388 — 左后车门控制单元
J519 — 车载电网控制单元
L53 — 车窗升降器开关照明灯泡
T4x — 4芯插头连接
T6g — 6芯插头连接
T6j — 6芯插头连接
T10i — 10芯插头连接
T11 — 11芯插头连接
T73 — 73芯插头连接
T73a — 73芯插头连接
V26 — 后左车窗升降器电机
V57 — 副驾驶员车门中央门锁电机
(206) — 接地连接、在副驾驶员侧车门电缆导线束中
(207) — 接地连接、在左后车门电缆导线束中
(A168) — 正极连接4 (30a)、在仪表板导线束中
(B474) — 连接10,在主导线束中
(B528) — 连接1 (LIN总线)、在主导线束中

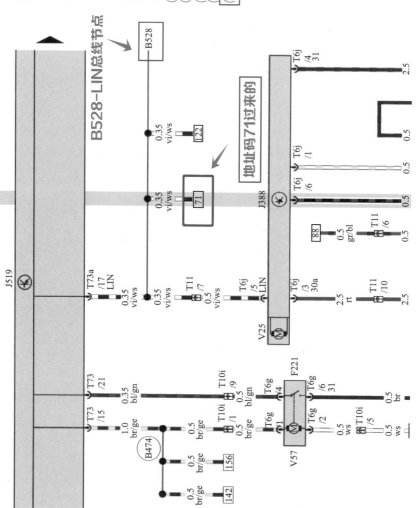

B528—LIN总线节点

B528

地址码71过来的

图 20-7-3 大众宝来电路图（二）

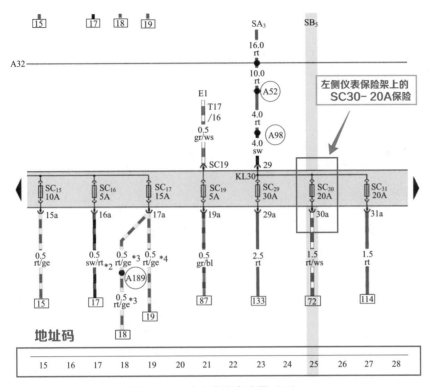

图 20-7-4　大众宝来电路图（三）

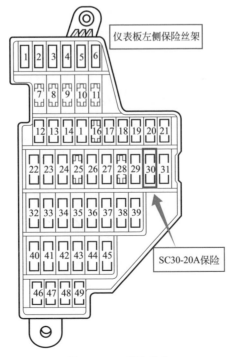

图 20-7-5　保险丝盒

表 20-7-1　保险丝说明

28	保险丝架上的保险丝 28-SC28-	10A/20A	多功能开关 -F125- →注释 冷却液续续循环继电器 -J151- →注释 循环泵继电器 -J160- →注释 自动变速箱控制单元 -J217- →注释
29	保险丝架上的保险丝 29-SC29-	30A	左后车门控制单元 -J388- 右后车门控制单元 -J389-
30	保险丝架上的保险丝 30-SC30-	20A/30A	驾驶员侧车门控制单元 -J386-
31	保险丝架上的保险丝 31-SC31-	20A/30A	副驾驶员侧车门控制单元 -J387-
32	保险丝架上的保险丝 32-SC32-	30A	车身控制模块 -J519-
33	保险丝架上的保险丝 33-SC33-	30A	车身控制模块 -J519-
34	保险丝架上的保险丝 34-SC34-	25A	车身控制模块 -J519-
35	保险丝架上的保险丝 35-SC35-	20A	收音机 -R- →注释 收音机和导航系统的带显示单元的控制单元 -J503- →注释
36	保险丝架上的保险丝 36-SC36-	30A	车身控制模块 -J519-
37	保险丝架上的保险丝 37-SC37-	20A	滑动天窗控制单元 -J245-
38	保险丝架上的保险丝 38-SC38-	5A	Simos 控制单元 -J361- →注释 车身控制模块 -J519-
39	保险丝架上的保险丝 39-SC39-	30A	可加热前座椅控制单元 -J774-
40	保险丝架上的保险丝 40-SC40-	30A	Climatronic 控制单元 -J255- →注释 空调器控制单元 -J301- →注释

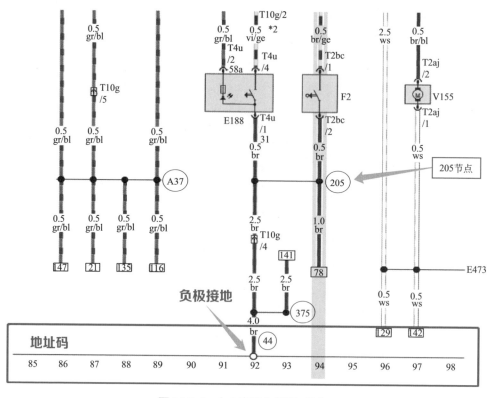

图 20-7-6　大众宝来电路图（四）

车载电网控制单元，油箱盖锁止装置电机
E188 —后备厢盖开锁开关
F2 —驾驶员侧车门接触开关
J519 —车载电网控制单元
T2aj —2 芯插头连接
T2bc — 2 芯插头连接
T4u —4 芯插头连接
T10f —10 芯插头连接
T10g — 10 芯插头连接
T73 —73 芯插头连接
T73a —73 芯插头连接
V155 —油箱盖锁止装置电机
㊽ —左A柱下部的接地点
⑳⑤ —接地连接，在驾驶员侧车门电缆导线束中
③⑦⑤ —接地连接 10，在主导线束中
Ⓐ37 —连接(58a)，在仪表板导线束中
Ⓑ469 —接地 5，在主导线束中
Ⓑ473 —接地 9，在主导线束中
Ⓡ65 —正极连接(58)，在驾驶员侧车门电缆导线束中
* —截至 2010 年 5 月
*2 —自 2010 年 5 月起

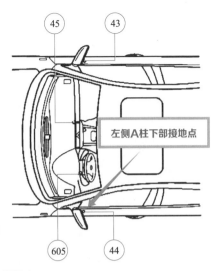

图 20-7-7　搭铁点

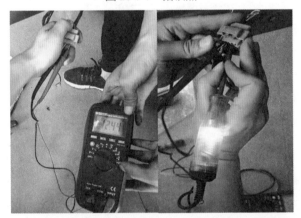

图 20-7-8　测量驾驶员侧车门控制单元（J386）的 T10l/2 号针脚电压

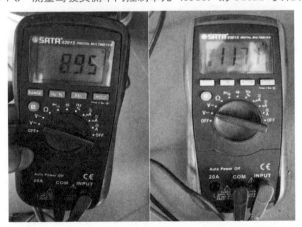

图 20-7-9　测量驾驶员侧车门控制单元（J386）的 T10l/3 号针脚 LIN 总线电压

用万用表测驾驶员侧车门控制单元（J386）的 T101/2 号针脚时，是测驾驶员侧车门控制单元（J386）的 T101/4 号针脚负极，所以这里可以确定负极是没有问题的。

现在可以判断还是驾驶员侧车门控制单元（J386）损坏。

重新更换驾驶员侧车门控制单元（J386），故障解决（图 20-7-10）。

读取故障码，显示无故障码（图 20-7-11）。

图 20-7-10　更换驾驶员侧车门控制单元（J386）

图 20-7-11　读取故障码显示无故障码

（4）案例总结

由于前一个维修技师对 LIN 总线车身电路的知识太差了，所以才走了很多弯路，换了车载电网控制单元（J519）。

维修车辆时需要懂得控制逻辑，思路分析。

LIN 总线的工作电压在 7 ～ 9V 都正常，休眠电压等于电瓶电压。

20.8　车窗控制开关故障

（1）车辆信息

车型：2010 年款吉利帝豪 EC7。行驶里程：87000 公里。

（2）故障现象

该车车窗可以由主驾开关控制升降，其他 3 个门的开关都不能单独控制其车窗升降。

（3）故障诊断与排除

首先查找电路图（图 20-8-1）。

分析此电路图可以得到该车车窗控制方式，以右前玻璃升降开关为例，可以看到开关一共有 4 根线。橙色线为照明灯泡的正极供电，黄色线进入主驾开关与黑色线相连，黑色线搭铁，也就是说黄色线是一根搭铁线。蓝色线与红/

白色线则是通向玻璃升降模块的信号线，当操作右前玻璃升降开关时，开关内部会将蓝色线与黄色搭铁线短接，或者将红/白色线与黄色搭铁线短接，从而输出一个升窗或者降窗信号给玻璃升降控制模块，再由玻璃升降模块来控制电机的运转。

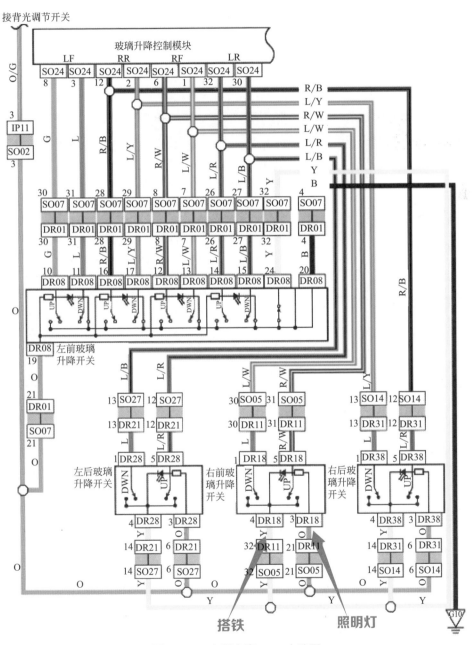

图 20-8-1　吉利帝豪 ECT 电路图

测量黄色线搭铁是否良好，用功率试灯一端夹正极，一端去测量黄色线，试灯点亮，说明黄色线搭铁良好，无故障。然后短接黄色线与蓝色线，或者短接黄色线与红/白色线，玻璃可以升降。说明线路无故障，右前车窗开关损坏。依次检查其他车窗，都是开关损坏。

更换 3 个门车窗控制开关，故障解决。

（4）案例总结

本案例是比较简单的故障，但是要知道工作原理，然后分析故障，找到故障。

20.9 主驾驶侧车窗只能下降无法上升

（1）车辆信息

车型：2010 年款荣威 350。行驶里程：105000 公里

（2）故障现象

主驾驶侧车窗只能下降，无法上升。其他车窗正常。

（3）故障诊断与排除

分析电路图（图 20-9-1）。

从图中可以看出，该车玻璃升降电机有 5 根线，两根 2.0mm 粗的线为常正极和常负极，说明该电机是与模块集成在一起的。3 根 0.5mm 粗的线，深蓝色线为车身电脑供给的负极，浅绿色线为开关供给的上升信号，棕色线为下降信号（图 20-9-2）。

既然该升降机只能下降，不能上升，那么可能的原因有：

❶ 车窗开关损坏；

❷ 浅绿色上升信号线断路；

❸ 升降模块损坏。

经测量升降器插头处浅绿色线在提拉开关时没有负极信号，但开关处有，然后测量这根浅绿色线两端的阻值，为无穷大（图 20-9-3）。

说明线路中间断路，用导线短接这根浅绿色线的两端，车窗恢复正常工作，验证了我们的判断。

由于查找断路的地方需要剥开线束，客户表示给他短接即可，按客户要求短接并包扎好线束，故障解决。

（4）案例总结

本案例中玻璃上升的线路断开，导致玻璃不能上升。

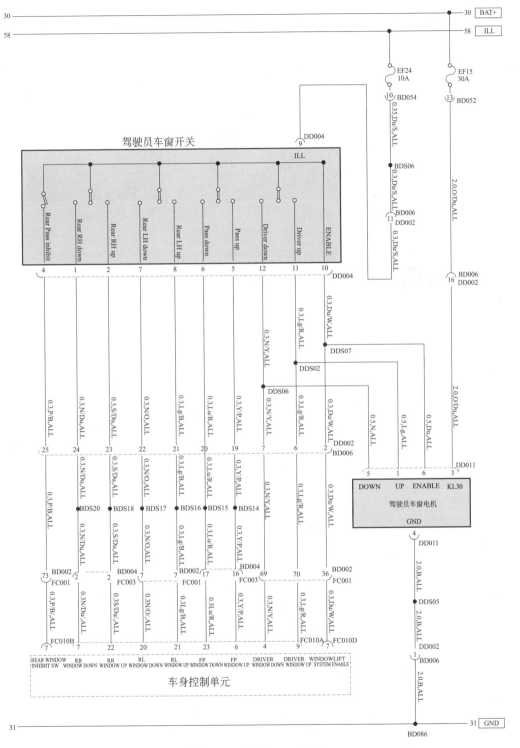

图 20-9-1　荣威 350 电路图

图 20-9-2　玻璃升降电机插接器

图 20-9-3　测量升降器插头负极信号

20.10 右后车窗无法升降

（1）车辆信息

车型：2005 年款奥迪 A6L。行驶里程：258800 公里。

（2）故障现象

该车是由其他修理厂的一名修理工开过来的，反应该车右后车窗偶尔无法升降，有时候又可以使用。故障出现时无论主驾车窗开关还是右后车窗开关均无法控制其升降。该修理工已经拆下了右后门饰板，但是并不会检测。

（3）故障诊断与排除

先看了一下右后车窗升降器的插头有 8 根线，其中有 2 根是特别粗的线。右后车窗升降开关有 7 根线，均为细线（图 20-10-1）。

图 20-10-1　右后车窗升降器的插头

由于并不了解该车型车窗升降的控制方式，所以决定先查找电路图（图20-10-2）。

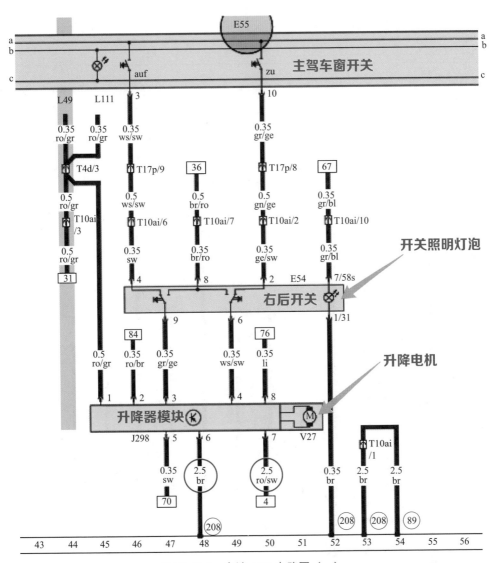

图20-10-2　奥迪A6L电路图（一）

E54—右后车窗升降器开关（在车门中）；E55—驾驶员操纵右后车窗升降器的开关；J298—右后车窗升降器控制单元；L49—右后烟灰缸照明灯泡；L111—右后车门把手照明；T4d—4芯黑色插头连接，在右后部车门中；T10ai—10芯红色插头连接，在右侧B柱中；T17p—17芯红色插头连接，左侧A柱接线板；V27—右后车窗升降器马达；(89)—接地连接-1-，在车窗升降器导线束中；(208)—接地连接，在右后车门电缆导线束中

从图20-10-2可以清楚地看到右后车窗升降器模块有8根线，右后车窗升降开关有7根线，而且线的颜色与实车相符，证明电路图是正确的。

分析电路图（图20-10-3）：笔者分析电路图有一个习惯，就是先看一下线的直径，从线的粗细大概可以先分辨出来哪些是供电线，哪些是信号线。线路中 6 号脚和 7 号脚是最粗的，为 2.5mm，其次是 1 号脚，为 0.5mm 粗，剩下的都是 0.35mm 粗的。

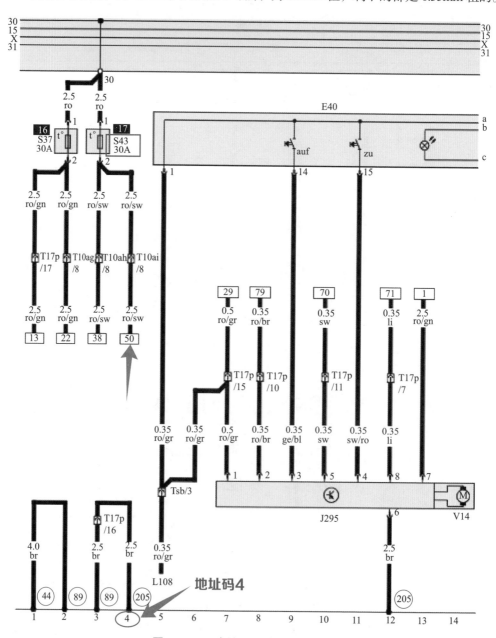

图 20-10-3　奥迪 A6L 电路图（二）

E40—左前车窗升降器开关；J295—左前车窗升降器控制单元；L108—驾驶员侧车门把手照明；S37—前部车窗升降器的热敏保险丝；S43—后部车窗升降器的热敏保险丝；T5b—5 芯黑色插头连接，在驾驶员车门中；T10ag—10 芯白色插头连接，右侧 A 柱接线板；T10ah—10 芯红色插头连接，在左侧 B 柱中；T10ai—10 芯红色插头连接，在右侧 B 柱中；T17p—17 芯红色插头连接，左侧 A 柱接线板；V14—左侧车窗升降器马达；44—左侧 A 柱下部接地点；89—接地连接 1，在车窗升降器导线束中；205—接地连接，在驾驶员侧车门电缆导线束中

　　凭借经验就可以猜出升降器模块插头的 6 号脚和 7 号脚是给电机供电的，但还是在图中确认一下，6 号脚的褐色线为接地，7 号脚的红 / 黑色线通向地址码 4。

　　找到地址码 4，可以看到这根线通过 S43 后部车窗升降器的热敏保险丝与 30 号线相连，也就是说升降模块的 7 号脚就是 30 号常电。接下来看一下升降模块的 5 号脚通向地址码 70（图 20-10-4）。

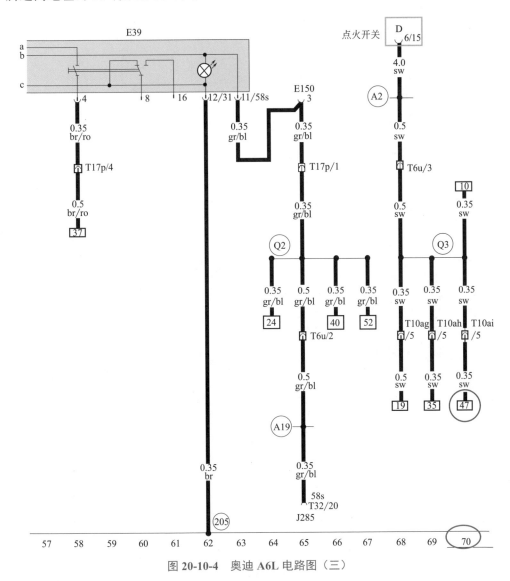

图 20-10-4　奥迪 A6L 电路图（三）

　　找到 70 号地址码，可以看到这条线通向点火开关 D，那么就可以知道升降模块的 5 号脚是 15 号供电（图 20-10-5）。

　　从电路图中可以很直观地看到升降模块的 3 号和 4 号脚是从开关过来的开关控

制线。按下或者抬起开关，开关内部会给升降模块的 3 号或者 4 号脚一个正极信号，用来控制电机的正转或者反转，从而实现车窗上升或下降。

从开关的电路图中可以看出该车型开关只有上升和下降两个挡位，那么该车车窗的一键上升 / 下降功能是如何实现的呢？经过实车测试所知，当按下开关长达 2 秒以上，车窗便开启了一键下降功能；当抬起开关长达 2 秒以上，车窗便开启了一键上升功能。这种控制逻辑是由车窗升降模块内部程序标定的。

接下来看一下升降模块的 2 号和 8 号脚，分别通向地址码 84 和 76。

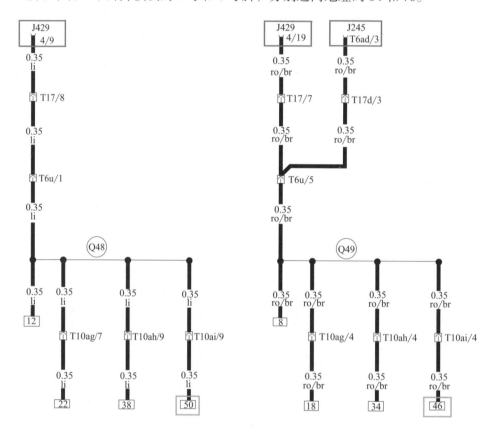

图 20-10-5 奥迪 A6L 电路图（四）

J245—滑动天窗调节控制单元；J429—中央门锁控制单元；T6u—6 芯灰色插头连接，左侧 A 柱接线板；T6ad—6 芯蓝色插头连接，在滑动天窗调节控制单元上；T10ag—10 芯白色插头连接，右侧 A 柱接线板；T10ah—10 芯红色插头连接，在左侧 B 柱中；T10ai—10 芯红色插头连接，在右侧 B 柱中；T17—17 芯橙色插头连接，右侧 A 柱接线板；T17d—17 芯灰色插头连接，左侧 A 柱接线板；Q48—连接（开），在车内空间导线束中；Q49—连接（关），在车内空间导线束中

　　从图 20-10-5 中可以看出 8 号脚通向 J429 中央门锁控制单元，2 号脚通向 J429 和 J245 滑动天窗调节控制单元。可以分析得出：8 号脚为开启信号，长按遥控解锁键可以遥控打开所有车窗；2 号脚为关闭信号，长按遥控闭锁键可以遥控关闭所有车窗和天窗（图 20-10-6）。

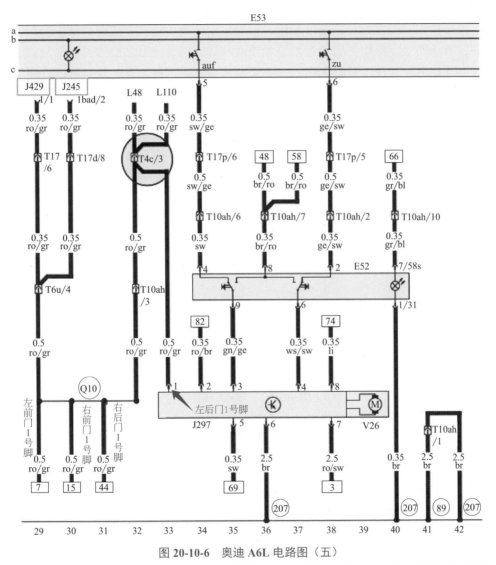

图 20-10-6　奥迪 A6L 电路图（五）

E52—左后车窗升降器开关（在车门中）；E53—驾驶员操纵左后车窗升降器的开关；J245—滑动天窗调节控制单元；J297—左后车窗升降器控制单元；J429—中央门锁控制单元；L48—左后烟灰缸照明灯泡；L110—左后车门把手照明

　　这时可以考虑一个问题：当车主在车外，点火开关处于关闭状态，也就是说车窗升降模块此时没有 15 号供电，此时车主想要遥控开启或者关闭车窗，升降模块的

2号或者8号脚接收到了中央门锁控制器给的信号，车窗电机就能动作吗？显然是不能的，因为此时车窗升降模块还需要一个供电才能工作。而升降模块的1号脚显然就是这个供电线，1号脚通向地址码31。

所有车窗模块的1号脚全都与J429中央门锁控制单元相连，由此可知1号脚供电由J429供给。J429同时也给J245天窗调节控制单元供电，用来遥控关闭天窗。

该车还有一个车窗延迟断电功能，即当车主关闭点火开关或者拔掉钥匙后，但是并没有下车，此时中央门锁控制单元没有收到车门接触开关给的开门信号，于是继续向车窗升降模块1号脚供电，车主仍旧可以在车内通过开关控制玻璃升降。当车主打开车门后，中央门锁控制单元J429立刻切断供电，此时车窗开关不能控制车窗的升降。

现在弄懂了车窗升降模块每根线的定义，用一个简图来表示出来（图20-10-7）。

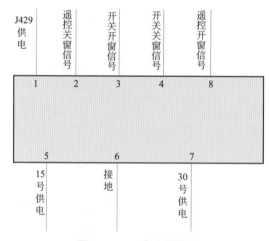

图20-10-7　电路图简图

然后就可以去车上测量实车数据了，经过测量发现7号脚没有供电，7号脚的供电是由S43热敏保险供给的，但是S43热敏保险同时还给左后门车窗电机供电，既然左边车窗功能正常，说明保险是没有问题的。再看一下电路图，保险丝到升降模块中间的插接器T10ai就成了重点怀疑对象。T10ai插接器是一个红色的10芯插头连接，位于右侧B柱中。

找到此插接器，测量这根粗线两端都有电，说明故障点位于此插接器到右后门车窗模块的线之间，用手拉了一下这根粗线，线被很轻松地被拉断了，断点位于B柱至右后门的铰链处的防尘套中（图20-10-8）。

用同样粗的导线把断点接好，用绝缘胶带包好，右后车窗可以升降，故障解决。

（4）案例总结

其实这个故障是比较简单的，很多老师傅可能凭借经验直接就去拽一拽铰链处的线束就找到问题了，但是我们排除故障还是要有思路地去分析故障，然后验证故障，一步一步地找到故障点，否则如果故障点不在这种常断线的位置呢？可能很多人就不知道该如何下手了。

　　遇到车身电路故障，从用电器开始往前找问题点。找供电，找控制，弄明白了控制逻辑，理清了思路，再去检测就会方便许多。

图 20-10-8　线路断路

汽车雨刮和安全气囊故障

第**21**章

21.1 雨刮不工作

（1）车辆信息

车型：2018 年款本田锋范。行驶里程：27454 公里。

（2）故障现象

雨刮不工作。

（3）故障诊断与排除

接到该车后上车验证故障现象，发现雨刮和喷水功能确实不能正常工作，同时发现此车是一辆事故车，检查供给雨刮继电器的 30A 保险丝正常，洗涤电机的 15A 保险丝已烧断（图 21-1-1）。

更换洗涤电机的保险丝，洗涤电机还是不能工作。用试灯测试雨刮电机的插头，没有 12V 电源，搭铁正常（图 21-1-2）。

根据电路图所示，雨刮电机和洗涤电机的电源是由洗涤继电器及雨刮继电器供给雨刮开关总成的，再由雨刮开关控制。根据维修手册所示，洗涤雨刮机继电器在仪表下方，需要拆掉仪表，一番周折后终于把仪表拆掉，发现仪表后方没有洗涤雨刮继电器，只有辅助继电器（也就是 IG1、IG2），找了好久后没找到该继电器。

图 21-1-1　保险丝盒

根据电路图所示，分别给洗涤电机和雨刮电机一个电源，不经过雨刮开关总成看雨刮是否能正常工作，结果可以正常工作，说明洗涤电机和雨刮电机是好的，线路也正常，问题就出在两个继电器上面。

找到该继电器，并短接两个继电器的 30 号和 87 号脚，雨刮和玻璃洗涤能正常工作了，说明是继电器本身问题和继电器的控制问题。根据电路图检查了洗涤和雨刮继电器的两个 86 号脚，打开钥匙，有电源输入，说明洗涤和雨刮继电器是正极控制的，共用电源。两个 85 号脚共用搭铁，测量无负极，说明负极线断路。同时给两个 85 号脚一个负极电压使继电器闭合，雨刮和洗涤电机能同时工作。可见问题在该继电器没有搭铁，处理搭铁线，故障排除（图 21-1-3）。

但在收尾工作时，发现启动发动机之后仪表点亮了 OBD 灯，同时踩油门只到 2000r/min，用诊断仪读取故障码为 P1659——电子节气门控制 ETCS 关闭故障，找到该继电器之后短接了 30 号脚和 87 号脚并清除故障码，启动着车，一切正常。

那问题就出现在 ETCS 继电器上。为了验证是不是继电器损坏，试灯一头夹负极，一头测量该继电器的 86 号脚，打开钥匙，点亮正极；试灯一头夹正极，一头测 85 号脚，打开钥匙，试灯亮了 3 秒钟左右竟然熄灭了。这就奇怪了，一般车载继电器不是正极控制就是负极控制，很显然该 ETCS 继电器是负极控制的。因该车是事故车，怀疑发动机线束当中被撞损坏过，检查线束，无异常。再次测量 85 号脚无果，还是钥匙打开只能点亮 3 秒左右，说明确实有问题存在。

更换相同型号的继电器，关钥匙，重新启动车辆并清除故障码，故障排除。

车辆进入发动机控制模块保护模式，因当点火开关打开时发动机控制模块会向 ETCS 继电器输入一个负极控制，同时会检测该继电器的电流大小，如果不符合发动机控制模块控制数据值则进行保护。当检测到电流大小不一样时会切断对该继电器的负极控制，因不保护措施的话，会产生较大电流，对发动机控制模块内部有很大的损害。

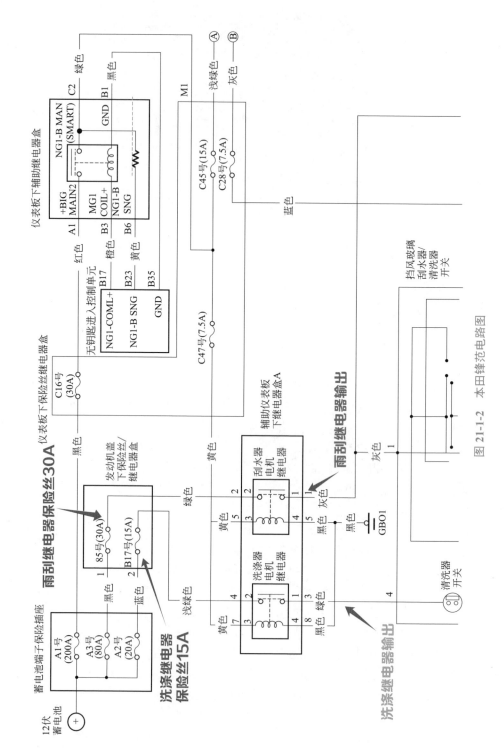

图 21-1-2　本田锋范电路图

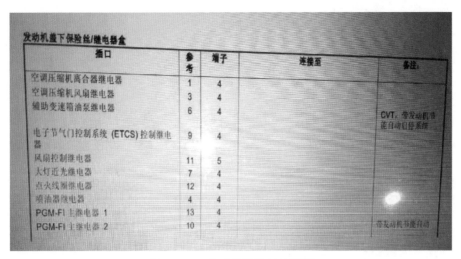

图 21-1-3 发动机保险丝盒说明

更换继电器，故障排除。

（4）案例总结

维修技师对该车型发动机管理控制系统的控制逻辑并不熟悉，浪费很多时间和精力。要对发动机控制逻辑理解够深，才能解决车辆上的疑难杂症。

21.2 雨刮不能回位

（1）车辆信息

车型：2014 年款纳智捷大 7。行驶里程：68454 公里。

（2）故障现象

雨刮低速挡停在中间不能回位，其他挡位能正常工作。

（3）故障诊断与排除

经查找电路图，并分析电路控制（图 21-2-1）。

雨刮开关控制模块收到开启雨刮的请求信号从而发送给前控制模块（FECU），再由前控制模块控制雨刮电机工作和玻璃清洗。得知雨刮的工作原理，说明雨刮开关控制模块正常，前控制模块正常，从雨刮开关控制模块到电机之间的线路正常。因雨刮能正常动作，就是不能停留在最初位置，用电脑诊断仪进行动作测试也是不能回位，查找雨刮电机的电路图得知（图 21-2-2），回位是由电机内部控制的，更换雨刮电机，故障解决。

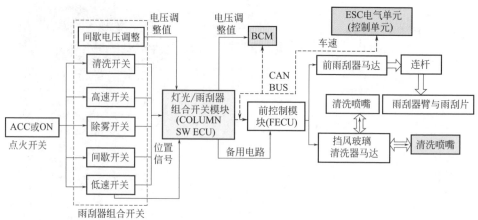

图 21-2-1　纳智捷大 7 电路图（一）

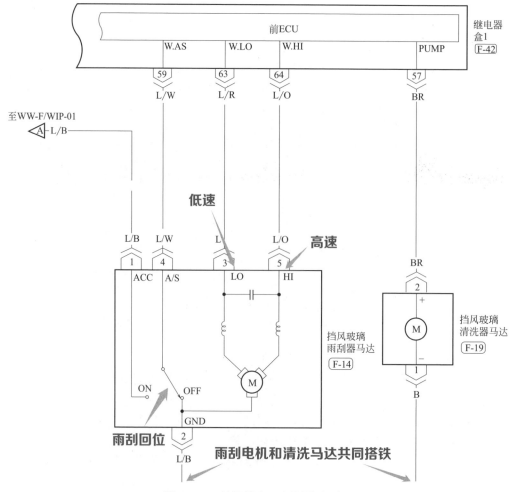

图 21-2-2　纳智捷大 7 电路图（二）

（4）案例总结

排查故障时要思路清晰，根据电路图的走向从而能快速判断故障点。

21.3　雨刮高速经常性失灵

（1）车辆信息

车型：大众高尔夫 6。行驶里程：73453 公里。

（2）故障现象

雨刮低速挡停在中间不能回位，其他挡位能正常工作。

（3）故障诊断与排除

检查其他挡，没反应，拔插头测量：一条电源、一条地线、一条 LIN。更换电机前是 0V，现在更换了雨刮电机，故障依旧。

拔插头测 LIN 线，关钥匙时测为 11V，开钥匙测为 9V，变化不大；然后插上去量，也是正常，电源地线正常。

通过分析，雨刮电机确实坏了，换了一个雨刮电机，故障依旧。类似三根线的雨刮电机，大部分采用 LIN 总线来控制，简单方便。

关闭钥匙测 LIN 总线电压在 11 伏左右，正常。打开钥匙，电压在 9V 左右，只能说明用万用表测到的电压是正常的，并不能说明车身控制模块发送了工作指令，要想了解车身控制模块有没有传输工作指令，可以通过诊断仪读取开关状态，如高速、低速或者间歇挡时的车身控制模块有没有收到信号，最终是雨刮开关坏了（图 21-3-1）。

图 21-3-1　大众高尔夫 6 故障码

（4）案例总结

车身控制模块没有收到开关的工作指令，就不会给雨刮电机一个工作指令。维修此类故障，善于利用数据流，可以快速找到问题。

21.4 雨刮喷水不工作

（1）车辆信息

车型：2014 年款纳智捷 U6。行驶里程：42592 公里。车辆信息如图 21-4-1 所示。

图 21-4-1 车辆信息

（2）故障现象

车主到店检修没有雨刮喷水。接车后试车，只有雨刮动作，的确没有喷水，后雨刮也不喷水。

（3）故障诊断与排除

检查看没有雨刮水了，加满雨刮水试车，故障依旧。

根据维修手册找到电路图，灯光 / 雨刮器组合开关控制前雨刮喷水泵工作，是通过 CAN 总线传输信号到发动机舱保险盒前 ECU 的 66 号针脚 CAN H 和 65 号针脚 CAN L，再由前 ECU 控制雨刮喷水泵工作（图 21-4-2）。

雨刮清洗泵的 1 号针脚到发动机舱继电器盒里的前 ECU（57 号针脚）控制正极，雨刮清洗泵的 2 号针脚到室内保险盒车身电脑 BCM 的 A1 号针脚，BCM 内部搭铁（图 21-4-3）。

灯光 / 雨刮器组合开关控制后雨刮喷水，是通过 CAN 总线传输信号到室内保险盒 BCM 的 A9 号针脚 CAN H 和 A8 号针脚 CAN L，再由 BCM 控制雨刮清洗泵工作。

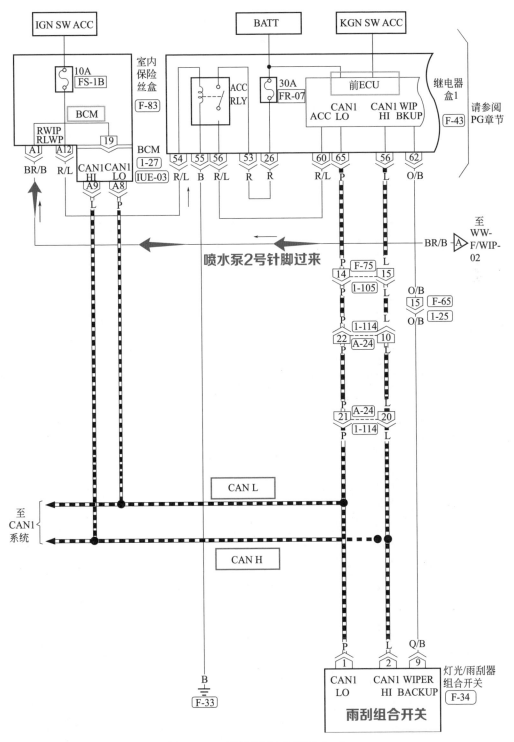

图 21-4-2 纳智捷 U6 电路图（一）

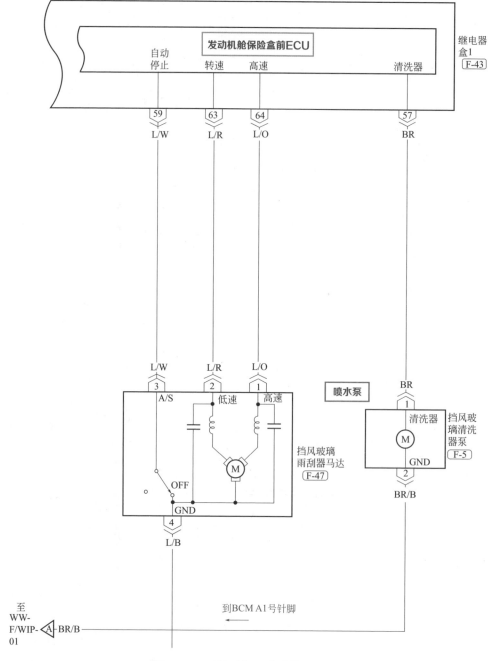

图 21-4-3 纳智捷 U6 电路图（二）

雨刮清洗泵的 1 号针脚到发动机舱继电器盒里的前 ECU（57 号针脚）内部搭铁，雨刮清洗泵的 2 号针脚到室内保险盒车身电脑 BCM 的 A1 号针脚，控制正极（图 21-4-4）。

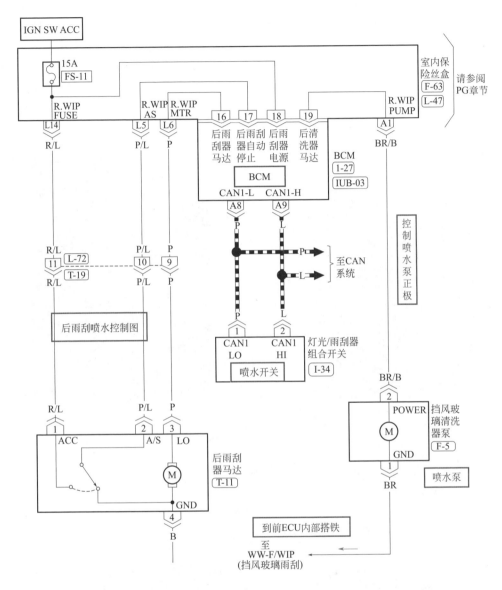

图 21-4-4　纳智捷 U6 电路图（三）

导致雨刮喷水泵不能工作的原因：

❶ 雨刮喷水泵 1 号针脚到发动机舱保险盒前 ECU 的 57 号针脚线断路或虚接；

❷ 雨刮喷水泵 2 号针脚到室内保险盒 BCM 的 A1 号针脚线断路或虚接；

❸ 发动机舱保险盒前 ECU 损坏；

❹ 室内保险盒 BCM 损坏。

雨刮可以动作，说明 ECU 接收到了雨刮开关的信号，不用考虑开关和 CAN 总线损坏。

拔下雨刮喷水泵的插接器，用万用表测量 1 号和 2 号针脚，打开前雨刮喷水泵开关，看有没有电压，根据万用测得电压为 0V（图 21-4-5）。

再用万用表和试灯一起测，万用表黑表笔和试灯夹子夹搭铁，来测雨刮喷水泵 1 号针脚，看是没有控制正极还是没有负极。打开前雨刮喷水泵开关，可以看到试灯点亮和万用表显示 12.00V 电压，则说明前雨刮喷水泵控制有正极，雨刮喷水泵 2 号针脚没有搭铁（图 21-4-6）。

图 21-4-5　测量雨刮喷水泵插接器 1 号和 2 号针脚电压

图 21-4-6　测量雨刮喷水泵插接器正极电压

到驾驶室方向盘下面找到保险盒，将万用表红表笔接正极，黑表笔测量 A1 号针脚电压，测得电压显示为 0V（图 21-4-7）。

把 BCM 车身电脑拆解，经过检查 BCM 内部控制后雨刮喷水继电器触点烧坏，更换 BCM 总成，故障解决（图 21-4-8）。

图 21-4-7　测量 A1 号针脚电压

控制后雨刮喷水继电器

图 21-4-8　BCM 车身电脑继电器触点烧坏

更换车身电脑（BCM）（图 21-4-9）。

测量电压，正常；试车，故障排除（图 21-4-10）。

换好的BCM现在供电正常

图 21-4-9　更换车身电脑　　　　　图 21-4-10　电压正常（故障排除）

（4）案例总结

修好一辆车，首先了解这辆车的结构控制逻辑，思维清晰，一步一步排查。

这辆车的控制逻辑就是，雨刮电机两根线可以正负极调换，控制喷水泵正反转来达到可以控制前雨刮喷水泵和控制后雨刮喷水泵。开前雨刮喷水时，室内保险盒 BCM 内部继电器控制搭铁，发动机舱保险盒前 ECU 控制正极让雨刮喷水泵顺时针转。

开后雨刮喷水时，发动机舱保险盒前 ECU 内部继电器控制常搭铁，室内保险盒 BCM 控制正极，让雨刮喷水泵逆时针转。

21.5 气囊灯长亮

（1）车辆信息

车型：2014 年款大众朗逸。发动机：1.4 升。行驶里程：80000 公里。

（2）故障现象

正常行驶中仪表气囊灯点亮

（3）故障诊断与排除

据车主介绍去 4S 店检查过，4S 店要求更换气囊电脑及左侧安全带，由于车主有事未进行维修。

通过车主介绍，把问题锁定在左侧安全带上。通过诊断电脑读取故障码，内容为驾驶员侧安全带阻值超出范围（偶发）。读取数据流，左侧安全带与右侧同为 2.3

欧姆，未超出范围。

清除故障码，再次读取数据流，一切正常，故障灯熄灭。

外出试车，当车辆行驶到颠簸路面时故障灯再次点亮。

读取故障码，内容为驾驶员侧安全带阻值超出范围（偶发）。读取数据流，左侧安全带与右侧同为 2.3 欧姆，未超出范围。

由此证明此故障是由于线路或某一部件接触不良或短路造成的。

查找电路图，用万用表测量安全带到气囊电脑线路导通且无短路现象，正常。

找来一个 2.3 欧姆电阻替代安全带，外出试车，当车辆行驶到颠簸路面时故障灯又一次点亮。

安全带损坏排除，线路测量正常。由于线路需接万用表，无法准确测量，所以为了进一步确定故障点，将 2.3 欧姆电阻用电烙铁焊接于电脑插头处，外出试车，故障现象未出现。

由此断定引发故障的就是气囊电脑与安全带之间的线路，更换一根双绞线，故障排除。

（4）案例总结

在进行电路维修时，如果线路出现接触不良，很难用万用表测出，此时只能通过其他方法进一步缩小故障范围来验证我们我想法。

21.6 气囊灯偶尔亮

（1）车辆信息

车型：2010 年款标致 307。发动机：1.6 升。行驶里程：78000 公里。

（2）故障现象

气囊报警灯偶尔自动点亮，行驶一段时间后自动熄灭，或关闭发动机并再次启动后熄灭。

（3）故障诊断与排除

诊断气囊控制盒，没有故障码，通过诊断工具可以看到 BSI 故障日志内有"微控制器未定、局部故障"，或 BSI 故障日志内有 F626 故障码。

用诊断仪查看每次 F626 故障发生时的车速和发动机转速等背景信息。

按照售后维修工艺拆开副仪表板，露出气囊控制盒。

检查气囊控制盒的三个固定螺母拧紧情况，是否有松动，并测量具体的力矩值。

测量气囊控制盒壳体与车身接地点之间的电阻为 0.2 欧，正常（图 21-6-1）。

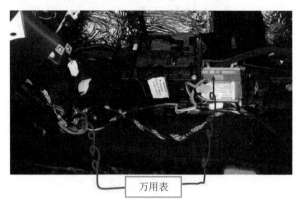

图 21-6-1　测量气囊控制盒壳体与车身接地点之间的电阻

取下气囊控制盒后，用小刀清理掉固定螺栓平台上的油漆，用板牙或螺母重新拧一遍螺栓，清理掉螺栓螺纹上的油漆。用抹布擦除清理下来的油漆（图 21-6-2）。

用板牙或螺母重新拧一遍，清理螺纹上的油漆

用小刀清理螺栓平台上的油漆

图 21-6-2　清除螺栓平台上的油漆

重新安装气囊控制盒，拧紧力矩为（8.0±1.2）N·m。保证气囊控制盒壳体与车身接地点之间的电阻稳定地低于 0.5 欧姆。

取铝箔胶带 30cm 长，贴在气囊控制盒的连接器处。

 注 / 意

不要让铝箔胶带割破气囊线束，且保持线束固定在车身上，避免颠簸后铝箔胶带割到线束（图 21-6-3）。

铝箔的末端粘在线束胶带上，避免割到线束

图 21-6-3　将铝箔胶带贴在气囊控制盒的连接器处

恢复车辆，删除故障信息和 BSI 内的故障日志。

（4）案例总结

　　产生无线电信号的电子器件放在副仪表板上，如果遇到气囊灯自动点亮，可能是受到了外部电磁场的干扰，这时可以让汽车熄火，拔出钥匙，等待 3 分钟，重新启动车辆，如果气囊报警灯一分钟后自行熄灭，表示干扰已经消除，气囊系统工作正常。如果重新启动车辆，气囊报警灯仍然长亮不熄灭，请前往服务站进行诊断维修。

21.7　气囊电脑无法通信

（1）车辆信息

　　车型：雪佛兰科鲁兹。发动机：1.5 升。行驶里程：150244 公里。

（2）故障现象

　　仪表亮气囊故障灯，用解码器读取故障码，内容为气囊电脑无法通信。

（3）故障诊断与排除

　　读取故障为气囊模块无法通信，就是单一模块无法通信。

　❶ 故障原因分析：

　　a. 模块电源故障；

　　b. 线路断路；

　　c. 总线故障；

　　d. 模块本身损坏。

　❷ 一个模块需要通信少不了电源，找到这辆车的电路图，50 针脚为模块供电，49 针脚为模块接地，试灯检查，能够点亮（图 21-7-1）。

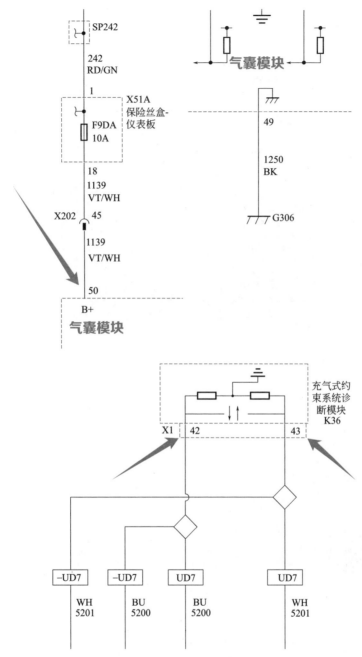

图 21-7-1　雪佛兰科鲁兹电路图

42/43 针脚为两根 CAN 总线，分别用万用表测量两根线的对地电压和电阻，测量出结果电压为 2.2V 和 2.8V，两根线电阻均为 56 欧姆，总线电压和电阻均正常，即模块电源正常。由于当时修理厂没有示波器无法查看总线波形是否正常，但是凭借总线正常电压两根相加等于 5V，电阻 60 欧姆左右，电源正常，就已经足以判定是模块损坏了。拆开模块，发现内部进水（图 21-7-2）。

图 21-7-2　模块内部进水

更换控制单元，故障排除。

（4）案例总结

一个模块需要通信的基本条件是模块电源正常，测量电源需要用功率试灯，确认不是虚电，CAN 总线两根线对地电压相加应该等于 5V，CAN 线电阻应该在 60 欧姆左右，如果这些都正常就可以判定故障原因是模块损坏。若实在没有维修思路，不妨拆开模块，试试能否用肉眼看出故障点。

21.8　气囊游丝内部损坏虚接

（1）车辆信息

车型：2012 年款尼桑逍客。行驶里程：98000 公里。

（2）故障现象

安全气囊灯闪烁。

（3）故障诊断与排除

使用电脑诊断仪读取故障码为 B1049——驾驶员气囊模块开路（图 21-8-1）。

图 21-8-1　尼桑逍客故障码

　　由于气囊电脑在汽车打开点火开关时会对气囊引爆装置进行阻值自检，所以先拆下了驾驶员气囊，使用一根导线将气囊线束的电脑端插头进行短接。

　　然后清除故障码并再次读取，发现故障码可以清除，并且再次读取时无故障码，这显然是不对的。因为正常安全气囊引爆装置是有一定阻值的，一般在 3 欧姆左右，使用一根好的导线进行短接应为主驾驶员气囊电阻过低，这证明气囊插头到电脑端有一定的阻值，判断故障可能为主气囊插头至电脑之间线路虚接、插头氧化、气囊游丝损坏等，接下来进行一一排除。

　　首先拆下气囊游丝，测量游丝之间的阻值，发现气囊游丝有一根导线两端有 4.8 欧姆的电阻，游丝等同于导线，正常阻值应低于 1 欧姆，接近 0 欧姆，故锁定故障点为气囊游丝内部损坏导致虚接（图 21-8-2）。

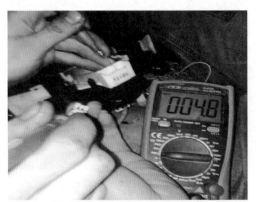

图 21-8-2　测量气囊游丝电阻

　　更换气囊游丝，反复试车，故障再没出现，故障排除。

（4）案例总结

　　在检修故障进行时，应该先分析其可能的故障原因，对其进行检查排除，确定故障点再换件，绝不可盲目地进行换件。

21.9 驾驶席侧气囊电阻过高

（1）车辆信息

车型：2011 年款东风起亚智跑。行驶里程：98000 公里。

（2）故障现象

安全气囊故障灯常亮。

（3）故障诊断与排除

连接诊断仪读取故障码，显示为 B1378——前部侧安全气囊 - 驾驶席电阻过高（图 21-9-1）。

图 21-9-1　东风起亚智跑故障码

读取安全气囊系统数据流，显示如图 21-9-2 所示。

图 21-9-2　安全气囊系统数据流

从图 21-9-2 中可以看出，有两个异常数据：一个是驾驶席侧气囊电阻过高为 10 欧姆；另一个是驾驶席气帘电阻过小为 0 欧姆。由于该车是 4 气囊系统，只有主驾驶、副驾驶、主副驾驶座椅侧四个气囊，因此，虽然驾驶席气帘电阻为 0 欧姆，电脑也不会报故障码，这是系统设置的程序。

根据数据流和故障码的相互印证，可以判断此故障范围为：气囊插头接触不良；驾驶席侧气囊故障；气囊插头到电脑插头的线路故障；气囊电脑插头接触不良；气囊电脑自身问题。检查流程按照故障发生概率由大到小、方法由简到繁、程度由易到难的原则进行。

首先检查气囊插头（图 21-9-3），目视无异常，反复插拔几次，插牢后再次读故障码，看数据流，故障依旧。接下来检查气囊是否有问题，拔出驾驶席侧安全气囊插头。

用一根导线短接电脑端线束插头里的两个端子（图 21-9-4）。

图 21-9-3　检查气囊插头

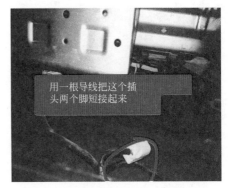

用一根导线把这个插头两个脚短接起来

图 21-9-4　短接电脑端线束插头里的两个端子

短接后读取气囊系统数据流：数据流显示几乎为 0 欧姆。清掉原故障码后，重读故障码，内容为前部侧安全气囊 - 驾驶席电阻过低（图 21-9-5）。

图 21-9-5　重读故障码

用导线代替气囊接入系统，电脑显示电阻为 0 欧姆，前部侧安全气囊 - 驾驶席电阻过低，这与真实的情况是相符的。通过以上的检测验证，可以确定故障点为驾驶席侧气囊的点火器问题——电阻变大，超过了电脑里设定的上限值。

更换驾驶席侧气囊，故障排除。

（4）案例总结

当遇到故障码报气囊电阻过高时，可直接短接电脑端插头针脚，清掉故障码重读，如果显示气囊电阻过低，那就是气囊本身问题。如果还是显示气囊电阻过高，就顺着气囊的线束检查，直到电脑端，看看线路有没有断开。如果故障码报气囊电阻过低，那就断开插头看看会不会报高，如报高就换气囊，如还是报低就查线，看看气囊两根线是不是短路了。如果线都查完了，没有发现问题，还是报过高或过低，那就换气囊电脑。

第**22**章

汽车其他故障

（1）车辆信息

　　车型：2008 年款三菱戈蓝。发动机：2.4 升。行驶里程：180000 公里。

（2）故障现象

　　后视镜不能用。

（3）故障诊断与排除

　　后视镜因为撞了后，线全断了，根据电路图接好后，可以加热，但是不能调节展开和折叠动作（图 22-1-1）。

视频精讲

图 22-1-1　线束重新接好

　　该车后视镜出事故后不能用，线是手工接上的，那么就可能出现接错线的可能，先验证，找到该车电路图（图 22-1-2）。

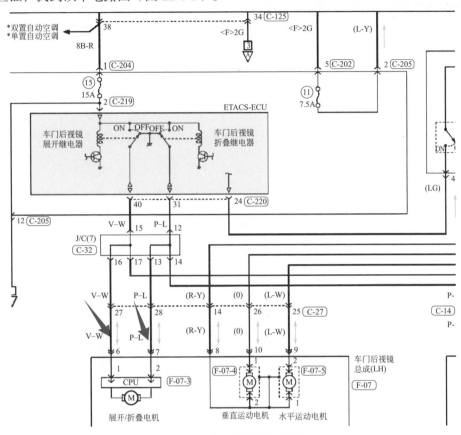

图 22-1-2　三菱戈蓝电路图

　　既然是后视镜不能动作，那就先从折叠电机入手。电机是两线的，就是说是控制两根线不同正负极通电而达到顺转和反转，直接把两根线串上试灯，再看在动作的时候，能不能点亮试灯。经过测试，是不能点亮的，那就是没电到。分别测量两根线，发现接地是有的，少了供电。

　　查供电，从继电器到后视镜的供电线，发现继电器是有电的，所以也就说明线断了。

　　经查找，在门铰链处线束断路，接好后，一切正常（图 22-1-3）。

（4）案例总结

　　在维修时，一定要按照电路图和维修手册去操作，能够避免很多弯路。

图 22-1-3　线束断路

22.2 漏电故障

（1）车辆信息

　　车型：斯柯达明锐。行驶里程：98557公里。

（2）故障现象

　　客户反映车辆漏电，新换的电瓶放一晚第二天就没法启动，再次检测电瓶就没电了。

（3）故障诊断与排除

　　拆下电瓶负极桩头，在中间串上万用表，选择直流安培挡位，然后关闭所有车门，使用螺丝刀把机盖锁模拟锁住，关闭所有车门。将万用表调至安培挡，串联到电瓶负极与负极导线之间检测整车电流，此时使用遥控器锁车等待15分钟，让车辆进入休眠模式，观察万用表上的数值为0.71A，而正常的车辆休眠电流一般在80mA以内。该车休眠电流已经达到了710mA远远大于正常数值，证实故障确实存在（图22-2-1）。

　　按照正常流程，应该测量保险丝的电压降来确定大致故障方向，但是留意到当关闭车门后，仪表上车门未关闭的灯依然没有熄灭，也就说车辆的车门还是开着的，那么车辆是没有办法进入休眠状态的，所以肯定需要首先解决这个故障。

　　接着用解码器读取数据流，观察每一个门的状态。此时看到四个车门都显示已关闭，唯独后备厢显示前锁销关闭，主锁销打开（图22-2-2）。

图22-2-1　测量休眠电流

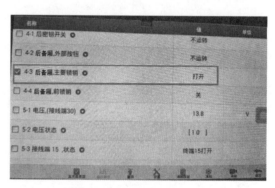

图22-2-2　读取数据流（一）

　　通过数据流分析猜测后备厢有两道锁，而现在只锁住了一挡。

　　打开后备厢，使用螺丝刀按锁块上的位置开关，并观察数据流的变化，按到一半时看到后备厢内的照明灯熄灭了，然后看数据流显示前锁销关闭，主锁销打开。

然后将位置开关按到底，看数据流显示前锁销和主锁销都关闭了（图 22-2-3 ）。

与此同时看到仪表上的车门未关指示灯也熄灭了，这证实了我们的猜测，也说明了锁块及其线路没有问题。问题出在后备厢关不上二挡锁，可以看到关闭后备厢后，缝隙仍然很大（图 22-2-4 ）。

询问车主得知此车后面出过事故，所以导致后备厢关不严。现在又需要重新钣金才能使锁完全锁上，但是这个工程量较大，客户不愿意再去钣金。经过与客户商量，可以改动一下线路来解决这个问题。拆下饰板，看到锁块上三根线，一根是电机供电线，另外两根是两个信号线。找到二挡的信号线剪断，然后把二挡的线接到一挡上，那么后备厢只关一挡，仪表警告灯也可以熄灭。此时再次测量漏电电流，锁车 1 分钟后，电流就降为 45mA，说明此车漏电确实是因为后备厢关不严导致车身电脑无法休眠，所以耗电量过高。

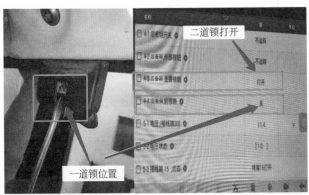

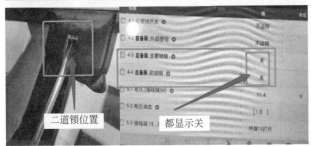

图 22-2-3　读取数据流（二）　　　　　　图 22-2-4　后备厢间隙较大

（4）案例总结

对于汽车休眠电流过大，导致汽车不能长时间停放的故障在维修工作中经常能遇到。很多技师在遇到类似故障都会犯难，不能轻松快速地解决故障。为此给大家总结一下汽车漏电常见的原因。

❶ 车辆加装电器设备。这是最先要考虑的要素，因为加装的设备会直接影响到车辆整体的休眠电流，所以一般情况下会优先考虑加装设备。

❷ 钥匙不能完全关闭。这种故障以前在别克车中经常遇到，因为点火开关的结构特殊性，这种点火锁在没有关闭的情况下也能拔出钥匙，所以很多时候客户没有完全关闭钥匙就把钥匙拔出来了，导致车辆不能休眠。

❸ 车门或机盖未能关闭。有的时候，表面看车辆的门已经关闭了，但是电脑却没有收到车门锁已经关闭的信号，这种情况也会导致车辆无法进入休眠模式。

❹ 模块通信故障。这种情况一般是车辆的舒适总线出现故障，导致车上有的模块不能正常收发信息，这时候该模块也会出现无法休眠的状态；还有的时候车辆的模块软件版本不对也会出现模块无法休眠，一般这种情况比较难排除，即便能排查出来也不知道是什么原因导致模块无法休眠的，所以直接更换模块解决问题。

以上是笔者多年工作经验总结的一些关于汽车漏电维修的一些经验，希望给各位读者带来一定的帮助。

22.3 音响打不开

（1）车辆信息 ••••

车型：2013 年款奥迪 A6L。行驶里程：88598 公里。

（2）故障现象 ••••

一辆奥迪 A6L 进店维修，音响打不开，显示屏打开之后没有开机画面，同时会自动回位，又报修高位制动灯不亮，两边的低位制动灯正常。

（3）故障诊断与排除 ••••

用专用检测设备进入 019 数据总线读取故障码，内容为光纤数据总线断路。奥迪的音响和通信设备是 MOST 总线。

图 22-3-1　功放控制模块

只要其中有一个设备打不开或者不通信，系统所有模块都会停止工作，由此可见问题就出现在其中一个环节当中。查找音响功放控制模块，就在后备厢中（因该模块方便验证），在找到该模块的时候发现其上面有水，怀疑是模块进水导致 MOST 总线（光纤）出问题了，拿一个光纤导线短接器短接在功放 MOST 总线接口上（图 22-3-1）。

此时中央显示屏居然能打开了，功能正常，只是没有声音，说明问题出现在功放控制模块，原本以为是功放坏了，拆下功放发现里面电路板并没有进水和腐蚀的痕迹，根据电路图查找该模块的搭铁良好，没有电源并且电源线变成了负极线（图 22-3-2）。

　　该电源线是直径 2.5mm 的线很粗的 12V 电源线，难道有短路的地方？这是不正常的现象，因为根据维修经验来说一般电源线都有保险丝，查找电路图，功放控制模块的电源保险丝在后备厢右侧的保险丝配电盒上。找到该保险丝发现保险丝没有插上，且有烧蚀的痕迹，测量保险丝盒上的线，其中有一个电源 12V，有一个是搭铁线，如图 22-3-3 所示。

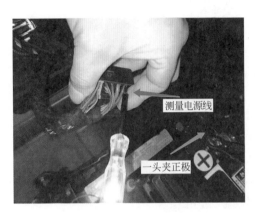

图 22-3-2　测量线路

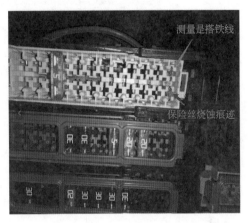

图 22-3-3　保险丝座有烧蚀

　　查到这说明有短路的地方，顺着功放控制模块上的电源线查找到右后座椅下面有一扎线束被磨破，其中有一根高位制动灯的电源线烧断，另一根是功放控制模块上的电源线，原因是后排座椅后面有一排固定支架磨破了线束，座椅固定支架固定在车身上从而造成的短路，修复车辆试车，高位制动灯点亮，中央显示屏正常。

（4）案例总结

　　维修过程当中因笔者没有对功放控制模块的电源搭铁进行检查，而是直接用光纤导线对该模块进行检查造成了误判断，从而走了许多的没必要的排查。

22.4　汽车正常启动报故障码

（1）车辆信息

　　车型：2016 年款大众凌渡。发动机：1.4 升。行驶里程：62163 公里。

（2）故障现象

　　一辆事故车修好以后，仪表上 EPC 灯点亮，可以正常启动。

（3）故障诊断与排除

发动机系统报故障码为 P3053，故障码含义为：起动机启动，端子 50 返回信息 - 对地短路 / 断路（图 22-4-1）。

图 22-4-1　大众凌渡故障码

此车报的故障码为反馈线对地短路 / 断路。分析导致此故障的原因有：

❶ SB22 保险丝熔断；

❷ 反馈线对地短路或者断路；

❸ 发动机电脑故障。

其中概率最大的是 SB22 保险丝熔断，那么检查这个保险，得到的结果是这个保险丝位是空的，没有插这个保险。

插上保险丝后，故障码可以清除，EPC 灯熄灭，故障解决。

（4）案例总结

熟悉工作原理，是快速解决故障的唯一途径。

22.5　敞篷打不开

（1）车辆信息

车型：2011 年款宝马 Z4。行驶里程：58000 公里。

（2）故障现象

敞篷宝马停放 5 天后敞篷打不开，仪表亮敞篷故障灯（图 22-5-1）。

（3）故障诊断与排除

导致敞篷打不开的原因有：

❶ 敞篷电机损坏；

❷ 传感器接损坏或者传感器接收信号不正确导致敞篷无法打开；

❸ 线路故障；

❹ 由于停放 5 天导致全车没电，也不排除模块数据丢失或模块损坏。

解码器读取故障：A69A——折叠敞篷软顶中间位置上的速度高于允许值；A68A——风窗框板已关闭霍尔传感器（图 22-5-2）。

图 22-5-1　仪表报警

图 22-5-2　宝马 Z4 故障码

通过查看故障码，对传感器进行检查，查找电路图，发现这个敞篷车有 10 个传感器，分别对传感器进行电压测量（图 22-5-3）。

测量到 2 个位置有故障，找到故障传感器发现已经进水且插头腐蚀。更换传感器，处理好插头后试车，故障解决（图 22-5-4）。

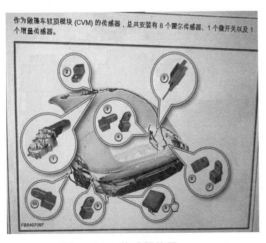

图 22-5-3　传感器位置

图 22-5-4　车辆恢复正常

（4）案例总结

维修作业中，首先要有明确的检修方案和知识积累，两者都具备才能对故障进行有效的检修。

 天窗不工作

（1）车辆信息

车型：2008年款马自达6。行驶里程：384634公里。

（2）故障现象

车主报修天窗不能工作和空调不制冷，接到车后试车，与车主描述的一样，按天窗开关，天窗无反应，开空调压缩机不工作。

（3）故障诊断与排除

先测量全车的保险，没有保险损坏。找到维修手册，根据电路图得到天窗电机和空调压缩机的控制（图22-6-1）。

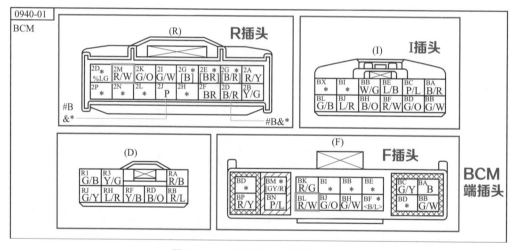

图22-6-1　马自达6电路图（一）

车顶天窗模块2号脚经过车顶天窗开关到车身电脑（BCM）的R插头R/W针脚，车顶天窗模块7号脚搭铁负极（图22-6-2）。

车身电脑（BCM）F插头R/W针脚经过10A的保险到点火开关，发现空调压缩机继电器和车顶天窗在车身电脑（BCM）里共用一个电源（图22-6-3）。

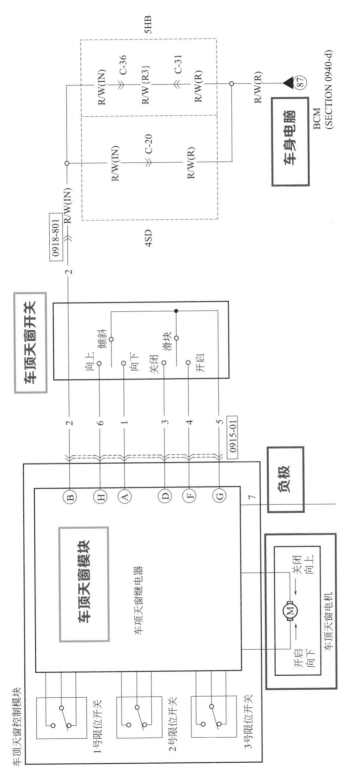

图 22-6-2　马自达 6 电路图（二）

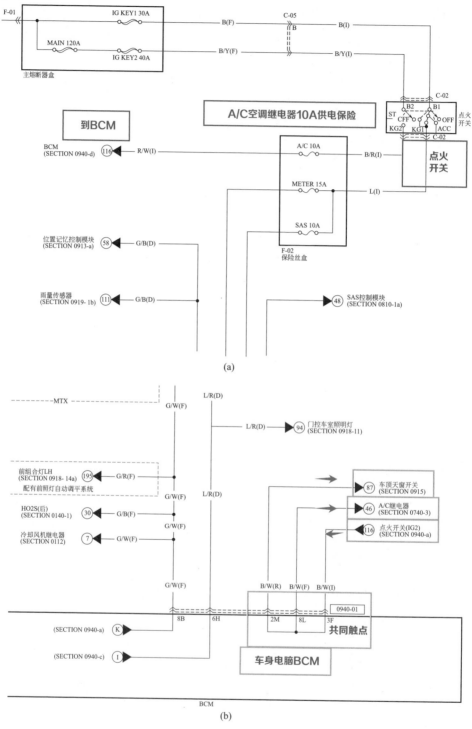

图 22-6-3　马自达 6 电路图（三）

可以发现天窗和空调压缩机无法共用同一个电源，导致不能工作有以下原因：

❶ 车顶天窗模块损坏；

❷ 车顶天窗模块没有供电或天窗模块 2 号针脚到车身电脑（BCM）的线断路 / 虚接；

❸ 车身电脑（BCM）损坏；

❹ 点火开关到车身电脑（BCM）线断路或保险损坏。

用试灯测量车顶天窗模块 2 号脚供电是否正常，如图 22-6-4 所示试灯不点亮。万用表测电压为 0V。

图 22-6-4　测量车顶天窗模块 2 号脚供电电压

到左前下方找到车身电脑（BCM），拔下 R 插头，发现插头进过水被腐蚀了，然后测量 R 插头 R/W 针脚到车顶天窗模块 2 号脚的阻值是 0.6Ω，属于正常范围内（图 22-6-5）。

图 22-6-5　测量 R 插头 R/W 针脚到车顶天窗模块 2 号脚阻值

再到点火开关过来的供电 I 插头 R/W 针脚用试灯测电压，试灯点亮，说明点火开关过来供电是好的（图 22-6-6）。

为了确定是否为车身电脑（BCM）损坏，用一根导线从保险取电到 R 插头 R/W 针脚看天窗是否能正常工作，可以看到车顶天窗模块 2 号针脚供电有了，天窗可以正常工作（图 22-6-7）。

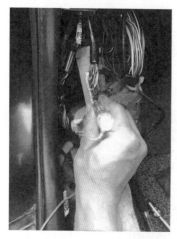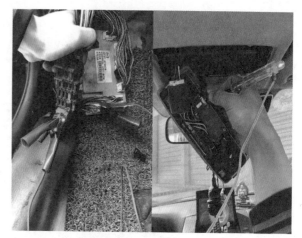

图 22-6-6　测量 I 插头 R/W 针脚电压　　　图 22-6-7　连接电源到 R 插头 R/W 针，天窗正常工作

对于压缩机继电器 86 号脚，也从保险取一根线供电，空调压缩机正常工作（图 22-6-8）。

图 22-6-8　连接电源到继电器 86 号脚，空调压缩机正常工作

更换车身电脑（BCM），故障解决，试车，故障不再出现（图 22-6-9）。

（4）案例总结

本案例中，车身电脑（BCM）内部故障导致空调和天窗都不能工作，维修技师通过分析电路图，查找电路上的同性，最后通过检修找到故障位置。

图 22-6-9　车身电脑（BCM）故障

关键词索引

故障现象关键词

异响：1 ～ 7/24/191/205/218/219

异常：225/296/334 ～ 337/366 ～ 370

积炭：32/33/45 ～ 47

噪声：220

磨损：150/179/180/225

漏油：8 ～ 14/208

漏气：19 ～ 21/30/151

漏液：16 ～ 18

漏电：464 ～ 466

泄漏：16/171

漏完：246/247

打滑：168/171 ～ 173/175 ～ 181/209/258/261

失灵：447

失常：414 ～ 418

失效：227/418/419

失败：317 ～ 325

抖动：228

拖滞：229

无力：229/230

跑偏：22/223 ～ 225

错误：305/386 ～ 393

错位：26

错乱：26 ～ 28

不能：152 ～ 156/169/170/267/268/330 ～ 333/407 ～ 412/420 ～ 423/445/446/462/463

不足：31/32/133/262 ～ 267

不良：25/134/148/198 ～ 203/262/269

不当：181/182

不亮：337 ～ 350/361 ～ 363/370 ～ 378

长亮：453/454

点亮：100 ～ 102/357 ～ 361/380 ～ 382

无法：156 ～ 165/363 ～ 366/383 ～ 385/394 ～ 398/423 ～ 430/432 ～ 441/456 ～ 458

困难：205

沉重：212/213

过高：149/150/165/166/176/460/461

过低：150/151

过大：135/150/181 ～ 185

过小：136

过稀：119

过迟：165 ～ 168

过量：269

损坏：91/92/152/153/175 ～ 203/221/223/250 ～ 255/259 ～ 261/263/264/268/402 ～ 406/
458/459

阻塞：262

堵塞：103/117/123/124/135/145～148/155/156

气泡：268

短路：289～293

断路：393/394

断裂：24

烧蚀：99/100/151

丢失：303/304

移位：23

降低：133

正时：22～28

警告：366～370

故障码：467/468

不工作：244～246/442～444/448～453/470～475

不动作：413/414

不显示：378～380

不彻底：210

不平衡：220

不点火：86/87

不制冷：239～258

不达标：138～142

打不开：294～296/466～469

水温高：242/243

烧机油：14～16

故障部位关键词

灯：100 ～ 102/326 ～ 350/357 ～ 382/453 ～ 456

锁：94 ～ 97/185 ～ 193/383 ～ 406/407 ～ 410

垫：11/16/149 ～ 151

盖：8/19/20/25

杆：154/155/223

轴：6/7/12 ～ 14/29/30/52 ～ 56/78/141/142/207/208/219 ～ 221

线：87 ～ 90/99/100/105/106/122/123/156 ～ 158/181/182/264 ～ 267/297 ～ 301/310 ～ 314/
351 ～ 354/393/394

泵：5/6/17/18/79 ～ 81/93/104 ～ 112/134/152/153/191/192/218/232 ～ 237

阀：29/30/33/34/78/117/118/154/155/167/187 ～ 191/259 ～ 261

缸：11/16/31/32/73/74/86/87/91/92/149 ～ 151

管：20/123/124/262 ～ 267

油：8 ～ 16/93/103 ～ 119/133 ～ 137/152 ～ 154/156/171/175/176/182/183/191/192/195/196/
208/378 ～ 380

机油：12/14/15/133 ～ 135/136/137/378 ～ 380

燃油：93/94/104 ～ 118

电瓶：100 ～ 102

歧管：20

水管：123/124

水泵：5/6/17/18

油泵：93/94/104 ～ 112/134/152 ～ 156/191/192

油嘴：103

油面：175/176

悬架：221/226

轮胎：220/225

轮毂：219

活塞：4/14/20/21/150/151

油封：8/9/12～16

曲轴：12～14/54～58/141/142

气缸：16/31/32/73/74/149～151

气门：3/8/9/14/15/19/32/33/35～41/45～47/49/50/148/166/167/181/182

轴承：207/208/219

齿轮：193/194/205～208

涡轮：5/10/11/19/20

踏板：51/52

皮带：1～3/22～25/261

链条：25

开关：184/268/399/400/430～432

电路：107～109

线路：105/106/122/123/156～158/264～267/297～301/310～314/351～354/393/394

线圈：87～90

电脑：91/92/120～122/272～286/317～325/456～458

模块：75～77/109～112/158～165/296

风扇：120～122/126～132/244

面板：253～256/263/264

车窗：413/414/423～441

天窗：470～475

音响：466/467

玻璃：407～412/414～422

座椅：296

钥匙：302/303/314～316/401/402

数据：303/304

匹配：305

助力：214～217/230～232

起动机：82～84

发电机：97/98

压缩机：239～241/258/259～262/267/268

鼓风机：263～267

蒸发器：241/262～267

油底壳：9/10

凸轮轴：29/30/52～54/78

张紧轮：24/25

保险丝：41～45/64～73

后备厢：394～400

冷却液：16～18/50/51

制冷剂：246/247/269

液压油：175/176

控制器：305～310

继电器：34/35/74/79～82/84/85/256～258

离合器：169/170/171～173/176～179/181/185～187/192/193/194/195/209～211/258

传感器：48～63/112～114/124/125/136/137/142/144/169/181/182/184/185/195/196/237/

238/241/242/248 ～ 250/267

减振器：222

滤清器：12/117/135

增压器：5/10/11/19/20

升降器：410 ～ 412/414 ～ 420

后视镜：462/463

火花塞：91

燃油泵：104 ～ 112

机油泵：134

调节阀：29/30/117/118

多媒体：294 ～ 296

点火线圈：87 ～ 90

三元催化：138 ～ 140/145 ～ 148

控制单元：120 ～ 122/197/250 ～ 253/286 ～ 289/402 ～ 406

参 考 文 献

[1] 周晓飞. 汽车维修从入门到精通［M］. 北京：化学工业出版社，2018.

[2] 顾惠烽. 汽车常见故障识别·检测·诊断·分析·排除 [M]. 北京：化学工业出版社，2019.

[3] 曹晶. 汽车防盗原理与编程技术 [M]. 北京：化学工业出版社，2019.

欢迎订购化工版汽车图书

书号	书名	定价/元	出版时间
37223	汽车维修手册（全彩配视频）	128.00	2020.09
37239	汽车改装技能速成（全彩配视频）	69.00	2020.09
36741	汽车碰撞查勘定损与修复	88.00	2020.08
35605	汽车总线系统原理与故障检修（全彩配视频）	99.00	2020.03
35992	汽修疑难杂症 识别·检测·诊断·分析·排除（配视频）	88.00	2020.05
33030	汽车常见故障 识别·检测·诊断·分析·排除（配视频）	88.00	2019.01
34995	汽车电工从入门到精通（全彩配视频）	99.00	2019.11
32944	汽车维修从入门到精通（全彩配视频）	99.00	2018.11
34436	汽车快修从入门到精通（全彩配视频）	99.00	2019.07
36176	无人驾驶技术	69.00	2020.05
32369	智能交通与无人驾驶	88.00	2018.10
32166	这样学交规 驾照不扣分	49.80	2018.09
31984	汽车车载自动诊断系统维修百日通	66.00	2018.08
32056	汽车控制器与执行器维修百日通	65.00	2018.08
33486	汽车传感器维修百日通	88.00	2019.04
29712	汽车构造与原理百日通	69.00	2017.08
31878	汽车电子元器件识别与检测	69.00	2018.07
31494	图解电动汽车维修入门与提高	69.00	2018.05
31246	汽车原理构造与识图	99.00	2018.04
31437	汽车定期维护	59.00	2018.03
30852	电动汽车结构·原理·应用（第二版）	88.00	2018.01
30423	汽车知识与探秘（全彩配视频）	39.80	2018.01
27643	新能源汽车关键技术	88.00	2017.01
30420	汽车传感器 识别·检测·拆装·维修（双色图解精华版）	59.00	2017.10
21170	汽车电工入门全程图解（畅销品）	29.00	2014.10
20525	汽车维修工入门全程图解（畅销品）	29.00	2014.08
25172	汽车发动机构造·检测·拆装·维修	68.00	2016.01
25320	汽车底盘构造·检测·拆装·维修	48.00	2016.01
29267	图解汽车基本性能 检测·诊断·分析·评价	68.00	2017.06
29058	驾驶员安全停车技术全程图解（第二版）（全彩配视频）	39.90	2017.05
30649	驾校学不到：汽车驾驶养护1200招	69.80	2017.11
30327	汽车驾驶全程图解（自动挡：配动画视频版）	59.80	2017.10
30328	汽车驾驶全程图解（手动挡：配动画视频版）	59.80	2017.10

以上图书由化学工业出版社·汽车出版中心出版。如要以上图书的内容简介和详细目录，或者更多的专业图书信息，请登录http://www.cip.com.cn。

地址：北京市东城区青年湖南街13号（100011）　购书咨询：010-64518888（传真：010-64519686）

如要出版新著，请与编辑联系。电话：010-64519275；邮箱：huangying0436@163.com